디어 두원미디어 두원미디어두원미디어 두원미기어 두원미디어두원미디어 두원
미디어두원미디어 두원미디어두원미디어 두원미디어 두원미디어두원미디어디어
두원미디어 두원미디어두원미디어 두원미디어 드원미디어두원미디어미디어 두원
미디어 두원미디어두원미디어 두원미디어 두원기디어두원미디어 두원미디어 두
원미디어두원미디어 두원미디어 두원미디어두원미디어 두원미디어 두원미디어두
원미디어 두원미디어 두원미디어두원미디어
두원미디어 두원미디어 두원미디어두원미디어두원미디어 두원미디어 두원미디어
두원미디어 두원미디어 두원미디어두원미디어 드원미디어 두원미디어두원미디어
두원미디어 두원미디어두원미디어 두원미디어디어 두원미디어 두원미디어두원미
디어 두원미디어 두원미디어두원미디어 두원미디어두원미디어 두원미디어두원미
디어 두원미디어 두원미디어두원미디어디어 두원미디어 두원미디어두원미디어
두원미디어 두원미디어두원미디어미디어 두원미디어 두원미디어두원미디어 두원
미디어 두원미디어두원미디어 두원미디어 두원미디어두원미디어 두원미디어 두
원미디어두원미디어 두원미디어 두원미디어두원미디어 두원미디어 두원미디어두
원미디어디어 두원미디어 두원미디어 미디어 두 미디어 두원미디어두원미디
어 두원미디어두원미디어 두원미디어 디어 두원미디어두원미디
어디어 두원미디어 두원미디어두원미디 디어두원미디어두원미디어미디
어 두원미디어 두원미디어두원미디어 두 미디어두원미디어 두원미
디어 두원미디어두원미디어 두원 디어 원미디어 두원미디어 두원
미디어두원미디어 두원미디어 디어두 두원미디어 두원미디어
두원미디어 두원미디어 두원미 두원미 디어두원미디어 두원미디어
두원미디어 두원미디어 두원미 두원 두원미디어 두원미디어두원미
디어 두원미디어 두원미디어두원 디 미디어 두원미디어두원미디어
두원미디어 두원미디어두원미디 두 미디어두원미디어 두원미디어
두원미디어두원미디어 두원미디 미디어 두원미디어 두원미디어
두원미디어 두원미디 두원미디어 두원미디어
두원미디어 두원미디어 디어두원미디어디어 두원미
디어 두원미디어두원미디어 두원미디어 디어두원미디어미디어 두원미디어
두원미디어두원미디어 두원미디어 두 원미디어 두원미디어 두원미디어
두원미디어 두원미디어 두원미디어두원미디어 두원미디어 두원미디어두원미디어
두원미디어 두원미디어두원미디어디어 두원미디어 두원미디어두원미디어 두원미
디어 두원미디어두원미디어 두원미디어두원미디어 두원미디어두원미디어 두원미
디어 두원미디어두원미디어디어 두원미디어 두원미디어두원미디어 두원미디어
두원미디어두원미디어미디어 두원미디어 두원미디어두원미디어 두원미디어 두원
미디어두원미디어미디어 두원미디어두원미디어 두원미디어 두원미디어두원미디
어 두원미디어 두원미디어두원미디어 두원미디어 두원미디어두원미디어디어 두
원미디어 두원미디어두원미디어 두원미디어 두원미디어두원미디어 두원미디어두
원미디어 두원미디어두원미디어 두원미디어 두원미디어두원미디어디어 두원미디
어 두원미디어두원미디어 두원미디어 두원미디어두원미디어미디어 두원미디어
두원미디어두원미디어 두원미디어 두원미디어두원미디어 두원미디어 두원미디어

두원미디어 두원미디어 두원미디어두원미디어 두원미디어 두원미디어두원미디어
두원미디어 두원미디어두원미디어 두원미디어두원미디어 두원미디어 두원미디어
두원미디어 두원미디어두원미디어 두원미디어두원미디어 두원미디어 두원미디어
두원미디어디어 두원미디어 두원미디어두원미디어 두원미디어 두원미디어두원미
디어미디어 두원미디어 두원미디어두원미디어 두원미디어 두원미디어두원미디어
두원미디어 두원미디어두원미디어 두원미디어 두원미디어두원미디어 두원미디어
두원미디어두원미디어 두원미디어 두원미디어두원미디어디어 두원미디어 두원미
디어두원미디어 두원미디어 두원미디어두원미디어 두원미디어두원미디어 두원미
디어두원미디어 두원미디어 두원미디어두원미디어디어 두원미디어 두원미두원미
디어 두원미디어두원미디어 두원디어 두원미디어 두원미디어두원미디어 두원미
디어두원미디어 두원미디어두원미디어 두원미디어 두원미디어두원미디어디어 두
원미디어 두원미디어두원미디어 두원미디어두원미디어 두원미디어두원미디어미디어 두원미
디어 두원미디어두원미디어 두원미디어두원미디어 두원미디어 두원미디어 두원
미디어두원미디어 두원미디어 두원미디어 두원미디어 두원미디어두원
미디어 두원미디어 두원미디어두원미디어 두원미디어두원미디어 두원미디어 두
원미디어두원미디어 두원미디어두원미디어 두원미디어두원미디어 두원미디어 두
원미디어두원미디어디어 두원미디어 두원미디어두원미디어 두원미디어 두원미디
어두원미디어미디어 두원미디어 두원미디어 두원미디어 두원미디어 두원미디어두
원미디어 두원미디어 두원미디어 미디어 두원미디어두원미디어
두원미디어 두원미디어두원미디어 두원미디어두원미디어디어 두원미
디어 두원미디어두원미디어 두원미디어두원미디어 두원미디어두원미
디어 두원미디어두원미디어 두원미디어 두원미디어두원미디어 두원미
디어두원미디어 두원미디어두원미디어 두원미디어두원미디어디어 두
원미디어 두원미디어두원미디어 두원미디어두원미디어미디어 두원미
디어 두원미디어두원미디어 두원미디어두원미디어 두원미디어 두원
미디어두원미디어 두원미디어 두원미디어 두원미디어 두원미디어두원
미디어 두원미디어 두원미디어두원미디어 두원미디어두원미디어 두원미디어 두
원미디어두원미디어 두원미디어두원미디어 두원미디어두원미디어 두원미디어 두
원미디어두원미디어디어 두원미디어 두원미디어두원미디어 두원미디어 두원미디
어두원미디어미디어 두원미디어 두원미디어두원미디어 두원미디어 두원미디어두
원미디어 두원미디어 두원미디어두원미디어 두원미디어 두원미디어두원미디어
두원미디어 두원미디어두원미디어 두원미디어 두원미디어두원미디어디어 두원미
디어 두원미디어두원미디어 두원미디어 두원미디어두원미디어 두원미디어두원미
디어 두원미디어두원미디어 두원미디어 두원미디어두원미디어디어 두원미디어
두원미두원미디어 두원미디어두원미디어 두원디어 두원미디어 두원미디어두원미
디어 두원미디어두원미디어 두원미디어두원미디어 두원미디어 두원미디어두원미
디어디어 두원미디어 두원미디어두원미디어 두원미디어 두원미디어두원미디어미
디어 두원미디어 두원미디어두원미디어 두원미디어 두원미디어두원미디어 두원
미디어 두원미디어두원미디어 두원미디어 두원미디어두원미디어 두원미디어 두
원미디어두원미디어 두원미디어 두원미디어두원미디어 두원미디어두원미디어 두

원미디어 두원미디어두원미디어 두원미디어두원미디어 두원미디어두원미디어 두
원미디어 두원미디어두원미디어디어 두원미디어 두원미디어두원미디어 두원미디
어 두원미디어두원미디어미디어 두원미디어 두원미디어두원미디어 두원미디어
두원미디어두원미디어 두원미디어 두원미디어두원미디어 두원미디어 두원미디어
두원미디어 두원미디어 두원미디어두원미디어 드원미디어 두원미디어두원미디어
디어 두원미디어 두원미디어두원미디어 두원미기어 두원미디어두원미디어 두원
미디어두원미디어 두원미디어두원미디어 두원 드원미디어 두원미디어두원미디어
두원미디어두원미디어 두원미디어두원미디어 두원미디어 두원미디어두원미디어
디어 두원미디어 두원미디어두원미디어 두원미디어 두원미디어두원미디어미디어
두원미디어 두원미디어두원미디어 두원미기어 두원미디어두원미디어 두원미디어
두원미디어두원미디어 두원미디어 두원미기어두원미디어 두원미디어 두원미디어
두원미디어 두원미디어 두원미디어두원미디어디어 두원미디어 두원미디어두원미
디어 두원미디어 두원미디어두원미디어 두원미디어두원미디어 두원미디어두원미
디어 두원디어 두원미디어 두원미디어두원미디커 두원미디어두원미디어 두원미
디어두원미디어 두원미디어 두원미디어두원미디어디어 두원미디어 두원미디어두
원미디어 두원미디어 두원미디어두 미디어 두원미디어 두원미디어두원미
디어 두원미디어 두원미디어두원 원미디어 두원미디어두원미디어 두원
미디어 두원미디어두원미디어 두 두원미디어두원미디어 두원미디어 두
원미디어두원미디어 두원미디어두 두원미디어 두원미디어두원미디어 두
원미디어두원미디어 두원미디어 두원미디어 두원미디어두원미디어디
어 두원미디어 두원미디어두원 디어 두원미디어두원미디어미디어
두원미디어 두원미디어두원미 두원미디어두원미디어 두원미디어
두원미디어두원미디어 두원미디어 두원미디어 두원미디어 두원미디어
두원미디어 두원미디어 두원미 원미두원미디어두원미디어
두원미디어두원미디어 두원디 어두원미디어 두원미디어두
원미디어 두원미디어두원미디 미디어두원미디어디어 두원미디
어 두원미디어두원미디어 두원미 어두원미디어미디어 두원미디어
두원미디어두원미디어 두원 미디어 원미디어 두원미디어 두원미디어
두원미디어 두원미디어 두원미디어두원미디어 두원미디어 두원미디어두원미디어
두원미디어 두원미디어두원미디어 두원미디어두원미디어 두원미디어 두원미디어
두원미디어 두원미디어두원미디어 두원미디어두원미디어 두원미디어 두원미디어
두원미디어디어 두원미디어 두원미디어두원미디어 두원미디어 두원미디어두원미
디어미디어 두원미디어 두원미디어두원미디어 두원미디어 두원미디어두원미디어
두원미디어 두원미디어두원미디어 두원미디어 두원미디어두원미디어 두원미디어
두원미디어두원미디어 두원미디어 두원미디어두원미디어디어 두원미디어 두원미
디어두원두원미디어두원미디어 두원미디어 두원디어 두원미디어두원두원미디어
두원미디어 두원미디어 두원미디어두원미디두원미디어 두원미디어두원미디어 두
원미디어 두원미디어두원미디어 두원미디어 두원미디어두원미디어 두원미디어두
원미디어 두원미디어 두원미디어두원미디어 두원미디어두원미디어 두원미디어두
원미디어 두원미디어 두원미디어두원미디어디어 두원미디어 두원미디어두원미디

어 두원미디어 두원미디어두원미디어미디어 두원미디어 두원미디어두원미디어
두원미디어 두원미디어두원미디어 두원미디어 두원미디어두원미디어 두원미디어
두원미디어두원미디어 두원미디어 두원미디어두원미디어 두원미디어 두원미디어
두원미디어디어 두원미디어 두원미디어두원두원미디어두원미디어 두원미디어 두
원디어 두원미디어두원두원미디어두원미디어 두원미디어 두원미두원미디어 두원
미디어두원미디어 두원미디어 두원미디어두원미디어 두원미디어 두원미디어두원
미디어 두원미디어두원미디어 두원미디어 두원미디어두원미디어 두원미디어두원
미디어 두원미디어두원미디어 두원미디어 두원미디어두원미디어디어 두원미디어
두원미디어두원미디어 두원미디어 두원미디어두원미디어미디어 두원미디어 두원
미디어두원미디어 두원미디어 두원미디어두원미디어 두원미디어 두원미디어두원
미디어 두원미디어 두원미디어두원미디어 두원미디어 두원미디어두원미디어 두
원미디어 두원미디어두원미디어디어 두원미디어 두원미디어두원두원미디어두원
미디어 두원미디어 두원디어 두원미디어두원두원미디어두원미디어 두원미디어
두원미디어두원미디두원미디어두원미디어두원미디어 두원미디어 두원미디어두
원미디어 두원미디어 두원미디어디어 두원미디어두원미디어 두원미디어
두원미디어두원미디어 두원미디어 두원미디어두원미디어 두원미디어
두원미디어두원미디어디어 두원미디어 미디어두원미디어 두원미디어 두원미
디어두원미디어미디어 두원미디어 두원미 두원미디어 두원미디어 두원미디어
두원미디어 두원미디어 두원미디어두 두원미디어 두원미디어두원미디어
두원미디어 두원미디어두원미디어 두원미디어두원미디어디어 두원미
디어 두원미디어두원두원미디어두 어 두원미디어 원디어 두원미디어두원
두원미디어두원미디어 두원미 워 미디어 두원미디어 두원미디
어두원미디어 두원미디어 두 원미디어두원미디어 두원미디
어 두원미디어두원미디어 두 미 디어 원미디어두원
두원미디어두원미디두원미디어 두원미디어 미디어 두원미디어 두원미디어두
원미디어 두원미디어 두원미디어두원미디어 두원미디어두원미디어 두원미디어
두원미디어두원미디어 두원미디어두원미디어 두원미디어두원미디어 두원미디어
두원미디어두원미디어디어 두원미디어 두원미디어두원미디어 두원미디어 두원미
디어두원미디어미디어 두원미디어 두원미디어두원미디어 두원미디어 두원미디어
두원미디어 두원미디어 두원미디어두원미디어 두원미디어 두원미디어두원미디어
두원미디어 두원미디어두원미디어 두원미디어 두원미디어두원미디어디어 두원미
디어 두원미디어두원두원미디어두원미디어 두원미디어 두원디어 두원미디어두원
두원미디어두원미디어 두두원미디어 두원미디어두원미디어 두원미디어 두원미디
어두원미디어 두원미디어 두원미디어두원미디어 두원미디어두원
두원미디어두원미디두원미디어 두원미디어두원미디어 두원미디어 두원미디어두
원미디어 두원미디어 두원미디어두원미디어 두원미디어두원미디어 두원미디어
두원미디어두원미디어 두원미디어두원미디어 두원미디어두원미디어 두원미디어
두원미디어두원미디어디어 두원미디어 두원미디어두원미디어 두원미디어 두원미
디어두원미디어미디어 두원미디어 두원미디어두원미디어 두원미디어 두원미디어
두원미디어 두원미디어 두원미디어두원미디어 두원미디어 두원미디어두원미디어

한 명호 엮음
김숙희

도서출판 두원미디어

책을 펴내면서

새로운 오늘이 열리면, 어제 보다는 무엇인가가 새로운 것이 우리의 시야에 나타나 어제의 부족하고 나태함을 질책하고, 분발을 요구한다.

굳게 닫혀 있기만 한 것 같은 철옹성도 어느새 바람결에 열렸는지, 시간의 흐름에 밀려서인지, 틈새를 보이기 시작한다.

남명 편에 이어, 여명 편을 이재 사 내놓으니 약간은 늦은 감이 든다.
진즉에 준비는 되어있었지만 볼수록 부족함에 더욱 늦어지고, 더 이상은 늦어져서는 안 되겠다는 생각에,
어차피 부족함은 어쩔 수가 없는 것이다. 하면서 과감히 선을 보입니다.

많은 격려와, 혼돈 속에서도 하나씩 나아짐에 스스로를 위로하며,
그래도 기다리는 분이 계시고, 나아가야 한다는 명제를 안고,
밑거름이 되는데 일조를 할 수 있다는 기쁨에 영광으로 생각을 하고,

기본적인 사주 학에 대한 이해를 하셨으니 실전에 임하자니 망설여지는 많은 분들에게 실전의 방법과 추명에 대한 조언의 책으로 읽혀진다면,
그동안의 작은 노력과 정성이지만 보람으로 생각을 하렵니다.

기력이 다하는 날 까지 열심히 책을 펴내는데 혼신의 노력을 다하고,
독자 여러분들의 뇌리에 항상 기억이 되는 내용과 책이 되도록,
열과 성의를 다하여 정진을 할 것입니다.

독자 여러분들의 많은 발전과 향상을 기원하면서, 건강을 바라며,
보내는 시간이 알찬 시간이 되시기 바랍니다.

2007. 03. 02

법사. 圓潭. 한 명호 올림

○ 차례 찾기 ○

○ 여명 편

女命(여명)

○ 가정(家庭)
○ 부궁(夫宮)
○ 자손(子孫)
○ 직업(職業)
○ 성정, 체구
○ 질병(疾病)
○ 대운(大運)
○ 세운(歲運)
○ 수명(壽命)

家庭(가정)

가정은 가장 중요한 삶의 한 영역인 것이다.
가장 기본적이고, 또한 나의 보금자리인 것이다.

돌아와 쉬는 곳이요,
나의 심신을 의탁하는 곳이다.

이곳이 흔들리면
뿌리가 흔들리고,
전체가 흔들리는 것이다.

각각의 구성원이 자기의 위치를 망각하고,
본연의 역할을 못한다면,
가정이라는 아주 작지만 샘의 근원이요,
만사의 근본인 근거지가 사라지는 것이다.

각자가
자기의 근본을 잊지 않고,
지키는 것이 도리인 것이다.

231.
> 乾道成南 坤道成女 各各體性 다르나니
> 男命剛强 能動하고 女命柔順 受動이라
> 건도성남 곤도성녀 각각체성 다르나니
> 남명강강 능동하고 여명유순 수동이라.

◉ 乾道成南, 坤道成女(건도성남, 곤도성녀)------------乾(건)은 乾命(건명)이라 남성을 의미하고, 坤(곤)은 坤命(곤명)이라 여성을 의미한다. 각각의 體性(체성)이 다르다 함은 체질과 성격이 다름을 의미하고, 남성은 강하고 능동적인 반면 여성은 유순하고 수동적이다.

◉ 일반적으로 강하고 능동적이면 사주가 대체적으로 강한 쪽으로 본다. 일주가 강하니 매사 모든 면에 적극적이고 통솔력도 갖추게 되는데, 유순하고 수동적이라 하면 일단 남의 지시와 통제에 따르는 형태가 되어 버린다. 예전의 男性象(남성상)하면 강하면 일단은 합격이요, 그 다음은 너그러움과 이해심, 자비심 그런 식이었다. 약간의 고집도 있어 줏대가 있어 보이는 것 같은 모습을 우선으로 하였다.

◉ 전형적인 여성의 모습하면 일단은 七去之惡(칠거지악)이라는 단어가 먼저 떠오르는데 다 지나간 옛날의 이야기 인 것이다. 현 시대에 있어서는 여성도 강하여야 적응을 하는 것이다.

♣ 七去之惡(칠거지악)-----아내를 내쫓는 이유의 일곱 가지 허물. 곧, 시부모에게 불순한 것, 아이를 낳지 못하는 것, 행실이 음탕한 것, 질투하는 것, 나쁜 병이 있는 것, 말이 많은 것, 도둑질하는 것.

◉ 결론은 남성도 강하고, 여성도 강하여야만이 적응을 한다는 것이다. 상대적으로 남성이던, 여성이던 강하지 못한 경우를 생각하여보자.

☛ 우선 남성의 경우를 살펴보자.
남성의 경우 약함은 신약의 경우인데, 사주가 강하지 않은 여러 경우를 보자.

⬇ 食神(식신), 傷官(상관)이 많아 사주가 신약 할 경우를 보자.

☛ 우선적으로 생각되는 것이 官(관)을 剋하므로 직장이 시원치 않을 것이다, 주먹이 法(법)보다 앞서는 인생인 것이다.
재주는 많아도 써먹어 보지를 못하는구나. 身弱(신약)의 여러 경우를 각각 대입하여 보면 그에 해당하는 여러 상황으로 인하여 남성이든, 여성이든 각각 사회에 적응하기가 힘들어진다.

☛ 예전에는 농업이 차지하는 비중이 커서 이도저도 아닐 경우 대충대충 지냈지만 현세는 시대가 다르다. 중단 없는 전진이 필요로 행하여지는 시기인 것이

다. 백수로 지내며 살아가는 시대가 아니라는 것이다.
그만큼 살기가 힘들어졌다는 것이다. 여기에서 비중을 두고 더 중시하는 것이
女命(여명) 즉 여성의 경우 이므로 여성의 경우를 살펴보자.

◉ 사주가 신약한 경우 ◉ :겸손이 미덕이다.

戊	丁	庚	戊
申	未	申	寅

◀ 丁火 일주의 사주이다. 未中, 丁火에 통근하고
있으나 신약인 사주이다. 財인 金의 기운이

⬆ 강하다. 財多身弱(재다신약)으로 결정이 되어 진다. 寅申冲(인신충)이 되어
있어 초년이 불우한 환경으로 이어진다.

◉ 실전 사주의 예 ◉: 인간관계를 잘하여야 한다.

庚	丁	庚	壬
子	酉	戌	子

◀ 丁火 일주의 사주인데 온통 財, 官이 난리이다.
나를 도와주는 우군은 별로 보이지가 않는다.

⬆ 運에서 조금 도와준다고 하여도 그리 길지가 못할 것만 같다. 대단히 신약하
여 財와 官에 굴복을 하여 처신을 하여야한다.

232.
女命身弱 아름다워 能奉瓮姑 하지마는
身强이면 不美하여 不孝翁姑 欺夫한다.
여명신약 아름다워 능봉옹고 하지마는
신강이면 불미하여 불효옹고 기부한다.

⬗ 약한 자여 그대 이름은 여자니라, 여자는 약하다 그러나 어머니는 강하다.
모든 것에는 음과 양이 공존하는 법이다,

여자의 사주가 ☞ 신약하면 시부모를 잘 모시고 ,☞ 강하면 시부모를 잘 모
시지 않는다는 말인데 물론 맞는 말이기도 하지만 지나친 틀에 얽매인 논리
다. 가진 것이 충분할 경우, 여건이 편안할 경우 누구든지 다 잘 할 것이다.
없으면 마음은 있어도 능력이 안 되니 하다못해 선물 하나도 변변히 마련을
못하는 것이다, 용돈은 물론이고 그러다보니 본의 아니게 못된, 못난 며느리
가 되고 사위가 되고, 자식이 되는 것이다.

여기서 논하는 ☞ 강약의 기준은 심성을 위주로 보는 것이다. 반대로 생각을
하여보자. 신약의 경우 어떨 것인가?

◪ 신약의 경우도 여러 종류가 있다.

◉ 식상이 과다하여 신약이 될 경우.
자손 키우느라 정신이 없다, 그러다보니 남편에게도 자연 눈 돌아가는
시간이 적어진다. 자손으로 인하여 자연 가정에 불화가 야기된다.
이런 상황인데 요즈음 세상에 다소곳이 시부모에게 지극정성을 드리겠
는가?

유교적인 논리에 집착을 하다보면 그래도 그리하여야 한다. 참아야한다, 참아야
한다. 그것이 진리요, 가는 길인 것이다. 물론 맞는 말이다, 그러나 지나친 비
약이라는 논리가 요즈음의 추세요, 현명한 판단이다.

지금은 무조건적인 희생이 아니다, 공생이다 그야말로 공생의 시대인 것이다.
그리하는 것이 도리요, 인지상정이거늘 그것이 어디 그리 쉬운 일인가? 다 남의
말은 쉬워도 정작 본인이 당하여보라 어떤가?

◉ 실전사주의 예 ◉

乙	戊	辛	辛
卯	申	卯	酉

◨ 戊土 일주의 사주이다. 상관인 金氣가 강하다.
상관이 천간에 투출하여 있고, 뿌리가 확실하다.

◉ 財(재)와 官(관)이 旺(왕) 하여 사주가 신약 할 경우는 어떠할까?

◪ 일일이 사주의 예를 들지 아니하여도 이미 답은 당연한 것이다. 시부
모와의 관계이니 해석도 그 방향으로 하여보자, 여성에게 財(재)는 시댁이
요, 시어머니인데 官(관)은 남편이요, 양쪽의 기운이 왕 하여 힘들어 죽
겠는데 어찌 잘 모시겠는가? 그러나 잘 모시는 분들도 계신다, 주변에서 하
는 말이 어떨까?
다 지 팔자야, 착한 며느리야, 또 어떤 이는 뭐 하러 그리 살아?------ 요
즈음은 시부모가 알아서 떠나보낸다. 아가야 힘들지 너희들끼리 나가서 살
아라. 하면서 분가가 우선인 시대다.

이제 유교적인 논리는 떠난 세상이다. 그것이 정도인줄 알면서도 지키기가 힘들
어진 세상인 것이다. 답답하게 사는 인생이란 소리만 나오는 것이다. 너무나도
개인적인 이기주의의 만연인 것이다. 그래도 최대한의 적정선은 찾아야 할 것이
다. 그것이 바로 중용인 것이다.

♣ 서로를 이해하고 상대방의 입장에서 생각을 하면 답은 나오는 것이다.

◉ 실전사주의 예 ◉

庚	丁	庚	壬
子	酉	戌	子

◀ 丁火일주의 사주이다.
　　財, 官이 왕 하여 신약한 사주.

⬆ 丁火 불꽃을 피우기가 너무 힘들다. 그러면 身强(신강)일 경우는 어떠할까?

➡ 신강인 사주는 일단 기운이 왕 하니 내 주장이 강할 수밖에 없다. 남편이 아내의 눈치를 살펴야 한다. 신약일 경우는 여성이 기운이 딸려 제대로 대들거나 따질 여력이 없다. 그러나 강한 아내는 그 반대다.

남편 알기를 우습게 안다. 官(관)인 남편의 통제력이 미치지가 않는다.財(재)인 시댁도 섣불리 건드리기가 힘들어진다. 자연 며느리의 가권이 왕성하여 흔들림이 없이 가정의 진로를 선택하게 되는 것이다.

➡ 좋은 쪽으로 생각을 하여보자, 능력이 있어야 부모 모심에 있어서도 풍족함이 보인다. 물론 꼭 그렇다는 것은 아니지만 있는 것이 없는 것 보다는 훨씬 좋다는 표현이다.

孝에는 물질보다는 마음이 중요하다는 것을 먼저 한 후의 얘기이고, 본문에서 즉 231,232번 모두 물질보다는 정신이 앞선다는 기준을 설명한 것이다. 印綬(인수)는 항상 財(재)의 유혹과 핍박을 받으니 그에 대한 설명이고,

➡ 財(재)란 인수에 비하면 하찮은 존재인 것이다. 배부른 돼지와 배고픈 소크라테스의 비유를 생각하며, 항상 중용을 겸비하자. 그렇다고 이도 저도 아닌 것은 아닌 것이다.

◉ (실전사주의 예) ◉귀여운 자식 매로 다스려라.

丁	丁	癸	丙
未	巳	巳	辰

◀ 자기 자식이 귀하지 않은 사람이 어디 있겠는가?
　　딸자식 예쁘다고 키워 놓았더니. 이제는 모든 것이

⬆ 제멋대로다. 부모의 통제가 어려운 사주이다. 식구들 간에 말싸움에는 당하지를 못한다. 성격도 대단하여 접근이 금지다, 과연 어른들을 잘 모실 런지가 걱정이다.

◉ (실전사주의 예) ◉:사주가 지나치게 강해도 흠이 된다.

壬	癸	辛	甲
子	酉	未	子

◀ 癸水 일주의 사주인데, 身强(신강)한 사주이다.
교원 임용시험을 앞두고 있는 사람의 사주이다.

233.
年月財官 正印星은 富貴家門 出生되고
地殺驛馬 놓인者는 親庭멀리 떠나산다.
연월재관 정인성은 부귀가문 출생되고
지살역마 놓인자는 친정멀리 떠나산다.

◘ 年 月 財, 官 正印星(연 월 재, 관 정인성)----------년과 월에 財(재)와
官(관)과 印星(인성)이 즉 三奇(삼기)가 잘 구성이 되어 있으면, 즉 喜神(희신)
이나 用神(용신)처럼 반가운 존재이면, 그 역할을 충분히 하여주니 그것이 다
조상의 음덕이요, 그러하니 출생 시 부터 복을 받고 태어난 것이다.

☛ 윗대 즉 부모의 德이 있고 재물이나 모든 면에 있어 어려움을 모르고 출생의
기쁨을 만끽하는 것이고, 반대로 財나 官이 殺의 역할을 하게 되면 똑같은 재와
관이라 하여도 본인 에게는 凶(흉)으로 작용이 되니 초년 宮(궁)이라 날 때부터
어려움의 시작이 된다.

☛ 地殺(지살)이나 驛馬(역마)가 갖추어진 이는 친정을 떠나서 멀리 산다고 하
였는데 친정은 나의 본거지 즉 고향이요, 원적이 있는 곳이니 가까이는 타 지역
이요, 멀리는 이국땅도 된다.

◉ 사주의 예 ◉: 지살과 역마에 대한 개념.

0	辛	丙	甲
0	酉	寅	午

◀ 년, 월에 財, 官을 놓고 있다.
☛ 인수가 없어도 일단 二德은 겸비다.

◉ 여자가 멀리 간다 함은 결혼을 하여 본거지를 정함으로 보는 것이 타당하다.
물론 다른 연유 즉 가족이 전체가 이동을 하는 경우도 있지만 개인의 입장에서
보므로 친정이라는 표현을 한 것이다.

☛ 어머니는 인수라 나의 모태이므로 인수의 놓인 위치에 따라 해석이 각각 나
오게 된다.

➡ 용신의 작용을 할 경우는 내가 항상 필요로 하고, 地支(지지)에 확실히 자리
를 하고 있는 경우는, 더더욱 그 작용이 강하여 항상 가까이 하게 되므로 여러

현상이 나타나는데, 일지에 인수를 놓고 있는 경우는 몸은 시가에 있어도 마음은 항상 친정이라 심하면 몸도 친정으로 가게 되니 따라와-------- 하다 안 되면 홀로도 강행군을 하게 되니, 이혼도 툴사하그 시시콜콜 모든 것을 친정과 의논하며 매사를 결정하게 된다. 이러한 성향의 여성은 배우자를 선택할 때 신랑쪽이 식구나 친척이 별로 없는 사람을 선택함이 좋을 것이다.

친정집의 의존이 싫은 남성은 역마나 지살이 있는 여성을 택하라, 여성의 입장에서는 본인의 사주에 역마나 지살이 있으면, 친정은 아예 큰 일이 있을 때나 본다고 생각을 하고 이웃사촌 가까이 하기에 신경을 쓴다.

◉ 실전사주의 예 ◉ : 여성과 친정과의 관계에 대하여

乙	壬	己	己
巳	寅	巳	未

◀ 月과 時에 역마를 놓고 있다.
친정과는 거리가 먼 사주이다.

234.	偏正財가 混雜하니 重拜媤母 하게되고 四柱中에 多印星은 媤母사이 不合한다. 편정재가 혼잡하니 중배시모 하게되고 사주중에 다인성은 시모사이 불합한다.

◪   偏正財가混雜하니   重拜媤母(편정재가   혼잡하니   중배시모)------------
正,偏財(정편재)가 혼잡하다 함은 정재, 편재가 둘 이상 이라는 설명인데 정(正)이 많으면 편(偏)의 작용을 하는 것이 당연한 일인데, 혼잡이니 당연히 편재의 기운이 강하다고 보아야한다.

◉ 重拜媤母(중배시모)----시어머니를 두 분 이상을 모시는 것을 말함.
여성의 경우 시집살이는 財(재)가 기운이 강한 경우에 나의 기운이 財를 꺾지 못하므로 인하여 나오는 말이다.

여성의 경우 ☛ 財(재)는 시어머니이니 시집이 되기도 한다, 일주인 내가 강하여 능히 財와 기운이 견줄만하면 서로 편안한 삶이 이루어지는데, 어느 한 쪽이 기울게 되면 강약이 생기게 마련이다.

◉ 日主(일주)와 財를 보는 것은 나와 시댁과의 관계이고, ☛ 친정과 시댁과의 관계는 인수와 財와의 관계를 살펴보면 된다.☛ 財(재)는 시댁이요, 印綬(인수)는 친정이다. 사돈지간이라도 통상적인 관계로는, 친정은 항상 시댁의 氣에 눌리게 되어있다. 財는 항상 印綬를 극하므로.

☛ 왜냐하면 자기 딸의 모든 의, 식, 주를 사위가 책임지어주니 자연 친정에서는 이보게 사위 우리 딸 잘 부탁 하네 로 이야기가 이어진다.

그러나 이것도 시대가 바뀌고 보니 이야기의 전개가 재미있어진다. 사위가 사위노릇을 제대로 해야 우리 자식이 고생을 안 하지 ,남의 자식 데려다가 고생 시키려면 일찌감치 돌려보내 이 사람아 ! 자네 우리 자식 고생 안 시킬 자신이 있나?

☛사위도 처가의 눈치 보기가 바쁘다. 농촌으로 시집가기를 기피하여 동남아 , 러시아, 중국, 베트남--------등등의 해외결혼이 이어진다.
바야흐로 남성 시련기 인가? 능력 있는 자만이 살아남는 생존경쟁의 시대인 것이다. 적자생존의 원리인 것이다. 편안함을 즐기는 이유다.

◉ 인수가 강한 며느리를 보자, 인수가 강하니 배움도 많으니 財가 약하면 시어머니를 우습게 본다, 내가 많이 배웠으니까, 또 기운이 강하니까, 반대로 인수가 약한 신약의 며느리를 보자.

▶ 財多身弱(재다신약)의 며느리이니 금전적으로도 가난한 며느리다. 누구 네는 며느리가 시집올 때 -------운운하면서 핍박이 시작된다.

☛ 고로 궁합은 꼭 보라 시집가서 곤욕을 치르면서 울고불고 하지 말고 말이다.

◉ 사주의 예 ◉: 본인도 지나면 시어머니가 된다.

0	丙	庚	0
0	寅	寅	亥

◀ 丙火 일주의 사주이다. 인수가 튼튼하다.
財인 庚 金은 인수인 木에 휘둘려 약하다.

♣財印鬪爭(재인투쟁)으로, 시어머니와 不合한다.

▶ 시댁 즉 시어머니를 본다면 뿌리가 약하다. 며느리인 丙火자신은 인수가 왕하여 일주인 본인이 강하다. 고로 배운 것도 많고 똑똑한 것이다. 이 집에서 가정의 평화를 원한다면 시어머니는 며느리인 丙火에 게 많은 것을 양보하여야 한다. 고부간에 문제가 생겨도 시어머니는 꼼짝을 못 한다

▶ 시어머니인 庚 金의 입장에서 보면 財인 木이 널려있다. 고로 욕심은 무척 많은 것이다. 그러나 뿌리가 없고 기운이 약하다. 전부 다 그림의 떡이다. 모든 것은 며느리인 丙火가 관리하는 것이다.

235.
四柱中에 錯差殺은 夫家零落 하게되고
財官印이 合身하면 親庭父母 모시리라
사주중에 착차살은 부가영락 하게되그
재관인이 합신하면 친정부모 모시리라.

◈ 錯差殺(착차살)에 대한 설명이다. 착차살(錯差殺)이란 무엇인가? 착차살이란 음, 양을 합하여 陰陽錯差殺(음양착차살)이라고 하여 陰錯陽差殺(음착양차살)이라고 한다.

이 살의 작용은 여자의 경우➡ 시댁이 폭삭 내려앉듯 망한다는 흉살로 본문의 표현 그대로 남편 집, 즉 시가 쪽이 ➡ 零落(영락)------수저하나 남김없이 쫄딱 망함을 말한다. 흔히들 말하기를 영락없어 라는 표현을 쓰는 것을 자주 접하게 되는데, 예를 들어 닮음을 비교할 때 영락없다 하게 되면 닮은 정도가 거의 빼어 닮음을 이야기하듯 영락이라는 표현이 들어가게 된다. 표현에 따른 뜻을 잘 이해하여야 한다.

➡ 잘못된 표현 중 영락과 같은 의미는 ➡ 片瓦未留(편와미류)라 하여 깨어진 기왓장 조각 하나 없이 깨끗하게 거덜 나는 것을 말한다.
◈ 남성의 경우는 외삼촌 이 고독하다는 표현으로도 사용한다. 이의 종류는 12 종류 인데 크게 작용은 않으니 의존도가 약하다. 참고로 기술하니 살펴보기 바랍니다.

◉ 음착양차살(陰錯陽差殺) -----12종류----◉

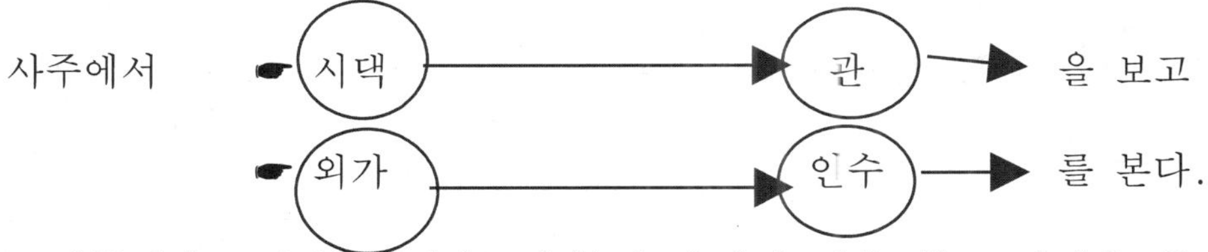

丙	丁	戊	戊	丁	癸	癸	辛	辛	壬	壬	丙
子	丑	寅	申	未	巳	亥	卯	酉	辰	戌	午

➡ 이 살의 작용은 크게는 안 된다. 맞기도 하고 안 맞기도 하니 알고만-----

사주에서 ☞ 시댁 ──────▶ 관 ──▶ 을 보고

☞ 외가 ──────▶ 인수 ──▶ 를 본다.

☢ 사주에서는 生剋制化(생극제화)가 우선인 것을 알고 이것을 참고삼아서 보자.

◉ 여성에 있어서 財와, 官은 남편과 시어머니가 되는데 합이 든다 함은, 한 지붕 밑에서 사는 것이다. 여성의 경우는 시어머니를 모시고 사는 것이 된다.

▣ 財, 官, 印 (재, 관, 인)이라고 하면 여기에 친정어머니 까지 가세가 되는 것이다. 예전에도 이런 경우는 드물었지만 가끔씩은 뉴스에 오르기도 한다. 참으로 다복한 가정일 것이다. 물론 나름대로의 사정이야 있겠지만 일단은 드문 경우이다.

◉ 사주의 예 ◉ :엄마 찾아 삼만리

壬	丁	0	0
寅	亥	0	0

◀ 丁火 일주의 사주이다. 亥중 壬水가 官(남편)이다. 時支의 寅木은 인수로 친정이 된다. 官과 印受가 合

이 되어 인수가 되어버린다. ▣ 결혼 후 당분간은 각자가 살아도 나이가 들면서 모시고 사는 경우가 되는 것이다. 물론 처음부터 사는 경우도 있으나 일과 시에 있으므로 그리 본 것이다.

이런 여성은 시집가기가 힘들어진다. 친정어머니 모실 신랑감을 찾자니 힘이 드는 것이다. 본인 자신이 어머니와 덜어지기가 힘이든 것이다.

◉ 사주의 예 ◉ :그늘에 가려 빛을 보기가 힘들다.

0	己	丙	甲
0	0	0	0

◀ 己 土 일주인데 남편은 年 干의 甲이다. 어머니는 자연 月 干(월간)의 丙 火가 된다.

⬆ 甲木 남자가 己土인 여자를 만나려면 중간에 있는 丙火(어머니)를 통해야 한다. 木生火, 火生土 하여 위에서 아래로 이어지므로 결국은 어머니의 눈에 들어야 여자를 만날 수가 있는 것이다.

☛ 결론은 어머니가 여자의 배우자를 선택하는 것이므로 결혼을 하기가 힘들어진다는 이야기다.

0	己	丙	0
0	0	寅	0

◀ 위의 설명의 연속이다. 이 경우는 어떨까? 이럴 때는 훨씬 낫다. 중간에 어머니를 통하는

것은 똑같다. 그러나 친정어머니 丙 火와 남편감인 (寅 의 지장간---- 甲 木)과는 한 기둥에 있어서 일맥상통한다. 甲 木이 어머니와 뜻이 잘 통하여 크게 염려할 것이 없는 것이다. 사위가 장모의 비위를 잘 맞춘다.

◉ 사주의 예 ◉: 가까이 하기에 너무 먼 당신

0	己	丙	0
寅	0	0	0

◀ 이런 경우는 어떨까? 위치가 바뀌어 있다. 흐름이란 항상 순리가 원칙이다.

⬆ 물이 역류를 하고 흐름이 이상해진다. 木生火(목생화) 하기가 여간 힘이드는 것이 아니다. 거리가 너무나 멀고 흐름이 역으로 이어진다.

서로가 상생의 길을 걸어야 하는데, 갈 길이 너무 험난하다. 인중 甲木은 지쳐서 가기도 전에 나는 못해요 하고 손을 든다. 己土(기토)인 여성은 결혼을 하기가 힘이 들어지는 것이다.

➡ 대운에서 인수인 어머니가, 나의 자리인 日支(일지)로 합을 하여 들어오면, 친정부모를 모셔야 한다는 설명이다.

➡ 다른 육친의 예를 들어보자 만약에 형제인 비견이나 비겁이 들어온다면 어떨까? 그때는 형제들을 도와주어야 한다는 설명이다. 물론 같이 지낼 수도 있지만 가까운 식구들의 경우는 일시적으로 같이 생활을 할 수도 있고 크게 도움을 주어야 할 정도의 형편이 되기도 하는 것이므로 해석에 융통성을 발휘하기를 바란다.

236.
| 官印同臨 合身하면 나의母親 助戀하고 |
| 月과官이 形冲戀愛 父母兄弟 妨害한다. |
| 관인동임 합신하면 나의모친 조연하고 |
| 월과관이 형충연애 부모형제 방해한다. |

◈ 官印 同臨 合身(관인 동임 합신)---------官은 남편이요, 인수는 어머니 인데 같은 자리에 있다함은 동석이니, 결국은 전부다가 나를 위하는 결과가 되는 것이니 이 아니 좋을 손가? 또한 관인상생으로 이어지니 모두가 나의 힘이 되어 준다.

◉ 月과 官이 形冲戀愛 父母兄弟 妨害(월과 관이 형, 충 연애 부모형제 방해)-----월과 관이 형, 충 한다 함은 서로가 충 하거나 형살에 임한다는 말인데, ➡ 월은 나의 부모 자리요, 형제의 자리인데, 집안의 반대가 심하다는 이야기가 되는구나. 그러면 대운, 세운에서 관을 충 하거나 형살에 임할 경우는 어떻게 해석을 하여야 할까?

◉ 각각의 육친에 따른 해석을 하면 될 것이다. 만약 비견이나 비겁으로 인한 경우는 어떠할까?

➡ 형제나 친구 또는 가까운 사람으로 인하여 남편과의 불화가 발생하게 되는 것이다. 결국은 믿는 도끼에 발등을 찍히는 상황이 오는 것이다.

이런 운에는 특히 ➡ 금전의 거래라든가, 언행 기타 몸가짐에 항상 주의하여야 한다. 별것 아닌 것이 발단이 되어 결국에는 커다란 화근으로 변하는 경우가 종종 생기므로 조심하여야 한다.

◉ 사주의 예 ◉:사랑도 죄 인가요?

0	己	0	0
寅	0	申	0

⬅ 己土인 여성이 시지에 있는 寅중의 甲木이 남자다. 결혼을 하려고 하는데 월지의 申金 어머니가 寅申沖

⬆ (인신충)으로 결혼을 반대한다. 이유는 무엇일까? ☢ 남자가 時支(시지)에 있으므로 연하의 남성이다.

☢ 비견과 비겁이 관을 충 하는 운, 원래 비견과 비겁은 官의 剋을 받는다. 그런데 그것이 아니고 오히려 충을 할 때가 있다.

☢ 미혼일 경우는 형제들의 반대가 심하여 결혼이 성사가 힘든 것이고, 기혼일 경우는 형제로 인하여 문제가 야기되거나 부추김으로 인하여 서류에 도장을 찍니, 안 찍니 하는 소리가 오간다. 이때 남편은 처가의 식구들의 등살에 곤욕을 치른다.

237.
```
比肩星이  沐浴暗合  風流媤父  속썩이고
偏正官이  作合하니  시누동생  再婚하네.
비견성이  목욕암합  풍류시부  속썩이고
편정관이  작합하니  시누동생  재혼하네.
```

⬇ 육친관계를 살펴보자

◉ 여성을 기준으로 하여보는 육친관계

☞ 비견,겁----시아버지,---남편은 官인데 ,官이 극하는 것은 아버지
　　　　　　　　　　　이므로 남편의 아버지이니 시아버지

☞ 정관-----시댁의 형제---정관은 남편인데, 남편의 형제

☞ 재성------시어머니---- 官인 남편을 生하므로

☞ 편관-----시누이-----남편이 정관이므로, 여자 형제는 편관이 된다.

◎ 우선은 比肩 星(비견 성)을 분석하여보자.

비견 성(星) 하게 되면 남성과 여성의 경우 기본사항은 같지만 약간의 차이점이 드러나는데 본문의 경우는, 기혼자 위주이니 기혼자 특히 여성의 경우로 살펴보자.

우선 비견, 비겁이니 財를 극하므로 ➡ 財는 시어머니라 결국은 시아버지가 된다. 沐浴暗合(목욕암합)이라 함은 桃花暗合(도화암합) 이라는 말인데, 결국은 풍류, 바람피우는 것이 아닌가?

◉ 사주의 예 ◉: 풍류는 나이도 없나요?

庚	乙	甲	己
0	0	午	0

◀ 乙木 일주의 사주이다. 시아버지는 甲木이 된다. (비견성이 시아버지인데, 음양이 반대인 남성이므로)

☢ 왜 풍류가 심할까?

월지의 午중 己土가 시아버지에게는 財가 된다. 甲己合(갑기합)이 이루어진다. 천간으로 年干(년간)의 己土와 합이 이루어진다.

☞ 천간의 합은 공개적인 합인데, 지지의 己土와는 暗合(암합)이므로 바람을 피우는 것이다.

◉ 정관은 남편이요, 시동생도 되고 편관성은 시누이 인데 作合(작합), 합을 이루니 좋게 얘기하면 연애결혼이요, 한 다리 건너면 풍류가 있다는 설명이 되는데, 이성관계의 풍류는 자연 재혼으로 이어지게 된다. 지나친 이성 관계나 재혼 역시 심사가 괴로운 사항들이 아닌가?

◉사주의 예 ◉:사는 것도 다 지 팔자지 뭐.

庚	乙	辛	0
0	巳	巳	巳

◀ 乙木 일주의 사주이다. 남편은 庚金이다. 辛金은 편관이므로 시누이가 된다.

⬆ 시누이의 남자가 많다. 년, 월, 일의 지지인 巳를 보면 지지에 丙火가 각각 다 있다. 혼자서 셋을 다 감당하려니 얼마나 바쁘겠는가? 참으로 대단한 여걸이다.

⬆ 丙辛合(병신합)이므로 암합이니 풍류요, 바람인 것이다.

238.
甲乙日生 媤母님은 忍忍自中 順直하고
丙丁日生 媤母님은 性質燥急 쟁쟁하다.
갑을일생 시모님은 인인자중 순직하고
병정일생 시모님은 성질조급 쟁쟁하다.

◉ 甲乙日生 媤母님은 忍忍自中 順直하고(갑을일생 시모님은 인인자중 순직하고)--------------갑을 일생이라 함은 木일주의 설명인데 시어머님이 木일주이면 심성이 은인자중이라 참을성이 많으시고 심성이 순박하시다는 목일주(木日主)의 특성을 설명하고 있다.

➡ 丙丁日生(병정일생)이라 火(화)일주의 특성을 설명하니 성격이 급하고 매사가 빨리, 빨리 이니 침착성이 결여되니 실수가 연발이고, 상대방을 이해하는 아량의 부족도 겸비되고, 목소리가 크니 대화를 하여도 마치 싸우는 것과도 같이 느껴지게 된다.
원래 빠르기로 따지자면 金이 획획 하는 식으로 제일인데, 火일주가 火剋金(화극금)하여 열을 받으니 자연 성격이 조급하여질 수밖에 없는 것이다.

➡ 木일주일 경우는 木剋土(목극토) 하여 참을성을 자꾸 더 눌러대니 오직 참아라, 참아 로 연결이 되니 느긋해질 수밖에 없어진다.

239.
눈에들면 그만인데 한번비위 거슬리면
다시맡기 힘이드니 조심하여 奉養(봉양)하소

◉ 시부모님도 부모님인데, 자식이 눈에 차지 않고 마음에 안 든다고 나 몰라라 할 수는 없는 일인데 표현이 약간은 거칠다. 며느리가 무슨 식모나 비위 맞추기 위하여 시집 온 것도 아닌데, 생전에 무슨 업이 많아 웃어른의 비위를 맞추며 살아야 하는가?
윗사람은 윗사람 데로 아랫사람의 고충을 이해하고 토닥거려 주어야 하고, 힘든 일이면 서로 도와 그 노고를 치하할 줄 알아야 하는 것이 인지상정이라 윗사람의 역할이 더 힘든 것이다.

◈ 무조건적인 복종은 지나친 인권의 유린이다. 요즈음 세상을 보라 시어머니가 오히려 며느리의 눈치를 보는 세상이 아닌가?
자식도 며느리와 합세하여 우리끼리 편하자고 하는 세상인데, 그저 부모는 뒷바라지나 열심히 하다가 조용히 살다 가시라는 부도덕한 면도 보이는 세상인데 참으로 얄궂은 일이다.
여성의 경우 며느리의 입장에서 시어머니는 財가 되고, ➡ 시어머니의 입장에서 며느리는 官이 된다. 이 관계를 연관 지어서 살펴보자.

시어머니는 웃어른이니 며느리인 官을 생하게 되어있다. 그런데 財가 官을 생하여 주지 아니한다면 官은 자연 일도 못하고, 또 아니하니 게을러지고 속만 썩이게 된다. 반대로 財가 官을 제대로 생하여 보라 官인 며느리가 신이 나서 일을 열심히 하고 어려운 일이 있으면 해결사의 역할을 자원해서 나선다.

➡ 官이 열심히 하니 財인 금전도 자꾸 불어나게 되고, 그러니 집안이 화목하여지고 문서가 자꾸자꾸 늘어나 불어나고, 웃음이 가득하니 집안의 경사요, 좋은 일만 생기지 아니 하겠는가? 그것이 가정의 화목이요, 행복이요, 근본이 아니겠는가?

◉ 財가 예를 들어 木이라고 하자, 그러면 官은 火가 되는데 木이 습목이 되어 木生火(목생화)를 제대로 못한다면 이 집안은 財生官(재생관)이 제대로 이루어지지가 않는 것이다. 그러면 財(시어머니)의 입장에서는 마음은 굴뚝같은데 여건이 따르지 않으니 답답할 것이다.
이럴 때는 며느리가 솔선수범하는 방법이 답이다. 내가 알아서 처리하여야 하는 것이다. 환경을 탓하지 말고 내가 열심히 하는 것이 최선인 것 이다. 사주가 여건이 좋지 않은데도 성공하는 사람들의 차이가 바로 이것인 것이다.

➡ 운에서 따라줄 때 놓치지를 않는 것이다. 누구나 운은 오게 마련이다. 그것이 언제고 자주냐? 아니면 드문가의 차이인 것이다. 평생 운이 안 온다는 사람도 있지만 그것은 지나친 과욕인 것이다. 작아도 사람에게는 누구나 기회는 다 오는 법이다. 그것이 명리의 지론인 것이다. 그것을 제대로 판단을 하고 ,옳게 구별을 못하니 그러는 것이지 복은 항상 내 눈앞에 있다,

➡ 전화위복이라는 말을 생각하여보라 음과 양의 법칙인 것이다.

◖ 오행별로 그 특성을 살펴보기로 하자.

⬇ 며느리의 경우에서 살펴보기로 하자.
◉ 木 (목)일주일 경우
 土(토)가 財가 되므로 자연 시어머니는 인내하고 참을성이 많으신 분을 만나게 되는 것이다. 순직하고 우리 것이 좋은 것이여 하시는 스타일이다. 시어머니의 입장에서 보면 官(관)이 며느리이므로 조용히 관망하시던 스타일에서 며느리가 들어오고 부터는, 나름대로의 주장을 펴기도 하시고 매사에 앞장을 서시게 된다. 집안일은 우리 며느리가 알아서 다하는데 뭐 하면서 그동안 계획하고 해보고 싶었던 일을 추진한다.

◉ 火 (화)일주의 경우
 金(금)이 財가 되므로, 시어머니는 금이다. 한번 틀어지면 그만이고, 믿으면 평생 동지가 되는 것이다. 며느리 또한 성정이 화끈하여 서로가 성격이 어울리

기만 한다면 금상첨화다. 반대로 틀어지면 골치가 아프다. 어머니 우리 연극구경 한 번 갈까요? 아범이 표를 일부러 두 장 구해왔어요, 그래요? 예 어머니 하면서 슬슬 열을 달구어주면 무겁던 몸을 이끌고 그래 어디 한 번 가 볼까? 하고 나서신다. 이 집안은 며느리의 역할이 문제다. 모든 것은 며느리의 처신에 딸린 것이다.

▶ 항상 여유를 가지면서 매사를 처리하면 되는 것이다.

◉ 土 (토)일주의 경우

水(수)가 財가 되므로 시어머니의 심사를 알기가 힘들 경우도 있고 반대로 속이 빤히 보이는 경우도 있다. 그것은 시어머니의 사주의 강약에 다라 달라지므로 일단은 마음대로 다니기를 좋아 하시는 분이니 시어머니와는 같이 있는 시간이 별로 없게 되므로 같이 있는 시간에는 대화가 필요하다.

며느리는 가만히 있어도 즐겁다 시어머니가 바지런하므로 때로는 피곤도 하겠지만, 며느리의 입장에서는 그것이 편할 수도 있다. 단 ▶ 며느리가 게으르다면 참으로 피곤해진다. 모두가 장단점이 있는 것이므로 항상 그것을 염두에 두면 참으로 편하여진다.

◉ 金 (금)일주의 경우

財가 되는 것은 木이므로 가꾸고 다듬어야한다. 어머니 화장부터 맵시까지 며느리가 코디가 되어야한다. 그러면 집안이 편해진다. 시어머니를 이길 수야 있겠지만, 억지를 부리다간 역효과가 나온다. 매사를 조금씩 진행을 하여야한다.

▶ 집안에 화초가 있으면 매사가 잘 어울린다. 자녀가 많은 것도 좋다.

◉ 수 (水)일주의 경우

火(화)가 財가 되므로, 시어머니의 조급함을 다루어야 하는데, 재가 강한 경우는 水기가 증발이 되므로 시어머니의 낭비벽에. 일거리의 많음에 항상 분주하게 되고 좋은 소리 못 듣는 상황이 생길 수도 있다. 반대로 ▶ 시어머니가 약할 경우 지나친 기의 발산을 주의하고 항상 마음을 열고 상대와 대화의 시간을 많이 갖도록 하는 것이 최대의 관건이 되겠다.

240.
戊己日生 媤母님은 活發하고 시원하나
過度하면 허전하여 긴장性이 결함이라.
무기일생 시모님은 활발하고 시원하나
과도하면 허전하여 긴장성이 결함이라.

◈ 戊己日生(무기일생)이라 하면 土일주라 財(재)는 水(수)가 되므로 흘러야 썩지 않는 법 동서남북으로 자유분방하게 돌아다니시는 것이 좋다. 성격도 꽁하는

성격이 아니라 뜻만 통하면 만사가 형통이라. 지나치면 흐르다보니 주체를 못하니 ➡ 경망성이 드러나 ,조심성이 부족이라 이성문제로 신경이 쓰일 수도 있다.

요즈음은 평균 수명이 늘어 연세 드신 분들의 이성과의 관계도 무시 못한다. 이상한 쪽으로의 생각은 금물이고 대인관계의 원만성을 생각하고 ,친구들과의 어울림과 운동에 치우치도록 하여야한다.

241.
그러해도 뒤는없어 理解性이 많으나니
白熱湯에 點雪같이 즉각즉각 풀리도다.
그러해도 뒤는없어 이해성이 많으나니
백열탕에 점설같이 즉각즉각 풀리도다.

◎ 본문의 설명은 火(화)일주의 특성을 설명하는 것이다. 성격이 불과 같다보니 화도 금방내고 풀어지는 것도 금방이라 ➡ 화끈한 성격이니 우물쭈물 보다는 속전속결에 당당함이 최고다.

뜨거운 물에 눈이 녹듯 언제 그리하였냐는 듯이 오히려 편안 할 수도 있는 것이다.

242.
庚辛日生 그媤母는 뚝뚝하기 짝이없어
融通性이 없지마는 始綜一貫 長點있다.
경신일생 그시모는 뚝뚝하기 짝이없어
융통성이 없지마는 시종일관 장점있다.

◎ 庚辛(경신)일주라 함은 金일주라, 財는 木이라 무뚝뚝하기는 하나 시종일관 변함이 없어 일관성은 좋다. 다소 융통성이 부족한 면이 보이기는 하나 다듬을 수록 진국이구나. 木이라 장작개비의 특성이 그대로 보이니 속된 말로 멋대가리는 없어도 변함은 없구나.

243.
壬癸日生 基媤母는 조금수다 걱정인데
過度하면 神經質氣 朝夕으로 변덕이라.
임계일생 기시모는 조금수다 걱정인데
과도하면 신경질기 조석으로 변덕이라.

◎ 壬, 癸日生(임, 계 일생)이면 水(수)일주라, 財(재)는 火(화)라 반짝반짝 화려한 것을 좋아하고, 항상 남보다 튀어야 사니 자연 말이 많아지고, 어찌 보면 수다스러워 보이기도 한다.

➡ 火기가 지나치면 정신이 없을 정도로 변덕이 심하니 옆의 사람들이 피곤하구나. 이랬다저랬다 하니 그 뜻을 맞추기가 여간 어렵지가 않구나. 지나치면 조용한 곳으로 모셔야 할 정도 이다.

244.
四柱食神 財格者는 飮食솜씨 과연좋고
김치장맛 亦是좋아 隣近間에 칭찬이라.
사주식신 재격자는 음식솜씨 과연좋고
김치장맛 역시좋아 인근간에 칭찬이라.

◎ 四柱食神 財格者(사주식신 재격자)----------사주에 財가 많으면 여자는 음식솜씨가 좋다. 식신과 합을 이루면 요식업, 식품업으로의 진출도 괜찮다. 財局(재국)을 이루면 다른 면으로 볼 때 안 좋은 면도 있지만 음식솜씨 하나는 끝내준다.
☞ 시어머니가 이럴 경우는 장은 신경을 안 써도 된다. 요리는 무조건 배우면서 하면 시어머니도 좋아한다.

➡ 食神(식신)이 잘 구성이 되어 財를 生하고 흐름이 좋으면 그 인기 또한 좋다. 특별한 재료를 넣지 않아도 맛이 있다고 이구동성이 된다. 지나치면 화근이 되듯 너무 솜씨가 좋아도 이리저리 불려 다니느라 정작 제집의 장은 담그기가 힘들어진다.

245.
傷官生財 財局者도 飮食솜씨 有名한데
食傷財空 刑冲病死 飮食맛이 그리없다.
상관생재 재국자도 음식솜씨 유명한데
식상재공 형충병사 음식맛이 그리없다.

◎ 사주에서 제일 꺼리는 것이 바로 파격의 사주이다. 다 된밥에 코 빠트리는 격이다. 구성이 잘되어 있는데 刑, 冲, 破, 害나 空亡(형, 충, 파, 해, 공망)이 되 면 이건 사람 환장할 노릇이다. 솜씨는 있는데 간이 짜지거나, 향식료를 넣지 않아 음식을 버리기가 다반사가 된다. 꼭 뭐가 빠져도 하나가 빠지게 된다. 거기에 재가 病, 死, 墓宮(병, 사, 묘궁)에 임하면 음식솜씨는 물 건너 간 것으로 보아야한다, 비싼 재료 갖가지 다 넣어도 희한하게 실력발휘가 안 된다.

◘ 오행 별로 그 특성을 살펴보자.

◉ 木 일주일 경우--------財는 土-----------육류를 잘 다룬다.
◉ 火 일주일 경우--------財는 金--------게 요리, 갑각류 껍질 있는 것
◉ 土 일주일 경우--------財는 水------생선요리, 회, 자반요리, 젓갈류
◉ 金 일주일 경우--------財는 木--------칼국수, 우동기타 분식류
◉ 水 일주일 경우--------財는 火------매운탕류, 설농탕 등 주로 탕류

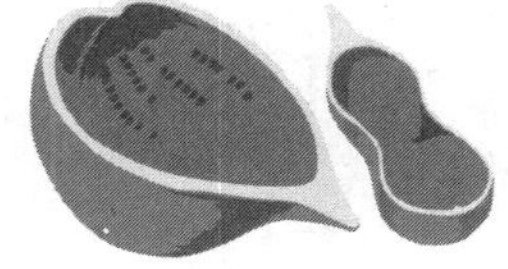

246.	四柱中에	刑沖波害	食器破損	有名하고
	四柱中에	財食合身	食器購入	欲心많다
	사주중에	형충파해	식기파손	유명하고
	사주중에	재식합신	식기구입	욕심많다

◘ 여자사주에 형, 충, 파, 해가 많으면 식기 파손이 많다고 하는데 여자가 부수고 망가트릴 것이 집안 살림 말고 무엇이 있겠는가? 그러니 자연 집안 살림 물건이 아닌가? 새로 사서 얼마 쓰지도 못하고 구형이 되어 바꿔야 한다, 물건을 살 때 안목이 모자란다는 이야기다.

➡ 식상이 부족한 경우도 동일하다고 보면 된다. 주변머리가 없으니 물건을 구입하여도 바가지 쓰기가 일쑤다. 어울려서 물건사면 꼭 필요하지도 않는데 사게 된다.

➡ 財와 식상이 合이 되면 살림살이 욕심은 주변이 다 알 정도가 된다. 물건에 대한 욕심이 워낙 많다보니 집안이 백화점을 방불케 한다. 매 월 한 번씩 여성의 행사시, 또는 스트레스가 쌓일 때 물건구매로 풀어 버린다. 홈쇼핑에 빠지거나 명품 구입에 몰두하여 헤어나지 못하는 여성들의 사주가 이런 형이 많다. 항상 지나치면 禍가 되는 법. 카드관리는 항상 주의를 하여야 한다.

➡ 財와 식상이 합이 되어 내 뿌리로 있으니 이건 항상 따라다닌다. 낭비벽에 도산의 경우도 생긴다.

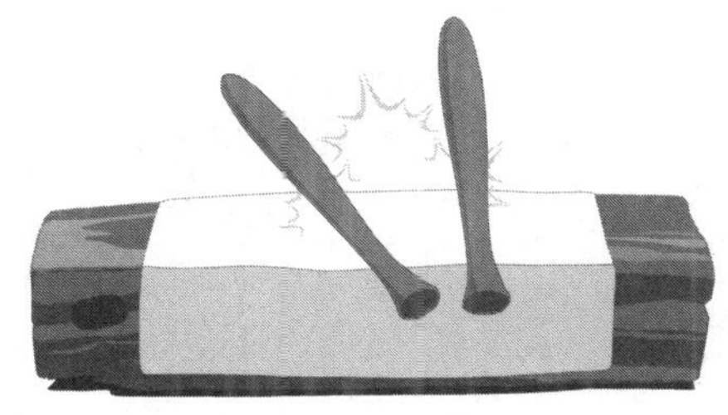

◉ 여성에게 있어서 남편의 존재가 차지하는 비중은 매우 큰 것이다.

◉ 여성의 사주에서는 官이 남편이 되는데, 관의 구성과, 질의 여하에 따라서 여성은 貴, 賤(귀, 천)이 구분이 되니 어찌 아니 중요하겠는가?

◉ 官은 여성에게 있어서 제2의 용신이라고 칭하는 이유도 이러한 연유에 기인하는 것이다. 남성, 여성 할 것 없이 관이 중요하다는 것은 세삼 강조할 필요도 없는 것이지만 여성에게 있어서는 더욱 그 존재가 중요한 것이다.

◉ 官(관)이란 처세의 길을 가르쳐 주기도 하고, 그릇의 크기도 말을 하지만 그 중요성은 여성에게 있어서 지대하다. 官의 운용에 따라서 달라지는 것이 여성의 팔자요, 운명이 된다.

247.
```
官星爲主 夫君이니 官星明郎 貴富되고
官星有制 官旺運에 富榮家富 豪華롭ᄃ
관성위주 부군이니 관성명랑 귀부되고
관성유제 관왕운에 부영가부 호화롭ᄃ.
```

◎ 官星爲主 夫君(관성위주 부군)---여자의 사주에서 관은 남편 궁이다. 남편 宮(궁)이 튼튼하고 실하여야 아내 또한 내조도 잘 할 수가 있는 것이다. 남편 궁이 지나치게 강하여도 여자 팔자는 고생문이 훤한 일이 되고 만다. 모름지기 지나치면 항상 화근이 되니 이 또한 팔자로 돌리기에는 너무 안타깝다.

▣ 官이 너무 왕 하면 여자가 주눅이 들어 기를 펴고 살기가 힘들다. 오죽하면 남편을 살해하는 아내까지 생기겠는가? 이것을 피한다고 밖으로 돌다보면 엉뚱한 관계로 발전하여 집안 꼴이 엉망이 되고 신세한탄을 하는 경우가 생긴다. 남자가 너무 많아도 탈이요, 없어도 탈이다.

◉官印相生(관인상생)이 되어야 좋은 명주인데 ,관성이 살아 숨 쉬고 항상 기운이 넘치니 집안의 기운이 넘치는구나. 여성 사주에서 관이 남편이 아니 되고 직장이 된다면 이 또한 지나쳐도 바람직한 것은 못된다. 자손 궁이 허해지므로 자연 자녀에게 등한시 하게 되니 교육상 좋지가 못하고, 흔한 것이 남자라 남자 알기를 우습게 아니 결혼도 늦어지고 그러니 자녀가 늦을 수밖에 요즈음은 30초반이 되어도 노처녀가 아니란다. 대다수가 결혼을 늦게 하니까, 우리나라가 세계에서 출산율이 최저라는 진기록을 세웠으니 이 무슨 황당한 일인가?

▣ 평균수명이 늘어나다보니 그것도 가하다만 이것은 분명 잘못된 일이다. 인간에게 부여된 가장 소중하고 성스러운 일 중의 하나가 종족번식의 의무인데 그것을 망각하고 낙태에 거기다 한 술 더 떠서, 출산율 저하라는 엄청난 일이 생겼으니 모두들 다시 한 번 재고하여야 할 때 인 것이다.

☞ 관성이 규제를 받고 있으면 그 制(제)하는 기운을 극하는 관성 운이 오면 관이 살아 생기가 넘치니 관성 운에 대발하여 집안의 기운이 넘친다. 고로 집안이 평화롭고 ,富貴兼存(부귀겸존)이 된다.

▣ 오행별로 남편을 보면 각각의 특성이 나온다.
▣ 木이라면 무뚝뚝하나 인정이 많다.
▣ 火 일주라면 성격이 급하고, 명랑하고, 거짓이 없다. 술버릇은 별로다.

◉ 사주의 예 ◉:서방님이 최고요, 하늘이다.

0	辛	丙	0
0	酉	寅	0

◀ 남편이 丙火이다. 官星明朗(관성명랑) 해당이 된다.
　　火운을 만나면 남편이 승진을 한다. 왜 일까?

⬆ 이 사주에서는 寅中의 丙火도 있다. 그러나 천간의 丙火가 똑똑하여 여자의 눈에는 다른 남자가 눈에 들어오지가 않는다. 더구나 合으로 인하여, 천간에 透干(투간)이 되어 있으니 더더욱 그렇다.

⬇ 官星有制 官旺運에 富榮家富 豪華롭다(관성유제 관왕운에 부영가부 호화롭다)왜 관운이 오면 남편이 잘되고 집안이 부자가 될까?

➡ 辛金일주의 여성에게는 丙火가 官이다. 이 관을 극하는 식상인 水가 많으면 어떨까? 官을 극하는 水운 즉 식상 운이 오면 官은 더욱 기운이 모자란다. 그러나 官의 기운을 보충하여주는 ☛ 官운이 온다면 식상을 극하면서 지출을 줄이고, 저축이 늘어나게 되니 자연 금전이 모여 부자가 되는 것이다.

248.	食神生財 羊刃有制 女命貴格 分明하고 財旺生官 만난者는 納粟秦名 틀림없다. 식신생재 양인유제 여명귀격 분명하고 재왕생관 만난자는 납속진명 틀림없다.

➡食神生財(식신생재)---------식신생재라 하니 식신이 財를 생함이요, ◉ 羊刃有制(양인유제)라 양인 다스리는 사주면 귀격으로 보고, 財가 기운이 왕하여 관을 충분히 생하니 관의 기운이 축적이 되고, 여유가 생기는구나. 식신생재라 하여도 신약으로 사주가 허약할 경우는 나의 기운이 약하여 눈앞에 있어도 나의 것으로 하기가 힘들어진다. 진정한 식신생재가 이루어지려면 식신의 기운이 왕 하여 財가 용신이 되면 더더욱 확실하고 이 또한 사주가 어느 정도 감내가 가능하여야 이야기가 성립이 된다.

◉ 사주의 예 ◉ : 일한 만큼의 대가는 항상 있는 법이다.

0	丁	0	0
0	丑	丑	酉

⬅ 丁火 일주의 사주이다. 지지의 丑은 財庫이다. 土生金(토생금)하여 식신생재가 성립이 된다.

➡ 丑土는 丁火일주의 식신이 되어 酉金을 생하니 식신이 생재를 하는 것은 분명한데 일주인 丁火가 신약이다. 財가 있어도 나를 위한 것이 아니라 남을 위하여 봉사하는 것이 된다. 사주가 신약하여 생기는 현상이다 일주가 강하여야 財를 생하더라도 나의 것이 되는 것이다. 이처럼 일주의 강약이 차이가 나는 것이다.

☛ 양인유제란 양인을 억제 한다 즉 양인을 冲(충)하는 飛刃(비인)이 있다는 설명인데, 양인을 제어하는 것 역시 官이 아닌가? 사악한 기운을 없애주는 남편이

든든하고, 비인 이 또한 도와주니 사주가 구성이 원만하여지고 官이 또한 힘쓰기가 편해진다.

◉ 사주의 예 ◉ : 일단은 사주가 강하여야 한다.

壬	丙	○	○
辰	申	午	○

◀ 丙火 일주의 사주이다. 午월에 출생, 羊刃을 놓고 있다. 신왕관왕한 사주이다.

⬆ 官을 보면 局을 형성하여 커다란 덩어리를 이루고 있다. 각각의 개체 로 볼라치면 官이 많다고 볼 수도 있을 것이다. 이럴 경우는, 개수가 아니라 하나의 부피가 큰 官으로 보면 되는 것이다. 관이 그만큼 힘이 있고 튼튼하다는 것이다. 각각의 개체와 커다란 것으로 보는 기준은 무엇일까?

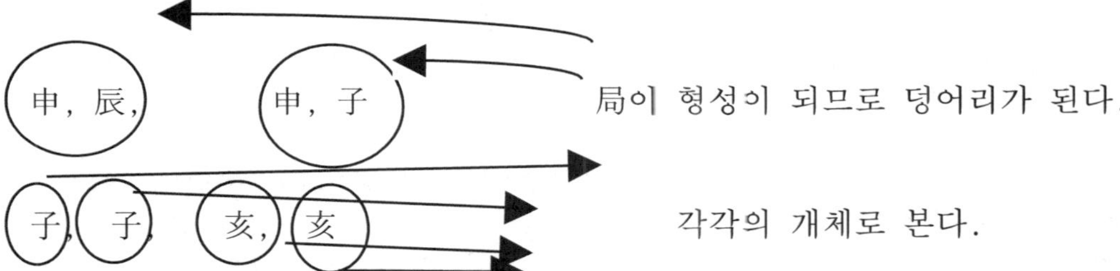

월지에 있어서 다른 의미로 해석을 한다거나 할 경우는 의미가 달라지나, 해석에 있어서 약간의 뉘앙스가 생긴다. 官의 수 개념으로 본 것이다.

☢ 納粟秦名. 財庫居生旺之地.(납속진명, 재고거생왕지지)
납속진명(재물을 바치고 관직을 받음)은 財庫가 생 왕지를 얻음이다.

▣ 墓庫格(묘고격)을 말하는 것으로 墓庫(묘고)에 재, 관이 있으면 열어주는 것이 필요하다. 財旺 運에는 庫가 열리니 좋다. 어떻게 보면 여자의 내조가 중요함을 일컫는 말로도 해석을 할 수가 있다.

▣ 飛刃(비인)----------양인을 충하는 것을 말한다. 비인이 있으면 양인을 沖(충)하므로 그 영향이 그만큼 감소가 되므로 양인의 요소가 감소가 된다.

249.	印星二德 만난夫人 夏凉冬暖 福도많고 身旺官興 만난女人 有等夫人 得名이라. 인성이덕 만난부인 하량동난 복도많고 신왕관흥 만난여인 유등부인 득명이라.

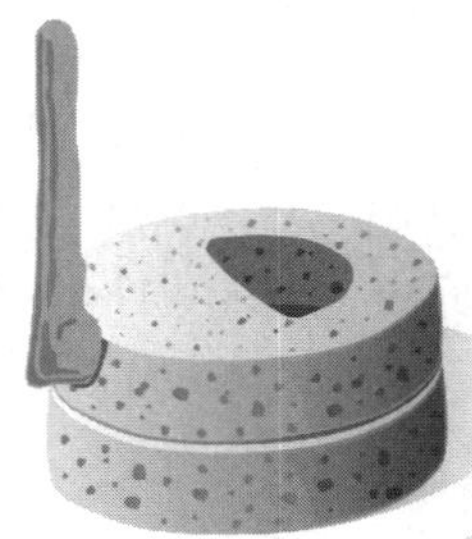

◪ 印星(인수) 二德(이덕)이란 인수가 포함이 된 二德(이덕) 이므로 자연 官印相生(관인상생)이 된다. 삼기라 하여 財, 官, 印(재, 관, 인)을 말하는데 인수가 포함이니 관, 인이요, 財와 官이 어우러지면 재, 관 二德이 된다.

➡ 財官 二德(재관이덕)----------財生官(재생관)으로 이어지고,

➡ 官印 二德(관인이덕)----------官生印(관생인)으로 이어지고,

◪ 중요한 것은 일단 본인이 강해야 주어진 복도 다 챙겨 먹는다. ➡ 사주가 너무 신약하면 손에 쥐어줘도 내 것이 안 된다. 들고 있다가도 넘어져서 망가트리고, 지나가던 사람이 부딪혀서 다 박살낸다. 사주가 강하고 약하고의 차이는 엄청난 것이다.

➡ 사랑싸움 에서도 사주가 강한 사람이 항상 이긴다. 신약하면 죽 써서 개주는 형상이 된다. 官이 인수를 생해주니, 남편 덕에 좋은 집사고 사모님 소리 듣고, 여름에는 냉방에서 겨울에는 따뜻한 온방에서 지내는 팔자가 되니 남편 복이 대단하구나.

➡ 身旺官興(신왕관흥)이란----- 사주가 신왕한데 官 또한 절로 흥하여 진다는 설명인데, 사주가 무조건 강하고, 왕 하다고, 官이 무조건 흥하는 것은 아니다. 그에도 여러 가지 갖추어야 할 요소가 있다. 우선은 기본적으로 ➡ 재생관의 흐름이 확실해야 한다. 財에서 官으로의 흐름이 역으로 식상으로 기울 경우 오히려 官을 치게 되므로 역효과가 난다. 뒷받침이 원만한가를 보아야 한다.

◉ 요즈음 세상은 財의 위력이 막강하다. 일단 움직이려면 금전이, 쇳가루 아니 실탄의 공급이 원활해야 이기는 것이다. 근본적인 재의 위력이 중요시 되지만 인간의 의 ,식, 주와 연관이 되는 부분이기에 더러워도 많아야 힘을 쓰는 것이다. 그래야 사람이 모인다.

➡ 財는 음식이므로 시장한 사람들, 즉 내가 필요로 하는 사람들이 냄새를 맡고 모이는 것이다. 일단 이것이 갖추어지면 官의 자리가 어떠한 가를 살펴보아야 한다. 官이 기력이 없으면 곤란하게 된다.

◉ 官이 長生(장생)으로 되어 있거나 旺宮(왕궁)으로 되어서 관이 펄펄 살아서 나를 정도가 되어야 한다. 이것저것 다 갖추기가 그리 쉽겠는가하고 푸념도 하겠지만, 이리 좋은 팔자가 너나 할 것 없이 다 라는 것이 아니기 때문이다.
 이와 같이 갖추어진 명주는 유등부인 즉 장. 차관급의 부인이 되는 것이다.
(금방 바뀌는 장차관이 아니다.)

◉ 사주의 예 ◉ : 조상의 덕도 중요한 것이다.

<table>
<tr><td>丙</td><td>甲</td><td>辛</td><td>戊</td></tr>
<tr><td>寅</td><td>午</td><td>酉</td><td>辰</td></tr>
</table>

◀ 甲木 일주의 사주이다. 남편은 辛金이다.
년에서 월로 土生金이 이어진다.

▶ 年에서 月로 재생관이 이어진다. 辛金은 지지에 祿根(록근)하여 뿌리가 튼튼하다. 거기에 재로부터 생을 받으니 더더욱 기운이 왕 하다. 일주인 甲木의 입장에서는 시지의 寅木에 뿌리를 내리려고 하여도 일지의 午와 합이 되어 火로 변하여버린다. 뿌리가 약한 것이다. 年 支의 지장간 癸水의 도움을 받으니, 선천적으로 타고난 인성으로 자신을 희생하면서 능력을 발휘하니 좋은 남편을 만나는데 다 조상의 음덕인 것이다.

요즈음은 꼭 장, 차관이 아니라도 경제계에 큰 역할을 하여도 이리 보지만 그래도, ▶ 財는 항상 官보다는 한 등급이 아래이므로 편의상 그리 표현을 한 것이다. 요즈음으로 치면 상위 그룹에 속하는 지도층 정도로 보면 될 것이다. 신왕하고 관이 왕 하면 좋은 命主이기는 하나, 인간적인 면에서 다른 면은 항상 약간씩의 부족함은 있는 것이다. 사람이 만 가지의 복은 다 가질 수는 없기 때문이니까.

<table>
<tr><td rowspan="4">250.</td><td>官透祿根 財根이면 男便貴格 行勢하고</td></tr>
<tr><td>棄命從殺 되는八字 承順家道 興隆한다.</td></tr>
<tr><td>관투록근 재근이면 남편귀격 행세하고</td></tr>
<tr><td>기명종살 되는팔자 승순가도 흥륭한다.</td></tr>
</table>

◘ 관투록근(官透祿根)이라 함은 관이 透干(투간) 되어 있고, 즉 천간에 나타나 있고 녹근(祿根)이라 하였으니 지지에 뿌리를 갖춤이다. 그러므로 남편이 자연 귀하게 되어 귀인 인 것이다. 뿌리를 이루고 있으니 대단하여 어지간하여도 흔들리지가 않게 된다.

   그리고 官이 財에 着根(착근)이 되어 있으면 이 또한 財生官(재생관)으로 관이 왕성하여 귀하게 되는 것이다. ◉ 棄命從殺(기명종살)---기명종살격이라고 하였는데 從하는 경우이므로 三合(삼합)인지, 方合(방합) 인지 그에 대한 구별이 있어야 한다.

☛ 삼합은 확실하지만 ☛ 방합 일 경우는 항상 변동수가 생기므로 믿을 수가 없고, 힘도 약하여 아래로 본다. 오로지 서방님만 믿고 무엇이든 우리 서방님이 최고다. 콩 껍질도 이런 경우는 없다는 식이 되어 버린다. 아내가 남편을 믿고 할 정도면 이 정도는 되어야 할 것이다.

▣ 단점은 기복이 극과극인 것이 단점인데 대운, 세운의 흐름을 살펴보고 미리 미리 대처한다면 큰 낭패는 없을 것이다.

▣ 이러한 부부의 경우는 싸울 일이 없다. 설사 남편이 외도를 하여도, 순진한 우리 남편을 네가 꼬드겨 일이 이렇게 된 거야 하고, 오히려 여자를 탓하고 남편의 흉을 덮으려고 한다. 이러니 싸우려 해도 싸울 수가 없다. 그러니 집안이 잘 될 수밖에 없지가 않은가? 이러한 부부를 夫唱婦隨(부창부수)요, 妻從夫化(처종부화)라고 하지를 않는가?

▣ 부부도 오래 살다보면 자꾸만 닮아가게 된다. 습성도 자연히 비슷해지고 본인도 모르게 동화되기 때문에 나도 모르는 사이에 비슷해지게 되는 것이다. 심한 이야기로 숨소리만 들어도 안다는 식으로 매사가 관상 보는 이가 따로 없는 것이다. 심지어는 목소리의 강약과, 고저까지도 닮아가는 것이다. 이것이 진정한 잉꼬부부인 것이다.

251.
旺財多官 만난이는 明暗夫集 하게되고
내돈주고 뺨맞으니 억울하기 짝이없다.
왕재다관 만난이는 명암부집 하게되고
내돈주고 뺨맞으니 억울하기 짝이없다.

◎ 여자가 제일 서러울 때가 언제일까? 물론 여러 가지 있겠지만 여성으로서 가장 서러운 것은 믿고 의지하고 사랑하는 낭군에게 배신을 당할 때일 것이다. 그 것도 있는 것 없는 것 다 바쳐 뒷바라지 다해도 헛소리 하면서 등을 보일 때, 그 배신감은 이루말로 형언 할 수가 없을 것이다. 차라리 정을 주지나 말았으면 할 것이다.
여자사주에 財가 왕하고 官 또한 왕 하면 시댁에 녹아나고, 남편으로 인하여 신세 그야말로 망치는 꼴이 되고 만다. 시집살이는 시집살이에 고달프고 부군에 차이는 형상이 아닌가? 財가 왕 하니 재물은 있는데 그 財가 生官을 하니 그 재물이 서방님 아래로 다 들어가고 결국에는 그것이 나에게는 화살로 즉 부채로 돌아오니 그 모든 일을 어찌 감당을 하겠는가?

▣ 明暗夫集(명암부집)--------밝은 곳, 어두운 곳, 남정네가 모여 있으니 안으로 들어가도 밖으로 나가도 온통 남정네 판이다. 밝은 곳은 천간으로 투출이 되어 대장 노릇을 하고 있고, 암장으로는 암장에서 官으로 合을 이루고 있는 형상이라 오나가나 남정네니 많으면 쓸 것이 별로 없는 법. 꺽다리 찾다가 결국에는 난쟁이에게 시집을 가게 된다는 식이다.

▣ 이런 사주의 여자는 대체적으로 이성관계가 복잡한 경우가 많다. 사주가 그

나마 강한 쪽이면 괜찮은데 신약일 경우는 매 맞고 사는 경우도 발생이 된다.
궁합을 본다면 대체적으로 결혼이 실패하는 경우가 허다하다. 결국에는 자손에
의지하여 살아야한다.

◉ 사주의 예 ◉ : 사랑이란 항상 필요한 것이다.

0	乙	辛	0
0	巳	巳	0

◀ 乙木 일주의 사주이다. 남편은 어디일까?
천간에 辛金이 떠있다. 그러나 편관이다.

천간에 庚金이 떠 있다면 좋았을 것을 불행히도 편관인 辛金이 떠있다. 항상 사
이가 안 좋다. 지지의 巳중 庚金이 일과 월에 깔려 있다.
남편보다도 지지의 庚金이 더 좋단다. 그도 그럴 수밖에 합이 드니 이 얼마나
좋겠는가? 그런데 문제가 생긴다. 지지에 자식인 丙火가 같이 있다. 자식까지
갖는 것이다. 지지 자체에서 관식투쟁이 생기는 것이다. 결론적으로 명암부집이
되는 것이다.

252.

兩家壁에 掛裳함은 正偏官이 混雜이요
白頭郎君 結婚함은 戊子日生 그탓이다.
양가벽에 괘상함은 정편관이 혼잡이요
백두랑군 결혼함은 무자일생 그탓이다.

✪ 양가 벽(兩家壁)에 괘상(掛裳)한다 함은 양쪽 집의 벽에 치마를 걸어 놓는
형상인데 잠자리 외에 치마를 벗어 벽에 걸어 놓을 일이 있겠는가? 예전에는 옷
을 항상 벽에다 걸어 놓았으므로 이러한 표현이 나온 것이고 다른 표현으로 바
꾼다면 아무 곳에서나 치마끈을 푸르지 말아야 한다. 라는 이야기와 똑같다.

➡ 요즈음으로 이야기하면 좋게 말하면 뜻이 안 맞아 재혼하는 경우요 ,조금 지
나치면 잠자리가 편치 않아 이혼이요, 나쁘게 이야기하면 복잡하고 부적절한 관
계로 인하여 결혼생활이 순탄치 않음이라, 다른 면으로 보면 자손인 식상이 官
의 剋을 심하게 받으니 자손이 없어서 헤어지는 경우도 있고, 지겨워서 이혼을
하는 경우도 있고 어찌되었던 정관, 편관 官이 너무 많아 혼잡하다보니 생기는
현상이 아닌가?

➡ 백두낭군(白頭郎君)은 나이 많은 신랑을 의미하는데 왜 하필이면 戊土 일주
를 택했을까? 묵은 소리 잘하니까 지난 이야기, 옛이야기 좋아 하여 신랑도 묵
은 신랑을 찾게 되니 자연 나이 많은 신랑이 아닌가? 그러면 반대로 나이가 적
은 신랑, 즉 연하의 신랑을 찾게 될까?

오행 상으로 살펴보자. ☛ 새것, 싱싱한 것 ,어린 것 이에 해당하는 오행은 무엇일까? 水이다. 고이면 썩는 것이므로 항상 흐르니 젊을 수밖에 그야말로 좌충우돌이다. 남편이 水 일주이면, 아내는 자연 火 일주가 된다. 발랄하고 톡톡 튀니까 대체적으로 성격이 화통한 여성들이 연하의 신랑을 얻는 경우가 많다. 요즈음은 연하의 신랑을 얻는 것이 유행이 아니던가?

예전에는 애기신랑 소리가 나올 정도로 항상 신랑이 나이가 신부보다 어렸는데다 조상들의 선견지명 이었는지 모르겠다. 평균수명에서 여성이 남성보다는 항상 앞서므로 나이차를 그리 했었는지도 모르겠다. 백년해로 하라고 말이다.

253. 四柱中에 無官星은 靑春性慾 굶주리고
身旺官弱 태운몸은 男便그려 눈물짓네.
사주중에 무관성은 청춘성욕 굶주리고
신왕관약 태운몸은 남편그려 눈물짓네.

◉ 여성의 사주에 관성이 보이지를 않으면 남성과의 연이 희박하여 도통 시집갈 생각을 하지를 않는다. 주변에서 미팅가자는 소리도, 소개팅 소리도 별로 하지를 않는다. 남자가 오다가 중도에 길 잃어버려 따라오지를 않는다.

☛ 성적인 긴장감의 부족으로 호르몬의 분비가 불규칙하고 월경의 일자와 양도 자연 불규칙해지게 된다. 자연히 청춘으로써 느껴야 할 이성에 대한 느낌이 약해져 그 방면에 문외한인 것처럼 되어 버린다.

☛ 신왕하고 관이 약하면 남편을 이겨야지, 지고는 못사는 여자다. 관인 남편이 아무리 극하려고 하여도 눈 하나 꿈쩍을 안한다.

▶ 비견이나 비겁이 많아 사주가 강할 경우는 남편의 입장에서 보면 아내와 같은 여자들이 많으므로 이 여자가 내 마누라인지 저 여자가 내 마누라 인지 구별을 못하고 이리저리 우왕좌왕하게 된다.
콩쥐인지, 팥쥐인지 구별을 못하니 실수를 하게 되고 급기야 아내는 ☛ 공방살이 내지는 이혼이라는 초강수, 아니면 남편과 사별도 가능하게 되는 여자 팔자라는 이야기가 나오게 된다.

결혼생활을 하여도 동선은 강한데 전류가 약하니 도무지 전류가 흐르지를 않는다. ☛ 불감증도 우려가 되고 ,성욕이 강할 경우는 남편은 조루증 환자가 아니라도 정력에는 감당이 힘들다. 에이그 그것 두 물건이라고 달고 다녀하고 한 마디 내뱉는다.

◉ 사주의 예 ◉

甲	辛	庚	辛
午	酉	子	巳

◀ 辛金일주의 사주이다. 지지를 살펴보자.
중년까지는 남자가 맥을 못 춘다.

▶ 여자란 원래 다소곳한 맛이 있어야 하는데 여자가 강짜요 고집도 세고, 계란으로 바위치기다. 그러다보니 남편은 밖으로 수양버들을 찾아 개울가로 나갈 밖에. 또 이런 경우도 생긴다.
 시집은 가고 싶은데 워낙 없다보니 누가 거들떠보지도 않는다. 돈만 생기면 악착같이 모으기는 하는데, 더 모을 돈이 있어야 모으지 지지리도 재복이 없는 경우이다.

나도 시집가서 애기 낳고 남편 품에 안겨서 행복하게 살고도 싶은데, 아! 어쩔거나 내 팔자야 마음을 비우고 부지런히 일할 수밖에.
☞ 또 결혼을 하여도 남편이 객사, 불의의 사고, 병사 등으로 세상을 하직한다. 소위 남자 잡아먹는 여자라는 소리가 나오는 팔자인 것이다.

254.	傷官食神 疊疊하니 寡婦得名 하게되고 多官制弱 만난者는 花街之女 아니드냐. 상관식신 첩첩하니 과부득명 하게되고 다관제약 만난자는 화가지녀 아니드냐.

◈ 상관이 많은 팔자의 설명이다. 식신도 많으면 상관의 역할을 하니 식신 역시 동일하다고 보아도 무방하다. 식, 상관은 官을 剋하므로 자연 여자는 남편 宮이 약해질 수밖에 없다.
자손이 많으니 남편의 입장에서는 자식 교육시키느라 등골이 빠진다. 가뜩이나 벌이도 시원치 않은데 자식 놈은 밖에서 항상 사고나 치고 나니니 말이다. 게다가 아내는 푼수요, 입이 동네 복덕방에 자기 맡이 법이다. 홈쇼핑 중독에 카드도 기분대로 긁는 스타일이다.

남편에게 막말도 하고 상대방에 대한 존경심이라고는 눈 씻고 찾아 볼 수가 없다. 이러다보니 남편이 화병으로 세상을 뜨거나 등살에 견디지를 못하고 줄행랑을 치니 자연 듣게 되는 소리가 과부요, 혼자 사는 여자요, 이혼녀 인 것이다.

◆ 이러다 보니 여자가 가는 곳이 유흥주점이요, 여성도우미로 나서거나, 뭇 남성들을 상대로 하는 직업을 갖게 되는 것이다.

◉ 사주의 예 ◉:곰보다는 그래도 여우가 낫다. 여우야, 여우야 뭐하니?

0	乙	丙	0
0	0	午	0

◄ 月에 천간, 지지에 식상관이 뿌리를 튼튼히 하고. 일주가 乙木의 여성이다. 애교가 많을 것이다.

⬆ 식상관이 튼튼하니 官이 어지간하여도 힘을 못 쓸 것이다. 乙木의 정관은 庚金인데, 어디에 위치한다고 하여도 午月이므로 庚 金이 맥을 못 춘다. 부드러운 것 같으면서도 남자를 우습게 한다. 한마디로 손에서 갖고 노는 형상인 것이다.

남자든 여자든 상관이 많은 사람은 항상 주변 사람에게 항상 피해를 준다. 끼가 많으니 자연 많은 사람과 교분관계를 유지하는데 항상 피해를 입는 것은 같이 어울린 사람이 보는 것이다. 金이 약하니 사람의 됨됨이도 문제려니와 매사 결과가 항상 불분명한 것이 특징인 사주의 소유자다.

➡ 官이 많아 걱정인데 이를 옆에서 말리는 이가 없으니 혼자 감당하기가 힘들구나. 관식투전이라 항상 官이 이기니 답이 없구나. 이리저리 사방을 둘러 보아도 전부 남자뿐이고 차라리 굴복하고 사는 팔자면 차라리 그것이 편할 터 인데, 그것도 쉽사리 뜻 데로 되지가 않으니 더 답답하구나.
일복은 많아 일은 하기는 쉬지 않고 하는데 남정네들 품안에서 일을 하는구나.
일은 열심히 하여도 금전이 모이지 않으니 이 일을 어이할까?

◉ 사주의 예 ◉:자업자득인 것이다.

庚	丁	壬	壬
戊	亥	子	子

◄ 丁火 일주의 사주이다. 官인 水가 너무 많다. 물이 넘쳐 둑이 무너진다.

官인 水가 너무 많아 조그마한 둑으로는 감내하기가 어렵다. 천간으로 壬水가 년, 월로 나타나 있어 丁火와 양쪽으로 合이 이루어진다. 복잡하기가 그지없다. 丁壬 합으로 음란지합 인데 지지에도 官인 水가 줄줄이 늘어서 있다. 문 밖만 나가면 남정네 들이 기다리고 있는 형국이다. 관식투쟁인데 왕한 水의 기운에는 감당이 안 된다. 결국은 매 맞는 형국이요, 남자를 많이 거쳐야하니 기생팔자인 것이다.

255.
```
巳午未月 戊己丙丁 獨守空房 처량하고
亥子丑月 庚辛日生 夜寒凉衾 눈물이라.
사오미월 무기병정 독수공방 처량하고
해자축월 경신일생 야한양금 눈물이라.
```

◎ 무기,병정(戊己丙丁) 일주가 즉 火, 土 일주가 사,오,미월(巳午未月)인 여름에 태어나면 독수공방으로 처량하고 ,경신일생(庚辛日生)이라 金일주가 해,자,축월(亥子丑月) 즉 겨울에 태어나면 寒氣(한기)가 그득한 밤에 홀로 있으니 이부자리가 써늘하니 흐르나니 눈물이요, 쌓이나니 설움이다.

➡ 여성의 사주에서 혼자 살아야 하는 팔자를 설명한 것이다. 火,土(화,토)일주가 여름에 출생을 하니 火土重濁格(화토증탁격)이 되고 만다. 결국에는 종교인의 팔자라는 이야기다. 요즈음은 하도 독신주의 운운하다 보니 30이 넘어 결혼을 하여도 노처녀 소리를 별로 하지를 않는다. 평균수명이 길어져서 그런지 늦게 출산을 하는 것도 개념 치 않다는 풍토도 엿 보인다.
늦은 출산은 여러모로 단점이 있는데 그에 대한 이해는 어떤가 모르겠다. 자녀가 없다보니 늦게까지 애쓰는 것은 이해가 되는데 아무런 이해상관도 없이 늦어지는 것은 분명한 업무태만이다. 항상 정상적인 것이 제일 좋은 것이다. 항상 적재적소요, 시기라는 것이 있는 것이다. 巳, 午, 未月(사, 오, 미월)은 여름인데 土와 火를 구별하여 살펴보기로 하자.

⬇ 土의 경우를 살펴보자. 戊토와 己토의 경우를 보기로 하자.

일주가 土이므로 월지에 사, 오, 미월(巳. 午, 未月)이면 각각의 지장간을 살펴보아도 온통 火, 土이다. 未중 乙목이 있으나 土에게는 官庫(관고)가 된다. 서방님과는 인연이 없는 것이다.

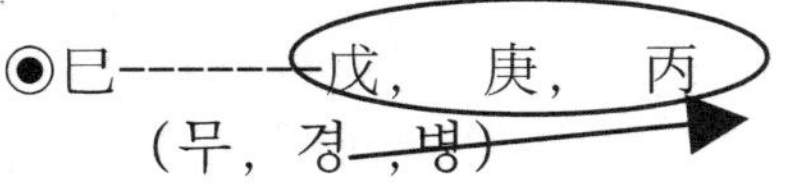

巳中 庚金이 있으나 土일주에는 식상이 되어 官을 극한다.

지장간이 전부 火, 土 일색이다.

未中 乙木은 관고(官庫)가 된다.

◉ 사주의 예 ◉:남자 알기를 돌같이 한다.

| 0 | 戊 | 0 | 0 |
| 0 | 午 | 未 | 巳 |

◀ 戊土 일주의 사주이다. 未중 乙木이 관인데 庫이다. 남자와는 담을 쌓은 사주이다. 火土重濁이다.

⬆ 지지에 완전히 火局을 이루어 전형적인 火土重濁(화토중탁)의 사주인 것이다.

☛ 官이라고는 乙木이 있는데 그것 또한 무덤이니 恨이 많은 것이다.

➡ 火일주의 경우를 살펴보자.
같은 오행이므로 비견, 겁이 되어 官인 水가 발붙일 공간이 없어진다. 그나마 있다 하여도 왕따로 인하여 찬밥신세에 뜨거워서 근처에도 못간다. 물이라 증발이 되어 흔적도 없다. 견, 겁이 태왕 하므로 독단적이고, 자기 하고 싶은 데로다. 남자 알기를 우습게 알고 자기가 제일 잘났다. 그러니 혼자 사는 팔자인 것이다. 불같은 성격에 그 누가 비위를 맞추고 살겠는가? 남자가 말한다. 당신은 너무도 뜨거워서 싫어요. 옆에만 가도 땀이나니 말이요 하고.
◉ 사주의 예 ◉:자기야 나 잡아봐라.

| 0 | 丙 | 0 | 0 |
| 0 | 午 | 未 | 巳 |

◀ 丙火 일주의 사주이다. 丁火의 경우도 마찬가지이고 지지에 火局을 이루어 火氣가 충천이다.

⬆ 官인 水가 옆에 가지도 못한다. 옆에만 가면 증발이 되어 흔적도 없이 사라지고 만다. 火가 지나치니 똑똑하기는 자기를 따라올 사람이 없다며 안하무인이다.

⬇ 金일주의 경우를 살펴보자.
　金이라 서늘한데 또 겨울에 태어나니 세상이 온통 남극과 북극이다. 火인 불로써 녹여야 될 터인데 용광로가 와도 소용이 없단다. 불이 지펴지지가 않으니 마음도 꽁꽁, 몸도 꽁꽁, 모두가 꽁꽁 이다.

☛ 亥(해)---戊, 甲, 壬(무, 갑, 임)　　☞ 언 땅에 나무가 못산다.
　　　　　　　　　　　　　　　　　　　冬死(동사)다.

☛ 子(자)---壬, 癸 (임, 계)　　☞ 얼음 바다다

☛ 丑(축)---癸, 辛, 己(계, 신, 기)　　☞ 서릿발이 하얀 동토다, 흙인지 얼음인지 구별이 안 된다.

◉ 서릿발이 하얀 동토다, 흙인지 얼음인지 구별이 안 된다.

☞ 물이란 너무 차갑고, 깨끗하기만 하여도 고기가 살 수가 없는 것이다. 식수로도 그러한 물은 설사만 유발하는 것이다.

◉ 사주의 예 ◉ : 서방 덕이 없으면 돈이라도 벌어라

0	庚	0	0
0	申	子	丑

◀ 庚金 일주의 사주이다. 辛金의 경우도 같고 지지에 水局을 형성하고 있다.

金은 겨울이라 겨울 바다이다. 차갑고 매섭기만 하다. 꽁꽁 얼어붙은 사주라 火기가 와도 불이 꺼져버린다. 官인 火가 접근을 못한다. 한밤중에 찬 이부자리에 홀로이 독수공방을 하는 사주이다. 일찍 독립하여 자립을 하여야 한다.

256.
四柱中에 比劫多는 鸞鳳頻分 하게되어
二女同夫 싸움이니 嗔房之婦 아니드냐.
사주중에 비겁다는 난봉빈분 하게되어
이녀동부 싸움이니 진방지부 아니드냐.

◘ 비견, 겁이 많은 사주는 결국에는 혼자 살게 되는데 남편의 입장에서 보게 되면 아내와 같은 여자가 많으니 오늘은 이집, 내일은 저 집하고 집을 찾아다니느라 허송세월을 하게 된다. 여자의 입장에서 브면 남편은 하나인데 아내는 많으니 서로가 너 꺼, 내 꺼하고 다투게 된다. 결국은 가정불화로 이어지게 되는데, 아내는 남편이 돌아다니기나 하고 본인에게 관심이 없으니 불만이 증폭될 수밖에 집토끼는 눈에 안차고, 산토끼만을 찾아 헤매 이는 형상이다.

고로 ☞ 비겁 운에는 여자문제로 인하여 다투거나, 이혼의 말이 오가는 운이 되고 만다. 물론 금전의 문제도 연관이 되는데, 그 보다는 부부관계도 잘 살펴보라 대게 성격차이 운운하며 법원을 찾는 사람들을 보면 비겁의 해가 매우 많다. 여자보다는 남편의 외도로 인한 運인 것이다. 요즈음은 세태가 그래서 그런지 여성으로 인하여 문제가 되는 경우도 적지가 않다.

◉ 실전사주의 예 ◉ : 바늘이 들어가야 피가 나오지?

己	甲	甲	癸
亥	午	寅	丑

◀ 甲木 일주의 사주이다.
官은 丑중 辛金인데 庫이다. 견겁이 왕한 사주이다.

⬆ 官인 金이 보이지가 않는다. 나무가 너무 단단하여 도끼가 망가지는 형상이다. 구석에 숨어서 얼굴도 안 보인다.

257. 乙辛癸巳 丁己該日 天干透干 있게되면
아기낳고 살다가도 情通逃走 하기쉽다.
을신계사 정기해일 천간투간 있게되면
아기낳고 살다가도 정통도주 하기쉽다.

◎ 암장으로 정관과 습이 드는 경우를 설명한 것이다. 천간에 官이 투간이 되어 있다 함은 남편이 확실히 있다는 것인데 지지에 또 관이 있는 것은 좋은데, 합이 드니 남편이 있는데도 불구하고 또 다른 남편을 보게 되는 것인데 결혼을 하여 살다가도 본 남편을 버리고 정부와 어울려 본남편을 버리고 가는 것이니 이혼을 하는 결과가 되는구나, 이혼을 아니 한다 하면 비밀리에 정부를 두고 사는 것이 된다.

☞ 본문에서는 애기 낳고 살다가 도주한다고 하였는데 요즈음은 버젓이 두 남자 사이를 오가면서 생활을 하는 사람도 간간히 볼 수가 있다. 六十甲子중 암장으로 정관과 합이 되는 것은 어떤 것이 있는 가 살펴보자.

乙　辛　癸　丁　己
巳 , 巳 , 巳 ,亥 , 亥　　　　━━━▶　　이와 같이 5개가 나타난다.

⬆ 위의 일주의 특성을 보면 지지에 巳와 亥를 놓고 있다. 각 일주의 지장간을 살펴보면,

◉ 乙巳(을사)일주는-----戊, 庚, 丙(무, 경, 병)----乙庚(을경)합이고,

◉ 辛巳(신사) 일주는----戊, 庚, 丙(무, 경, 병)----丙辛(병신)합이고,

◉ 癸巳(계사) 일주는 --戊, 庚, 丙(무, 경, 병)----戊癸(무계)합이고,

◉ 丁亥(정해) 일주는----戊, 甲, 壬(무, 갑, 임)----丁壬(정임)합이고,

◉ 己亥(기해) 일주는----戊, 甲, 壬(무, 갑, 임)----甲己(갑기)합이다.

➡ 乙巳 일주는 庚金이 정관이고, 辛巳 일주는 丙火가 정관이고, 癸巳 일주는 戊 土가 정관이고 ,丁亥 일주는 壬水가 정관이고, 己亥 일주는 甲木이 정관이 된다. 천간에 정관이 있는데 지지에 또 정관이 있으니 본인이 정신 안 차리면 큰 일이 난다.

그리고 여기에서 한 가지 첨언 할 것은 巳, 亥의 특성이 그대로 나온다는 것이다. 그것은 교체심리인 것이다. 巳(사)는 陽之剋(양지극) 이라 하여 剋則變(극즉변) 이요, 亥는 陰之剋(음지극) 이라 하여 變則通(변즉통) 이라 한다.
즉 궁하면 통하게 되어 있고 ,변하여도 통하게 되어 있다는 설명이다. 그러니 하는 말이 에이 바꿔 바꿔가 나도 모르게 입에서 나오게 되는 것이다.

◪ 특히 이성 관계에 있어서는 그 특성이 더 두드러진다.
끝까지 갈 때 까지 다갔으니 막보자는 것이다. 음이 끝나면 양이 되고, 양이 끝나면 음이 되는 이치인 것이다.

◉ 실전사주의 예 ◉:선택은 나의 몫이다.

戊	乙	丁	甲
寅	巳	丑	子

◪ 乙木 일주의 사주이다.
丑중 辛金과 巳중 庚金이 官으로 나타난다.

⬆ 월지의 辛金은 子丑 水局으로 변화가 되어 흔적이 없어진다. 결국은 일지의 巳중 庚金에게 암합으로 이루어진다.

258.
| 財多生殺 透官殺은 男便德이 그리없어 |
| 돈벌어서 대어주고 欺情瞞錢 울음이라. |
| 재다생살 투관살은 남편덕이 그리없어 |
| 돈벌어서 대어주고 기정만전 울음이라. |

◪ 財多生殺(재다생살)이라 함은 財生官(재생관)과 같은 의미이나 ,財가 多라 하였으니 많음이라 천간으로 관이 透干(투간) 되었으니 官이 재의 힘을 받아 기운이 왕성함이라, 그것 까지는 좋은데 그 官이 결국에는 일주인 본인 자신을 치게 되니 그것이 문제가 된다.

☞ 결국은 뭐 주고 뺨 맞는 격이 되는 것이다. 일주 본인의 입장에서 보면 財와 官이 많음이라 결국은 견디기가 힘들어지는 것이 아닌가? 財란 금전으로 보면 내가 마음대로 쓸 수 있는 가용재산인데, 財가 官을 생한다 하니 官인 남편에게 도움이 되고 힘이 되라고 아내의 입장에서는 팍팍 밀어준 것인데, 그것이 결과적으로 나를 극하고 만 것이 아닌가?

천간에 官이 떠 있으니 일주인 본인을 剋하는 것은 당연한데, 財도 많고 하다 보니 본인으로써도 힘이 붙일 노릇이다. 일주가 강하여 충분히 감내하고 官과 기운이 비슷하거나 오히려 더 강하면, 모든 것을 나의 것으로 취할 수가 있지만 기력이 부족이라, 결국에는 官(남편)의 배신 때리기에 한 방을 얻어맞는 격이 되고 만다. 그리하여 생겨나는 말이 사랑에 속고 돈에 속고라는 말이 나오는 것이다. 일주가 약하니 돈이 모자라면 빌려서라도 주는 격이라 오로지 남편 잘 되라고 그리하였건만 ------------

➡ 이런 여성은 또 헤어져도 또 반복이 된다. 왜? 사주의 성정이 그러니까? 이제는 안 그러하겠지, 하고 또--------- 情에 약한 것이 흠이다. 속는 줄 알면서도 또, 또.

◉ 사주의 예 ◉: 팔자가 기구하여도, 다 네 탓이다.

0	乙	辛	0
0	巳	丑	0

⬅ 乙木 일주의 사주이다. 전형적인 財生殺이다.
火에서 土로 그리고 金으로 연결이 된 후

⬆ 그 화살이 일주인 乙木에게로 돌아오는 형태이다. 사랑에 속고 돈에 울고 기정만전의 대표적인 예인 것이다.

◉ 欺情瞞錢(기정만전)-----돈에 기만당하고, 사랑에도 속음이 가득하니 이래저래 속고 사는 인생이구나, 뭐 주고 뺨 맞는 말이 본인을 두고 하는 것만 같구나. 이 경우에 또 이어지는 말이 있다.

➡ 明暗夫集(명암부집) 이라는 용어다. 도처에 안과 밖으로 남편들이 널려 있으니 이 일을 어이하나, 사주팔자로 돌리기에는 너무나 속이 상한다.

◉ 실전사주의 예 ◉:힘들어도 사는 것이 인생이다.

庚	丁	庚	壬
子	酉	戌	子

⬅ 丁火 일주의 사주이다.
사주가 온통 財, 官으로 둘러싸여 있는 사주이다.

259.	壬癸日生 태운몸은 白頭郎君 모시고요 壬寅癸卯 生日女는 八子順坦 못하리라. 임계일생 태운몸은 백두낭군 모시고요 임인계묘 생일녀는 팔자순탄 못하리라.

🔘 壬癸日生(임계일생)은 水일주라 본문에는 ☞ 백두낭군(白頭郎君)---나이 차이가 많은 신랑, 즉 나이가 약간 많은 신랑)을 맞는다고 하였는데, 요즈음에는 어찌 된 일인지 나이가 어린 신랑을 맞이하는 경우도 간혹 본다. 본디 백두신랑은 흰 머리의 나이가 많은 신랑인데, 요즈음은 염색을 해서 그런가?

➡ 壬寅 일주와 癸卯 일주라 하였는데 이유는 무엇일까? 공통점은 각각 지지에 식신, 상관을 깔고 있는데 水 일주는 본인이 활동을 해서 먹고 살아야하고, 식

상은 官을 극하니 자연 풍파가 생기는 것이다. 木은 바람이라 아니하던가? 물에
바람이 부니, 파도가 치니, 자연 풍파가 생길 수밖에, 혼히들 이야기하는 백두
신랑은 보통 10년 이상을 말한다.

◉ 실전사주의 예 ◉:배야 사공이 운전하는 데로 흐르지.

乙	壬	己	己
巳	寅	巳	未

◀ 壬寅 일주의 사주이다 정관이 둘이나 보인다.
일주가 한 없이 약하기만 하다.

⬆ 財, 官이 왕한 사주이다. 寅巳 刑을 이루고 있다.

◉ 실전사주의 예 ◉:고래 싸움에 새우등이 터진다.

甲	癸	辛	庚
寅	卯	巳	申

◀ 癸卯 일주의 사주이다. 金木相戰이다.
寅巳申 삼형살을 이루고 있다.

⬆ 癸水 일주의 사주인데 金木相戰(금목상전)으로 어느 정도의 균형은 이루고
있다. 문제는 삼형살을 이루고 있는 것이다. 官이 약한 것이 흠이다.

260.
壬子·癸酉 壬申癸亥 七八三冬 태어나면
性慾不滿 걱정되어 日夫從事 難하도다.
임자계유 임신계해 칠팔삼동 태어나면
성욕불만 걱정되어 일부종사 난하도다.

◈ 壬子, 癸酉, 壬申, 癸亥 (임자, 계유, 임신, 계해)일주가 칠팔 ,삼동이니 가
을과 겨울이라 그중에 戌月(술 월)만 빠졌구나, 申, 酉, 亥, 子(신, 유, 해,
자)월에 태어나면 성욕이 불만이 되어 즉 성적불만이 심하여 한 남편 갖고는 힘
들어 바깥에도 서방이 있어야 한다는 설명. 차라리 그럴 바에는 진즉에 그런 업
에나 종사하지 뭐---------- 戌 月이 빠진 이유는 丁 火가 있고, 火로 변화가
가능하므로 누락이 된 것이다.

➡ 水일주가 월에 또 金, 水가 있으니 차갑고, 차가울 수밖에는 방법이 없다.

나를 따뜻하게 녹여 줄 남자가 그리운데 火氣가 부족이다. 한 남편의 불로는
감당이 힘들어진다. 자연 보완하는 의미에서 또 남자를 찾게 된다. 안 되는 줄
알면서 왜 그랬을까? 반복해야 소용이 없다. 추워서 견딜 수가 없으므로 반대로
불감증도 이 경우에 해당이 된다.

이건 너무 얼어 불 자체가 필요가 없는 경우이다.
그저 날 잡아 잡수다. 너 뭐하니? 그것이 답이다. 얼마 전에 부부클리닉이라는
TV프로에 나왔듯이 여자가 옹녀면, 남자가 여자의 샤워하는 물소리만 들어도 지
겹다 .밤이 무서워가 아니고 집에 들어가기가 싫은 것이다. 그렇다고 남자에 문
제가 있는 것도 아닌데 무엇이든 지나치면 항상 화근이 되는 것이다.

◉ 실전사주의 예 ◉ :엄마, 엄마 엉덩이가 차가워.

癸	癸	丙	甲
酉	巳	子	子

◀ 癸巳 일주의 사주이다. 치기공과 졸업반의 학생.
천간에 木, 火가 있어도 맥을 못 춘다.

⬆ 일지의 巳火가 있으나 金으로 化한다. 運에서나 도움이 되더라도 그다지 크
게 힘을 못 쓸것만 같다. 금수냉한 사주이다.

◉ 실전사주의 예 ◉ :작은 불씨라도 지펴라.

乙	庚	壬	癸
酉	子	戌	子

◀ 庚子 일주의 사주이다. 사주가 매우 冷하다.
월지의 지지에 戌중 丁火가 있어도 꺼진다.

⬆ 정관이 월지에 丁火로 있는데 주변에 우군이 없다. 외로운 싸움이다.
시간의 乙木도 자기 일에만 열중이라 정신이 없다. 쇠도 물에 너무 오래 잠기면
부식이 되는 것이다.

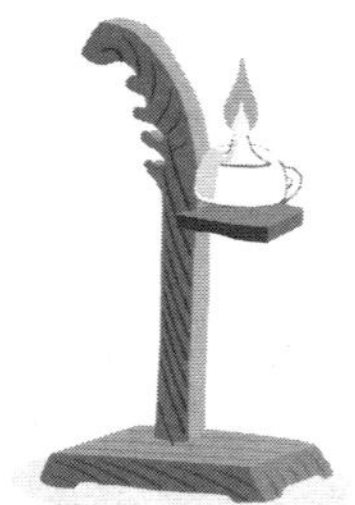

261.
甲午乙未	丙午丁未	戊申己酉	庚申辛酉
庚子辛亥	丁巳甲寅	皎月深夜	孤眼이라.

갑오을미 병오정미 무신기유 경신신유
경자신해 정사갑인 교월심야 고안이라.

◉ 皎月(교월)------------희고 밝게 비치는 달.

◉ 孤雁(고안)----------홀로 있는 외기러기 본문에는 眼(안)이나 문맥의 표현
이나, 흐름에 있어서 기러기 雁(안)이 맞는 글자인 것 같다.휘영청 밝은 달 빛
아래 기러기 홀로 날아가니 이 어찌 외롭고 쓸쓸하지 아니한가? 이유가 무엇인
지 각각의 일주를 살펴보기로 하자.

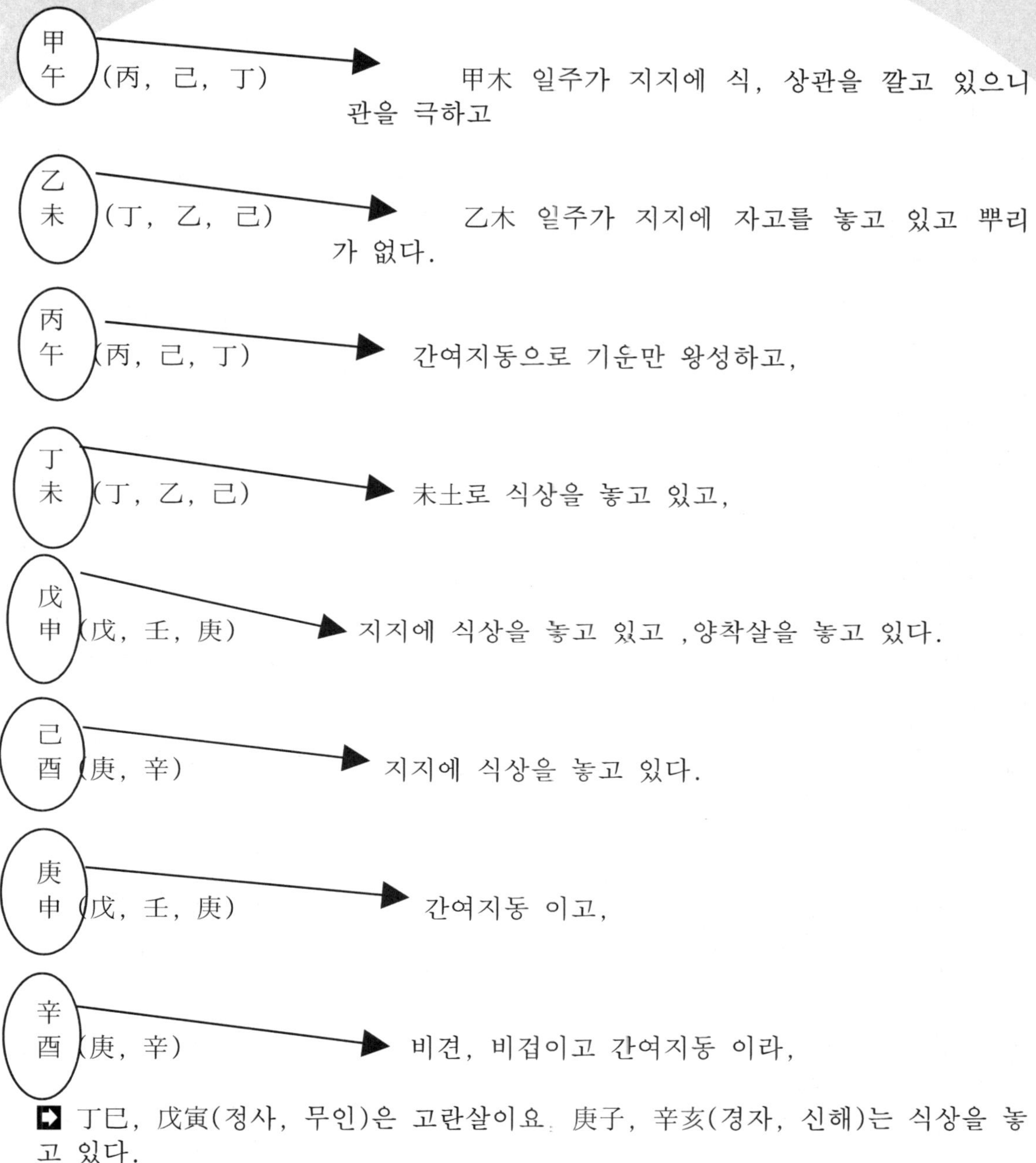

➡ 丁巳, 戊寅(정사, 무인)은 고란살이요. 庚子, 辛亥(경자, 신해)는 식상을 놓고 있다.

⬆ 이상의 일주들은 타 일주보다 그 작용이 훨씬 심하다.

깊은 밤에 잠 못 이루고 이불을 눈물로 적시는 그 심정을 그 누가 이해하리. 요즈음은 노총각, 노처녀들이 경제적인 이유로 늦게 결혼을 하는 것을 보면 이와 같은 심정일 것이다. 남성의 경우는 여성과는 육친의 대입이 다르므로 상처살을 보면 될 것이다.

◉ 실전사주의 예 ◉:아, 누가 나 좀 말려줘요.

壬	丙	甲	癸
辰	午	寅	卯

◀ 丙午 일주의 사주이다. 木, 火가 왕 하다.
　아직도 미혼인 여성의 사주이다.

己	甲	甲	癸
亥	午	寅	丑

◀ 甲午 일주의 사주이다.
木, 火의 기운이 왕 하다. 지지에 탕화국이다.

262.
日時辰戌　兩相沖은　獨守空房　뿐이고요
庚壬辰戌　出生女는　男便간곳　종적없다.
일시진술　양상충은　독수공방　뿐이고요
경임진술　출생녀는　남편간곳　종적없다.

◈ 여기에서 참고 할 것은 괴강살이다. 沖중에서도 괴강은 그 작용이 더 심하다. 본인의 사주에 괴강이 많으면 남편을 선택 할 때 그에 걸 맞는 배우자를 구하면 그 작용이 덜 해진다.

▶ 日과 時를 주로 본 것은 결혼 초에는 그래도 덜하기 때문에 그리 본 것이고, 몇 년이 지나면 자의 던, 타의 던 이 작용이 두드러지게 나타나므로 그리 보는 것이다.

사주자체에서 남편 宮이 건실하면 다 치고 넘어간다. 여기서도 일단 사주가 강함이 좋음은 당연하고. 남편의 직업으로는 별정직, 군, 경, 검, 법, 정보 또는 격한 업무의 종류도 무관하다. 주로 이공계계통의 직종이면 좋다.

◉ 실전사주의 예 ◉:결국은 다 잡놈들인 것이다.

丁	壬	丙	己
未	戌	子	未

◀壬戌 일주의 사주이다. 천간으로 丁壬 합이 보이고,
　지지로는 未, 戌 刑이다. 지지로 官이 여럿이다.

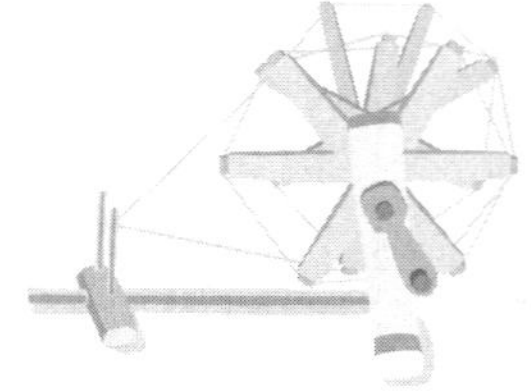

263.
丙子丁丑　戊寅丙午　丁未戊申　辛卯日과
壬辰癸巳　辛酉壬戌　癸亥夫君　風流로다.
병자정축　무인병오　정미무신　신묘일과
임진계사　신유임술　계해부군　풍류로다.

◙ 음착양차살을 나타낸 것으로 남편의 풍류를 설명한 것이다.12가지를 기록 한 것이다.

⬇ 음착양차살이란?

丙	丁	戊	丙	丁	戊	辛	壬	癸	辛	壬	癸
子	丑	寅	午	未	申	卯	辰	巳	酉	戌	亥

◆ 음착양차살은 위의 12가지로써 일주에 놓이면 외삼촌이 고독하거나, 쇠락하고 여자에게는 시댁의 형제가 불발하고 남편이 풍류가 심하여 남편이 외도하고 시주에 놓이게 되면 처남이 고독하거나, 쇠몰 한다는 살이다.

☞ 음착양차살은 외가 집, 처가 집으로 보지 말고,

☞ 사주에서 외가 집을 볼 경우--------인수의 유무와 상태를 점검,

처갓 집을 볼 경우--------재성의 유무와 상태를 점검.

264.	庚辰庚戌 壬辰壬戌 그生日에 出生女는 出家하면 남편님이 敗財橫死 拉致있다. 경진경술 임진임술 그생일에 출생녀는 출가하면 남편님이 패재횡사 납치있다.

◙ 괴강살을 설명을 한 것인데, 남편 궁이 나쁜 것을 설명한 것이다. 여자의 사주에 남편 궁이 나쁜 것을 판단하는 방법은 일단은 ➡ 괴강 일주로써 월지에 합이 이루어져서 식상이 왕한 것이요, 일지에 형살이 걸리면 그 또한 나쁜 것이요, ☞ 지지에 官庫를 깔고 있으면 이 또한 나쁜 것이다.

◉ 실전사주의 예 ◉ :항상 자중하여야 한다.

辛	壬	癸	乙
亥	戌	未	卯

◀ 壬戌 일주의 사주이다. 지지에 木局이 형성.
식상이 왕한 사주이다. 일지에 형살도 있다.

265.
```
壬戌癸丑 出生女와  壬癸日生 官白虎는
十中九夫 血光死니  客死하여 孤魂이라.
임술계축 출생녀와  임계일생 관백호는
십중구부 혈광사니  객사하여 고혼이라.
```

◘ 壬, 癸즉 水일주의 여성이, 관이 白虎殺(백호살)에 임하면 남편이 흉사로 인하여 불구가 되거나 ,결론은 ➡ 백호살의 작용이 강하다는 설명이다. 孤魂(고혼)이 되고 횡사하는 팔자라는 설명이다.

◉ 실전사주의 예 ◉ 대체적으로 상이 과하다.

```
丙  癸  癸  辛
辰  丑  巳  酉
```
◀ 癸丑 일주의 사주이다. 지지에 金局을 형성
　　일지의 巳중 丙火도 金으로 化하여 불명이다.

266.
```
水聚汪洋 좋아마소  女命에는 大忌하니
紅燈街에 祿酒부어  妓生몸이 된답니다.
수취왕양 좋아마소  여명에는 대기하니
홍등가에 록주부어  기생몸이 된답니다.
```

◉ 水聚汪洋(수취왕양)------물이 모여 큰 바다와 같이 넓고 깊음을 의미한다.

➡ 水일주의 사주에서 가뜩이나 수기가 많은데, 그 양이 넘치고 넘쳐 감당을 못할 정도 이니 발산을 할 곳을 찾는다. 요즈음으로 치면 음란의 정도가 심하여 자제를 못하니, 이성관계가 복잡하고 한 남자에 정착을 못하는 운명이라는 설명. 이러한 여성들은 대체적으로 자녀에 대한 애착이 일반적으로 약하다.

◉ 실전사주의 예 ◉:아, 죽 쒀서 개주는 팔자로다.

```
壬  壬  丁  甲
寅  戌  丑  子
```
◀ 壬戌 일주의 사주이다.
　　丑月에 태어나 꽁꽁 얼어있는 사주이다.

⬆ 官庫를 깔고 있고 게다가 백호 살이다. 월주도 백호이고, 수화상전으로도 보나 일지와 월지가 형살이다. 年 干의 甲木은 얼은 물위에 있는 나무이다. 월간의 丁火도 힘을 못 쓰고 일간과 합이라 음란지합 인데, 시간에 壬水가 있어서 제대로 이루어지지도 않는다.

자식 버리고 남자 따라서 가출도 일삼으니까는, 그리고 난 후 자식이 보고 싶어 찾아보지만 결국에는 자식에게 버림받고, 남자에게서도 버림을 받고, 노년에 자유업이나 홀로 자영업을 하는 경우가 많다. 인생무상 운운하지만 늙어서도 그끼는 여전 한 것을 어이하나, 요즈음은 연세 드신 분들의 로맨스도 종종 사회문제가 된다. 그만큼 사회가 노령화되니 그런 문제가 발생하는 것이다.

267.
> 時上傷官 官不均은 食母마담 妓生이요
> 官星入墓 官臨殺地 그郎君이 客死하네.
> 시상상관 관불균은 식모마담 기생이요
> 관성입묘 관임살지 그낭군이 객사하네.

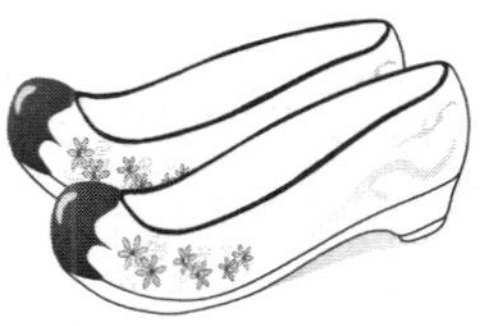

◉ 時上傷官(시상상관)---시상에 상관이 있다함은 상관으로 향하는 성향이 나이가 들수록 더 강해진다는 설명인데, 거기에 관이 부족을 하게 되면 식상의 기운에 官이 처지므로, 자연 관의 영향권에서 멀어지므로 官의 혜택을 못 보게 된다.

식상기운은 강하므로 자연 활동이 심하게 되고 내일을 하는 것이 아니라 남의 일을 해주어야 하니 종업원의 역할을 하게 된다. 이러하더라도 악착같이 성공을 하려면 저축을 하는 방법 밖에는 없는 것이다. 직종을 택하더라도 상담역이나, 남의 일을 대신하여주고 대가를 받는 업종에 종사하면 성공을 할 수가 있다.

☞ 서비스 업종에서 많이 볼 수가 있다. 사주에서 官이 즉 남편 궁이 천간에 나타나 있고, 지지에 入墓(묘궁)에 있거나, 살지에 임하여 있으면 과부가 되는 운명인데, 천간도 천간 나름이라 년이나 월에 있게 되면, 초년 쪽이라 결혼을 전후하여 신랑이 사고로 명을 달리하는 경우인 것이다.

➡ 년에 있으면 그 작용이 심하여 결혼 약속을 하여놓고 신랑이 사망을 하는 경우도 생기는 것이다. 이런 경우 그 신랑의 사주를 보게 되면 단명의 사주인 경우이다.

☞ 사주에서 혼인을 전후하여 남편이 사망하는 경우의 사주를 살펴보자. 60갑자 중에 4개를 꼽는데 괴강, 백호가 겸존이라 그 작용이 타 일주보다 매우 심한 것으로 본다.

◉지지에 庫(고)를 깔고 있는 사주를 살펴보자.

乙
未 (丁, 乙, 己)-------------未중 乙로 庫가된다.

辛
丑 (癸, 辛, 己)------------丑중 辛으로 庫가 된다.

丙
戌 (辛, 丁, 戊)------------戌중 丁으로 庫가 된다.

壬
辰 (乙, 癸, 戊)------------辰중 癸水가 庫가 된다.　　*庫는 辰, 戌,
　　　　　　　　　　　　　　　　　　　　　　　　　丑, 未

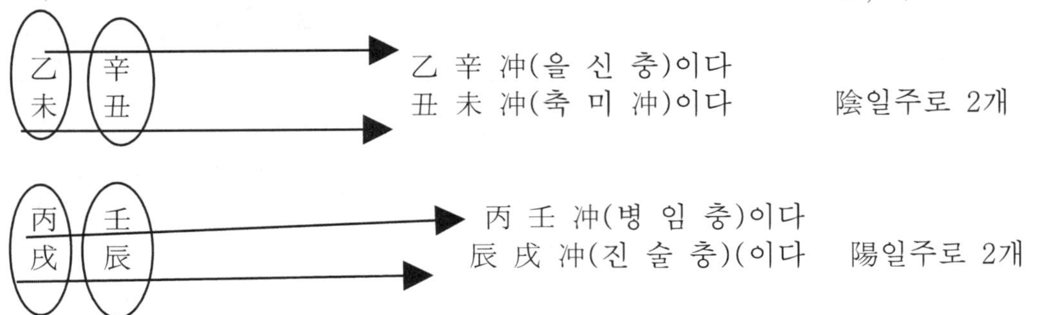

◉ 관성입묘란 무엇일까? 다른 표현으로는 ☞ 夫星入墓(부성 입묘)라고도
한다.

▶ 남편 궁이 묘궁에 있다는 설명이다. 이런 경우는 여성이 남편과 살면서　상
부를 하거나 ,이혼을 하게 되거나 ,같이 산다고 하여도 ☞ 남편의 하는 일이 재
수가 없는지, 아내가 재수가 없는지, 되는 일이 없고 매사가 공염불이 되는 경
우이다. 그렇다면 일주별로 살펴보도록 하자.

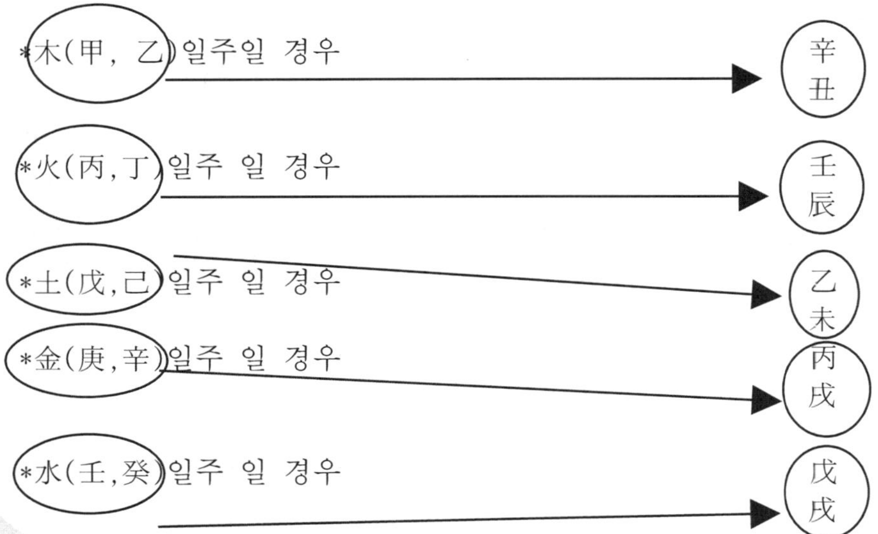

◉ 사주에 갖고 있거나, 또는 운에서 들어올 경우는 되는 일이 없거나 위의 설명과 같은 상황이 발생한다.

◉ 실전사주의 예 ◉:있어도 맥을 못추는 형국인 것이다.

丁	戊	乙	乙
巳	戌	酉	未

◀ 戊土 일주의 사주이다. 년주에 官庫를 놓고 있다. 월간에도 官이 떠 있는 사주이다.

268.
官星食神 俱沖破는 背夫棄子 從人하고
辰戌丑未 俱全女는 一生偕老 못하리라.
관성식신 구충파는 배부기자 종인하고
진술축미 구전녀는 인생해로 못하리라.

◑ 여자의 사주에서 관성과 식상이 충 ,파 되면 어떻게 될까?

➡ 관성은 남편 궁이요, 식상은 자녀 궁인데 남편과 자녀에 다 이상이다 함은 나와의 인연에 문제가 생기는 것이 아닌가? 남편, 자식 다 버리는 경우는 어떠한 경우일까? 우선은 종교에 귀의 하거나,사랑 찾아 가정을 버리고 떠나는 경우이다.

◉ 背夫棄子(배부기자)--남편을 배신하고, 자식을 버리는 행위를 말한다.

◉ 사주의 예 ◉:한 밤중에 자식이 그리워 찾는구나.

0	乙	0	0
0	巳	寅	申

◀ 乙木 일주의 사주이다. 지지에 寅巳申 형살이다. 일지의 巳중 庚金과 월지의 寅중 丙火,

⬆ 그리고 년 지의 申金이 있는데 모두가 형살로 연관이 된다. 병든 남편 놔두고, 가지 말라고 붙드는 자식도 버리고 일지의 巳중 庚金을 따라가는 매정한 여인인 것이다.

⬇ 辰, 戌, 丑, 未 俱全(진술축미 구전)이라 함은 다 갖춤을 말하는데, 화개가 重重하니 종교인 팔자가 아니더냐? 여기에 또 한 가지 추가하면 비만 체질의 소유자가 된다. 화개성이 강하고 체질적으로도 이성에 대한 관심이 매우 약하다. 고로 이러한 성향의 여성은 독신주의를 고집하는 성향이 매우 강하다.

여성으로써 美를 갖추는 데에 무관심하고, 크게 개의치 않는 스타일이다. 자연 그러다보니 남편과 해로하기가 힘들어지고, 성격도 느긋하여 바쁜 것이 없다. 일반적으로 辰, 戌, 丑, 未를 전부 갖추고 있으면 상부살, 과부 살이 선천적으로 구비된 사주로 본다. 결국은 독신. 여자의 사주에서 어떠한 성향이 강하게 보이면 해로하기 힘든 경우로 볼까?

◉ 실전사주의 예 ◉ :부지런히 공부하여 득도하세.

壬	辛	己	戊
辰	丑	未	戌

◀ 辛丑 일주의 사주. 현재 암자를 운영하고 있다
　지지에 辰, 戌, 丑, 未를 갖추고 있다.

⬆ 일단은 남편인 官을 극하는 식신과 상관이 많은 사주를 꼽는다. 이유는 식상관이 강하니 안하무인이요, 남편알기를 우습게 알고 또 언어의 사용에 자제력이 동반되지가 않으니 쌍소리에 ,앞뒤를 가리지를 않는다. 연속되는 실언에 감당하기가 본인도 힘들어진다.

◉ 실전사주의 예 ◉:남편이 남편다워야 남편이지?

丙	甲	壬	丁
丙	午	寅	卯

◀甲木 일주의 사주이다.
　식상인 火의 기운이 강하다. 일주 또한 강하고

⬇ 인수가 지나치게 많아도 官이 힘들어진다. 남편이 처갓집에 아무리 잘하여도 콧방귀도 안 꾼다. 사위가 마음에 안 드는 것이다. 官이 인수를 생하다보니 정작 官은 파묻혀 보이지도 않는다.

◉ 실전사주의 예 ◉:물이 너무 깨끗하여도 고기가 못산다.

庚	癸	辛	癸
申	亥	酉	亥

◀ 癸水 일주의 사주인데 金, 水로 이어진다.
　陰으로 가득한 사주이다. 금수쌍청이다.

⬇ 財星이 지나치게 강하여도 官은 묻힌 형국이 된다. 스스로 다 처리하여도 財의 힘이 워낙 강하다보니 財가 다 처리한 것으로 보인다. 빛을 보려 해도 볼 수가 없다.

◉ 실전사주의 예 ◉:차라리 날 잡아 잡수.

乙	辛	壬	丙
未	卯	辰	寅

◀ 辛卯 일주의 사주이다. 財가 왕한 사주이다.
　從格(종격)의 사주라 오히려 그것이 편하다.

⬇ 관살이 혼잡 할 경우도 된다. 사방이 官이니 흔한 것이 남자다. 남편 귀하고, 어려운 줄을 모른다. 이러니 어느 남편이 좋다고 하겠는가?

◉ 실전사주의 예 ◉:사막이나, 무인도에 가봐야 정신을 차린다.

丙	丙	己	辛
申	辰	亥	亥

◀ 丙辰 일주의 사주이다.
지지에 官이 널려 있다.

⬛ 비견과 비겁이 많은 경우이다. 사주가 너무 강하다 보니 남편 없어도 무엇이든 다 척 척으로 처리해버린다. 남편의 필요성을 느끼지를 못한다. 지가 대통령이다. 나이길 사람 나와 봐, 따라 와---------

◉ 실전사주의 예 ◉ : 통, 반장 다 할 끼다.

丁	壬	癸	癸
未	子	亥	亥

◀ 壬子 일주의 사주이다.
년, 월, 일이 온통 물바다다.

◉ 실전사주의 예 ◉:도 아니면 모다.

丁	乙	丁	丁
巳	亥	未	卯

◀ 乙亥 일주의 사주이다. 지지에 木局이 형성,
식상의 기운도 만만치가 않다.

⬛ 남편궁이 墓宮(묘궁)에 있을 때, 서방님이 무덤 속에 있으니 이 일을 어이할꼬?

◉ 실전사주의 예 ◉ : 가도 가도 사막이다.

癸	戊	戊	乙
亥	申	辰	未

◀ 戊申 일주의 사주이다. 乙木이 官이다.
年支에 官庫를 놓고 있다.

269. 丁己亥日 乙辛癸巳 柱中透干 暗官合은
疑妻症이 甚한男便 外出말고 근신하소.
정기해일 을신계사 주중투간 암관합은
의처증이 심한남편 외출말고 근신하소.

⬙ 丁亥, 己亥, 乙巳, 辛巳, 癸巳(정해, 기해, 을사, 신사, 계사) 일주의 여성은 사주에 관이 천간에 나타나 있고 ,지지의 장간에 官이 또 있는데 암합을 하고 있으면, 여성의 입장에서는 관인 남편이 도처에 있으므로 밖에만 나가면 유부녀인데도 총각이 따를 정도로 착각을 하고, 본인도 진짜 그런 줄 알고 착각을 한다. 말 한마디 ,행동 하나에도 신경을 써서 남편의 의처증이 보이지 않도록 하여야 한다. 대체적으로 사주에 官이 많고 暗合으로 이루어진 여성은 남편

이 疑妻症(의처증)의 경향이 있는 남성을 만나는 경우가 많다.

☢ 공통점은 陰일간이라는 것이다.

⬇ 각 일주의 지장 간을 살펴보도록 하자.

☛ 癸, 巳(계사)--------戊, 庚, 丙--------戊, 癸(戊癸) 합

☛ 辛, 巳(신사)--------戊, 庚, 丙--------丙, 辛(丙辛) 합

☛ 乙, 巳(을사)--------戊, 庚, 丙--------乙, 庚(乙庚) 합

☛ 己, 亥(기해)--------戊, 甲, 壬-------甲, 己(甲己) 합

☛ 丁, 亥(정해)--------戊, 甲, 壬-------丁, 壬(丁壬) 합

⬇ 여성이 地支에 암합을 이루고 있으면 끼가 있고, 설사 본인의 의사와는 무관하다 하여도 오해 받기가 십상이다. 가끔 씩의 부적절한 말 한 마디와 사소한 행동으로 오해의 소지가 없도록 항상 주의하라. 매사 불여튼튼이다.

◉ 실전사주의 예 ◉ : 지들이 좋아서 지랄인데, 난 들 어쩌누.

己	癸	戊	乙
未	巳	子	卯

◀ 癸巳 일주의 사주이다. 월간에 戊土가 있다. 巳중에 또한 戊土가 있다.

270.
官星食神 落空亡은 子孫良人 壽가짧고
官星微弱 比劫合은 친구小室 奪夫하네.
관성식신 낙공망은 자손양인 수가짧고
관성미약 비겁합은 친구소실 탈부하네.

◈ 官星食神 落空亡(관성식신 낙공망)----관성과 식신이 落空亡(낙공망)이라 함은 관식이 공망 이라는 말이니 자손과 남편이 나와의 연이 박하다는 설명이고, 결국은 자손과 良人(낭인:남편)의 수명이 짧다는 설명.
관성이 미약하여 관으로써의 줏대가 약할 경우, 비겁 합이라 하였으니, 나와 같은 여인이라 주변의 동료나 친구, 또는 여친에게 나의 남편을 빼앗기니 같이 살아도 한 지붕 두 가족이요, 못 견디면 이혼으로 이어지고 만다. 항상 의부증 증세로 신경과민이 성립된다.

◉ 남편을 빼앗기고 사는 사주◉:누가 내 남편 좀 찾아주오.

0	甲	乙	庚
0	寅	酉	辰

◀ 甲木 일주의 사주이다. 천간에서 乙庚合이다.
乙木은 비견이니 친구이다. 친구와 정분이 났다.

271.
合多合貴 좋아마소 사랑통에 죽어나니
밤낮으로 迎賓送客 送別함이 如雷로다.
합다합귀 좋아마소 사랑통에 죽어나니
밤낮으로 영빈송객 송별함이 여뢰로다.

◈ 合多(합다)라 함은 합이 많음이요, 合貴(합귀)라 함은 나의 귀인은 官이니, 이 또한 관이 많음이라, 항상 많아도 걱정이다. 이래도 좋고 저래도 좋고 그저 좋고 좋다. 좋은 것이 좋다는 식이다. 그러다 보니 정작 나의 진솔한 짝은 찾기가 힘들구나.

밤낮으로☛ 迎賓送客(영빈송객)이라 오는 손님맞이 하고, 가는 손님 보내기에 정신이 없구나. 그러다 보니 시간적인 여유가 없어 빨리 빨리가 진행이 된다. 여자가 손님을 많이 맞이하고 보내 얻는 것이 무엇인가? 결론은 이별도 번갯불에 콩 볶아 먹기다.

☛ 雷逢電別(뇌봉전별)이라 우레같이 만났다 번개같이 헤치 우고 헤어지는 형상이 된다.

◉오행별로 한 번 살펴보도록 하자.

➡ 甲己(갑기)합의 경우------목석같아 보여도 여자에게는 약하다. 정적인 공격이 약하면 물량공세도 마다하지 않는다. 결국에는 나의 것으로 만들어 버린다.

➡ 乙庚(을경)합의 경우-------木은 간이라 간도 크다, 버들가지처럼 쭉쭉빵빵의 몸매로 庚金을 휘어감고 바람을 일으킨다. 두쇠 같은 庚金의 남성이 오도 가도 못한다.

➡ 丙辛(병신)합의 경우-------귀공자 스타일의 연약한 타입의 남성들을 화끈한 행동으로 남성을 리드하며 녹여버린다. 남성은 자기도 모르게 빠져 존재를 망각한다.

➡ 丁壬(정임)합의 경우-------끼 있는 사람들의 결합이다. 둘이다 미친다. 옆에서 말려도 요지부동이다.

➡ 戊癸(무계)합의 경우-------얌전한 개 부뚜막에 먼저 올라가는 격이다. 소리
소문 없이 진행하여 주변을 깜짝 놀라게 한다.

◉ 실전사주의 예 ◉

丙	辛	丙	庚
申	未	戌	戌

◀ 辛未 일주의 사주이다.
　년과 시로 양쪽에 합이다.

甲	己	甲	丙
子	未	午	辰

◀ 己未 일주의 사주이다.
　월과 시에 정관이 둘이다.

己	丁	壬	壬
酉	亥	子	寅

◀ 丁亥 일주의 사주이다.
　년과 월의 천간에 정관이 둘이다.

庚	乙	戊	庚
子	亥	子	子

◀ 乙亥 일주의 사주이다.
　년과 시에 정관이 둘이다.

戊	癸	戊	辛
午	未	戌	丑

◀ 癸未 일주의 사주이다.
　월과 시에 정관을 놓고 있다.

272.
子午卯酉 全備者는 사랑따라 잘도가고
寅申巳亥 全備者는 음난하여 걱정이요.
자오묘유 전비자는 사랑따라 잘도가고
인신사해 전비자는 음난하여 걱정이요.

➡ 子, 午, 卯, 酉(자, 오, 묘, 유)는 모두가 끼가 있는 桃花이다. 이것을 전부
갖추고 있으니 년, 일을 기준하여 보고, 자시고 할 것도 없다. 온 천지가 도화
로 깔려 있으니 가도 가도 왕십리이다. 이는 자체로 刑, 沖이 성립이 되니 사생
활도 그렇고 모는 것이 얽히고설킨 운명이다. 귀격으로 보는 경우도 있지만, 일
단 사생활이 복잡함은 어쩔 수 가없다. 金水, 木火, 陰, 陽 부딪히고 깨지니 소
리도 요란하다.

◉ 실전사주의 예 ◉:매도 너무 빨리 맞으면 손해본다.

丁	丙	癸	壬
酉	午	卯	子

◀ 丙午 일주의 사주이다. 官도 많다.
일찍부터 이성에 눈을 뜬 사주이다.

◀ 寅, 申, 巳, 亥(인, 신, 사, 해)는 사계절의 왕지의 집합이라 기운이 넘치고 넘치니 어디 발설 할 곳을 찾느라 정신이 없구나. 자연 음란해질 수밖에 없으니 그 또한 걱정이라는 설명이 된다.

◉ 실전사주의 예 ◉:너무 똑똑해도 탈이다.

丙	己	丙	辛
寅	巳	申	亥

◀ 己巳 일주의 사주이다.
지지에 寅, 申, 巳, 亥를 놓고 있다.

273.

乙辛癸巳 丁己亥日 丙子戊子 甲申女는
十中八九 小室살이 畫眉咬指 寵愛로다.
을신계자 정기해일 병자무자 갑신녀는
십중팔구 소실살이 화미교지 총애로다.

◀ 乙巳, 辛巳, 癸巳, 丁亥, 己亥, 丙子, 戊子, 甲申(을사, 신사, 계사, 정해, 기해, 병자, 무자, 갑신)일주의 여성은 소실 살이, 또는 이중살림을 하게 되고,
◉ 畫眉咬指(화미교지)-----------눈썹을 그리고, 새끼손가락을 입에 물고 교태를 부린다. 손가락 살짝 입에 물고, 눈웃음에 미소 지으면 안 넘어가는 남자가 어디 있겠는가?

◀ 일주의 특성을 설명하여보자.

丙
子 ----------◀子는 시간으로 밤이요, 丙화는 꽃이라 밤의 꽃이요, 불나비다. 官인 남편이 밤에만 보인다. 낮에는 자는가? 정상적인 관계가 아니다. 남의 이목을 피해서 왕래하니 자연 부적절한 관계인 것이다. ☞ 앉은 자리에 도화를 놓고 있고, 정편관이 혼잡이다.

戊
子 ----------◀도화가 재로 연결이 되어 있다 바람피우며 재를 취한다. 과연 그것이 무엇일까? 별로 바람직하지 않은 상황이 연출된다. ☞ 賣姦得 財(매간득재)로 연결이 될까 걱정이다.

甲
申 ---------- ◀지지에 편관을 놓고 있다. 정관이 있어야 할 자리에 항상 편관
　　　　　　　이 있으니, 그것도 나이 많은 남성이 아니라 연하의 남성이 더
　　　　　　　많구나.

癸
巳 ---------- ◀ 지지에 巳火를 놓고 있다. 巳중 戊土와는 합도 잘하고,
　　　　　　　뜨거우니 끓기도 잘한다. 물이니 흐르기도 기가 막힌다.

274.
| 子遙巳와　六乙鼠貴　丑遙巳와　刑合之格 |
| 六陰朝陽　飛天祿馬　花隨蜂蝶　醜婦로다. |
| 자요사와　육을서귀　축요사와　형합지격 |
| 육음조양　비천록마　화수봉접　추부로다. |

◆ 子遙巳(자요사)란 자요사격이요, 六乙鼠貴란 육을서귀격이요, 丑遙巳란 축요
사귀격을말하고, 六陰朝陽이란 육음조양격이요, 飛天祿馬란 비천록마격을 말한
다.

▼ 子遙巳格(자요사격)이란?

甲木 일주가 지지에 子水를 둘 이상을 만나는 것을 말하는데, 甲子日, 甲子時로
구성이 된다. 여기에서 말하는 遙 (요: 멀리서 동경을 한다는 의미)의 이치는
지지의 子水에 암장된 癸水가 합을 이루려면 戊土가 있어야 하는데, 정반합의
원리로 巳中의 戊土가 짝이라 서로가 합을 하여 사랑을 이루고, 巳화는 方合(방
합)으로 酉, 丑을 짝으로 하여 합을 이루려하는데 문제가 생기는 것이 있다.
丑土는 子水와 子丑合(자축합)이 되므로 불필요한 합을 이루어 문제만 복잡하여
지므로 자연 제외시키니, 남는 것은 酉金이라 이것과 합을 하는데, 巳火와 酉金
은 巳중의 丙火와 酉金중의 辛金과 丙辛合(병신합)을 이룬다.

여기에서 설명의 중심이 되는 戊土와 辛金은, 甲木의 입장에서 보면 財와 官이
되는지라 귀함을 얻는 것인데, 甲木의 입장에서는 가만히 있어도 줄줄이 알사탕
이 생기는 격이라, 꽃이 피니 벌과 나비가 꿀을 차지하기 위하여 서로가 각축전
을 벌이는 형상이라, 여인네로 친다면 정숙하지 못한 아낙이라 음란한 여성이
요, 많은 남성과 관계하는 깨끗하지 못한 여인이 되는 것이다.

◉ 사주의 예◉ :여자의 생명은 순결이라 누가 그랬는가?

| 甲 | 甲 | 0 | 0 |
| 子 | 子 | 0 | 0 |

◀ 甲木 일주 이므로.
　　子時인 경우는 자연 甲子時가 된다.

⬇ 六乙鼠貴格(육을서귀격)이란?

➡ 六乙이란 육십갑자에서 乙木일주가 여섯이란 뜻으로 해석을 하고, 鼠(서)란 쥐를 의미하는데 성씨도 각각의 의미하는 것들이 있는데 참고로 몇 가지의 예를 들어보기로 하자.

◈　김씨----도깨비, 정씨----당나귀, 이씨---살쾡이
　이러한 의미로 받아들이면 될 것이다.

☛ 육을서귀격이란 乙木 일주가 水와 木을 많이 갖추고(둘 이상) 時가 子時를 이루고 있음을 설명한다.

◉ 사주의 예 ◉:눈이 갈 만도 하네.

丙	乙	0	0
子	0	0	0

◀ 乙木 일주의 사주이다.
　子中의 癸水가 巳중의 戊土와 戊癸合으로 든다.

그런데 이 때 巳중의 지장간 庚金이 있어 乙木이 庚금과 암합을 이루게 된다.

⬆ 庚금은 정관이 되는데, 乙木이 착각을 하고 내 남편인줄 아는 것이다.
　남의 남자가 남편으로 둔갑을 하여버리니 바람이 나는 것이다.

⬇ 丑遙巳格(축요사격)이란?

辛金과 癸水 일주가 金과 水가 둘 이상이고, 丑時에 태어난 경우를 말한다. 그런데 여기에서 조건이 생긴다. 丑土를 습하는 子水나, 巳火가 원명에 없어야 한다는 것이다. 습을 이루면 변화가 생기는 것이므로 제외하는 것이다.

여기서는 丑土가 巳火를 불러들여 巳중의 戊土와 丙火를 癸水가 財와 官으로, 辛金은 官과 印으로 취하게 되니 귀하게 된다는 것이다.

◆ 癸丑 일주의 경우는 丑土가 지지의 어디에 있어도 상관이 없다.

◉ 사주의 예 ◉: 지르박, 블루스 신난다.

0	癸	0	0
丑	丑	0	0

◀ 癸丑 일주의 사주이다.
　丑이 巳를 불러들여 戊癸合(무계합)을 하자,

丑중의 辛金이 巳중의 丙火와 또 丙辛合(병신합)을 이룬다. 한 곳에서 두 건의 합이 이루어지니 신나는 쌍쌍파티가 이루어진다.

癸水일주의 여자에게는 巳중의 戊土가 정관이 된다. 그런데 갑자기 정관인 남편이 눈앞에 나타나니 남의 남자가 본인의 남편인줄 착각을 하고 온갖 정성을 다 하는 것이다. 눈에 콩깍지가 덮어진 것이다. 밤인지, 낮 인지도 모르고 해매이고 다니는 것이다.

◉ 사주의 예 ◉:니들이 게 맛을 알아?

| 0 辛 0 0 | ◀ 辛金 일주의 사주이다. |
| 丑 丑 0 0 | 丑中의 癸水와 辛金이 巳中 戊土와 丙火가 合한다. |

⬆ 辛金의 입장에서는 丙火가 정관인데, 이 역시 남의 남자가 남편으로 보이니, 눈이 뒤집어 지는 것이다. 남이 볼 때는 맛이 간 것이다.

⬇ 刑合之格(형합격)이란?

癸日 甲寅時(계일 갑인시)의 사주의 경우에 해당이 되는 사항이다.

◉ 사주의 예 ◉:다 지 눈에 안경이다.

| 甲 癸 0 0 | ◀ 癸日 甲寅時의 사주이다. |
| 寅 0 0 0 | 무엇이 문제가 되는 것일까? |

☞ 時支의 寅木은 巳를 刑 한다. 그러면 巳중에는 무엇이 있는가를 살펴 보도록 하자. 巳중에는 戊, 丙, 庚이 있는데 그중 戊土를 보도록 하자. 戊土는 癸水의 정관이다. 즉 애인이 되는 것이다. 癸日에 寅時는 甲寅이다.

時柱가 木으로 힘이 왕 하다 그런데 癸水가 水生木을 하다 보니 자기가 기력이 쇠하여진다. 지치는 것이다. 탈수현상이 오는 것이다. 인체의 70퍼센트가 물이라 하였는데 그 물이 거침없이 다 빠져나가는 것이다. 결국에는 죽음에 이르는 것이다. 그것도 時柱이니 말년이라 나이 들면 죽는 것이 당연지사이나 그 원인이 문제인 것이다. 결국은 객사인 것이다.

☞ 말년 이전에 이리 당하는 경우도 있으니 잘 살펴보아야 할 것이고, 詩訣(시결)에 이르기를 癸日, 甲寅 時는 刑合格이다. 라고 되어있다.

⬅ 여기에 설상가상으로 羊刃이나 또 七殺이 같이 있다면 路上橫泉客(노상횡천객)은 정해진 사람이다. 라고 설명이 되어 있는 것이다.

☞ 寅은 역마, 지살이라 癸水인 일간을 木多水縮(목다수축)으로 기운을 다 빼버리니 癸水 일주는 이동 중에 죽음이라 결국은 객사를 하는 것이다.

⬇ 六陰朝陽格(육음조양격)이란?

간단히 설명을 하면 辛金 일주가 戊子時를 만나는 것이다. 辛金일주의 子時는 자연 戊子時가 된다.

辛金일주를 보면 여섯이 나온다.

☛ 戊子 時일 경우는 이격이 성립이 된다.

☛ 朝陽(조양)이란 六陰(육음)이 극에 달하고 陽이 시작이 된다는 뜻이다.
◉ 子에서 一陽이 始生(시생)하는 법칙인 것이다.

◉ 사주의 예 ◉:고무신 거꾸로 신기.

戊	辛	0	0
子	0	0	0

◀ 辛金 일주의 사주이다.
　子중의 癸水를 잘 살펴보자.

⬆ 원인 발단은 子水인데, 子水의 지장간인 癸水가 巳火를 불러들여 巳중 지장간인 戊土와 암합을 한다. 이때 巳중의지장간 丙火도, 나라고 질세냐 하면서 辛金일주와 丙辛合(병신합)하여 일주와 암합을 한다.

♣ 丙火는 정관인데 暗合을 하므로 이것은 문제가 되는 것이다. 부정으로 연결이 되는 것이다.

◉ 여기에서 주의 할 사항이 하나 있다.
　子水가 하나 더 있거나 火인 관살이 있으면 파격이 된다는 것이다.

☛ 眞格이 되는 것은

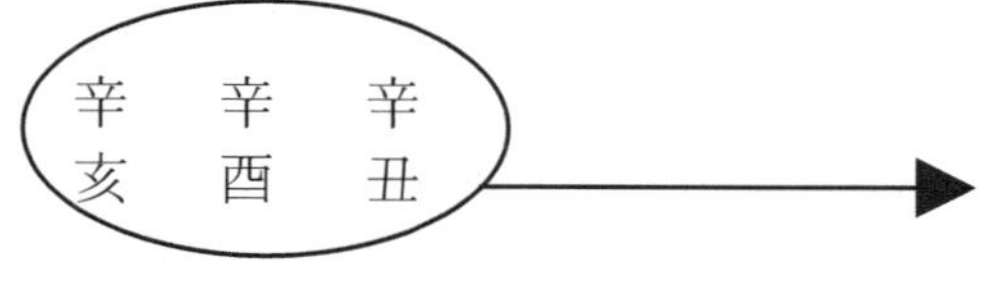

이상의 셋 일주만이 진격이 된다.

⬇ 飛天祿馬格(비천록마격)이란?

☛ 飛天(비천)이란 암충을 설명하고, 祿(록)이란 정관이요, 馬(마)란 정재인 것이다.

즉 암충 된 장간이 정재, 정관, 정인 또는 정재, 정관 또는 정관, 정인이 될 때를 말하는 것이다.

☞ 암충이 되는 경우는 지지에 같은 字가 셋 이상일 때 성립이 되나, 지지에 전체가 이루어진다면 더 더욱 좋은 것이다.

☢ 陰極則 始陽(음극즉 시양)이요,
陽極則 始陰(양극즉 시음)이고,
外陽內陰(외양내음)이요,   이 원리를 대입하면 된다.
內陰外陽(내음외양)인 것이다.

☞ 여기에서 사용이 되는 것은 子, 午, 巳, 亥(자, 오, 사, 해)의 4종류인 것이다.

子,午(자,오)는 水이므로 陰이라, 음으로 양을,
巳,午(사,오)는 火이므로 陽이라, 양으로 음을

⬆ 各其(각기) 冲起(충기)시킬 수 있는 것이다.

각 일주가 지지에 亥가 많을 경우는 어떨까?

◉ 사주의 예 ◉: 산아제한이 없는 여인.

0	辛	0	0
亥	亥	亥	亥

◀ 여기서는 亥가 巳를 冲한다.
巳火의 지장간인 丙火가 辛金의 정관이 된다.

◉ 辛金에게 亥는 자손이 된다. 금생수이므로. 지지에 자식이 너무 많다.

자식의 입장에서 한 번 살펴보도록 하자. 어머니는 보이는데 아버지가 보이지가 않는다. 辛金은 어머니 인데 혼자 사는 처지인 것이다. 이때 자손들이 어머니를 시집을 보내는 것이다. 어떤 이가 좋을까? 하고 말이다. 그래서 찾는 것이 암충을 하여 찾아 모시는 것이다. 자손이 亥水이니, 巳火를 찾아 아버지감인 丙火를 찾는 것이다. 官이라 하여 무조건 들어가다가는 水剋火 당하여 망신인 것이다.

☞ 자손인 亥水가 冲을 하여주니 편안하게 암합을 하는 것이다. 고로 자손도 크면 다 그들의 뜻을 존중하여 처신을 하여야 하는 것이다.

◉ 花隨蜂蝶(화수봉접)이란 꽃이 피면 벌, 나비가 그리고 온갖 곤충이 모

여들어 꿀을 먹고, 그 대가로 암술, 수술을 연결시켜 열매를 맺도록 하여주는
데, 인간사에서 이를 비유한다면 남녀 간의 행위라 목적은 무엇인가? 서로의 사
랑이 아닌가? 사람은 꽃과 다르니 그 정도를 지켜야 한다는 속뜻이 있는 것이
다.

275.
```
潤下格과  從革炎上  淸燈自守  可憐하고
稼穡曲直  甲壬趨格  鏡破釵分  따분하다.
윤하격과  종혁염상  청등자수  가련하고
가색곡직  갑임추격  경파채분  따분하다.
```

◎ 본문의 格들은 사주가 신태왕한 사주를 말하는데 여성의 사주로서는 매우 안
타까운 부분이 많은 경우이다. 각각의 특징을 한 번 살펴보기로 하자.

➡ 潤下格(윤하격)---------水일주의 특성을 설명한다. 水일주에 지지 전체가
水局을 이룸을 말한다. 물이란 모여지면 넘치고, 그리하여 흐르는 것이 순리이
다. 흐르지 아니하고 고이면 자연 썩게 마련이고, 부패하여 악취를 풍기게 된
다. 물이 많으면 자연 고여지는 양도 그에 비례하여 많아지게 마련이다.

☛ 고여지는 물이 없을 경우는 둑이 무너져 통제의 기능을 상실하였을 경
우가 될 것이다. 得局(득국)을 필요로 하고 있고 財나, 官을 싫어한다. 윤하격
의 특징은 종교성이 강하다. 그리고 형체의 변경은 담기는 그릇에 따라 변하나
항상 본질은 그대로이다. 직업은 외교도 좋고 ,문필도 좋고, 종교, 법정계열도
괜찮고, 문제는 지나치게 깨끗하여도 고기가 살 수 가없듯이 약간의 융통성이
필요한데, 대체적으로 그것이 결여되어 그르친다.

➡ 從革格(종혁격)----------강건한 金의 성격 그대로이다. 肅殺之氣 (숙살지
기)요, 변혁의 대명사이다. 구성 요건은 金일주에 지지 전체가 金局을 이루어야
성립이 된다. 局을 이루는 것을 필요로 한다. 쇠도 지나치게 강하면 쉬 부러지
듯 항상 지나친 강건함으로 인하여 손해를 본다.

➡ 炎上格(염상격)----------火가 많아 炎(염)자가 되듯 불의 기운이 천지를 다
감싸고도니 주변에는 풀도 남아나지가 않는다. 火氣란 상승하는 기운이라 위로
올라가므로 炎(염)자다음에는 上(상)자가 따른다. 흔히들 하는 상소리 가운데
炎病(염병) 지랄하고--------이 있는데 뜨거움이 지나쳐 정신 나간 듯이 거의
미친 상태를 비꼬는 말로도 통용이 되듯 정신계통과 연관이 깊다.
☛ 이 역시 得局(득국)을 요한다. 특징은 관찰력, 투시력 등 예지력이 돋
보이고, 기발한 발상이 간혹 빛을 보기도 한다. 장점은 지나친 내세움으로 인하
여 ,조급함에 침착성이 항상 필요해진다. 이 역시 득국을 이루어야 제 역할을

한다. 화려함에 달변을 갖추어 웅변가, 연설, 교육가, 전기, 통신, 위성, 우주 공학 분야 등 공간 활용 분야가 어울린다.

▣ 淸燈自守(청등자수)라 함은 청롱하니 맑은 등불을 혼자서 지키고 있으니 고독의 대명사가 아닌가? 고독은 겪어보지 않은 사람은 모른다. 오죽하면 뼈 속에 사무친다고 하지를 않던가?

▣ 稼穡格(가색격)---------가색이라 하였으니 농사가 아닌가? 토는 흙이요 또한 전답이 아닌가? 지금은 그 이용도에 있어서 바다 속의 땅도 해저탐사라는 미명으로 개발을 하고 있지를 아니하던가? 어느 시대를 막론하고 땅의 소중함은 항상 같은 것이 아닐까? 그리하여 대지는 나의 어머니와도 같다고 하지를 않던가? 거짓 없이 뿌린 데로 그대로 모든 것을 보여주는 표상인 것이다.

☞ 土 일주에 지지가 전체가 土를 형성하여야 하고 得局(득국)을 이룸을 이 역시 기본으로 하고 있다. 씨 뿌리고 내가 노력한 만큼 거두어드리는 것이 특색이요, 진리인 것이다. 토중 操土(조토)는 가색의 공을 이룰 수가 없어 파격으로 보고, 濕土(습토)를 귀히 여긴다.☞ 火, 土運(화, 토운)을 반기고 財나 官運을 싫어한다. 전형적인 특징은 종교에 귀의 하는 것이다. 그리 않을 경우는 종교에 심취하여 생활을 하거나, 이와 연관된 업종에 종사를 하거나, 독신을 고집하는 경우가 많다.

▣ 曲直格(곡직격)-------木日主(목일주)를 이름인데, 숲이 울창하면 아름드리 나무가 형성이 되는 것이고, 적으면 풀과 작은 나무가 군락을 이루는 것이다.

木일주가 지지에 전체가 木을 이루는 것이고 ☞ 得局(득국)을 원칙으로 하고, 숲이 너무 울창하면 자꾸 솎아주어야 한다. 낙엽이 지나치게 쌓이다 보면 뿌리가 숨을 쉬기가 힘들어지고, 자체적으로 산불이 발생하여 스스로를 태우는 결과를 초래한다. 직업으로는 정신노동이 적합하고, 법관, 의사, 교육행정등도 어울린다. 교육자들이 많다.

▣ 甲壬趨格(갑임추격)이란 六甲趨乾格(육갑추건격)과, 六壬趨艮格(육임추간격)을 말함이다.

▣ 甲趨乾格(갑추건격)--------------여기서 음미 할 것은 艮격과 乾격의 차이이다. 이것을 구분하면 쉽게 이해할 수가 있을 것이다. 乾이라 하였으니 戌, 亥 천문성이라 여기서는 亥를 설명한다. 육갑이란 육십갑자에서 천간으로 甲이 여섯 번이 되므로 六이라 하였다.

▣ 甲日, 亥時로 성격이 되는데, 이유는 木인 청롱이 亥水 長生地(장생지)를 얻어 승천하고 있는 것과 같다하여 붙여진 이름이다.

☞ 일과 시를 보는 것으로 甲일간이 亥시를 만나는 것을 말한다. 사주 전체로 보아서 寅木이 필요 할 때 亥水가 寅木을 合을 하여 오는 것이다. 이때 사주에 寅木이 있거나 巳火가 있어서 巳, 亥충이 이루어지면 破格(파격)이 된다.

◉ 사주의 예 ◉:사람팔자 시간문제.

乙	甲	0	0
亥	0	0	0

◀ 甲木 일주의 사주이다.
　　암록으로 亥를 따라서 寅이 들어간다.

⬆ 寅木이 들어올 경우 時支의 亥水와 合을 하여 寅亥合木(인해합목)을 이룬다. 甲木이 亥水에 떠있고 음지인데, 寅중의 丙火가 있으니 꽃이 피고 음지에서 양지로의 탈바꿈이 이루어진다. 보기만 하여도 모-든 것이 편해지는 형상인 것이다.

➡ 壬趨艮格(임추간격)--------------壬日, 寅時로 성격이 되는데 寅목과 같이 艮方(간방)에 같이 있는 丑중의 己土, 辛金이 정관 그리고 정인으로 이 덕을 얻게 되어 길로 작용을 하고, 식신에 寅중 甲木과 丙 火가 丑중 己土와 辛金과 갑기 合 ,병신 合으로 암합을 하여 귀하게 작용을 한다. 여기서도 따질 것은 신왕의 경우와 신약의 경우를 구별을 하여야 하는데 각각의 비교를 하여보자.

☞ 신왕일 경우-----왕한 기운을 배출함으로서 좋은 것이다.

☞ 신약의 경우----- 약한 몸에 기운만 빠지니 고역인 것이다.

◉ 사주의 예 ◉:사는 것도 재미있구나.

壬	壬	0	0
寅	0	0	0

◀ 壬일간의 사주이다. 내 자리를 찾았다는 것이다.
　　시지의 寅을 따라서 亥가 들어가니 祿根(록근)했다.

276.
官星傷官 交爭格은 虞美人의 離別이요
日干剋支 하는者는 男便눌러 살려하오.
관성상관 교쟁격은 우미인의 이별이요
일간극지 하는자는 남편눌러 살려하오.

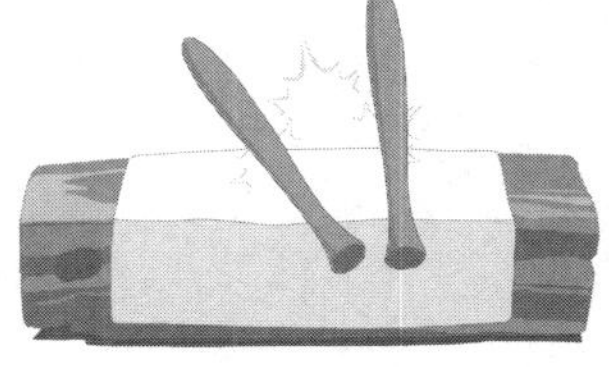

➡ 交爭格(교쟁격)이라 함은 서로가 뒤엉켜 싸우는 형상이라, 차마 눈뜨고 보기 흉한 볼 성 사나운 형상을 말한다. 관성과 상관이 서로 뒤엉켜 혼란하다.

☞ 虞美人(우미인--중국에 있는 감옥소의 이름)의 이별이라 표현을 하였는데,

감옥에 가면 자연 이별이 아닌가?

◉ 사주의 예 ◉:편안히 산다는 것도 힘든 일이다.

0	乙	0	0
0	巳	寅	申

◀ 乙木 일주의 사주이다.
　상관은 巳火가 되고, 官은 辛金이다.

⬆ 관식 투쟁이라 했는데 어떻게 싸우는 것일까? 상관을 보면 寅中의 丙火도 상관이요, 巳중의 丙火도 상관이 된다. 乙木의 정관은 申中의 庚金이 되는데,寅申 冲이요, 巳申 刑으로 이어진다.

◉ 사주의 예 ◉ :지지고 볶고 사는 것에 신물이 난다.

0	己	0	0
酉	卯	0	0

◀ 己土 일주의 사주이다.
　상관은 酉金이요, 官은 卯木이다.

0	庚	0	0
0	子	午	0

◀ 庚金 일주의 사주이다.
子, 午冲이다. 상관은 子水요, 官은 午火이다.

☛ 日干剋支(일간극지)라 함은 천간이 지지를 극하는 형상이니, 자기의 배우자를 극하는 형상이라 별로 바람직한 상은 아니다.

◉ 실전사주의 예 ◉ 늙어지면 그 때는 그리울 것이다.

戊	甲	甲	丙
辰	辰	午	寅

◀ 甲辰 일주의 사주이다.
　甲木이 남편자리인 辰土를 누르려 하고 있다.

☛ 요즈음은 여성상위시대라 하여 여성의 입김과 권위가 많이 승격은 되었으나 상대방을 안하무인 식으로 깔고 뭉기는 모습은 볼 성 사나운 일이다. 이럴 경우는 서로가 나설 경우를 구분을 하여 서로를 치켜세워가며 상대를 존중하며 매사를 처리하는 것이 좋을 것이다. 일단 일간이 일지를 극하는 형상은 항상 그런 기운이 잠재되어 언제 그것이 밖으로 표출이 될지는 모르는 것이다.

277.	丙申子辰　丁丑亥日　十支臘月　出生人과 春夏丙寅　午丁巳未　男便因해　病이든다. 병신자진　정축해일　십지랍월　출생인과 춘하병인　오정사미　남편인해　병이든다.

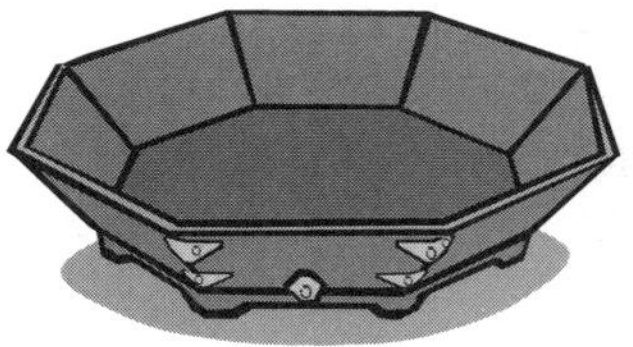

丙　丙　丙　丁　丁
辛 , 子 , 辰 ,丑 ,亥　➡　이 일주의 여성이 十支臘月(십지납월)
　　　　　　　　　이라 亥,子, 丑월에 출생을 하면

⬆ 남편으로 인하여 病이 생긴다는 설명인데 무슨 병이 생길까?

◉ 사주의 예 ◉:왜, 나만 밉다고 그래!

0　丙　壬　0
0　申　子　0　　　⬅ 丙申 일주의 사주이다.
　　　　　　　　남편은 水인데, 수극화로 丙火를 구박한다.

⬆ 官의 기운이 왕 하니, 아내는 꼼짝을 못한다. 火에 연관된 病이 생기는 것이
다.水는 밤이라, 밤만 되면 무섭다. 어서 빨리 날이 밝았으면　　　----

◉ 실전사주의 예 ◉:기운도 적당해야지!

庚　丁　壬　壬
戊　丑　子　戊　　　⬅ 丁丑 일주의 사주이다. 子月에 태어났다.
　　　　　　　　일지와 월지가 합하여 子丑水局을 형성.

⬆ 남성문제로 하여 고민을 하고 있는 사주이다. 남자관계가 복잡하다.

丙　丙　丁　丁
寅 , 午, 未 , 巳　➡　일주의 여성이 春夏月(춘하월) 즉 寅, 卯,
　　　　　　　　　巳, 午(인, 묘, 사, 오)월에 태어나면

남편으로 인하여 병이 든다고 하였는데 이 경우는 또 어떤 병일까?

◉ 사주의 예 ◉:옹녀가 따로 없구나.

0　丙　0　0
0　寅　午　0　　　⬅ 丙寅 일주이다. 午월에 출생한 사주.
　　　　　　　　官은 水인데, 사주가 너무 건조하다.

⬆ 너무 더워서 항상 옷을 벗고 다녀야 할 판이다. 남자가 오면 너무 더워서 땀
을 흘리다가 못살겠다고, 목말라 죽는다고 도망을 간다.

◉ 실전사주의 예 ◉:건드리면 나도 넘어갈까?

辛　丙　丁　戊
卯　寅　巳　辰　　　⬅ 丙寅 일주의 사주이다. 木, 火가 왕한 사주이다.
　　　　　　　　아직 까지 이성을 코르고 지내온 학생의 사주이다.

278.
```
官殺混雜 태운몸이 官星暗合 있게되면
情死맹세 끼어앉고 自殺企圖 있어본다.
관살혼잡 태운몸이 관성암합 있게되면
정사맹세 끼어앉고 자살기도 있어본다.
```

◪ 남편인 官이 원국에 나와 있는데, 지지에서 또다시 지장간에 암장을 하고 있는 官과 합을 이루게 되면, 관살이 혼잡한데 거기에 암합이라 엎친 데 덮친 격이다. 이래저래 남자문제로 골치가 아픈 사주이다.

◉ 사주의 예 ◉아, 이루지 못할 사랑이여.

甲	癸	0	0
寅	巳	癸	0

◀ 癸巳 일주의 특성을 그대로 나타내고 있다. 巳중의 戊土가 官이 되니 남성이다.

⬆ 戊癸합으로 연결이 되는데, 寅巳刑으로 연결이 되니 불발로 끝이 나는 것이다.

☛ 官이 많으니 결국은 남자만 망가지게 된다. 여자의 경우 액 땜한다 생각을 하고 결혼은 절대 일찍 하지 말고, 자기의 일에 열중을 하면서, 천천히 배우자를 골라야 서로의 불행을 막는다. 교제정도의 선에서 끝내는 것이 상책인데 그게 어디 내 마음대로 되는가?

◉ 실전사주의 예 ◉몸은 하나요, 마음은 열 이라.

戊	癸	戊	甲
午	未	寅	子

◀ 癸未 일주의 여성이다. 합도 지나치면 병이다. 틈바구니에서 치이다보니 내가 죽는다.

279.
```
戊己日生 木弱多水 甲乙日生 金弱多水
그男便이 醉中歸路 溺死之禍 있게되네.
무기일생 목약다수 갑을일생 금약다수
그남편이 취중귀로 익사지화 있게되네.
```

▶ 戊己日生(무기일생)이라 土일주인데, 木기운이 약하고 水氣가 강하니 木인官이 많은 水에 의하여 浮木(부목)이 되고 만다. 甲乙 일생이라 木일주인데 官인 金이 약하고 水가 많으니 金이 물속에 잠긴 형상이라, 결국은 다 ☛ 물로 인한 사고라 술로 인한 사고요, 익사사고로도 연결이 된다.(약물중독시고, 오남용도 포함되고)

◉ 실전사주의 예 ◉ : 적당히 좀 즐기시지.

甲	戊	癸	癸
子	戌	丑	亥

◀ 戊戌 일주의 사주이다. 지지에 水局이 형성.
官도 그렇고 상황이 별로 안 좋다.

280.

壬癸日生	土官弱格	更逢柱中	金水多도
그男便이	世上뜰때	水厄過飮	原因이라.
임계일생	토관약격	갱봉주중	금수다도
그남편이	세상뜰때	수액과음	원인이라.

▶ 壬癸日生(임계일생)이라 水일주의 여성인데, 관인 土가 약해 걱정인데 사주에 金,水가 많으면 그 남편이 세상을 뜰 때 수액과, 과음이 원인이 되어 세상을 뜨는 것이 된다.

官인 土의 입장에서 보면, 金이 많으니 土生金(토생금)이라 기운이다 빠지니 허하여지고 財인 水가 많으니 土가 물에 휩쓸려 나감이고, 본인의 입장에서 보면 인수인 金이 많으니 나에게는 힘이 되지단 남편의 입장에서는 죽을 맛이다. 거기에 비견, 비겁 인 水가 많으니 남편의 입장에서는 이래저래 헉헉거리게 된다. 어찌 보면 여자의 사주가 남편 잡아먹는 사주와도 같은 형상이 되어 버린다.

◉ 실전 사주의 예 ◉ : 먹이면 뭘 하나, 힘도 못쓰는 것을

丁	癸	癸	癸
巳	卯	亥	亥

◀ 癸卯 일주의 사주이다. 지지에 암장으로
戊土가 있으나 제대로 힘을 못 쓴다.

◉ 조상을 보는데 있어서 사주에 水가 지나치게 많으면, 그 집안에 水厄으로 인한 영가들이 많다는 것이다. 육친과 그 자리를 살펴서 추명을 하는 것도 잊어서는 안 될 것이다. 수액으로 인한 사고는 알콜 중독, 취중사고, 약물중독, 물난리의 피해, 해일사고, 파선으로 인한 사고, 강가, 산악에서의 사고, 기름유출로 인한 사고, 빙벽사고 등등 물과 연관된 사고로 추명을 하면 될 것이다. 여기서 또 생각을 할 것이 있다. 官이 강하여 튼튼하면, 이와 같은 염려는 안 해도 된다. 수맥으로 연관을 지어서 본다면 수맥이 지나치다는 것으로 결론이 난다.

281.

丑日生人	逢午未戌	寅日生人	逢巳或申
夫婦間에	悲觀있어	飮毒함이	있어보오.
축일생인	봉오미술	인일생인	봉사혹신
부부간에	비관있어	음독함이	있어보오.

◐ 여기서의 설명은 탕화에 대한 설명이다. 湯火殺(탕화살)은◉ 寅,午,丑 (인, 오,축)을 湯火局(탕화국)으로 본다. 丑일생이 午, 未, 戌(오, 미, 술)을 만나거나 寅日生人(인일생인)이 巳,申(사,신)을 만나면 부부간에 다툼이 생기거나, 불미스러운 일로 문제가 생기면 비관하여 음독자살이 염려가 된다는 설명.

☛ 丑日生人(축일생인)은 본인이 地支(地支)에 이미 탕화를 깔고 있는 형상인데, 未, 戌(미,술)을 만나면 형살로 연결이 되고 오는 탕화로 연결되고 결국은 탕화인 丑을 자꾸만 살살 건드린다. 가뜩이나 열 받아 있고, 매사 모든 것이 짜증스러운 판인데 에이 하면서 울컥한 성질에 나도 모르게 행동으로 옮기게 된다. 구사일생으로 살아나면 하는 말이 내가 왜 그랬지? 하면서도 또 나중에 그런 생각을 또 하게 된다.

◉ 실전사주의 예 ◉:죽자니 청춘이요, 살자니 고생이다.

壬	辛	己	戊
辰	丑	未	戌

◀辛丑 일주의 사주이다. 지지에 형살을 놓고 있다. 인수가 너무 왕한 사주이다. 인수에 종할까?

⬆ 丑時(축시)라 깜깜해서 아무것도 구분을 못한다. 이럴 때는 불을 밝혀 기다리도록 하여야 한다. 대게 약 먹는 사람들보면 남들이 다 잠든 丑時나 ,일어날 무렵인 寅時가 많은데 잠이 덜 깬 상태에서의 사고인 것이다. 그리고 벌건 대낮에 午時(오시)한창 뜨거울 때 짜증에 못 이겨 약사발을 삼키는 것이다. 결론은 약간의 시간을 끌어주면 해결은 된다. 밤중에 약 먹는 것은 나도 못 말린다. 조짐이 이상하면 옆에서 불침번을 서야한다.
☛ 寅일생인 역시 寅, 巳 刑(인사 형)이요, 寅, 申 沖(인신 충)으로 자꾸 寅인 탕화를 건드려 약발을 올려 사고를 치게 된다. 얼마 전에 자기의 불만을 표출하는 방법으로 고궁에 불을 지르고 ,산에 방화를 하고 ,주차시비로 인한 불만을 엉뚱하게 다른 차들로 옮겨, 타이어를 전부 펑크를 낸 사고 역시 전부 이 탕화로 연결 지어 보면 된다.

예전에는 농사를 많이 지으므로 농약사고가 많았는데 물론 지금도 가끔 생기기도 하기야 하지만 시대적인 차원이 달라져서 그 분출하는 방법도 많이 달라졌다. 시대적인 변화에 따른 해석의 차이이다.
☛ 간혹 자살사이트 운운되는 뉴스를 접하면 이 역시 탕화인데 조금만 참으면 될 것을 왜 그리 할까? 탕화는 지나가는 바람과도 같은 면이 있다. 시간적인 면으로 살펴보자.

◉ 실전사주의 예 ◉:사랑을 너무 받으니, 사랑이 뭔지도 모른다.

乙	壬	己	己
巳	寅	巳	未

◀壬寅 일주의 사주이다. 지지에 巳를 둘 놓고 있다. 가뜩이나 官이 많아 걱정인데, 일주가 너무 약하다.

282.

午日生人　丑或午辰　戊寅日生　多逢寅과
戊子日生　寅巳申刑　亦是飮毒　주의하소.
오일생인　축혹오진　무인일생　다봉인과
무자일생　인사신형　역시음독　주의하소.

➡ 午日生(오일생)은 그자체가 탕화인데 丑,午,辰(축,오,진)을 만나면 탕화의 작용이 행하여지고, 戊寅日生(무인 일생)이 多逢寅(다봉인)이라 하였으니, 寅이 중복이 되어 중첩되어 있는 것임을 설명하고, 戊子日生(무자 일생)이 寅巳申(인, 사,신) 삼형살을 만나니 이 역시 음독을 조심하라는 설명이 된다.

◉ 여기에서 辰이 午와 만났을 때 작용이 되는 것은 격각살이 되기 때문이다. 戊寅 일생이 多逢寅이라 이것은 寅이 戊土일주에 官이라 이것이 연관이 되므로 남자문제로 인하여 생기는 현상이다. 寅, 巳, 申은 자체가 형살이고, 이럴 때는 戊土 일주가 火土 同格(화토 동격)으로 化하여 버린다.

◉ 실전사주의 예 ◉: 술만 마시면 완전 또라이네?

<table>
<tr><td>壬</td><td>庚</td><td>癸</td><td>壬</td></tr>
<tr><td>午</td><td>午</td><td>丑</td><td>辰</td></tr>
</table>

⬅ 庚午 일주이다. 삶이 피곤했던 사주이다.

⬆ 刑殺(형살)이 성립되니 조용하던 사람이 갑자기 돌변하여 다른 사람으로 바뀐다. 감당하기가 힘들어지는 것이다.

283.

四柱官星　囚獄殺은　男便監禁　있어보고
甲乙日生　申宮逢刑　痲藥酒類　中毒일서.
사주관성　수옥살은　남편감금　있어보고
갑을일생　신궁봉형　마약주류　중독일서.

⬔ 囚獄殺(수옥살)에 관한 사항이다. 12神殺(신살)에서 財殺(재살)로 그의 작용은 주로 관재, 송사, 구금, 납치, 피랍등 주로 인신 구속 등에 관련된 사항으로 해석이 된다. 삼합의 가운데 자와 冲하는 字로써 子, 午 ,卯, 酉(자, 오, 묘, 유)를 설명한다. 관성이 수옥살에 해당이 되므로 남편이 이에 해당하는 일을 겪게 된다는 설명인데 약하게 보면 관재수요, 심하게 보면 구속 내지는 옥살이 하는 경우가 되겠다.

甲乙일생이면 木일주인데 申宮逢刑(신궁에 봉형)이라 하였으니 官星(관성)이 刑을 만나는 경우가 된다.

☛ 본문에서는 마약, 주류 중독이라고 하였는데 무조건 형살이면 이렇다는 것이 아니라 ,상습적인 상태에서 이루어지는 상황을 설명하는 것이다.

◉ 사주의 예 ◉:항상 화근이 무엇인가를 모른다.

0	甲	0	0
0	寅	申	0

◀ 甲寅 일주의 사주이다.
관성이 冲에 임하고 있다.

0	乙	0	0
0	巳	申	0

◀ 乙木 일주의 사주이다.
이 역시 官이 巳申 刑이다.

◉ 실전사주의 예 ◉:쇠도 너무 단단하면 쉬 부러진다.

己	甲	丁	乙
巳	申	亥	卯

◀ 甲申 일주의 사주이다. 일주가 강하여
고집이 대단히 강하다. 충고를 잘 듣지를 않는다.

284.
驛馬官星 놓은者와 地殺官合 놓은者는
旅行이나 車中에서 戀愛함이 있게되오.
역마관성 놓은자와 지살관합 놓은자는
여행이나 차중에서 연애함이 있게되오.

◘ 역마와 지살은 이동의 움직임이라 정적인 의미이다. 관성이 이에 해당하고 또한 습이 이루어진다고 하였으니 연애결혼을 이름이라, 여행이나 차중이란 표현을 썼는데 해외채류중의 연애도 성립하고, 이방인(외국인)과의 혼인도 성립이 된다. 요즈음은 국제화의 시대이니까. 업무상의 출장 중에도 되고, 가까운 거리 인가 ,먼 거리 인가는 정도에 따라 판단을 하면 될 것이다. 남자의 사주라면 財를 보면 배우자가 되니, 財를 보고 판단을 한다.

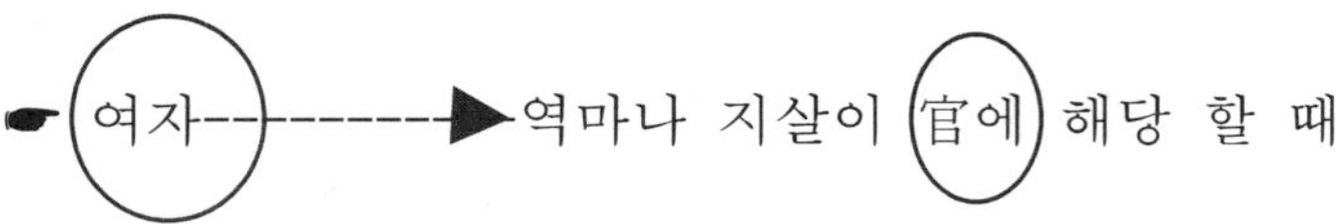

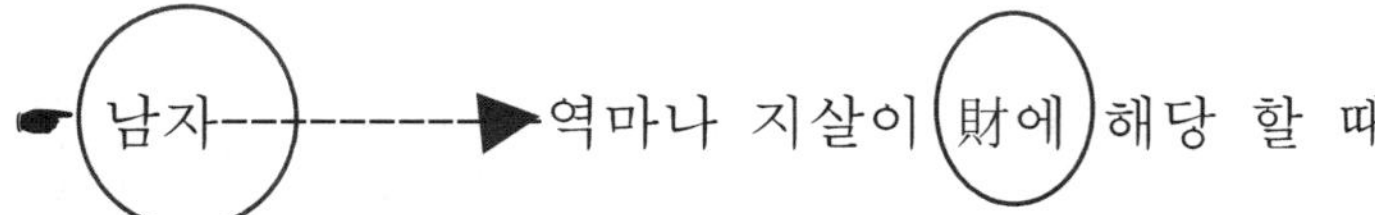

285.
> 地殺馬官 놓은女性 海外出嫁 하게되고
> 또는國際 結婚하니 新進이냐 不貞이냐.
> 지살마관 놓은여성 해외출가 하게되고
> 또는국제 결혼하니 신진이냐 부정이냐.

➡ 지살, 역마가 관살이면 해외진출을 하게 되고, 국제결혼을 한다하니, 신진이냐 부정이냐 하였는데 여성이 업무상으로 해외에 나가는 경우도 있지만, 남성의 경우와는 약간의 차이가 생긴다. 여성이 해외에 나가는 경우도 요사이는 많으므로 추명 시 약간의 주의가 필요하다.

☞ 여성이 해외로 나감은 주로 남편을 따라서 해외근무 라든가, 파견 또는 주재하는 경우인데 업무상이 아닐 경우는 해외결혼으로 본다는 것이다. 외국인과의 결혼인데 싱글의 위치에서 순수한 결혼이냐, 아니면 유관업종에 종사하다가 가느냐 하는 문제 인데 요즈음은 예전과 같이 직업여성으로 있다가 가는 경우가 별로 없다. 국제화시대로 보라 ,한 시대의 사회상이었다고 판단을 하고 말이다.

◉ 사주의 예 ◉: 다 그것도 재주요, 능력이다.

| 甲 | 己 | 0 | 0 |
| 子 | 亥 | 巳 | 0 |

⬅ 己亥 일주의 사주다. 甲己 습이요, 亥子 습이다.
年 下의 남성과 결혼을 한 사주이다.

286.
> 偏陰偏楊 八通四柱 陰陽不調 難發이라
> 夜寒凉衾 하는것을 어찌하여 좋다하오.
> 편음편양 팔통사주 음양부조 난발이라
> 야한양금 하는것을 어찌하여 좋다하오.

◎ 偏陰偏楊(편음편양), 八通四柱(팔통사주)라 함은 음팔통, 양팔통으로 사주가 음이면 음, 양이면 양으로, 한 쪽으로 치우친 사주를 설명하는데, 음양으로 보면 균형이 완전히 상실이 된 사주라, 여성의 경우 양팔통 이면 여성스러움이 없이 사주의 기운이 남성스러움으로 가득 찬 사주라, 여성이 마치 남성과 같은 형상이라 선머슴 같은 경우이고, 음팔통 일 경우는 음이 너무 음기만 강하니 이 또한 조화가 이루어지지가 않으니 부조화의 집합이구나.

◉ 실전사주의 예 ◉:고민도 할 것을 하라.

| 癸 | 己 | 己 | 丁 |
| 酉 | 卯 | 酉 | 巳 |

⬅ 己卯 일주의 사주이다.
음팔통의 사주이다. 이성믄제로 고민이 많은 사주.

丁	乙	丁	丁
巳	亥	未	卯

◀ 乙亥 일주의 사주이다.
官이 들어올 자리가 없다. 時支에 庚金이 있다.

▶ 양팔통의 경우는 여성이지만 남성의 기운이 가득하니 남성이 들어올 자리가 없어 못 들어오니 남편 궁이 부실하고 ,음팔통의 경우는 너무 꽁꽁 얼어 있으니 불이 자동으로 꺼지니 매일 냉방이요, 독수공방이 될 수밖에 그러나 여기서도 예외의 경우도 있다. 사주자체에 관성이 너무 잘 구성이 되어 있을 경우이다.

◉ 실전사주의 예 ◉ : 항상 마음을 비워야지, 그래야 공간이 생긴다.

甲	甲	丙	丙
戌	午	甲	寅

◀ 甲午 일주이다. 사주가 너무 건조하다.
온통 陽으로 가득 차 있다. 官이 어렵다.

⬆ 여성의 사주인데 양팔통의 사주이다. 官이 역부족이다.
흙이 먼지가 되어 날아 가버리는 사주이다.

287.

四柱官殺 傷食多는　夫婦싸움　甚하고요
官臨地殺 馬刑囚獄　夫君拉致　橫厄이라.
사주관살 상식다는　부부싸움　심하고요
관임지살 마형수옥　부군납치　횡액이라.

▶ 四柱官殺 傷食多(사주관살 상식다)----여성의 사주에 식상이 많으면 관인 남편이 기운을 못 쓴다. 관인 남편이 아내를 다스리려고 하여도, 傷食(식상)이 옆에서 보고 있다가 官에게 다가가 저리가라고 하여도 官은 식상에 대항할 기력이 부족이라 아무소리 못하고 물러가고 만다.

이것이 官食投戰(관식투전)이다. 官이란 다스림의 근원인데 항상 我(아내)를 다스리려고 하니 아내는 식상인의 힘만을 믿고 다투기 마련인데 본인보다도 식상의 힘에 의존을 하게 된다.

☞ 여기에 본인인 일간이 강할 경우는 그 정도가 더 심하게 된다. 식상의 힘이란 밖으로만 나도니 남편을 볼 시간도 없고 ,입도 거칠어 막말을 남발하고 ,오로지 돈에만 집착을 하게 되니 남편까지 돌볼 힘이 미치지가 않는다. 결국은 남편을 등한시 하는 결과가 되는 것이다. 이러니 가정불화가 생기고 부부싸움이 심할 수밖에는 없는 것이다.

◉ 사주의 예 ◉: 일단은 붙어야 결과를 본다.

0	乙	0	0
0	巳	午	未

◀ 乙木 일주의 사주이다. 지지에 火局이 형성되었다. 이 대항을 할 능력이 없다. 관식투전이다.

⬆ 乙木의 남편은 庚金이다. 庚金이 乙木을 剋한다. 巳중의 庚금인데 극한다 하여도 꿈쩍을 하지를 않는다. 일체의 미동도 없다. 巳, 午, 未 火局으로 庚金을 녹여버린다. 돈도 못 버는 주제에 하면서 존경심이란 간 곳이 없다.

◉ 실전사주의 예 ◉:말려도 소용이 없는 경우도 있다.

辛	乙	丁	丁
巳	亥	未	卯

◀ 乙亥 일주의 사주이다. 일단은 본인이 강하다. 식상관도 기운이 살아있다. 官은 天冲, 地冲이다.

甲	甲	丙	丙
戌	午	申	寅

◀ 甲午 일주의 사주이다. 火氣가 태왕하다. 월지의 申金이 官인데 맥을 못 춘다.

➡ 官이 역마나 지살에 해당하고 囚獄殺(수옥살)에 해당하면, 남편이 납치나 횡액이라 하였는데 이러한 경우도 있겠지만 표현이 약간은 지나치다고 생각이 들고, 요즈음으로 본다면 남편이 밖으로 자주 나돌다보니, 집에 관심이 없고 나가 있는 시간이 많다보니 어찌 보면 남과도 같은 남편이라 있으나 마나한 가장이 되는 것이다. 결국은 납치나 실종과도 흡사한 형상이 되는 것이다. 집에는 무관심한 가장인 것이다.

☛ 이것이 형살이나 다른 흉살과 가임이 된다면 흉사로 연결이 되어 좋지 않은 결과로 나타나는 것이다. 특히 대운, 세운을 잘 살펴보고 이의 작용을 주시하여야 할 것이다.

◉ 사주의 예 ◉:에구, 에구, 새우 잡이 벼구나.

0	乙	0	0
申	巳	寅	0

◀ 乙木 일주의 사주이다. 남편은 申金이 된다. 역마 지살에 형에 걸려있다.

⬆ 남편이 시지에 있으므로 연하의 남편이다. 그럼 언제 이 남편이 불행한 일을 당할 것인가? 申이므로 형살이 성립이 되는 때에 가는 것이다.寅, 巳, 申(인, 사, 신)때 인 것이다 申은 본인 이므로 巳와 寅이 된다. 그 해에 가는 것이다. 불미스러운 곳으로.

288.
四柱官弱 傷食多는 아기나면 別夫되고
官印星이 同臨合身 스승敎主 사랑받네.
사주관약 상식다는 아기나면 별부되고
관인성이 동임합신 스승교주 사랑받네.

◙ 四柱官弱 傷食多(사주관약 상식다)------여자의 사주에서 관이 약하고 식상이 강하면 그 자체로도 남편과의 사이가 항상 문제인데, 자손을 낳고 남편과 헤어지는 사주는 어떠한 사주일까? 일단은 천간을 한 번 살펴보아야 할 것이다.

◉ 사주의 예 ◉:자식이 때로는 원수구나.

0	辛	壬	丙
0	0	0	0

◀ 辛金 일주의 사주이다. 남편은 丙火이다.
　자손이 중간에서 합을 가로막는다.

0	己	庚	甲
0	0	0	0

◀ 己土 일주의 사주이다. 남편은 甲木이 된다.
　자손은 庚금인데, 金剋木(금극목)으로 극한다.

⬆ 지지에서의 작용은 무시할 수는 없지만 직접적인 결과가 아니라 간접적으로 보아도 무방하다. 천간에서 관과 식상이 나타나 있고 ,상관관계에서의 우열을 판단하여야 할 것이다.

➡ 관성과 인수가 同臨合身(동림,합신)이라 하면 官印相生(관인상생)이거나 ,관인상생이 되면서 일지와 합이 이루어짐을 설명한다.

◉ 사주의 예 ◉: 스승에게 사랑을.

0	己	丙	0
0	0	寅	0

◀ 丙寅 일주의 사주이다.
　월지에서 월간을 생하고 월간이 일간을 생하는 관

⬆ 계로 연결이 된다. 관인상생으로의 연결이 이루어지는 것이다. 천간으로 투출이 되니 선생님이다. 중간에 丙火를 가리면 寅중의 甲木과 자연스레 합이 이루어진다.

0	戊	0	0
0	午	寅	0

◀ 戊午 일주의 사주이다.
　월지에서 일지로 일지에서 일간으로 올라온다.

⬆ 월지의 寅中 甲木이 일지를 통하고, 일간으로 올라오는 것이다. 관인상생이다. 관인상생이 되면서 일지와 합이 된다면 그것은 확실한 것이다.

☛ 인수란 학문이므로 합이 이루어지니 공부에 열심이며 학문으로의 정진에 뜻이 매우 크다. 고로 스승의 귀여움을 독차지하고 사랑을 받는다. 印受(인수)는

또한 종교로도 해석이 되므로 가르침을 주는 사람으로 부터 사랑을 받는다는 설명.

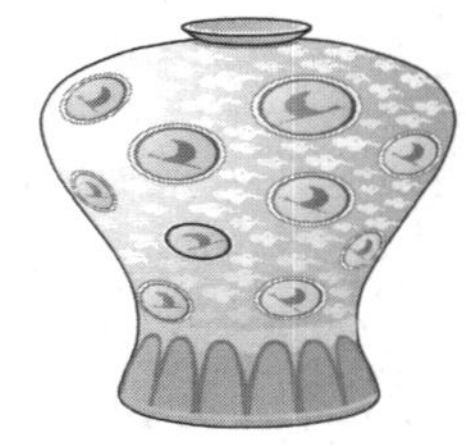

289. 春節己日 逢甲化格 시누형제 등살이요
夏逢乙日 遇庚化는 子孫因해 破情되으.
춘절기일 봉갑화격 시누형제 등살이요
하봉을일 우경화는 자손인해 파정되으.

➡ 春節(춘절)이라 함은 寅, 卯月(인, 묘월)이라 己일생이 甲木을 만난다고 하였으니 甲己 合이 이루어지는 것이고 월에 寅,卯이니 木이라 己 土인 일간을 剋(극)하므로 갑기 합에 방해가 되는 것이다. 왈 너는 木인데 왜 土와 合을 하여 木이아닌 土가 되려고 하느냐며 방해를 하는 것이다.

◉ 사주의 예 ◉:사랑도 죄 인가요?

甲	己	0	0
子	0	卯	0

◀ 己土 일주의 사주이다. 甲木이 남자이다.
서로가 合을 하려고 한다.

⬆ 이때 월지의   卯木이 방해를 한다. 목극토로 己土를 극하는 것이다. 卯木은 甲木의 누나가 된다.(위쪽에 있으므로) 공연히 방해를 한다. 그것도 항상.

◉ 사주의 예 ◉; 아, 어느 길을 택할까?

甲	己	0	0
子	0	寅	0

◀ 일주인 己土는 행복한 고민에 빠진다.
월지의 寅중 甲木과 時干의 甲木이 둘이다.

⬆ 남편감이 둘이 경쟁이 붙는다. 서로가 좋다며 자기한테 오라는 것이다. 나이차가 나지만 결국은 행복이 아니라 불행한 결과를 초래하는 것이다.

➡ 夏逢乙日 (하봉을일)이라 하면 巳,午,未月(사,오,미월)에 乙木日主(을목일주)라 일간에게는 식상이 되는데, ☞ 식상은 官을 치는지라 더구나 月에 있으니 그 기운이 왕성하므로 官인 金을 녹이려드니, 合을 하려는 아내도 자식 돌보느라 남편에게 여력이 없고, 남편도 자식들의 등쌀에 견디지를 못하는구나.
자녀란 가정의 화목의 근원이 되어야 하는데, 오히려 화근이 되는 경우의 사주인 것이다.

◉ 사주의 예 ◉:나는 왜 이리 되는 일이 없을까?

0	乙	庚	0
0	未	午	巳

◀ 乙未 일주의 사주이다.
　　지지에 火局을 이루고 있다.

乙木이 庚金을 다라서 가려고 한다. 合이 잘 이루어지니까, 그런데 지지인 밑에서 불이나서 뜨겁다. 庚金이 견딜 재간이 없는 것이다. 지지의 火는 자손이라 사이가 그리 좋아도 자손이 많아지니 점점 사이가 더 멀어지고 생이별을 하는 것이다. 이때 庚金에 대한 해석이 나온다. 과연 어떻게 할 것인가 하고 말이다.

庚金이 아무런 영향을 안 받으면 상관이 없는데, 지지에서 변동을 하도록 만드니 어쩔 수가 없는 것이다. 그렇지 않으면 내가 죽는 상황이니 무엇인가 변화를 모색하여야 하는데, 그것은 合을 일단은 풀어야 하는 것이다. 묶인 줄을 풀어야 내가 움직여서 살 길을 찾으니 말이다. 合이 풀리면 아내와의 이별인 것이다. 合이 풀리면 庚金인 남편은 乙木인 아내를 극하기 시작을 하는 것이다. 여기서는 기운이 강한 사람이 이기는 것이다. 물론 운에서의 기운도 포함이 되는 것이다. 누가 시기를 잘 선택을 하느냐가 관건인 것이다. 이혼을 하여도 위자료를 받느냐 못 받느냐 도 나오는 것이다.

☢ 남편에게는 자손이 官인데 관이 너무 왕 하니 매사 일이 꼬이고 ,엉키기만 하는구나.

290.
四季辛日　逢丙火는　母親因해　別夫되고
秋月丁日　逢壬化는　媤母因해　風波로다.
사계신일　봉병화는　모친인해　별부되고
추월정일　봉임화는　시모인해　풍파로다.

⬖ 四季辛日(사계신일)이라함은 사계 즉 辰, 戌, 丑, 未(진, 술, 축, 미)라 辛日(신일)일주에게는 인수라 어머니가 되고, 그 기운이 왕 할 수 밖에는 없지가 않은가?

▶ 辛金일주에게는 丙火가 정관인데, 辛金일주가 丙과 合을 하면 丙辛合化 (병신합화)하여 水가 되는데, 인수인 土가 土剋水(토극수)하여 合이 이루어지기가 힘들어진다. 合만 하려하면 土剋水(토극수) 하여 초를 치니 도저히 합이 이루어지기가 힘들어진다. 어머니에게는 사윗감인 丙火가 아무리 火生土(화생토) 하여도, 간에 기별도 안 간단다. 그 정도 가지고는 하면서 눈에 차지가 않는다는 것이다. 그러니 결혼이 힘들어 질 수 밖에는 이럴 때 어머니는 뒷전으로 계셔야한다.

◉ 사주의 예 ◉: 골라도 제대로 골라야지.

0	辛	丙	0
0	未	0	0

◀ 辛未 일주의 사주이다.
丙火가 官이 된다. 병신 합으로 水이니 좋다.

⬆ 여기서 시어머니는 未土가 된다. 토는 수를 극하므로 辛과 丙이 합을 하여 水를 이루려하는데 토극수로 방해를 한다. 水라는 작품을 이루지 못하게 하는 것이다. 여기에서 未土와 辛金과의 관계를 보자. ☛ 편인 이므로 계모다.

➡ 秋月丁日(추월정일)이라 함은 申,酉月(신, 유월)에 정일이라, 그런데 왜 壬水인 官이 아내인 丁火와 합이 들어 사는데 풍파가 많다고 하였을까? 부부가 합을 이루면 木이 되는데 ☛ 壬水의 어머니는 金이다.

◀ 고로 깨소금 같은 木의 결실을 자꾸만 金剋木(금극목)하니 부부가 뜻을 맞추어 무얼 좀 하려하면 자꾸만 훼방을 놓으니, 살면서도 애로사항이 많이 생기는 것이다. 그러니 풍파가 잦을 수밖에.

◉ 사주의 예 ◉: 줄 때는 주어야지.

0	丁	壬	0
0	0	申	0

◀ 丁火 일주의 사주이다.
丁壬 합하여 木을 이루려는데 월지의 辛金이 방해다.

➡ 丁火의 여성에게 壬水는 남편이 된다. 서로가 합이 드니 좋아서 어쩔 줄을 몰라 한다. 그러나 그것도 항상 방해하는 사람이 있다. 바로 남편의 어머니인 申金 인 시어머니인 것이다. 丁火가 남편인 壬水와 합을 이루어 木을 만들려면 꼭 중간에서 金으로 木을 극한다. 그것이 바로 시어머니인 申金인 것이다.

291.	冬月癸日　逢戊火는　兄弟同壻　放害많고 四柱化合　雙方比劫　猜忌嫉妬　많이겪네. 동월계일　봉무화는　형제동서　방해많고 사주화합　쌍방비겁　시기질투　많이겪네.

◆ 冬月癸日(동월 계일)이라 함은 亥, 子月(해, 자 월)에 癸日이라 정관은 戊土인데 戊癸합(무계합)하여 火가 되는데 형제 동서라 하였으니 비견, 비겁이라 부부가 합을 하여 火를 이루는데 水剋火 (수극화) 하여 부부의 화합을 방해하는 결과라 애로 사항이 많이 생기는 것이다.

◉ 사주의 예 ◉ : 너도 당할 때가 있을 것이다.

戊	癸	0	0
0	0	子	0

◀ 癸水 일주의 사주이다.
戊土를 만나서 戊癸合하여 火를 이루려한다.

☛ 이때 癸水의 형제인 子水가 방해를 한다. 水剋火 하면서 항상 초를 친다.
여자의 형제든 남자의 형제든 항상 방해를 하는 것이다. 이것은 공식이다.

➡ 四柱化合(사주화합)이라 합을 하여 化를 이루는데 장애물이 되는 것이라 원래 비견, 비겁은 그 자체로 시기 ,질투인 것이다. 형제지간이라도 격차가 생기면 오기가 발동하여 경쟁심으로 화하고 그것이 심하면 쟁투로도 변할 수가 있는 것이다. 그래도 잘 살면 그나마 다행인데, 문제가 생길 경우는 옆에서 온갖 중상, 모략이 생기는 부작용이 발생한다.

◉ 테이프를 잘못 끊는 경우도 문제가 되고, 차가 밀려 진로의 방해가 될 때도 문제가 되고, 그 모든☛ 원인이 발생할 때는 가까이 있는 내 형제,자매가 화근이 되는 것이다. 여자는 질투의 화신이 아니던가? 비교하여 처 질 경우는 그것이 문제가 되고, 잘 나가도 못나가는 형제가 문제가 되어 이래저래 형제가 화근이 된다. 결국은 남편만 들들볶는 것이 된다. 잘 살다가도 운에서 이런 경우가 되면 꼭 집안 일로 부부간에 다툼이 생기는 것이다. 가정불화의 원인이 되는 것이다.

292.
> 寅卯辰生 日或時丑 巳午未生 日或時辰
> 申酉戌生 未日或時 나를두고 님은가네.
> 인묘진생 일혹시축 사오미생 일혹시진
> 신유술생 미일혹시 나를두고 님은가네.

◘ 여자의 사주에 있어서 과부 살을 설명을 하는 것이다.

◉ 寅, 卯, 辰生(인, 묘, 진 년생) ──────▶ 일이나 시에 丑

◉ 巳, 午, 未生(사, 오, 미 년생) ──────▶ 일이나 시에 辰

◉ 申, 酉, 戌生(신, 유, 술 년생) ──────▶ 일이나 시에 未

➡ 왜 나를 두고 임은 간다고 하였을까? ☛ 寅, 卯, 辰(인 묘, 진)은 방합으로 木이다. 木의 해에 태어나고, 日이나 時에 丑이라 하였으니, 丑은 지장간이 癸, 辛, 己(계, 신, 기)이다. 木의 官은 金이다 辛金이 있으므로 官庫(관고)가 된다.

☞ 巳, 午, 未(사, 오, 미)는 방합으로 火인데 年 支(년 지)가 火 이면 일이나 시에 辰이라 하였으니, 辰은 지장간에 乙, 癸, 戊(을, 계, 무)를 갖고 있으니, 癸水가 水라 火의 官인데 庫(고)이므로 역시 남편의 무덤을 갖고 있으니 그 限이 오죽 하겠는가?

☞ 申 酉 戌(신, 유, 술)은 방합으로 金이라, 일이나 시에 未라 하였으니, 未는 지장간에 丁, 乙, 己(정, 을, 기)라 관고가 아니라 財 庫(재고)가 된다. 여자의 사주에서 홀로이 사는 팔자를 과부 살, 과숙 살이라 한다. 방합의 앞 자가 과숙 살인데 ☞ 신, 유, 술은 官庫(관고)가 아니고, 財 庫(재고)인데 왜 과숙 살이 될까? 그것은 차후에 논하기로 하자.

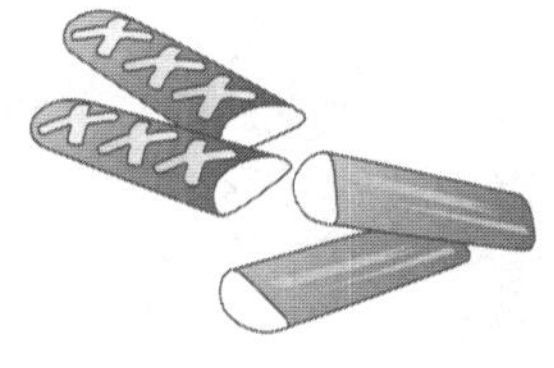

293.
亥子丑生 戌日或時 亦時夫君 偕老못해
顯幽길이 다르나니 未亡人의 得名이라.
해자축생 술일혹시 역시부군 해로못해
현유길이 다르나니 미망인의 득명이라.

◙ 亥, 子, 丑(해, 자, 축)년생 역시 日이나 時에 戌이 오게 되면 방합의 앞 字로 과숙살로 보는데 이 역시 官庫(관고)가 아니라 지장간이 신, 정. 무(辛, 丁, 戊)이므로 財庫가 된다. 위의 경우와 같다.

➡ 과부 살은 년(해, 띠)을 보고 구별을 하는데, 월, 일, 시 어디에 있어도 보는데 日 혹 時라 한 것은 月은 너무 빠르기 때문이다. 여자의 사주에 과숙 살이 있으면 남편과 해로하기가 힘들다고 보는데 무조건적인 것이 아니다.

☞ 사주에 과부 殺이 있어도, 남편 되는 글자를 극해야만이 진정한 과부살로 보는 것이다. 남편 되는 글자를 생해주게 되면 그것은 과부 살이 아닌 것이다.

◉ 사주의 예   ◉:아, 내 팔자여!

0	乙	0	0
酉	丑	0	寅

⬅ 乙丑 일주의 사주이다.
시지의 酉金이 官이 된다. 丑土가 과부 살인데.

⬆ 일지와 시지가 合이 되어 酉丑하여 金局을 이루어 보호를 한다. 이때는 아니다.

위의 설명에서 官庫로 되어 있는 것은 과부살의 작용이 강하지만 未土, 戌土의 경우, 관고가 아니고 財庫(재고)이므로 과부살의 작용이 어떤가 한 번 살펴보자.

◧ 土로 볼 경우는 戌土는 방합으로 水를 극하므로 官이 되는데, 未의 경우는 土로 보더라도 인수가 되어 그 작용이 심하지는 않다. 그러나 未와 戌이 丑과의 연관이 되어 官에 지대한 영향을 미치는 가를 살펴야한다.

중요한 것은 官과의 관계이다. ☞ 官을 생하느냐 剋하느냐의 차원에서 살펴보고, 官庫의 유무도 살펴보아야하고, 상관과 연관관계에서 官에 미치는 영향이 어떠한 가를 재삼 확인 하도록 하여야 한다.

☞ 원래 상관 년이 되면 官을 剋하게 되므로 남편이 그렇게 미워지고, 남편과의 사소한 일에도 언쟁이 발생한다. 남편과 무얼 하려해도 일이 희한하게 꼬이고 되는 일이 없다.

☢ 과부살의 작용에 대하여
官星入墓(관성입묘)---官庫(관고)를 설명하는 것으로 이때는 과부 살로 본다. 관성이 입묘가 되는 해에는 되는 일이 없는 것이다 남편이 하는 일이 안되거나, 몸져눕거나 다친다.

294.	甲乙日生 喪夫時는 赤紫色옷 입게되고 丙丁日生 寡宅될때 黃栗土色 옷을입네. 갑을일생 상부시는 적자색옷 입게되고 병정일생 과택될때 황율토색 옷을입네.

◪ 木일주가 喪夫 時(상부 시)는 적색 옷을 입는다고 하였는데 그 이유는 무엇일까? 木일주의 官은 金이다. 金은 색깔로는 西方(서방)이므로 검정색이다.

◪ 金을 극하는 것은 火인데 화는 南方(남방)이라 색으로는 빨간색이다. 옷의 색깔 자체에서도 남편을 극하고 있는 것이다. 적색이 활개를 치니 남편이 죽는다는 것이다.

◧ 丙, 丁 日生(병정일생) 寡宅(과택)이 될 때 黃栗土色(황율토색)이라 하였는데 노란 색 계통이라 병정일주는 火일주 이니 극하는 官은 水라 수의 색은 백색인데, 水를 극하는 것은 土라 토는 노란색 계열 황율토색이 아니던가?

◪ 그래서 丙丁일주가 고부 될 때는 자기도 모르게 노란색 계열의 옷을 자주 입게 된다. 본인도 모르게 일어나는 현상인 것이다. 어떻게 당신은 해석을 하겠는가?

295.
> 戊己日生 剋夫時는 白色옷을 입게되고
> 庚辛日生 혼자될때 黑色옷을 입게되네.
> 무기일생 극부시는 백색옷을 입게되고
> 경신일생 혼자될때 흑색옷을 입게되네.

◘ 戊, 己 日生(무기일생) 土일주라 土를 극하는 官은 木이라 목은 東方(동방)이라 청색계열이 아닌가? 그런데 관을 극하는 金은 白色(백색)이니 백색옷을 입는다 하였고, 庚, 辛 日生(경신일생) 金일주라 극하는 관은 火라 官인 화를 극하는 것은 水이니 수가 흑색이 아니던가? 그리하여 金일주가 혼자 될 때는 흑색 계열의 옷을 입는다.

296.
> 壬癸日生 喪夫할 때 靑藍色옷 입게되니
> 偶然이냐 必然이냐 五行之理 神妙하다.
> 임계일생 상부할 때 청람색옷 입게되니
> 우연이냐 필연이냐 오행지리 신묘하다.

◘ 壬, 癸日生(임, 계일생)이라 함은 水일주라 官은 土가 되고, 官을 극하는 오행은 木이니 색으로 보면 청색계통이 된다. 청석, 남색, 곤색등 청색 류 계통색이다. 284, 285 ,286번은 각 오행에 대한 색의 분류와 육친과 연관된 면 을 살펴본 것이다. 일주를 기준하여 오행이 어떠한 가를 구분하고 그 에 해당하는 육친과의 관계를 색으로 표현을 한 것이다.

☞ 처녀나 총각이 각각 官이나, 財에 해당하는 색을 유달리 선호하게 되면 혼인할 징조로 보고 자꾸 선을, 소개팅을 주선하여주라, 그러면 성사될 확률이 높다. 맞선을 보는 자리에도 각각 배우자의 오행에 관련된 의상을 입으면 텔레파시가 통한다.

⬇ 오행별로 색을 다시 한 번 분류하여보자.

◉ 木-------동방이라 청색계통------남색 ,곤색, 블루진,

◉ 火-------남방이라 적색계통------적색, 빨간색, 자주색 계통

◉ 土-------중앙이라 황색 계통---노란색, 흙색, 밤색 계통도 이에 해당

◉ 金-------서방이라 검은색 계통

◉ 水-------북방이라 흰색 계통의 색을 말한다.

子孫(자손)

자손은 나의 분신이며 나의 일부분이다.

열 손가락 깨물어 안 아픈 손가락이 없듯이,
내 눈에 넣어도 아픈 줄 모르는 것이 자손이다.

자손이 건강하고
아무런 탈 없이 잘 자라서,
사회의 동량이 되고,
어디서나 환대를 받는다면 ,
부모로써 그이상의기쁨은 없을 것이다.

자손에 대한 기대만 하는 것이 아니라,
그 자손의 원래의 성정부터 모든 것을 알아보는 것 또한 부모의 의무일 것이다.

297.
陰日傷官 是子하고 陽日傷官 是子로다
陰日食神 是女하고 陽日食神 是女로다.
음일상관 시자하고 양일상관 시자로다
음일식신 시녀하고 양일식신 시녀로다.

◙ 陰日傷官 是子(음일 상관 시자)라 함은 음일간이 상관이면 아들이고, 양일 상관 역시 아들이라 결국은 양이든, 음이든 자손 궁에 상관이면 아들이고, 양일, 음일이 식신이 있으면 딸이라는 설명이 된다.

◉ 木 일주를 기준하여 설명을 하여보자.

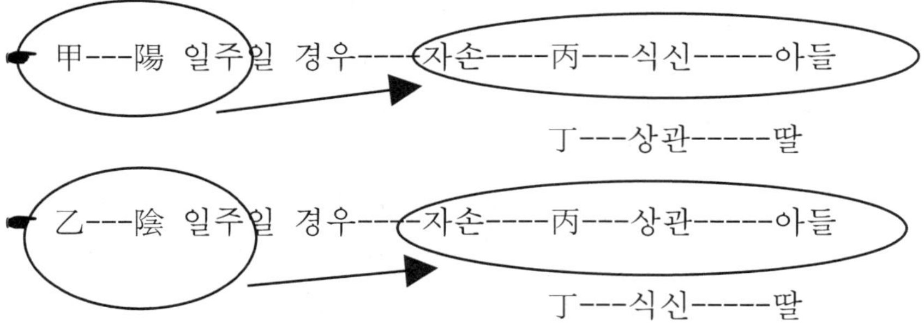

◙ 전체적으로 종합을 하면 자식이 되는 글자가 陽이면 아들이요, 陰이면 딸이라는 설명이다. 그러나 여기에 문제가 되는 부분이 있다. 무조건적인 음, 양으로만 판단을 하면 실수가 생길 여지가 많다.

예를 들어 양이라고 하자 .일단은 아들로 볼 것이 아닌가? 그런데 자손 궁이 병, 사, 묘, 절 궁에 있다고 치자. 이럴 때의 해석은 어떻게 할 것인가? ☞ 자손이 약하거나, 흉사나, 불의의 사고라던가 기타 여러 가지로 해석이 있을 수 있겠으나 일단은 남, 녀의 구별로만 살펴보도록 하자.

➡ 아들은 아들인데 아들의 구실을 못한다. 그렇다고 양성자도 아니고, 이럴 때는 양의 기운이 바뀌어서 음의 기운으로도 표출이 될 수가 있다는 설명이다. 그도 아닐 시는 자손에게 불행한 운명이 해석 될 수도 있는 것이다.

298.
傷官食神 混雜하니 他生子孫 扶養하고
食傷逢印 하게되면 子孫疾病 畏不具라.
상관식신 혼잡하니 타생자손 부양하고
식상봉인 하게되면 자손질병 외불구라.

◘ 傷官食神(상관식신)이 혼잡하다 함은 자손이 많다 함이고 ,여자의 사주에 식상관은 자손인데 혼잡하니 내 자식, 남의 자식 두루 다 내 손을 거쳐 간다는 설명이다.

0 甲 0 0
0 戌 午 0

◀ 甲戌 일주의 사주이다.
　일지의 戌土는 상식의 庫(고)이다.

⬆ 월지의 午와 合을 이루어 火局을 형성한다. 식상관이 많은 것이다.
월지 午火의 丙火, 丁火, 일지의 戌중의 丁火로 식상관이 많으므로 남의 자손을 키우게 된다. 식상관은 官을 극하므로 많으면 많을수록 官이 버티기가 힘들어진다.

힘들다는 것은 官이 떠난다는 설명이므로, 이혼을 하거나 세상을 하직하는 경우가 되는 것이다. 그런데 식상이 느는 것이니 재혼을 하여 자손을 더 두거나, 전처의 자식도 내 호적에 올려 같이 사는 경우이니 남의 자손도 키우는 것이 되는 것이다.

➡ 식신과 상관이 인성을 만나면 자손의 질병이라 했는데, 인성은 食,傷官을 剋하므로 자손에게는 해가 되는 것이다.

◉ 사주의 예 ◉: 자식 키우는 것이 어디 쉬운 일인가?

丙 乙 0 0
子 亥 丑 0

◀ 乙亥 일주의 사주이다.
　지지에 水局을 이루고 있다.

⬆ 식상은 내가 생하는 것으로 나에게는 자손이 된다. 여기에서 자손은 丙火가 되는데 지지가 온통 水局이라 물이니 불이 꺼지고 마는 것이 아닌가?
그나마 그래도 일간인 乙木의 도움으로 유지는 하고 있는데, 어딘가가 불안하다. 그래서 자식이 다치거나 불상사인 것이다.

☛ 인성이 너무 강하면 자손을 두기가 힘들다는 이유도 되는 것이다. 여성이 인수 운을 만나면 자손궁을 극하므로 자손이 되는 일이 없고, 자주 아프거나 한다. 반대로 남자의 경우는 어떨까?

☛ 남자의 경우는 자손이 官이다. 식상 운이 오면 관을 극하므로 식상 운이 오면 자손에게 별로 득 될 일이 없다.

◆ 오행별로 그 경우를 살펴보자.

◉ 어머니가 木 일주일 경우, 자손 궁은 자연 火가 된다. 인수運인 水운이 올

경우 자손인 火를 극하므로 심장계통, 안질환계통에 이상이 오는 것이다.

◉ 어머니가 火 일주일 경우, 자손 궁은 자연 土가 된다. 인수운인 木운이 올 경우 자손인 土는 剋을 받으므로 土에 해당하는 부분에 건강상의 이상이 오는 것이다. 내분비계통, 허리 및 土에 해당하는 부분에 이상이 오는 것이다.

◉ 어머니가 土 일주일 경우 자손 궁은 金이 된다. 인수運인 火運이 오면 火剋金 하여 剋하니 金에 관련된 부분이 안 좋게 된다. 金은 골격과 관련이 있으니 발육부진이요, 골절이 약하여 다치면 크게 부상이 염려가 된다.

◉ 어머니가 金일 경우 印受(인수)는 土가 되고 자손은 水가 되므로 토극수 하여 水에 관련된 부분에 이상이 생긴다. 신장, 방광 및 혈액순환에 이상이 오게된다.

◉ 어머니가 水일 경우 ,인수는 金(금)이 되고 자손은 木이 된다. 金剋木 (금극목)하니 木에 관련된 부분에 이상이 오는 것이다. 木이면 신경계통이니 그 부분에 이상이 오는 것이다.

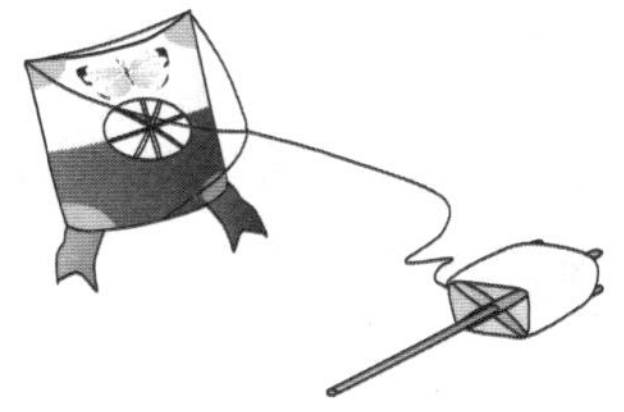

299.
沖官合食 만난者는 男便無德 子德있고
其食神이 作合하니 그女息이 戀愛한다.
충관합식 만난자는 남편무덕 자덕있고
기식신이 작합하니 그여식이 연애한다.

◘ 여자의 사주에서 沖官合食(충관합식) 이라 함은 官과는 沖이요, 식상과는 合이니 官인 남편과는 沖이 되고, 자손인 식상과는 合이 되는 것이다. 이리되면 남편과는 뜻이 안 맞아도 자식들과는 의기투합하게 되니 자연 남편은 외톨이 신세가 되고 만다.

◉ 사주의 예 ◉:자식 키우는 낙이 없구나.

乙	甲	0	0
亥	午	寅	申

◀ 甲午 일주의 사주이다. 官인 남편은 辛金이다. 년 지와 월지가 충이 되어 있다.

⬆ 월지의 寅중 丙火, 일지의 午중 丁火가 있는데 둘이 합이 되어 火局을 이루면서 힘을 더 크게 강화를 한다. 그것도 일지로 合이 되어 들어가니 일주 본인인 어머니와도 합세를 하는구나. 자식은 어머니의 편이 되어버린 것이다. 木, 火가 힘을 합쳐 양의 연합국을 형성하니, 陰인 申金 아버지는 견딜 재간이 없는 것이다.

☛ 또 한편으로 덕을 본다면 남편의 덕은 없어도, 자식의 덕은 있다는 말도 된다. 초년 ,말년으로 비교하여 본다면 자식 덕이 있다 함은 자손이 성장하여 부모인 나를 잘 모신다는 설명이라 말년에 은이 좋다는 설명이요, 남편 덕이 없다 함은 초년에 남편의 덕이 없어, 물론 말년도 그러하겠지만 초년고생이 있는 운이라는 설명이 된다.

▣ 식신이 作合(작합)을 한다 함은, 식신은 딸이라 합이니 연애가 아닌가? 다른 면으로 보면 자유분방 하다는 설명도 된다. 이성관계로 인하여 속을 썩인다고 보면 될 것이다.

◉ 실전사주의 예 ◉:가랑이가 찢어지는구나.

丙	己	庚	辛
寅	未	寅	酉

◀ 己未 일주의 사주이다. 자손은 庚, 辛 金이다.
식신이라 했으므로 辛金을 보자.

▣ 자손이 많다보면 별일도 많은 것이다. 아들과 딸이 다 천간에 나타나있다. 큰 딸인 辛金을 보자. 월지의 寅중 丙火, 시지의 寅중 丙火, 시간의 丙火 合이 되는 丙火가 많다. 골고루 분포가 되어 있으니 살면서도 계속인 모양이다.

300.	四柱時支 絶宮이면 鷺養鴨子 하게되고 日時印星 梟神殺은 難得子也 하게된다. 사주시지 절궁이면 로양압자 하게되고 일시인성 효신살은 난득자야 하게된다.

◈ 사주에서 時(시)는 자손의 궁이라, 그런데 자손 궁이 絶宮(절궁)이라 하였으니 자손의 자리가 제자리가 아니라는 설명. 자리가 망가졌으니 자손이 앉을 곳이 없는 형상이라 나의 자손을 설명하는 것이다.

▣ 鷺養鴨子(로양압자)--------------안데르센의 동화 미운오리 새끼를 연상하면 될 것이다. 오리가 백로의 새끼를 키우고 ,백로가 오리 새끼를 키우는 것을 말하는데 남의 자식을 내 자식인양 키운다는 설명. 여기서도 첨가할 사항이 있다.

☛ 여자의 사주에 식상이 혼잡 되어 있으면 남의 자식을 키운다고 하였는데 시주가 絶宮(절궁) 인데도 여자의 사주에 식상이 없거나, 아주 약할 경우는 어떨까? 아예 없으면 일찌감치 포기를 하고 남의 자식도 안 키우려고 한다.

요즈음 인공수정을 많이 하는데 絶宮(절궁)이라 하여도 그나마 식상이 있어 어

느 정도 노력이라도 한다고 보아야 할 것이다. ☞ 식상이 없는데 자꾸 노력을
해보아야 실패로 끝나고 마는 것이다.

▣ 日과 時에 인성이 있다함은 梟神殺(효신살)로 보아야 할 것이다. 효신 살은
인수의 恨이라 인성이 강한 것도 되고 ,인성은 식상을 극하니 자손을 갖기가 힘
이 들고, 자손이 생겨도 자꾸만 유산을 하게 되니 다 그것이 업으로 연결이 되
는 것이다.

◉ 사주의 예 ◉:열심히 일은 했는데 결과가----?

丙	乙	0	0
子	亥	丑	子

◄ 乙亥 일주의 사주이다. 지지가 全 水局이다.
　　인수가 많아도 어느 정도인데 지나치다.

☞ 상관인 丙火 자손이 水剋火(수극화)로 불이 꺼진 형상이다. 乙木의 입
장에서 보도록 하여보자. 여자에게는 식상관이 여자의 생식기이다. 그런데 그것
이 영 기능을 발휘하지 못한다. 그러면 그것은 무슨 소리인가? 여성의 구실을
충실히 하지를 못한다는 이야기인 것이다. 생식기 자체에 문제가 있다는 것이
다.
☞ 남편을 보도록 하자. 남편은 金인데 여기서는 丑중의 辛金을 보도록 하자.
金이 완전히 물속에 빠져 금의 형체를 찾아보기가 힘들다. 물이니 술이라, 술
속에 빠져 사는지? 아니면 약물의 중독인지? 여하튼 남편도 문제가 있는 것이다
결론은 아내와 남편 모두가 문제가 있는 것이다.

◉ 실전사주의 예 ◉:거 참 희한하네?

己	己	庚	己
巳	未	午	未

◄ 己未 일주의 사주이다. 자손은 庚金이다.
　　지지가 온통 火局으로 도배다.

⬆ 자손인 庚金이 천간의 己土로부터 과연 어느 정도의 生을 받을까?
사주자체가 화토중탁격이다. 약간의 문제성이 있는 것이다. 능력은 어느 정도
있어도 본인이 포기 할 수도 있는 것이다. 지지의 土는 전부 操土이다.

301.
四柱中에 食傷太旺 一點血肉 泡願이요
日主弱에 多食傷官 胞胎常墮 두렵구나.
사주중에 식상태왕 일점혈육 포원이요
일주약에 다식상관 포태상타 두렵구나

⬒ 四柱中에 食傷太旺(사주중에 식상태왕)---여성의 사주에 식상이 지나치게 많
으면 자식이 없는 팔자라 자식하나 있기를 애타게 원하고, 일주가 약한데 식상

이 많으므로 임신 중에 자꾸 자연유산이 되니 그것이 두렵다는 설명.

▣ 여성이 결혼 후 자녀 갖기를 원하는 것은 당연한 일이다. 누구는 줄줄이 알사탕인데 왜 나는 이렇게 아이 갖기가 힘들까? 불임 여성이면 누구나 한 번쯤은 생각해 본 일 일 것이다.
☛ 여자의 사주에 식상이 너무 많으면 자식 갖기가 힘들어진다. 게다가 신약의 사주일 경우는 두 말 할 필요가 없고 ,자꾸만 유산되는 경우가 빈번하니 시집식구들 볼 면목이 없어진다.

▣ 이 모든 원인이 신약에 식상이 과한 것이 원인이다. 내 몸 하나도 관리 하기가 힘든 형국인데 ,자손에게 쏟을 기운도 없으니 어찌 자손을 얻겠는가?
☛ 요사이 여성들의 지나친 다이어트로 너무 가늘어진 몸매를 보면 저 몸으로 어찌 자손을 낳을까? 하고 걱정하는 어른들이 많으실 것이다.

◉ 胞胎常墮 (포태상타)------임신을 하여도 자주 유산이 됨을 말함.

◉ 사주의 예 ◉:얼굴을 보기가 너무 힘들어요?

0	丁	0	0
戌	未	未	戌

◀ 丁未 일주의 사주이다.
자손인 식상은 土가 된다. 식상인 土가 너무 많다.

▣ 丁火의 남편은 水인데, 보기가 힘들다. 水인 남편이 보일라치면 마른 흙으로 다 흡수가 되어 형체도 찾아보기가 힘들어진다. 丁火의 생식기는 토라 남자의 정충인 水가 들어가면 사정없이 빨아 당겨 없애버린다.

丁火인 여성이 남편인 壬水와 丁壬 습을 하여 木을 만들어도 목극토가 아니라 오히려 거꾸로 왕한 土에게 역으로 당하고 만다. 땅이 하도 굳어 있어 나무가 뿌리를 내리지 못하는 형상인 것이다. 화토중탁격의 사주인 것이다. 종교인 팔자인 것이다. 아니면 무자식 팔자인 것이다. 임신이 되어도 자꾸 유산이 되는 것이다.

▼ 참고로 남자의 경우를 한 번 보기로 하자.

◉ 사주의 예 ◉:혼자서 다 하는군.

0	壬	0	0
子	子	丑	子

◀ 壬子 일주의 사주이다. 온통 물바다다.
아내는 丁火가 될 것이다.

▣ 아내인 丁火와 丁壬 합하여 木을 만든다고 하여도, 꽁꽁 얼은 물에 갇혀 있는 나무인 것이다. 浮木(부목)이라 쓸모도 없고 꺼내기도 힘든 것이다.

또한 자손인 丑土가 있어도 토류라 물에 휩쓸려 흔적도 없이 사라져버린 것이다.

壬水 일간 자체가 꽁꽁 얼어있어 사주가 너무 냉하여 남성으로서의 기능도 문제가 되는 것이다. 설사 자손을 낳는다 하여도 물이 되니 土인 자손이 극하는 것은 아내라 여성이니 딸인 것이다. 아이를 낳아도 아들은 없는 것이다.

302.
> 만약落胎 아니되면 상당呻吟 出産이니
> 解産日이 臨迫커든 産婆大機 하여두소.
> 만약낙태 아니되면 상당신음 출산이니
> 해산일이 임박커든 산파대기 하여두소

◘ 낙태가 아니면 ,출산 시 심한 고통으로 고생을 하게 되니 출산예정일이 다가오면 산파를 대기하여 놓으라는 말인데, 요즈음에는 미리 병원에 입원을 하면 될 것이니 큰 문제가 될 것은 없다. 식상이 많던, 적던 일단 사주가 신약하면 출산 시 고통이 심하다.

운에서 형살이 가임하면 제왕절개수술을 하여야 한다. 그러나 요사이 보면 제왕절개로 분만 하는 경우가 많은데, 출산시의 고통을 줄이려 하는 경우도 있지만 사주가 신약하여 생기는 원인이 더 크다. 자연분만을 할 정도면 일단 건강하다고 보면 될 것이다. 수명 역시 평균수명은 충분히 지킨다.

☞ 강약의 논리로 한 번 살펴보자.

일주는 어머니요, 식상은 자손이라 일주가 약하면 몸이 약한 것인데 식상이 왕하다 함은 자손의 기운이 강한 것이고, 그러다보니 자손인 아기가 태어날 때 크다는 이야기도 된다. 그러니 아이 낳을 때 고통이 배로 느는 것이다.

◉ 실전사주의 예 ◉: 이 고통을 그 누가 알리요?

丙	甲	戊	乙
寅	午	寅	丑

◀甲午 일주의 사주이다.
火氣가 대단한 사주이다. 일주가 신약한 것이다.

乙	庚	壬	癸
酉	子	戌	丑

◀ 庚子 일주의 사주이다.
자손인 壬, 癸水가 형살에 임하고, 백호 살이다.

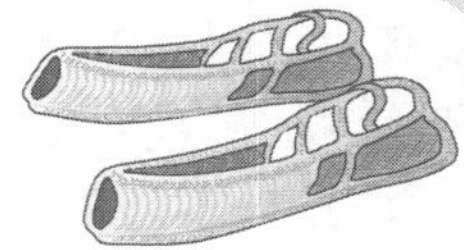

303.
```
어린아기 젖없기는 食傷冲破 그탓이고
萬若젖이 有足하면 乳腫病을 앓아보네.
어린아기 젖없기는 식상충파 그탓이고
만약젖이 유족하면 유종병을 앓아보네
```

◪ 여자의 사주에서 식상이 차지하는 비중은 의외로 크다. 그 이유는 자녀의 양육과 밀접한 관계가 있기 때문이다. 식상이 자녀 宮이므로 형, 충, 파, 해 등은 결코 이로울 것은 없는 상황인 것이다. 인수가 너무 왕 하여 식상을 극할 경우 자녀의 입장에서는 성장하는데 애로사항이 생기는 것이다.

➡ 어머니의 사주에 인수가 부족하고 식상이 왕 하면 자녀가 기운은 왕 한데 어머니가 체력이 부족이라, 젖이 부족한 결과가 나오는 것이다.
그나마 젖을 주어도 아기가 식상이 왕 하나 음식 즉 젖을 귀한 줄 모르고 뱉어 내기도 하는 것이다. 입맛에 맞지가 않는 것이다.

☞ 이럴 경우는 우유를 또 잘 먹는다. 식상이 충, 파가 형성이 되면 밥그릇이 깨어지는 형상이라, 자식의 밥그릇이므로 그것은 엄마의 젖이라, 있어도 잘 나오지가 않고 젖이 충분하면 그릇에 이상이라 유종병과 연관이 된다. 신생아의 경우는 어머니의 사주와 이 부분을 잘 연관하여 상담을 하여야 한다.

◉ 실전사주의 예 ◉:고통의 연속이구나.

```
辛  癸  丁  甲
酉  卯  卯  子
```

◀ 癸卯 일주의 사주이다.
식상이 있으나, 刑, 冲, 破로 얼룩졌다.

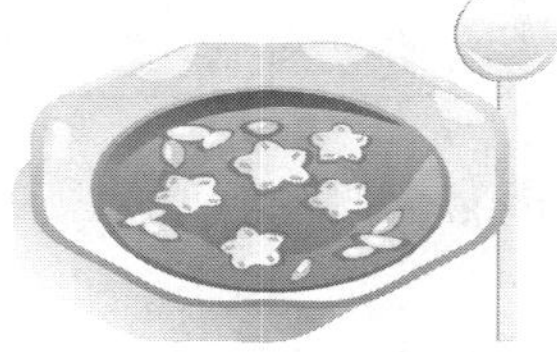

304.
```
官星食神 同臨身合 未嫁閨女 孕胎하고
食傷財殺 身弱格은 産涅産後 注意하소.
관성식신 동임신합 미가규녀 잉태하고
식상재살 신약격은 산리산후 주의하소.
```

◪ 官星食神(관성식신)---관과 식신이   ◉ 同臨身合(동임신합)--동임하여 합신이라 함은, 자녀와 남편이 같이 나와 한 몸이 되는 형상이니 혼전의 임신이라, 자연 속도위반인 것이다. 자녀를 낳고도 혼인신고나 결혼식을 못한 경우도, 이에 해당이 된다고 볼 수가 있으나 연령을 보고, 운도 살펴보아야 할 것이다.

작은 부분이지만 실수를 하는 경우도 있는 것이다. 사주 자체와 운에서도 성립이 되는가도 살펴보아야 한다. 운에서 살펴본다 함은 강제추행 같은 경우도 성립이 되니 세세한 주의가 필요하다.

➡ 식상과 재살이 왕하고 신약일 경우는, 나에게 보탬이 되는 가족이 없다 모두가 지 잘났다고 설치는 것이다. 아기를 출산한 후에는 산후조리에 신경을 써야한다는 것이다. 모두가 나의 기운을 빼가는 경우이므로 이 경우는 본인이 알아서 더욱 신경을 써야한다.

대게 이 경우는 산모를 돌보아야 할 사람은 어머니 뿐 이다. 그나마 어머니가 신경을 써주면 다행인데 ☛ 사주가 신약하고 재살이 왕 하니 전부가 다 먹고 살기가 바쁘다. 출산 시 아버지가 옆에 없는 경우도 많다. 임산부의 경우 재살이 왕 하니 술, 담배 같이 산모의 건강에 해로운 것은 금하고 입맛이 까다로워 음식 때문에도 고생이 심하다. 임   신 중 입덧이 심하다.

◉ 사주의 예 ◉:시기를 놓치니 평생을 가는구나.

0	丁	0	0
辰	丑	申	酉

⬅ 丁火 일주의 사주이다. 지지를 살펴보자. 자손은 火生土로 土가 되는데, 다시 土生金으로

이어진다. 그리고 金生水로 이어지면서 水剋火 하여 결국은 다시 丁火인 본인을 다시 친다. 여자의 사주에서 상식과 재, 관이 있으면서 사주가 약하면, 항상 산후조리에 신경을 써야한다는 것이다. 한 번 큰 병을 얻으면 다시 회복하기가 힘이 드는 것이다. 결론은 사주가 약하기 때문인 것이다.

305.
傷官重重 官不足은 아기나면 別夫되고
四柱中에 多官多食 各星받이 子女두네.
상관중중 관부족은 아기나면 별부되고
사주중에 다관다식 각성받이 자녀두네.

◉ 傷官傷官(상관중중)--상관이 중중하다하니 많음이요,

◉ 官不足(관부족)--관이 부족이니 더더욱 남편과의 연이 멀어진다. 이럴 경우는 자녀의 출산을 서두르지 말고 財의 축적을 우선하라. 그리고 어느 정도 힘이 되었을 때 자녀를 두라. 그래야 財生官(재생관)이 되어 官의 기운을 돕는다. 초년에 자녀를 둘 팔자가 아닌 것이다.

◉ 多官多食(다관다식)---관도 많고 ,식상도 많을 경우는 남편도 여럿이요, 자녀도 여럿이라 요사이로 치면 재혼을 하여 자녀를 출생하는 경우인데 性이 다른 자식들이 있는 경우로 각성받이 라 표현을 한 것이다. 이 경우도 여성이 사주가 강하지 않으면 항상 건강에 신경을 써야한다.

➡ 관식이 투전이라 항상 삶이 고달플 수밖에 없는 이유가 바로 이것인 것이다. 이 남편의 자식, 저 남편의 자식 다 내 자식인데 어느 누가 귀엽지 않겠는 가만 그 마음을 남편이 알리요? 자식이 알리요? 내가 혼자 속 썩으니 삶이 고달프다. 여자의 사주에서 상관이 많고 관이 부족하면 첫 자식 낳고 이별인데, 여기에 冲 이 더하여지면 분명한 것이다. 왜 하필이면 첫 자식을 낳고 이별일까?

☛ 官의 기운이 충분하면 견디는데, 이미 약한 기운이면 그 다음이라는 자체가 필요 없다는 설명인 것이다.

◉ 사주의 예 ◉ : 자식이 무섭구나.

0	甲	丙	庚
0	午	戌	午

◀ 甲午 일주의 사주이다.
甲의 상식은 火인데 ㄴ戌로 火인 자식이 많다.

➡ 甲木의 남편은 庚金인데, 중간에서 丙火인 자식이 큰 덩어리로 되어 자식을 대표하여 丙庚 冲을 한다. 결국은 자식 낳고서 이별을 한다는 설명이다. 남편인 庚金의 입장에서 본다면 지지의 뜨거운 불기운에 견디지를 못하는 것이다.

아내인 甲木을 다스리자니 기운이 빠지고, 자식인 火기운을 감당하자니 벅차고, 누가 도와주는 이 없으니 너희들 끼리 잘 살아라 하고서 떠나는 것이다. 이때 까지만 하여도 甲木의 편이던 火자식들도, 이제 부터는 어머니인 甲木의 기운을 빼기 시작하는 것이다.

그래서 남편 없이 혼자서 자식을 키우는 것이 이리 힘든 것이라는 것이다. 자식 들은 오로지 생하여 달라고만 하니 甲木인 어머니가 기운이 충분하면 괜찮은데 그리 못할 경우는 힘든 일이다.

306.
四柱中에　三逢亥는　아들雙生　두배낳고
四柱中에　三逢巳는　女息雙生　두배낳녀.
사주중에　삼봉해는　아들쌍생　두배낳고
사주중에　삼봉사는　여식쌍생　두배낳녀.

◆ 쌍둥이에 관한 사항이다. 일반적으로 쌍둥이를 낳는 경우는 그리 많지 는 않지만 얼마나 바쁘면 하나도 모자라 둘을 한꺼번에 낳을까? 바쁘고, 바쁘고 한명씩 낳는 것을 둘로 바꿔버리는 것이다. 변혁에 급한 것이다.
이에 맞는 사주를 보면 오행 상으로는 金 日主(금 일주)가 딱 맞아 떨어진다. 자손을 많이 낳는 경우도 이 경우가 많다. 몇 년 씩 기다리기가 지루하니 년, 년생으로 낳고 만다.

▶ 여기에서 알 수가 있는 것은 巳와 亥의 특성이다. 巳, 亥(사, 해)는 항상 교체심리의 대명사이다. 바꿔, 바꿔 그리고 빨리, 빨리 인 것이다. 그런데 셋씩이나 있으니 얼마나 급하고 ,순식간에 바꿔치기인 것 인가? 그러니 자연 쌍둥이가 탄생하는 것이다.

⬇ 관상학적으로 보는 자손의 판별법을 잠깐 살펴보자.

☛ 인중에 점이 있으면 쌍둥이 자손이 있고,
☛ 인중에 橫紋(횡문:一)이 있으면 無子이고, 자식이 있어도 자식과 같이 못산다.
☛ 상처가 있으면 자식의 근심, 걱정이다.
☛ 자식은 눈 아래의 와잠에서도 보는데, 잉태 시는 눈 아래가 부풀거나 변한다.
☛ 눈 밑이 처지면 자궁이 처진다. 여자는 나이가 들수록 처진다.

> 307.
> 財官二德 歸垣하니 生子登科 하게되고
> 食神傷官 透出祿은 그子女가 貴히된다.
> 재관이덕 귀원하니 생자등과 하게되고
> 식신상관 투출록은 그자녀가 귀히된다.

◘ 여자의 사주에서 재생관이라 함은 이 덕을 갖춤이라, 이는 사주 구성상 財가 중간에서 역할을 멋지게 하고 있는 명주인 것이다.

관식의 투전을 財가 중간에서 해결을 하고, 官이 본연의 역할을 충실히 하여 財官二德 歸垣(재관이덕 귀원)이라하고, 사주 전체를 빛내주고 있는 것이다. 이럴 경우 대체적으로 ▶ 일간 자체도 건실하다. 그것이 전제가 되어야 재,관 이 덕 이라는 용어가 성립이 되는 것이다.

◉ 生子登科(생자등과)--그러하니 자녀가 자연 등과라, 앞길의 전도가 유망해지는 것이 된다.

▶ 食神傷官 透出祿(식신상관 투출록)---식신과 상관이 천간에 투출하고, 祿을 갖고 있으면 튼튼하고, 건실하여 자녀가 귀히 된다는 설명이다.

◈ 대체적으로 자녀의 복이 지나치게 크면 남편의 덕이 없는 것이다. 외냐하면 식상이 지나치게 강하니 자연 官은 주눅이 들어 구석으로 가기 마련이므로.

◉ 사주의 예 ◉:그 복 이라도 있어야 할 것이 아닌가?

甲	癸	0	0
寅	巳	酉	丑

◀ 癸巳 일주의 사주이다.
지지에 金局을 형성하고 있다.

➡ 癸水일주의 자손은 木인데 甲木이 지지에 뿌리를 튼튼히 하고 아주 견실하다. 남편은 지지에 암장이니 크게 빛을 토지는 못한다. 寅巳 刑에 甲寅 고란살이니 남편복은 없어도 자식의 복은 확실한 것이다.

308.
女命에는 正印星이 剋子하게 되었으니
四柱局中 印星結合 子孫宮에 空이간다.
여명에는 정인성이 극자하게 되었으니
사주국중 인성결합 자손궁에 공이간다.

◉ 여성의 사주에서 인성과 식상과의 관계를 설명한 것이다. 인성이란 식상을 극하는 것이다. 인성이 국을 형성하고 그 기운이 왕 하면, 자연 자손궁인 식상에는 空(공)이 간다 하였는데 공이라 함은 비어 있음이라 연이 희박하고 ,매사가 늦어지고 ,항상 비어 있는 것과 같은 형상을 이룬다 함이다.

자식과 연관된 사항을 살펴보도록 하자. 자식과 연이 없음은 자손이 없거나 늦어지는 경우요, 그러다보니 자연 결혼도 늦어지는 것이요, ➡ 인수가 강하니 그것은 학문으로 인한 일이라 공부하다 보니 그것이 과하여 혼기도 놓치고, 배운 것이 많다보니 눈에 차는 남편감이 잘 보이지 않고, 그러니 자연 자손 궁에는 절로 외로움이 가득 차니 항상 비어 있는 것과 같은 형상이 되는 것이다.

◉ 실전사주의 예 ◉:뭐, 요즈음은 보통이라 말도 안 나온다.

乙	戊	壬	壬
卯	午	寅	午

◀ 戊午 일주의 사주이다.
지지에 寅午 火局이 형성이 되어 있다.

309.
食傷官이 印星刑沖 親庭가서 初産마소
두生命이 같이가서 혼자털털 돌아온다.
식상관이 인성형충 친정가서 초산마소
두생명이 같이가서 혼자털털 돌아온다.

◐ 食傷官이 印星刑沖(식상관이 인성형충)----식상관이 인성과 형, 충이 되는

경우를 설명한 것이다. 여자의 사주에서 인성은 친정인데, 자손궁인 식신, 상관과 형, 충이니 인연이 없다 로 보아야 할 것이다.

▶ 자손의 경우에는 외가가 되는데, 외손자들이 친가 쪽만 찾고, 한 다리 건너가되는 것이다. 예전에는 아이를 낳을 경우 친정에 가서 낳고 오는 경우가 많았다. 물론 그 이유야 여러 가지가 있겠지만, 심리적인 안정이라는 점이 많이 작용을 했을 것이란 이유가 설득력이 있다.

▶ 특히 초산의 경우는 그런 점이 많이 작용을 하고 지금도 아직껏 남아 있다. 두 생명이 가서 혼자 털털 돌아온다는 것은 아이의 분만에 불상사가 생겼다는 설명인데 인수와 식상관이 형, 충이니 서로가 안 맞는다는 설명. 이럴 때는 피하라는 이야기이다.

◉ 여자가 자식을 낳을 때는 시댁에서 낳는 것이 원칙인데, 왜 그럴까?

☞ 인수는 여자에게는 친정이다.
☞ 재성은 여자에게는 시댁이다.
☞ 식상은 여자에게는 자손이다.

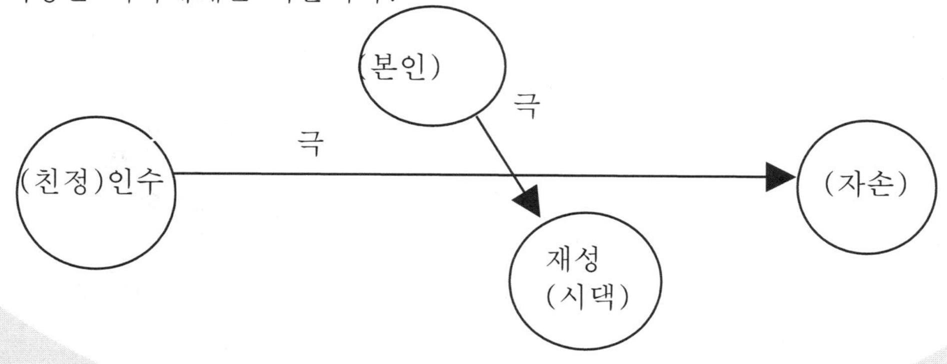

여자에게는 친정이 자손을 극하는 것이 되는 것이다.
시댁은 자손을 보호하려고 친정을 극하는 것이다.

310.
> 日時寅申 卯酉沖은 無子하기 쉽게되고
> 陰日生人 酉巳時는 내리내리 딸을낳네.
> 일시인신 묘유충은 무자하기 쉽게되고
> 음일생인 유사시는 내리내리 딸을낳네.

◎ 日時寅申 卯酉沖(일시인신 묘유충)--日과 時의 沖 관계를 설명한 것이다. 日과 時는 나와 자손의 관계인데, 충이니 인연이 없다는 이야기 인데 여기서 문제가 되는 것은 일주가 강하나, 약 하나의 차이도 문제가 된다.
☞ 일주가 허약 할 경우는 어찌할 도리가 없는 것처럼 방관자의 위치가 된다. 일주가 강할 경우는 약간의 버팀목의 노릇을 하나 양, 음의 일간과 시의 차이가 문제가 된다.

➡ 寅 과 申, 卯 와 酉를 설명하였는데 沖이므로 극의 관계인데 지지에서 시간의 관계로 살펴보자 寅 과 卯는 아침에 해가 뜨는 시간이요, 인간이 기상을 하여 활동을 하기 시작하는 시간인 것이다. 인간의 문이 열리는 시간인 것이다. 여성의 인체로 비교한다면 ☞ 자궁의 문이 열리는 것이다. 인간의 출생을 위한 문인 자궁이 열림을 말하는 것이다. 오행으로는 목에 해당이 된다.

➡ 申 과 酉는 金으로 저녁에 해가 지는 시간이요, 인간으로서는 하루의 일을 마무리하는 시간인 것이다. 출생으로 비교하면 자궁이 닫히는 것이다. 원래 자궁은 수축이 되면서 열리고, 닫히고 하는데 이것이 충으로 인하여 고장이 생겨 정상작인 작용을 못하니, 자궁 폐쇄 증으로 연결이 되므로 자식농사를 짓기가 힘들어진다.

陰일주가 巳時(사시)와 酉時(유시)라 하였는데 왜 내리 딸만 낳는다고 하였을까? 음 일주이던, 양 일주이던 자손이 陰이면 딸이요, 陽 이면 아들이라 아니 하였던가 그에 대한 보충 설명인 것이다.

◉ 사주의 예 ◉　　　　　☞ 일주가 약해야 沖이 病이 되는 것이다.

0	己	0	0
0	酉	卯	0

◀ 己酉 일주의 사주이다.
일지와 월지가 卯酉로 서로가 沖을 하고 있다.(無子)

0	戊	0	0
0	申	寅	0

◀ 戊申 일주의 사주이다.
寅申沖이다. 일주가 약하니 無子인 것이다.

▶ 이유는 무엇일까?

자궁의 문이 열리는 것은 日出이요, 닫히는 것은 日沒인 것이다.

木(寅,卯) → 동쪽(해가 뜨는 위치) → 일출

金(申,酉) → 서쪽(해가 지는 위치) → 일몰

☞ 그런데 이것이 沖을 받아 고장이 생기는 것이므로 그리되는 것이다.

▶ 시와 양, 음 일주와의 관계를 살펴보자.

0	양	0	0
음	0	0	0

◀ 陽 일주이고, 시는 陰시이다.
먼저 아들 낳고, 나중에 딸 낳는다.

0	음	0	0
양	0	0	0

◀ 陰 일주이고, 시는 陽시이다.
먼저 딸 낳고, 나중에 아들 낳는다.

0	양	0	0
양	0	0	0

◀ 陽 일주이고, 시도 陽시이다.
먼저 아들 낳고, 나중도 아들 낳고.

0	음	0	0
음	0	0	0

◀ 陰 일주이고, 시도 陰시이다.
먼저 딸 낳고, 나중도 딸이다.

☞ 양은 아들이고, 음은 딸로써 그 만들어진 이치를 설명한 것이다.(참고)

☞ 풀이를 한다면 사주 여덟 글자 중 먼저 양의 자손이면 첫째가 아들이고 음의 자손이면 첫째가 딸이다.

311. 食神傷官 刑殺이면 有産하다 得病하고
나팔관에 妊娠하니 子宮手術 있어본다.
식신상관 형살이면 유산하다 득병하고
나팔관에 임신하니 자궁수술 있어본다.

◙ 식상관은 자손인데 자손이 형살에 걸렸으니 임신일 경우는 유산이 염려되고, 출산일 경우라도 수술을 한다거나 힘들게 자손을 낳을 것이요, 유산을 한다 치면 또 유산이 염려가 되니 자주 반복이면 자손을 얻기가 힘들어지고, 그리하다 보면 병을 얻는 수가 생기고 ,임신을 한다 하여도 자궁 외 임신이 될 수가 있

고, 형살이니 수술이 있을 수 있는 것이다. 식상관이 형살이 되는 것도 많으니 생기는 것이다.

▣ 식신과 상관이 많으면 나팔관 임신으로 연결이 되는 이유는 무엇일까? 일단 식상관이 많으면 여성의 성기가 크다고 볼 수가 있다. 난자와 정자가 결합을 하여 어디로 갈까? 고민을 하게 된다. 왜? 너무 넓으니까? 그러다보니 제 갈 길을 잃어버리고 아무데나 가다보니 그리되는 것이다.

312.
```
官食同臨 合身寡宅 守節하다 자랑마소
뒷방문이 열렸으니 變節되어 胞胎하으.
관식동임 합신과택 수절하다 자랑마소
뒷방문이 열렸으니 변절되어 포태하오.
```

◈ 官食同臨 合身寡宅(관식동임 합신과택)---관식이 동림하고 그것이 합신으로 연결이 되니 다 내 몸으로 치고 들어오는 것이 아닌가?

▣ 처녀의 경우는 혼전임신으로 보았는데 여기서는 홀로 있는 여성이니 과부댁이 아닌가? 요즈음은 싱글이라고 표현을 하자. 어찌되었거나 영원한 싱글은 못된다는 표현이다. ☞ 뒷 방문이 열렸다 함은 겉으로는 음이지만, 이미 양의 기운이 몸으로 엄습해오는 것이다. 몸으로 치고 들어오니 이미 일은 끝난 것이다. 수절이라는 말은 이미 옛날이야기에나 나오는 단어이다. 요즈음 같으면 혹자들은 이렇게 말한다. 오죽 못났으면 그러누?

▣ 일지와 합이 되는 것은 년, 월, 시가 상관이 없다. 일지와 합이 된다는 것은 일지와 같이 있다는 것과 동일시하므로 이미 평생 동지가 된 것이다. 관은 나 본인인 我를 극하는 것인데, 합이 되어 버리니 이 세상에 무서울 것이 없는 것이다. 눈치 볼 것도 없고 이미 다 벌어진 일인 것이다.

나를 구속하는 장애물이 없어 졌으니 편안은 하여 진 것이다. 그런데 문제는 순서이다. 남편을 만나야 아이가 생기는 것인데, 자손이 먼저 생기고 남편이 나중이라면 이것은 속도위반이요, 순서가 뒤바뀐 것이다. 전면으로 나서는 순서가 뒤바뀐 것이다.

☞ 순서가 올바르면 正이요, 순서가 바뀌면 偏인 것이다.

☢ 이성간의 부적절한 관계는 순서도 없다, 자손이나 남편의 개념이 없이 지나가다 즐기는 것이니, 언제 그랬느냐는 식이 되어 버리는 것이다. 그러니 예의도 없고 부도덕한 것이다. 싱글일 경우 언제 더 남자가 그리울까? 물론 官인

해 일 것이다. 이때는 그래도 체면은 다 갖추고 남성을 대하게 된다.

➡ 식상 운이 오면 체면이 문제가 아니다. 우선 품에 안고 보자는 식이 되어 버린다. 자손이 자꾸 나오고 싶다고 하니까? 나 언제 쯤 아빠 만나요?

◉ 사주의 예 ◉:미쳤어 왜 혼자 살아?

0	乙	0	0
0	巳	酉	0

◀ 乙巳 일주의 사주이다.
일지와 월지가 合을 하여 官局을 이루고 있다.

☛ 지지를 살펴보면 巳中의 丙火와, 酉中의 辛金이 丙辛 合을 하고 있다.
죽어도 혼자는 못사는 팔자인 것이다.

313.	偏正印星 混雜하니 그따님이 再嫁하고
	正偏官이 混雜하니 따님媤母 두분일세.
	편정인성 혼잡하니 그따님이 재가하고
	정편관이 혼잡하니 따님시모 두분일세.

◉ 여자에게 식상은 자손인데 그중의 식신은 나와 性이 같으므로 딸이 된다. 식신도 많으면 상관의 역할을 하게 된다. 일단은 편안하게 식상을 딸로 보고 해석을 하여보자. 식상을 극하는 것은 인성이다. 식상이 딸이니 딸을 극하는 것은 딸의 남편이 되니 사위가 된다.

➡ 인성이 혼잡하니 즉 정, 편이 혼잡하니 딸의 남편이 많으니 자연 딸이 결혼을 또 하는 것이니 재가하는 것이다.

➡ 偏正印星 混雜(편정인성 혼잡)---정, 편관이 혼잡하니 딸의 시어머니가 두 분이라 함은 官은 식상이 극하는 것이니, 딸의 입장에서 보면 시어머니가 된다. 그런데 혼잡이라 하였으니 두 분이라는 설명이 된다. 시아버지가 재가를 하였다는 이야기다. 관성은 인수를 생하니 관성은 사위의 어머니이니 자연 딸에게는 시어머니가 되는 것이다.

그래서 여자 사주에 관이 지나치게 혼잡하면 안 좋다고 하는데, 이것이 본인 대에서 그치는 것이 아니고, 자식인 딸에게 까지 이어진다는 것이다. 물론 두 어머니 슬하에서 자랐다고 사위가 다 별로라고 볼 수는 없지만, 일단은 긍정적인 평가받기는 힘든 것이 상례인 것이다.

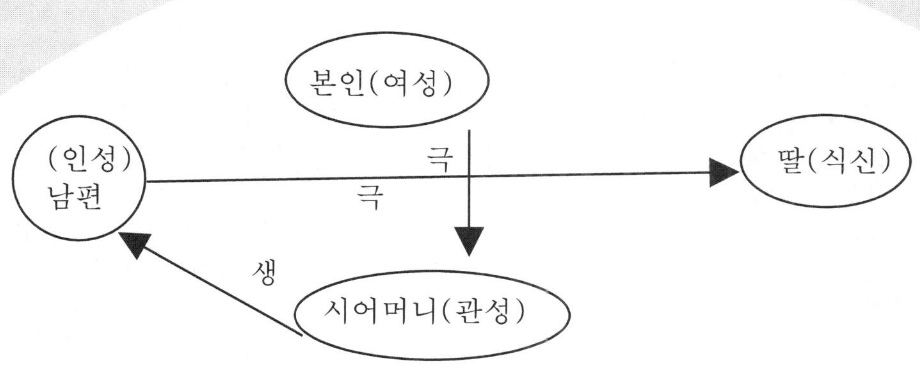

➡ 여기서 한 가지 재미있는 것은 나의 어머니와 사위가 같으므로 앞으로
☯ 나는 어떠한 사윗감을 얻을까?

☯ 궁금할 경우 ☞ 여성의 경우는 본인의 어머니를 보면 알 수가 있다. 어머니
와 같은 성향일 것이다. 똑같이 인성에 자리를 하고 있으므로.

☯ 관성이 시어머니 이므로 본인인 딸의 어머니를 극한다. 그래서 아들 있는 집
이 큰소리치는 것이다.

314.
> 印星弱에 財旺하면 딸子孫이 寡婦되고
> 其따님이 他生子孫 또는二性 得子하네.
> 인성약에 재왕하면 딸자손이 과부되고
> 기따님이 타생자손 또는이성 득자하네.

◈ 印星弱에 財旺(인성약에 재왕)---인성이 약하고 財가 강하다고 하였는
데, 왜 딸 자손이 과부가 될까? 재성은 인수를 극한다. 인성은 딸에게는 관성인
남편인데, 왕성한 재가 인성이 약한데 극을 계속하니 사위가 견디기가 힘들어지
니 나는 갑니다. 하고 줄행랑을 놓으니 딸은 하늘을 원망하고, 신세를 한탄하는
과부의 신세가 되고 만다.

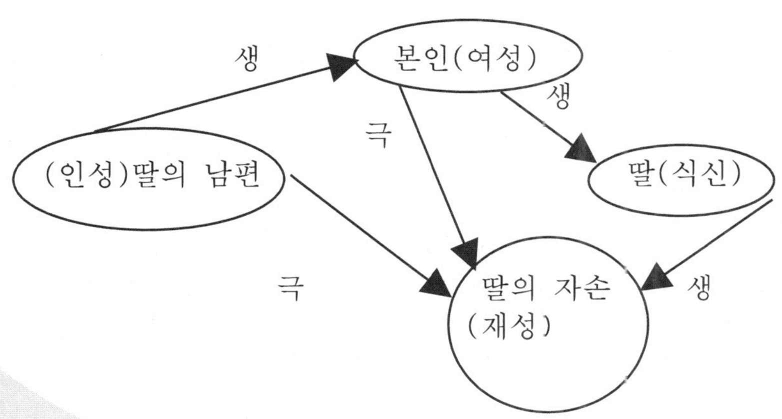

▣ 또 다른 면으로 보자 자식의 문제를 한 번 보도록 하자. 딸인 식상의 입장에서 보면 내가 생하는 것이 자손이라, 그것이 바로 財인데 ▣ 財 가 많으니 자손이 많은 것이라, 남편이 견디지를 못하는데 어떻게 자손이 많겠는가?

각기 성이 다른 자식이거나, 남의 자손을 데려다 키우는 팔자가 되는 것이다. 각성이라는 말은 남편이 견디지를 못하니 자꾸 바꾸고 그러다보니 자손은 생기고 양육은 하여야 할 것이 아닌가?

☞ 여기서 보면 결국 사위는 장모님한테 잘하는 것이 당연한 것이다.

---

315. 我生陽이 作合하니 아들놈이 바람나고
陰官殺이 暗合이면 며느리가 戀愛로다.
아생양이 작합하니 아들놈이 바람나고
음관살이 암합이면 며느리가 연애로다.

◉ 상관이 작합을 하니 아들이 바람이 난다. 하였는데 상관은 아들이요, 자꾸만 합을 이루니 이성관계가 복잡하구나, ☞ 여자의 사주에서 관살은 식상관이 극하니 특히 상관이 극을 하니 며느리다. 상관인 아들이 극을 하므로, 그것도 음 관살이니 며느리인데 작합을 한다하니 바람둥이로구나. 여자가 어찌 바람을 피우나? 이혼을 하거나 속을 썩으며 사는 것이다

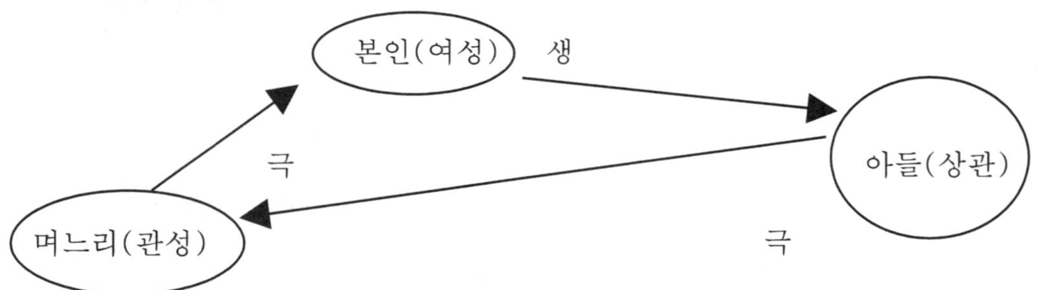

☞ 며느리는 시어머니를 극한다. 고로 시어머니가 며느리의 눈치를 보는 것이다.
그래서 며느리와는 항상 뜻이 잘 안 맞고, 며느리에게 밀려난다는 피해의식이 존재하는 지도 모른다.

▣ 여자의 사주에서 官이 강하면 시어머니인 본인은 며느리인 官에 극을 받으므로 자연히 일선에서 후퇴하여 이선으로 물러나게 된다. 물론 나이가 들면 자연 시어머니는 매사 모든 일을 며느리에게 자연 의존하고 맡기는 것이 당연한 일이지만, ☞ 官이 지나치게 강하면 며느리와의 사이가 안 좋다. 의견의 충돌이 잦

아지는데 시어머니가 진다. 며느리가 그만큼 기가 세다는 말이다.

<table>
<tr><td>0</td><td>乙</td><td>丙</td><td>辛</td></tr>
<tr><td>0</td><td>0</td><td>申</td><td>巳</td></tr>
</table>

◀ 乙木 일주의 사주이다. 아들은 丙火이다. 벌써 丙辛合이 보인다.

천간으로는 合인데 지지로는 刑이다. 해로하기는 힘든 일이다.

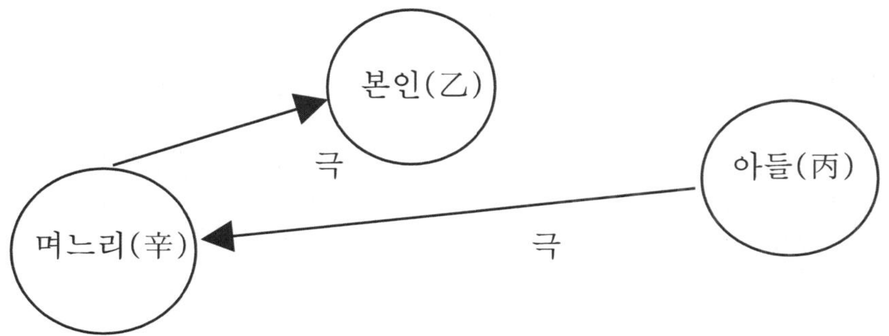

그로 인한 피해는 내가보는 것이다. 지지의 월지의 신금과도 합을 하니 바람둥이인데 며느리인 신금도 지지의 사중 병화와 합을 이룬다. 둘 다 바람둥이다.

<table>
<tr><td rowspan="4">316.</td><td>正偏財가 混雜하니 其子婦가 前後母요</td></tr>
<tr><td>比肩弱에 官殺旺은 子婦母親 寡宅이라.</td></tr>
<tr><td>정편재가 혼잡하니 기자부가 전후모요</td></tr>
<tr><td>비견약에 관살왕은 자부모친 과택이라.</td></tr>
</table>

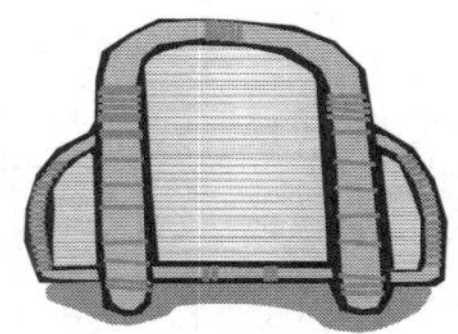

◙ 육친관계를 잘 살펴보면 쉽게 이해 할 것이다.正偏財가 混雜 (정편재가 혼잡)--정재, 편재가 혼합하다 하였는데 어째서 子婦(자부), 즉 며느리가 어머니가 전, 후라 하였으니 두 분이라는 말인가

☛ 여성의 사주에서 관은 며느리라 하였다.(315번 참조) 官을 생하는 것은 財가 되는데 정관, 편관으로 혼잡하다 하였으니 어머니가 시끌시끌하다는 설명이 된다.

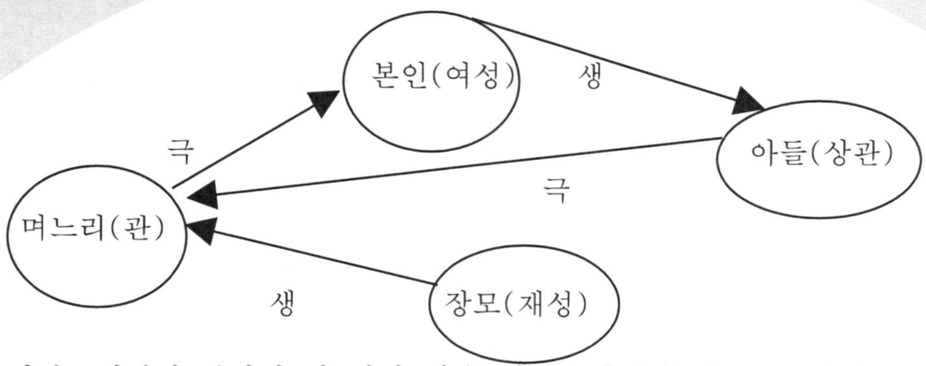

▣ 비견, 비겁에 관살이 왕 하다 함은 비견, 비겁이 많고, 관살이 많다는 설명인데 비견, 비겁이 많으면 어떻게 될까? ☢ 비견, 겁은 재성을 剋(극)한다.

비견, 겁인 남편이 너무 많고 기가 강하므로 ,관살이 왕 하다 함은 비견, 겁을 剋하는 정도가 심하다는 설명인데 비견, 겁은 며느리의 아버지가 아닌가? 고로 견디지를 못하니 며느리의 어머니는 홀로 될 수밖에 없는 것이다.

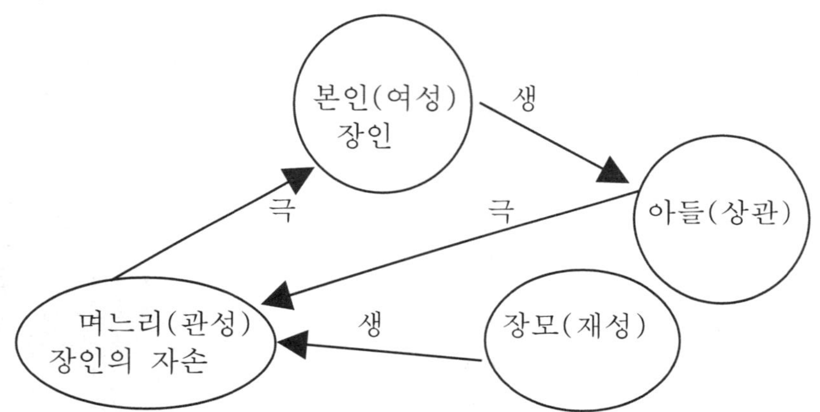

재성은 며느리의 어머니가 아닌가? 며느리의 어머니의 입장에서 보면 남편이 너무 많은 것이다. 고로 ☛ 남편과의 사이가 안 좋은 것은 당연한 것이고, 홀어머니를 모시고 살았다는 설명이 된다.

317.

陽印星이 旺盛하면 孫子富貴 자랑하나
陰印星이 作合하면 孫女戀愛 걱정된다.
양인성이 왕성하면 손자부귀 자랑하나
음인성이 작합하면 손녀연애 걱정된다.

◙ 여자의 사주에서 인성은 육친관계로 보면 식상인 자손을 극하므로 자손의 자손인 손자가 되는데, 陽 印星(양 인성)--양은 남성 손주, 즉 손자가 되고, 陰 印星(음인성)--陰은 여성 손주, 즉 손녀가 되는 것이다.

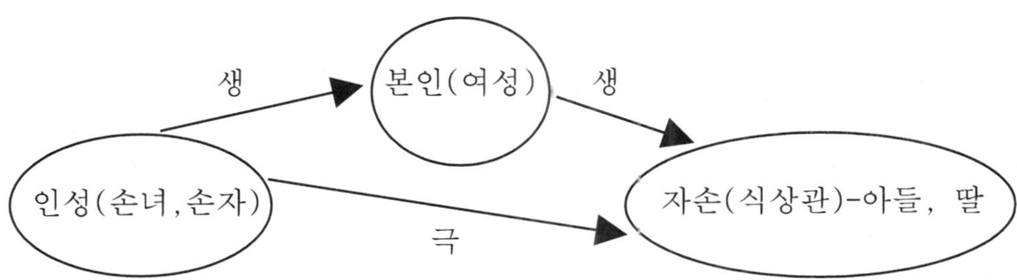

▣ 손녀, 손자들이 인성이다. 그래서 할머니를 좋아하고, 잘 따르는 것이고 할머니 하면 끔찍이 위하는 것인가 보다.

▣ 인성이 왕 하다 하였으니 손자가 부귀 하는 것인데, 양이니 손자가 되겠다. 여기에 또 문제가 되는 것이 있다.

☛ 인성은 식상을 극하는데 지나치게 강하면 자손인 인성이 자기의 아버지 즉 여성인 본인에게는 아들인데 손자가 아들을 치는 격이라 아들이 손자에게 치이어 수명이 길지 못하는 안타까움이 생기는 것이다.

0	乙	丙	0
0	0	子	申

◀ 乙木 일주의 사주이다.

⬆ 작합이라 하였으니 이성관계의 설명인데, ☛ 陰 印星(음 인성)이라 하였으니 손녀라, 손녀가 뭇 남성들에게 인기가 최고라는 설명이 된다.
☞ 너무 인기가 많아도 피곤한 것이다. 결국은 모든 이의 신경을 곤두세우게 하는 결과를 초래하는 것이다.

318.
印綬星이 暗合하니 壻郎양반 바람나고
偏印正印 混雜旺은 代房딸을 두게된다.
인수성이 암합하니 서랑양반 바람나고
편인정인 혼잡왕은 대방딸을 두게된다.

◈ 印綬星이 暗合(인수성이 암합)---인스성이 암합을 한다하니 바람이 나는 것인데, 하필이면 서랑일까? ☢ 壻郎(서랑)--서랑은 사위를 일컫는 말인데 사위가 바람이 난다는 말이다. 인성은 식상을 극한다. 식상은 자손인데 딸 자손

이 된다. 딸 자손을 극하니 자연 사위다, 암합을 한다 하였으니 사위가 바람을
피우는 것이다.

◉ 사주의 예 ◉: 꽃 중의 꽃은 무궁화라.

0	乙	0	0
午	亥	午	0

◀ 乙亥 일주의 사주이다. 乙木의 사위는 亥水이다.
　　월지와 시지의 午중 丁화가 亥水의 여자인데.

⬆ 亥중 壬水와 丁壬合이 이루어지는데, 사위인 亥水의 입장에서는 양손에 꽃을
들고 있는 형상이다. 몸은 하나인데 어디로 갈꼬? 하고 고민을 하고 있다.

➡ 偏印正印 混雜旺(편인정인 혼잡왕)----정인, 편인이 혼잡하고 왕 하다 함은
여러 가지의 뜻을 내포하고 있는데, 그 중의 ☢ 代房(대방)---대방 딸이라 함은
대신 데리고 온 딸을 설명하는데, 사위가 결혼 후 딸이 사망을 하자 다시 장가
를 들면서 자기 딸의 대역을 하도록 하니, 결국은 딸이 생기는 것과 같은 결과
라 표현이야 대방딸 이라 하였지만 그 속이야 어찌 쓰리지 아니 하였겠는가?

◉ 사주의 예 ◉마음은 굴뚝 같은데.

0	乙	0	0
午	亥	子	子

◀乙木 일주의 사주이다. 사위는 당연히 亥水가 된다.
　딸은 시지의 午중 丁火인데, 사위가 비견, 겁이 많다.

⬆ 子午 冲에 불꽃이 피어나지를 못해 죽고 만다. 乙木은 있어도 제대로 생을
못하니 안타까울 뿐이다.

원래 인수나, 견, 겁이 사주에 많은 사람은 ➡ 주위환경에 적응을 하는 것에 신
경을 써야한다. 자기위주의 고집에 어려서부터 온실 속에서 자란 탓에 남에게
고개 숙이기를 싫어하고, 거만한 기운이 항상 있어 나보다 남을 생각하는 희생
정신을 덕목으로 하여 생활을 하여야 한다.

319.	四柱財星 旺盛하면 外孫子女 富貴되고
	四柱財星 日主合은 外孫子女 同居한다.
	사주재성 왕성하면 외손자녀 부귀되고
	사주재성 일주합은 외손자녀 동거한다.

◙ 四柱財星 外孫子女(사주재성 외손자녀)----여자의 사주에서 ☞ 財星은 외손자가 된다. 재성이 일지와 합이 되는 것은, 재성이 일지로 들어오는 것이므로 항상 나와 같이 한다는 말도 되는데, 외손자의 경우는 본인이 직접 관리 하는 것이므로 할머니가 손자를 돌보는 형상이 되는 것이다.

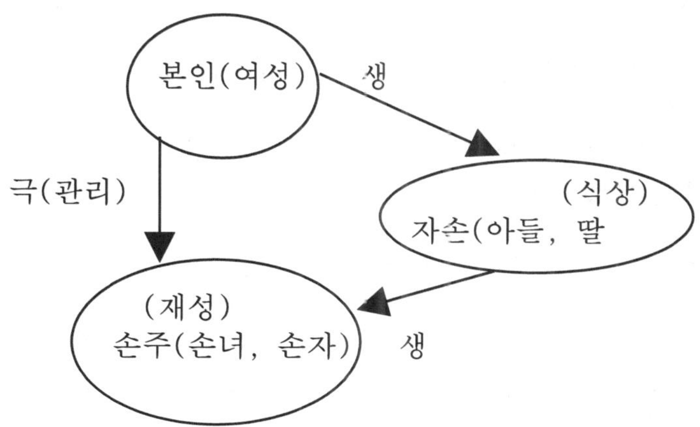

◉ 고로 내 손으로 양육에 일조를 한다는 설명이다. 본문에서는 동거 한다는 표현을 하였는데 외손자와 한 집에 산다는 것은 딸의 생활에 문제가 있거나, 데릴사위식의 생활이거나, 당분간 사정이 여의치 못하여, 또는 다른 사연이 있겠지만 일단은 딸인 어머니 입장을 보면 사주가 약해지는 상황이므로 또 관을 극하는 상황이기에, ➡ 딸인 엄마에게 문제가 있다는 것은 확실한 것이다.

◉ 실전사주의 예 ◉어허 둥둥 내 사랑아.

乙	丁	甲	乙
巳	酉	申	丑

◀ 丁酉 일주의 사주이다.
일지로 합이 되어 들어온다.

⬇ 외손주 키워주는 팔자.

☞ 인수가 많은 사주는 예뻐서 데려다가 키워주고,
☞ 관살이 많은 사주는 천덕꾸러기로 오갈 데가 없어서 키워주고,

320. 傷官食神 空亡刑沖 四柱生時 急脚殺은
小兒痲痺 子女두니 豫防柱射 놓아주라.
상관식신 공망형충 사주생시 급각살은
소아마비 자녀두니 예방주사 놓아주라.

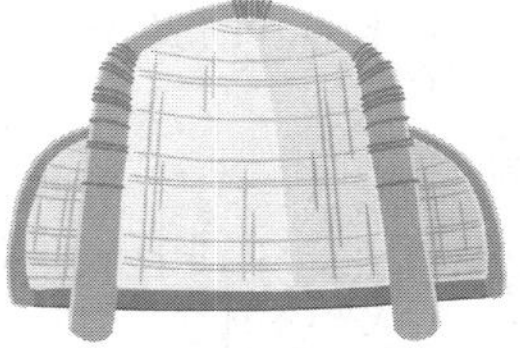

◙ 傷官食神 空亡刑沖(상관식신 공망형충)---상관, 식신은 자녀인데 형, 충, 공

망 이니 문제성을 내포하고 있는 것이다. 게다가 急脚殺(급각살)까지 갖추고 있으면 항상 조심을 하여야 한다. 선척적인 기형아나 이상은 어쩔 수 없지만 아닐 경우는 최대한 신경을 써야한다.

◘ 어느 부모가 자기의 자식이 이상이 있는 것을 보고 방관만 하겠는가?

➡ 四柱生時(사주생시)에 있으면 더 조심을 하여야 한다.
요즈음은 예방 주사도 종류가 많고, 사전에 방지가 가능하다. 예전에는 의술의 발달이 지금과 같지 않고, 혜택도 적어 많은 어려움이 있었으나, 지금은 세상이 살기가 좋아 조금만 관심을 갖고 신경을 쓰면 불행한 일들을 사전에 다 방지할 수가 있다.
◘ 시주에 급각살이나 형, 충, 공망에 대한 사항이다.

⬇ 급각살

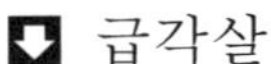

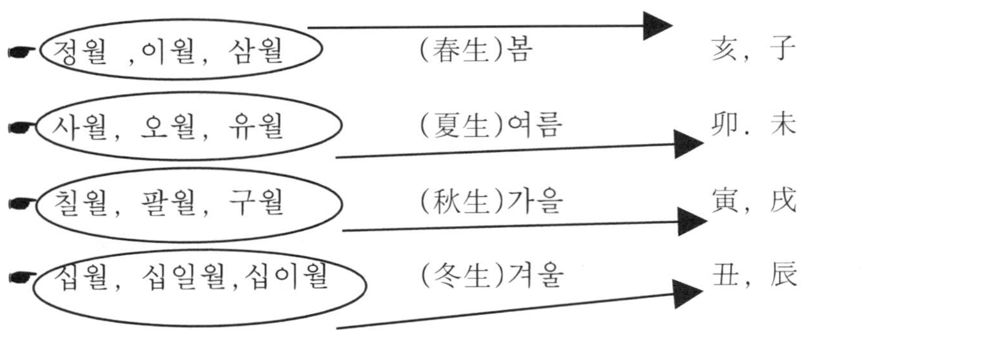

☛ 정월 ,이월, 삼월 → (春生)봄 → 亥, 子

☛ 사월, 오월, 유월 → (夏生)여름 → 卯. 未

☛ 칠월, 팔월, 구월 → (秋生)가을 → 寅, 戌

☛ 십월, 십일월,십이월 → (冬生)겨울 → 丑, 辰

321. 甲乙日生 火食傷官 四柱中에 多逢水는
子女들이 눈못보아 眼鏡쓰게 된답니다.
갑을일생 화식상관 사주중에 다봉수는
자녀들이 눈못보아 안경쓰게 된답니다.

◘ 甲乙日生(갑을일 생)이면 木일주라 火인 식상관이 多逢水(다봉수)라 하였으니 火는 시력과 연관이 되니, 시력에 이상이 오는 것이다. 요즈음은 안경을 쓰는 자녀들이 너무 많다보니 해석도 해석이지만, 지나친 火의 남용으로 인한 시력장애가 급속히 늘어나고 있는 상황이다.

제일 주원인은 컴퓨터인데 자체가 火인데 시력인 火를 계속 火와 시간을 지나치게 오래 보내다보니, 火끼리의 상전이라 자멸을 하는 형상인 것이다. 그렇다고 컴퓨터를 못하게 할 수도 없고, 대안이 나와야 할 것이다. 누가 특수 보안장치를 만들어내지는 않는가? 궁금하다. 아마 머지않아 이러한 예방책이 나올 것이다.

➡ 水火相戰(수화상전)이라 火가 쉽게 빛을 잠식당하니 자연 시력이 나빠 안경을 쓸 수밖에, 요사이는 콘택트렌즈에 라식수술까지 동원이 되는데, 아무튼 시력보호에 유의를 하여야 한다.

⬇ 안경을 쓰는 경우

☛ 火가 설기가 심한 경우
☛ 火가 깨져 있는 경우
☛ 火가 약한 경우
☛ 火가 너무 강한 경우

◉ 실전사주의 예 ◉:강물 위를 떠도는 한줄기 빛과 같구나.

丙	乙	甲	癸
子	酉	子	卯

◀ 乙酉 일주의 사주이다.
水기운이 강하여 火가 맥을 못 추고 있다.

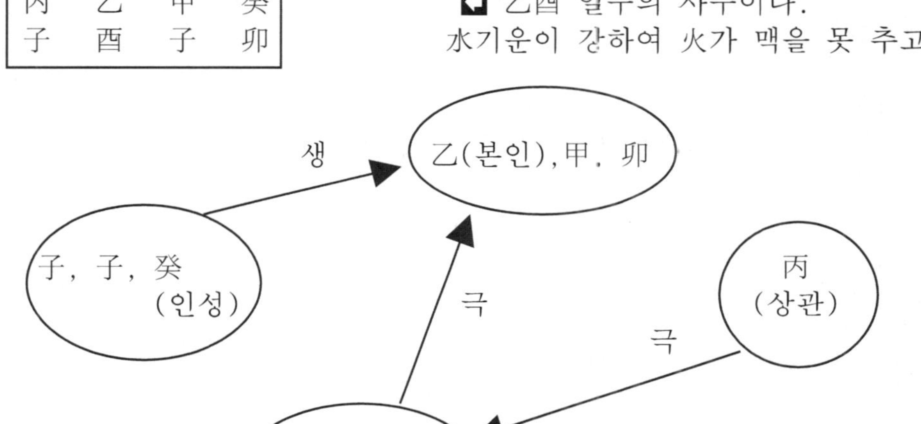

職業(직업)

◆ 현시대에 새로이 떠오르는 직업의 종류

☢ 유망한 직종의 직업

애완동물미용사, 텔레마케터, 시스템소프트웨어개발자
컴퓨터게임개발자, 노무사 ,가상현실전문가
변호사 변리사 수의사,
결혼상담원 사회복지사 바텐더(조주사)
정보기술(IT)컨설턴트, 영상 및 음성처리전문가, 물류관리전문가
웹 개발자, 보험계리인, 경호원
한의사 ,택배원, 소방관
헤드헌터, 선물거래중개인, 네트워크관리자
학예 사(큐레이터), 시스템운영관리자, 전자상거래전문가
세무사 ,쇼핑호스트 ,경찰관
지리정보시스템(GIS)전문가, 상담전문가 ,항공기조종사

☢ 성장 가능성의 직업

증권 중개인, 경영컨설턴트 ,작업 치료사, 전문비서
텔레마케터 ,법률사무원 ,선물거래중개인, 변리사
특수학교교사 ,직업상담원, 생물공학기술자 ,환경공학기술자
전기공학기술자 ,전자 및 통신공학기술자, 시스템 엔지니어, 컴퓨터 프로그래머
웹마스터, 보안서비스 종사자, 여행안내원, 번역사 및 통역사

*새로이 떠오르는 신생직업의 종류
☢ 의료, 복지, 문화 분야

음악치료사 ,호스피스 전문 간호사, 국제회의기획 진행자 ,운동 처방 사
학교사회사업가 ,장애인직업능력평가원, 여행설계사, 사이버기상캐스터
캐릭터, 엠 디, 조향사

☢ 컴퓨터 산업

베타테스터, 게임시나리오작가, 인터넷쇼핑몰운영자 ,정보제공자
정보 시스템 감사 사 ,컴퓨터중매인 ,웹디자이너 ,정보기술컨설턴트
컴퓨터바이러스, 치료사, 보안프로그램, 개발원

322. 四柱中에 火印星은 美粧技術 있게되고.
    甲乙日生 曲直格은 器樂有能 하게된다.
    사주중에 화인성은 미장기술 있게되고.
    갑을일생 곡직격은 기악유능 하게된다.

◎ 四柱中에 火印星(사주중에 화인성)----사주 중에 火가 인성이고, 美粧技術 (미장기술)이 있다 하였는데 오행으로 火는 꽃이요, 밝음이요, 화려함이요, 투시력에 스크린 비치는 것이다. 고로 표현력에 있어서 탁월한 재능을 발휘하게 된다.

허공을 가르는듯한 예리함이 돋보인다. 현시대어는 미장이라는 기술이 어울리지 가 않는다. 인터넷과 컴퓨터 관련분야로 보면 될 것이다. 프로게이머도 해당이 된다. 앞으로 전개될 로봇분야도 어울리고.

➡ 甲乙日生 曲直格(갑을일생 곡직격)---갑, 을 일주라 木일주이니 곡직격이라, 木일주에 地支(지지)가 전 木局(목국)이라, 동양 그중의 한국은 木이라 고전적 이고, 자연적이고, 예능 방면이라 악기 다루는 데는 일가견이 있게 된다.

木은 신경이라 섬세하고, 예민한 부분 까지도 능숙하니 악기에 조예가 깊은 것 이다. 악기 중에서도 흙냄새가 물씬 풍기는 악기가 좋다. 왜냐하면 土가 財이므 로 내가 마음대로 다룰 수가 있으니까. 국악기 계통이라면 더더욱 좋고 대금이 나 ,가야금등 기타 사물놀이도 괜찮고.

◉ 실전사주의 예 ◉:재능은 일찍 발견하고 일찍 키워라.

丁	乙	甲	癸
亥	未	寅	卯

⬅ 乙未 일주의 사주이다.
    지지에 전체가 木局으로 이루어져 있다.

323. 四柱印星 놓은者는 手藝針工 編物有能
    木旺日主 土財星은 紬緞布木 富者된다.
    사주인성 놓은자는 수예침공 편물유능
    목왕일주 토재성은 주단포목 부자된다.

➡ 四柱印星 手藝針工 編物有能(사주인성 수예침공 편물유능)--------인수는 육 친으로 보는 경우 감각과 손재주등 세밀하고 기획력, 창조력이 돋보이는 부분이 다. 수예, 침공, 편직 등이 유능하다고 하였는데 좀더 다시 표현을 한다면 자 수,수지침,침술,지압,경락술,도자기술이니 도예계통, 조각, 컴퓨터나 전자제품 조립 ,각종기계 부품조립, 크게 보면 선박제조계통 등이 해당된다.

◉ 실전사주의 예 ◉: 단점도 때로는 장점이 된다.

甲	甲	戊	乙
子	午	子	丑

◀ 甲午 일주의 사주이다.
인성이 강하고, 식상기운이 沖,破되었다.

▣ 주로 말보다는 무엇인가 자잔 한 것 같아도, 정밀함을 요하는 그러한 직종에 어울린다, 금은 세공 같은 종류도 해당이 되고 ,디자인 특히 패션분야면 더욱 좋고 단점이라면 자기위주의 이기적인 성향이 강한 업종이 해당이 된다.

겉으로의 양적인 표현력이 부족이라, 표현을 하여도 음 적인 은연자중 하는 식의 표현에 강하다. 지적인 표현력을 말하는 것이다. 좀 더 다른 분야를 첨가 한 다면 교육계통, 언론계통, 정치도 괜찮고, 예술, 종교 분야도 어울리고 ,통역이라든가 언어 유용분야, 역마나 지살이 가임하면 외교 분야도 좋고, 해외의 출입과 연관이 있는 분야도 유망하다.

▣ 木 일주에 土 재성이라 하였는데 주단포목 부자가 된다고 하였다. 시대적인 상황으로 볼 적에 뉘앙스가 약간은 어울리지가 않는다. 요즈음 현대적인 면으로 보면 신경 정신적인 면이므로 ☞ 출판, 의약, 문화, 통신, 의류, 간척사업, 농장경영, 식품관련업, 외식사업체인화, 이, 미용계통, 패션사업, 명품산업계통 등이 어울린다.

◪ 木 일주가 왕 하다고 하였으니, ☢ 土는 財라 土와 연관된 업종도 얼마든지 감내하고 다루어도 승산이 있는 것이다.

◉ 실전사주의 예 ◉ 의미가 없는 일도 있다.

辛	乙	丁	丁
巳	亥	未	卯

◀ 乙亥 일주의 사주이다.
지지에 木局이 형성이 되어있다.

324. | 庚辛日生 木旺土弱 紬緞布木 亦是좋고
丙丁日生 金弱格은 金銀洋銀 장사좋다.
경신일생 목왕토약 주단포목 역시좋고
병정일생 금약격은 금은양은 장사좋다.

▣ 오행 상으로 金 일주와 火 일주를 보는 것이다. 金일주인데 財인 木이 왕하고, 土인 인수가 약하면, 상업 쪽으로 나가는 것이 유리하므로 財와 연관이 있는 쪽을 택하는 것이 바람직하다는 설명이다.

◉ 실전사주의 예 ◉:바보처럼 살지는 말자.

戊	辛	甲	乙
子	卯	申	丑

◀ 辛卯 일즈의 사주이다.
인성이 약한 사주이다.

▶ 丙, 丁 日生(병, 정 일생)이면 火 일주인데, 金이 약한 격이라 財가 약한 경우가 되므로 金은 양은장사가 좋다는 설명이다. 요즈음은 그릇가게도 이제는 많이 변하였다. 시대가 바뀌어 이제는 예전의 대장간이 제철소로 변하고, 시대의 변화가 엄청나다. 표현이 예전의 고리타분한 면이 있지만 그것은 각자가 현세에 맞추어서 해석을 하면 될 것이다.

◉ 실전사주의 예 ◉: 골라골라 어느 것을---

丙	丙	癸	丁
申	寅	卯	卯

◀ 丙寅 일주의 사주이다.
재성이 冲이되어 약하다

▶ 火 일주에 금속은 財가 되는데, 재가 약하므로 약한 쪽을 선택하여도 충분히 감내 할 수가 있으므로 내가 다스리니 선택을 하여도 좋다는 설명이다.

양은은 알미늄으로 예전에는 그릇의 일종으로 성활용품에서 차지하는 비중이 지대하였으나, 지금은 신소재와 다양하고 기능성 있는 제품들이 많이 나와 빛을 잃은 지 이미 오래이다.
조금 더 규모를 크게 본다면 항공 산업, 비금속분야, 제철분야, 선박, 방위 산업계통, 자동차 등을 열거할 수가 있겠다.

325.
印綬星이 日德星은 編物被服 裁品좋고
四柱驛馬 地殺財는 洋裁洋品 돈을번다.
인수성이 일덕성은 편물피복 재품좋고
사주역마 지살재는 양재양품 돈을번다.

▶ 印綬星이 日德(인수성이 일덕)이라 함은 편물 ,피복이라 설명을 하였으나 이미 사양길로 접어들었고 새로운 스타일로 변형이 되어 육성이 되고 있는 업종이다.

▶ 四柱驛馬 地殺財(사주역마 지살재)-------사주에 역마, 지살이 財에 해당하면 洋裁洋品(양재 ,양품)으로 돈을 번다고 하였는데 의류에 해당하는 사항인데 옷이란 입고 다닐 때 착용하는 의 ,식, 주 중의 하나가 아닌가? 고로 나다닐 때

착용하는 물건이라 역마, 지살과 연관을 지은 것이다.

◈ 역마, 지살의 해석의 다양성에 관한 설명이다.

◉ 실전사주의 예 ◉:움직이면 돈이 들어온다.

戊	丁	丁	壬
申	巳	未	戌

◀ 丁巳 일주의 사주이다.
　　지지에 역마, 지살을 놓고 있다.

326.
重重地殺　驛馬財는　靴物양말　有利하고
寅巳驛馬　地殺女는　航空機에　案內女라.
중중지살　역마재는　화물양말　유리하고
인사역마　지살녀는　항공기에　안내여라.

◈ 重重地殺　驛馬財(중중지살　역마재)---역마와 지살이 중중하다 함은 많음을 설명하고, 그것이 財와 연관이 있으니 구두, 양말이 유리 하다고 하였는데 전부 이동시에 사용하는 물건이라, 거기에 다른 종류를 더 첨가한다면 손수건, 밸트류, 악세사리, 가방류등 주로 메이커, 명품과 연관이 지어지는 소모품 종류가 천거된다.

☞ 쉽게 설명하면 기획 상품종류가 되겠다. 한걸음 더 나아가 간편한 선물용품도 이어지고, 여러 가지가 응용이 된다.

▶ 寅巳驛馬　地殺女(인사역마　지살녀)-----인사, 역마 지살을 갖춘 여성은 항공기에 여승무원이라고 하였는데, 예전에는 굉장히 선망의 대상이었던 직종이다. 물론 지금도 마찬가지이고, 허나 시대가 많이 바뀌어 지금은 여성이 사관학교에도 입학을 하고 ,입법, 사법, 행정의 각 중요 위치에 다 포진을 하고 있는 세상이다.

이제는 꼭 역마, 지살을 따지지 않아도 기본적으로 누구나 약간씩의 요소는 다 있다. 지구촌이 한 나라로 움직이니 이제는 역마, 지살의 개념도 많이 달라지고 있는 것이다.

▶ 運에서만 들어와도 해외여행이요, 출국이고, 비즈니스다. 여행도 이제는 하나의 기본 개념이 되어버린 것이다

▶ 寅, 巳 驛馬(인, 사 역마)를 항공기와 연관 시킨 것은 火로 연결이 되니 나

르는 허공이라 비행기로 연관을 시킨 것이다. 조금 더 발전을 한다면 우주 항공 센타도 이어진다. 항공관련 산업에 종사하는 경우도 되고, 직접 경비행기 정도 는 운전하는 정도가 되니 여자 비행사도 볼 수 있는 것이다.

◉ 실전사주의 예 ◉:직업도 가지가지.

甲	癸	辛	庚
寅	卯	巳	申

◀ 癸卯 일주의 사주이다.
　　지지에 寅, 巳 역마를 다 갖추고 있다.

327.
丙庚辰日	丙庚戌日	丁丑丁未	又逢印星

打字技術 가져보니 이것또한 八字로다.
병경진일 병경술일 정축정미 우봉인성
타자기술 가져보니 이것또한 팔자로다.

丙	庚	丙	庚	丁	丁
辰,	辰,	戌,	戌,	丑,	未

⬆ 일주 들이 인수가 또 있으면 타자기술을 가져본다고 하였는데 손재주가 뛰어 나다는 설명이다. 타자이야기는 옛날이야기고 지금은 컴퓨터를 기본적으로, 누 구나 다 두들기는 것이 자판이다. 인수가 있는데 또 인수를 갖추니 인성이 강하 다는 설명인데 인수는 필력도 좋아 글쓰기 좋아하고, 또한 책 읽기도 좋아하고, 서정적인 면이 다분하여 손놀림으로 인한 직종이 어울린다는 설명.

섬세한 부분에 어울리는 사람들이다. 양모예술, 조각 분야 등 디테일한 분야 예 전에는 타자만을 전문으로 치는 여직원이 많았었다. 지금으로 친다면 오퍼레이 터 정도로 해석을 하여보자. 필경사라는 직종도 있었었다. 인성은 복사와도 연 관이 깊어 복제물과도 연관이 이어지고, 예술적인 면으로 보면 서예, 차트, 응 용미술 계통이 적합하다고 볼 수가 있겠다.

➡ 컴퓨터 그래픽, 웹디자인도 한몫 거든다고 보면 될 것이다.

◉ 실전사주의 예 ◉ : 다 타고난 복인 것이다.

庚	庚	己	癸
辰	戌	未	亥

◀ 庚戌 일주의 사주이다.
　　인성과 재성이 어우러진 사주이다.

328. 夏月生人 庚辛日生 그림그려 名畵되고
     木火日主 傷官食神 노래불러 名唱이라.
     하월생인 경신일생 그림그려 명화되고
     목화일주 상관식신 노래불러 명창이라.

◉ 夏月生人 庚辛日(하 월생인 경신일)이라 함은 金 일주에 巳, 午, 未 火月(사, 오, 미 화월)에 출생이라 金일주가 여름에 출생을 하면 그림을 잘 그린다는 설명인데 이유는 무엇일까? 金 일주는 그자체가 그림이다. 무에서 유를 창조하듯 그림이 살아서 숨 쉬는 듯이 움직인다.
결실이라 열매를 잘 맺으므로 선과 점을 이용하여 하나의 결실인 작품을 완성한다. 火는 생동감이다. 웅장함에 살아 꿈틀거리는 것 같은 느낌을 표현한다. 왜냐하면 명암이 살아나기 때문이다.

◉ 실전사주의 예 ◉ :타고나 재주인데 어쩔 것인가?

戊	辛	丁	癸
戌	丑	巳	亥

◀ 辛丑 일주의 사주이다.
월지에 巳火를 놓고 있다. 인성도 강하다.

⬇ 木일주는 선의 강약을 잘 표현을 한다. 나무이니까 水일주는 채색에 있어서 표현이 살아난다. 수채화를 생각하면 된다. 목화일주는 목화통명이라 세상의 빛과 소금 역할이라 대중 앞에 나서기를 좋아하는데 ,식상이 많아야 그것도 가능한데 노래를 하면 명창이라 하였으니, 성량도 풍부한 것이 첫째 조건이 되겠다.

◉ 실전사주의 예 ◉:욕심도 지나치면 화가 된다.

辛	乙	甲	戊
巳	未	寅	辰

◀ 乙未 일주의 사주이다.
목화통명의 사주이다. 官까지는 무리.

➡ 관골도 확실하여야 하고 ,약간은 다혈질적인 성향도 있어야 하고 ,입도 커야 할 것이고, 상식이 많으면 관을 극하므로 여자의 경우 팔자가 순탄치가 않아, 남편과의 연이 그리 좋은 편은 아니다. 일주가 아주 강한 편이면 어느 정도는 감내가 가능하다. 그러나 신약의 경우는 그 팔자를 넘어가기가 어렵다.

329. 四柱印星 傷官星은 文藝方面 有能하고
     聲優俳優 小說家를 흔히흔히 보게된다.
     사주인성 상관성은 문예방면 유능하고
     성우배우 소설가를 흔히흔히 보게된다.

◙ 四柱印星 傷官星(사주인성 상관성)사주에 인성과 상관성이 어우러져 있는 경우를 설명한다. 인성과 상관성이 잘 이루어지면 아는 것을 활용 하는 데는 일가견을 이룬다. 고로 창작계통에서 두각을 나타낸다.

무에서 유를 창조하는 것도 기본적인 지식이 갖추어져야 꽃을 피우는 것이다. 글을 조금 쓴다고 무조건 작가가 되는 것이 아니다. 계획한 분야에 대하여 무단한 노력과 산경험이 다 바탕이 되어야 살아 있는 글이 되고 독자에게 감흥을 주게 되는 것이다.

◪ 문예, 창작, 발표이니 연예계 또한 능력을 발휘하게 된다.

➡ 식상은 언어의 표현이니 달변이라 ,구변에도 능하여 그야말로 탤런트의 기질을 발휘한다. 개그맨, 성우, 연극배우, 뮤지컬 배우, 연기자의 길을 걷게 된다. 물론 가수도 포함이 된다. 인수가 있으니 볼수록 예쁘고, 귀엽지만 식상이 또한 만만치 않으니 볼수록 실증이 나니 인기인들은 항상 인기가 계속되는 것이 아니라 올라가면 항상 내리막길이라, 한 때라고 하는 것이 바로 이러한 연유에서 이다.

◉ 실전사주의 예 ◉:그래도 강한 쪽을 택하라.

辛	癸	乙	癸
酉	未	卯	未

◪ 癸未 일주의 사주이다.
인성과 상관성이 있으나 상관 쪽이 강하다.

330.
四柱財旺 官財庫는 金融界에 出世하고
丙丁日生 四柱財局 金利놀이 많이한다.
사주재왕 관재고는 금융계에 출세하고
병정일생 사주재국 금리놀이 많이한다.

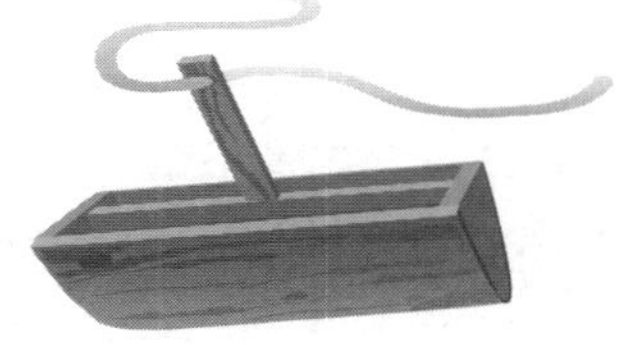

◙ 四柱財旺 官財庫(사주재왕 관재고)----사주에 財가 왕 하거나 官, 財庫를 갖추고 있는 경우에는 금융계에서 출세를 한다고 하였는데 이에도 등급이 있다.

같은 財라도 그 크기가 작으면 규모가 작은 곳이요, 局이 이루거나 할 경우는 근무를 하여도 큰 곳에서 근무를 하는데, 재관이 왕 하면 자연 신약이라 월급쟁이다. 사주가 신 강하여 내가 다스릴 수가 있다면, 나도 재벌소리 들어볼 수가 있지만 사주가 신약하니 남의 돈 벌어주는 월급쟁이에 불과 한 것이다.

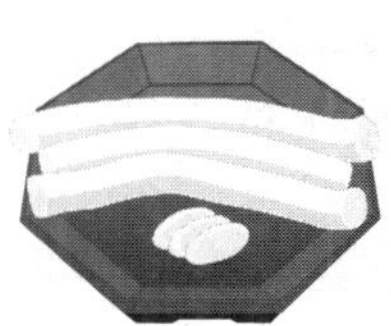

◉ 실전사주의 예 ◉다 뜻대로 되지 않는 것이 인생인 것이다.

丁	乙	壬	丙
丑	丑	辰	午

◀ 乙丑 일주의 사주이다.
　　財, 官을 갖추고는 있는 사주이다.

☛ 財가 지지에 많다보니 금전에 대한 욕심이 매우 많은 여인이다. 안타까운 것은 일지와, 시지에 官庫(관고)를 둘 이나 갖고 있으니 문제가 많은 사주이다. 인수와 상관이 서로가 冲하니 능력과 실력은 있어도 빛을 보기가 어렵다.

◆ 財가 많고 신약하니 금전에 항상 쪼들리는 편이다. 신용불량으로 이어진다. 탕화가 있어 가끔씩은 비관도 하여본다.

▶ 運에서 사주가 강해지면 그 운의 氣가 강하여지는 동안은 힘을 쓰지만 그 運이 지나가고 나면 다시 신약으로 돌아오게 된다. 일반적으로 월급쟁이 하다가 독립하여 한 동안 은 잘나가는 것 같다가 다시 내리막 길을 걷는 것은 이러한 연유에서이다.

다행이 대운이나 세운에서 어느 정도 힘을 받을 때, 그 때 챙기고 운이 내림 길일 때는☛ 관리 내지는 상황을 보아서 진행을 하여야 한다.

그러나 사람의 욕심이 어디 그런가? 항상 잘 될 것 같고, 또 지금 잘 나가는데, 누가 그 걸음을 멈추려고 하겠는가? 옆에서 이야기를 하면 괜히 배가 아파 그런다고 오해나 받지 안 그런가요?

▶ 丙, 丁 日生(병, 정 일생)은 火일주라 재는 자연 금이 되는데, 金은 쇳가루 즉, 돈이라 局을 이루고 있으니 금전운용을 하는 업종에 종사하면 성공을 할 확률이 높은 것이다. 펀드라든가, 시세차익을 얻을 수 있는 직종, 대부업도 좋고, 이와 유사한 직종이 좋다는 설명이다.

◉ 실전사주의 예 ◉:항상 꼭 아쉬운 것은 있게 마련이다.

辛	丙	庚	辛
卯	戌	子	酉

◀ 丙戌 일주의 사주이다.
財가 잘 구성이 되어있다. 그러나-----

331. | 重重地殺 印星財官 또는驛馬 印星財官
國際機關 등명이요 海外進出 財名이라.
중중지살 인성재관 또는역마 인성재관
국제기관 등명이요 해외진출 재명이라.

◙ 重重地殺 印星財官(중중지살 인성재관)---역마나 지살이 많은데 이것이 인성, 관성, 재성에 해당이 되면 財, 官, 印이 갖추어지는 형상이니 해외에 진출을 하여도 어느 정도의 직위로 나가게 된다.

요사이는 외국의 대사관에 근무하거나, 외교관으로 활동을 하여도 한 가지 업무에 국한 되는 것이 아니다. 자국민에 대한 안전관리에서부터 금융, 경제, 산업, 정치, 문화 등 작은 국가와 마찬가지로 그 업무가 다양하다.

고로 ▶ 외국에 나가 근무할 정도의 인재라면 재, 관, 인을 고루 갖추고 역마, 지살이 해당함은 물론 사주 또한 강하여야 모든 것을 충분히 해결을 할 수가 있는 것이다. 국내용으로 안주하는 것이 아니라, 국제적으로 통용이 될 정도의 인물은 되어야 맡은 바 자기의 직분을 충분히 수행할 수 가 있을 것이다.

◉ 실전사주의 예 ◉: 할 말은 많은데------

辛	辛	辛	己
卯	卯	未	未

◀ 외무부 장관을 역임한 분의 사주이다.

332.	甲乙日生 金弱格은 洋銀器皿 金屬이요
	丙丁日生 水木格은 水産海物 事業좋고.
	갑을일생 금약격은 양은기혈 금속이요
	병정일생 수목격은 수산해물 사업좋고.

◙ 甲乙日生 金弱格(갑을일생 금약격)---갑을일생이라 木일주 인데 금약격이라 하였으니 官인 金이 약한지라, 자연 用神 쪽으로 볼 수가 있으므로 金과 연관된 직종이 괜찮고, 丙, 丁 日生(병, 정 일생)이라 火일주인데 官과, 印이 갖추어진 格이라 관인상생으로 이어지니 자연 水인 오행과 연관이 지어지는 직종이 괜찮다는 설명이다.

▶ 洋銀器皿 金屬(양은기혈 금속)이라 하였는데 ,금속과 연관이 지어지는 업종으로 요즈음으로 치면 자동차 관련 산업, 중공업 관련 산업, 중기관련 산업, 기계금속관련 산업, 방위산업관련 업종, 로봇관련 산업 등이 좋다는 설명이다. 양은은 이야기는 이미 하였으므로 생략을 하고 좀 더 근대적인 차원에서 금속과 연관이 있는 부분을 생각하면 될 것이다.

◆ 오행으로 水는 수산업계통과 이와 연관된 업종을 생각하면 되고, 수산물 양식업, 수산 식품업, 해저산업계통도 좋고, 수자원개발공사의 근무도 해당하고 이와 유사 업종, 연관된 분야에 종사하는 것으로 해석을 하여보자.

◉ 실전사주의 예 ◉:직업도 가지가지다.

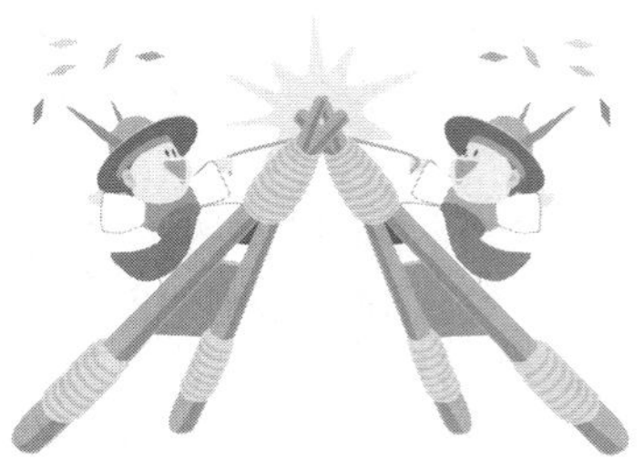

己 甲 丁 乙
巳 申 亥 卯

◀ 甲申 일주의 사주이다.

333.
壬申壬子 壬辰日生 飮食物業 많이하고
庚申子辰 辛己亥日 물事業을 하여본다.
임신임자 임진일생 음식물업 많이하고
경신자진 신기해일 물사업을 하여본다.

◪ 飮食物業 (음식물업), 물 사업이라 하였는데 요식업 관련 계통을 설명하는 것이고, 남성 보다는 여성에게 좀 더 가까이 다가갈 수 있는 분야이기도 하다.

➡ 壬申, 壬子, 壬辰 日生(임신, 임자, 임진일생)이라 하였는데, 음식영업이라 하였고
➡ 庚申, 子, 辰 辛巳, 亥 日(경신, 경자, 경진, 신사, 신해 일생)이라 하였는데 결국은 전부 물과 연관이 되는 업종이라, 물이란 흘러야 하는데, 물의 양이 어느 정도 이상은 되어야 흐르니 약간 있다고 하여서 되는 것이 아니라 충분한 정도의 양이 되어야 하는 것이다.

◆ 물 장사

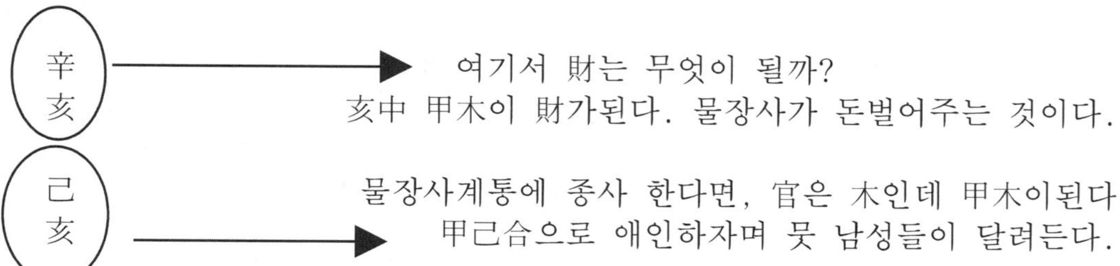

辛
亥

➡ 여기서 財는 무엇이 될까?
亥中 甲木이 財가된다. 물장사가 돈벌어주는 것이다.

己
亥

물장사계통에 종사 한다면, 官은 木인데 甲木이된다
甲己合으로 애인하자며 뭇 남성들이 달려든다.

☞ 亥中의 甲木이 남자다. 亥는 시간으로 밤 9시이다. 밤 시간에 기다리고 있다가 甲己 合으로 이어지면서 어디론가 사라진다.

➡ 직접적인 관여가 아니더라도 투자 또한 가능하고, 주주로서의 행세도 좋은 것이다. 요즈음으로 치면 ☞ 사우나, 찜질방, 해수욕장관련사업 수자원개발사업, 수경사업, 치수사업 ,양식업, 생수사업, 수산물 관련사업 등을 볼 수가 있고 이와 연관된 업종이면 다 좋다. 특히 새로이 부각이 되고 있는 물을 이용한 건강관리 사업도 괜찮다. 소위 말하는 스파업종 쪽이다. 수영장이나 헬스도 이제는 벌써 사양기운이 보인다.

<table>
<tr><td>334.</td><td>金日主가 傷官用財 亦是飮食 事業좋고
驛馬財나 地殺在는 運輸事業 成功하네.
금일주가 상관용재 역시음식 사업좋고
역마재나 지살재는 운수사업 성공하네.</td></tr>
</table>

◈ 金日主가 傷官用財(금일주가 상관용재)라 하였는데 傷官用財格(상관용재격)이라 함은 상관이 많으니 재를 용신으로 한다는 말인데, 財란 음식이라 식상관이 많으니 솜씨는 있는 것이라 財를 다루는 데는 일가견이 있다고 보는 것이다.

◉ 운에서 재와 식상관이 合이 드는 해는 더욱 왕성하게 할 것으로 본다.

◉ 財가 역마나 지살에 해당이 되면 이동하는 사업이라 운수업이 딱 어울린다.

◉ 요즈음의 운수업하면 운송, 체인 업종, 해운업, 항공업도 좋고, 선박업도 좋고, 택배사업, 물류관련사업도 아주 좋다.

◉ 실전사주의 예 ◉:참 벌기는 잘 하는데----?

<table>
<tr><td>辛
卯</td><td>辛
亥</td><td>癸
亥</td><td>癸
丑</td></tr>
</table>

⬅ 辛亥 일주의 사주이다.
식상관이 너무 왕 하여 금전이 잘 모이지가 않는다.

<table>
<tr><td>335.</td><td>春生丙丁 夏生戊己 秋生壬癸 冬甲乙은
敎壇올라 敎鞭들고 呼名萬人 분주하다.
춘생병정 하생무기 추생임계 동갑을은
교단올라 교편들고 호명만인 분주하다.</td></tr>
</table>

◈ 春生, 丙, 丁(춘 생, 병, 정)이라 함은 丙, 丁 火일주에 木 月 生이라 ,夏

生 戊, 己 (하 생 무, 기)라 함은 ☞ 土 일주가 여름에 태어났고, 秋 生 壬, 癸 (추 생, 임, 수)라 함은 ☞ 水일주가 가을에 출생을 한 것이고, 冬 甲, 乙(동 갑,을)이라 함은 ☞ 木 일주가 겨울에 출생을 한 것인데, 교단에 올라 교편을 들고 많은 사람 이름 부르기에 분주하다 하였으니 교육자가 아니던가?

◉ 실전사주의 예 ◉

庚	丁	庚	乙
子	亥	辰	卯

◀ 丁火 일주의 사주이다.
　辰월에 출생하여 木局을 형성한다.

己	己	庚	己
巳	未	午	未

◀ 己未 일주의 사주이다.
　지지에 火局을 형성하고 있다.

甲	癸	辛	癸
寅	亥	酉	亥

◀ 癸亥 일주의 사주이다
　酉月에 출생을 하였다.

戊	乙	甲	癸
寅	酉	子	亥

◀ 乙木 일주의 사주이다.
　子月에 출생을 하였다.

➡ 여기에서의 공통점은 각 일주가 월에 인수를 안고 태어난 것이다. 월에 인수를 갖추면 교육자 집안이거나 공부하고 학문적인 면에 학구파의 소양을 갖고 태어나는 것이다. 인수가 용신일 경우는 어려서는 공부에 전념을 하여야하고, 사업 쪽에는 관심을 덜 갖는 것이 좋다.

성인이 된 후에는 내가 배운 것을 활용하여 그 것을 써먹는 것으로 풀어야 살아가는데 있어서 편안 할 수가 있는 것이다. 금전에 대한 지나친 집착은 항상 나를 피곤하게하고 어렵게 만든다. 사랑의 매를 들고 만인의 이름을 호명하니 참으로 고귀한 직업이 되는 것이다.

336.
戊己日에	寅月出生	三冬月에	庚辛日生
三六九臘	庚辛日生	그도또한	敎育家라.
무기일에	인월출생	삼동월에	경신일생
삼육구랍	경신일생	그도또한	교육가라.

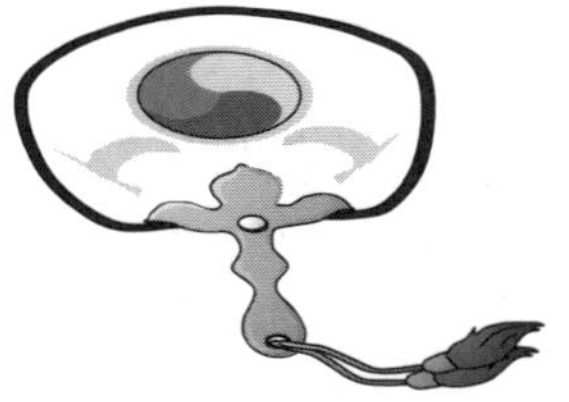

➡ 戊己日에　寅月出生(무기일이면　土일주인데　寅월에　출생)을　하고,　三冬

月에 庚辛日生(삼동월에 경신일생)이라 함은 亥, 子, 丑月 (해, 자, 축월)에 출생을 하고,金일주라, 三六九臘(삼육구랍)이라 흩은, 3,6,9,12월에 출생인데, 金 일주라 그도 또한 교육가라고 설명을 하고 있다. 이 경우는 월에 인수이거나 식상을 갖추고 있는 사주를 설명한 것이다.

◉ 실전사주의 예 ◉:선생님, 선생님 우리 선생님.

戊	戊	庚	辛
午	辰	寅	酉

◀ 戊辰 일주의 사주이다.
　寅月에 출생을 하였다.

戊	庚	癸	丁
午	辰	丑	巳

◀ 庚辰 일주의 사주이다.
　丑월에 출생을 하였다.

➡ 月에 식상을 갖추고 있으면 자기의 아는 것을 발표하는 데는 능력이 있는지라 브리핑, 설명회 같은 곳에서는 일가견을 이룬다. 그러니 교육과도 연관을 지어보는 것이다.
土일주에 寅월이니 寅 中 丙火(인 중 병화)가 인수요, 三冬月(삼동월)에 金일주이니 水局(수국)이라 식상으로 연결이 도고, 삼유구랍이니 月支(월지)에 土를 놓고 있는 金일주이니, 그 또한 식상을 놓고 있는 것이라 교육가의 사주라고 보는 것이다.
☛ 교육가라고 하면 꼭 교단에 서서 가르치는 것만이 교육가가 아니다. 요사이는 자기의 능력이 어느 분야이던 특출하면 남을 가르치기도 하는 세상이니, 그것 또한 교육가라고 볼 수가 있는 것이다. 식상이 발달하는 것도 자기의 능력이 출중함이라 결국은 그것이 남을 가르치는데 사용이 되니 식상이 월에 있어도 교육가라고 하는 것이다.

337.	亥月丁亥 卯未日生 申月丙寅 午日生人
	手執敎鞭 하여보니 九呼萬人 스승이요.
	해월정해 묘미일생 신월병인 오일생인
	수집교편 하여보니 구호만인 스승이요.

사주에 亥(해)가 하나만 있어도 가르치는 데는 일가견이 있다. 그런데 그것을 月에 놓고 있으니 그 성향이 더욱 큰 것이다. 일주를 한 번 비교하여 보자.

◉ 사주의 예 ◉

0	丁	0	0
0	亥	亥	0

→ 일지와 월지에 亥水가 둘이다.
　힘은 셋의 역할을 한다.

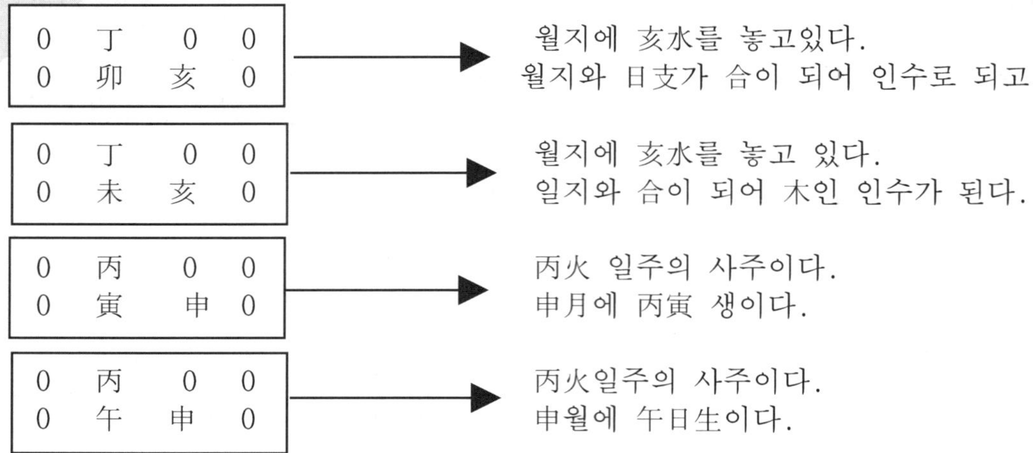

➡ 亥月丁亥 卯未日生(((해월정해 묘미일생)--丁火(정화) 일주인데 月에 亥水(해수)가 작용을 하여 합을 이루면서 木局(목국)을 형성하니 印受局(인수국)이 되고,

➡ 申月丙寅 午日生人(신월병인 오일생인)-----신월에 병인, 병오 일주라 원래 火 일주는 그 자체로도 교육의 성향이 강한데 월에 財인 金을 놓고 있으니 舌端生金(설단생금)이라 혀끝으로 금을 생한다 하였으니, 금이란 재물로 돈이라 입, 즉 혀를 놀려서 돈을 버는 것이니, 말로써 돈을 버는 것이니 그것이 가르치고, 설명하고 ,설득하고, 입으로 행하는 업의 일종이라, 교육도 그 가운데 하나에 속하는 것이니 이 또한 교육가라고 보는 것이다.

가르침의 사랑의 매를 들고 배우는 사람들의 이름을 부르니 그가 스승이요, 교사요, 많은 사람들이 칭송하니 그 또한 진정한 교육가가 되는 것이다.

338.
春夏月에 甲乙日生 三冬月에 壬癸日生
酉月生人 丁丑日生 舌端生金 教育家라.
춘하월에 갑을일생 삼동월에 임계일생
유월생인 정축일생 설단생금 교육가라.

⬇ 春夏月에 甲乙日生(춘,하월에 갑을 일생)이라 함은 木일주에 木, 火월이라,

◉ 실전 사주의 예 ◉

丁　乙　甲　戊
亥　巳　寅　午

◀ 乙木 일주의 사주이다.
　월지에 寅木을 놓고 지지에 火局이다.

⬇ 三冬月에 壬癸日生(삼동월, 임계일생)이라 水일주요, 겨울에 태어나 水일주이고,

◉ 실전 사주의 예 ◉

丙	癸	辛	辛
辰	丑	丑	酉

◀ 癸水 일주의 사주이다.
월지에 丑土를 놓고 있다.

⬇ 酉月生人 丁丑日生(유월생인이 정축일생)이면 丁火日主(정화일주)가 日과 月(일과 월)에 지지로 金局(금국)을 이루어 財를 갖추고 있음이라, 火로 財를 다룸이니 이 또한 설단생금의 예가 되니 그 또한 교육가라는 설명이 된다.

◉ 실전 사주의 예 ◉

壬	丁	辛	戊
辰	丑	酉	午

◀ 丁丑 일주의 사주이다.
월지에 酉金을 놓고 있다.

339.
申酉月에 甲申日과 四柱印局 놓게되면
人人指曰 教師라고 呼稱함이 있으리라.
신유월에 갑신일과 사주인국 놓게되면
인인지왈 교사라고 호칭함이 있으리라.

⬇ 申酉月에 甲申日(신유월은 가을이고 갑신일)이라 하였으니 甲木日主(갑목 일주)에 지지에 金을 놓고 있는 형상인데, 어떻게 교육가로 이어지는 것일까?

◉ 실전사주의 예 ◉

乙	甲	辛	癸
丑	申	酉	卯

◀ 甲申 일주의 사주이다.
월지에 酉金을 놓고 있다.

⬇ 원래 木은 교육이요 ,정신이다. 일지와 월지에 官을 놓고 있으니 동량지목(동량지목)으로서의 역할을 확실히 하게 된다. 깎고 다듬고 하여 타의 모범이 되는 그러한 그릇으로 성장을 하는 것이다.

☞ 四柱印局(사주에 인수국)을 놓으면 人人指曰 (인인지왈), 사람들이 불러 가라사대 교사라 한다는 설명이다.

340.
以上五局 태어난몸 敎育界로 안나서면
言論機關 文藝從事 女記者가 아니드냐.
이상오국 태어난몸 교육계로 안나서면
언론기관 문예종사 여기자가 아니드냐.

▣ 여성의 사주가 이와 같이 앞에서 설명을 한 것처럼 갖추어지면 교육계로 나서거나 ,언론기관이나 방송계통에 종사하여 기자나 아나운, 앵커 등으로 명성을 얻게 되고 ,문학, 예술계통으로 종사를 하게 되면 작가나 ,연출가도 가능하고, 그 분야에서 이름을 드날린다.

341.
만약내가 아니면은 夫子之間 其業이니
亦是事業 連結이라 仔細仔細 參考하소.
만약내가 아니면은 부자지간 기업이니
역시사업 연결이라 자세자세 참고하소.

▣ 본인이 안하게 되면 가족 중의 다른 사람이라도 이와 연관된 사업을 한다는 설명인데 우리가 육친을 해석할 때 보면 여러 각도로 해석을 하듯, 그에 대한 범위의 설명인 것이다.

342.
卯酉戌中 二字相逢 百草試常 醫業하고
亥子丑月 辛丑未亥 杏林之業 活人한다.
묘유술중 이자상봉 백초시상 의업하고
해자축월 신축미해 행림지업 활인한다.

▣ 이 글은 남명편에서도 언급이 된 부분이다 111번을 참조하기 바라며, 또다시 부분적인 반복을 한다면 卯, 酉, 戌 中(묘, 유, 술 3자 중)에 2자만 만나도 의약업이나 연관된 업종에 종사를 한다는 설명이 된다. 卯, 酉, 戌은 철쇄개금살로 상담 역활이니 건강, 인생, 법률, 의약 등에 대한 상담자의 역할이라 그에 연관된 업을 택하게 된다는 설명이다.

☞ 亥, 子, 丑 月(해, 자, 축월)은 10,11,12월이라 일단은, 깨끗한 것을 좋아하는 사주의 특성이 있는 것이다.

辛 辛 辛
丑 , 未 , 亥 ──▶ 왼편의 일주를 설명한 것인데, 월에 亥, 子, 丑
이므로 金水雙淸(금수쌍청)이 되는 것이다.

◉ 실전사주의 예 ◉

戊	辛	甲	癸
戌	未	子	亥

◀ 辛金 일주의 사주이다.
월지에 子水를 놓고 있고 있다.

년 지 또한 亥水를 놓고 있어 水局을 이루고 있고, 년 간에 癸水를 놓고 있으니
금수 쌍청이요, 지지에 술, 해 천문성을 놓고 있다.

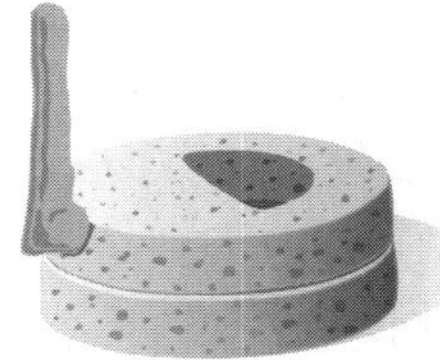

343.
夏月辛亥 壬辰日과 夏月辛丑 未卯巳日
手集藥秤 하게되니 君臣左使 製藥이라.
하월신해 임진일과 하월신축 미묘사일
수집약칭 하게되니 군신좌사 제약이라.

➡ 夏月辛亥 壬辰日(하월신해 임진일)---하월이라 함은 여름이니 사, 오, 미 월
이고 ,辛亥, 壬辰 일주이고, 辛金 日主(신금 일주)의 입장에서 보면 상관이 되
는데 지지에 진토가 되어 壬水일주에는 夏月,辛丑 未卯 巳日(하월신축 미묘사
일)----하월 신, 축, 미, 묘, 사 일이라 하였으니 辛丑, 辛卯, 辛未, 辛巳 일이
고 약재를 모아 저울에 다는 일을 행하니 약을 제조하는 일에 종사하는 것이
다.

➡ 辛金일주는 대체적으로 보면 치과의사가 많은데 이유는 인체에서 辛金
은 치아로 보는데 이유는 무엇일까? 辛金은 금, 은 ,보석이라 인체에서 가장 빛
나면서 보석과 같다고 하는 것은 바로 하얀 치아가 아니던가, 대화에서 치아가
하야면 그 사람의 건강도 그렇고, 일단은 상대방에게 호감을 얻는 것이다. 외관
상으로도 점수를 따고 들어가는 것이다. 입은 출납 궁인데 그 안에 보석이 있으
니 이 아니 좋을 손가?

辛
丑 -------------丑은 寅, 午, 丑 (인, 오, 축)하여 탕화에 해당이 되고

辛
卯 ------------卯(묘)는 鐵喞開金殺(철쇄개금살)이요, 아침시간이라
      자고, 일어나니 세수하고 단장을 하여야하니 성형외과 계통이고,

辛
未 --------------未土는 지장간에 丁, 乙, 己(정, 을, 기)라 乙목인
   財庫(재고)를 깔고 있으니 돈 벌어 주고, 또 懸針殺(현침살)에 해당
이 되니 현침 살이 돈 벌어주는 것이다.

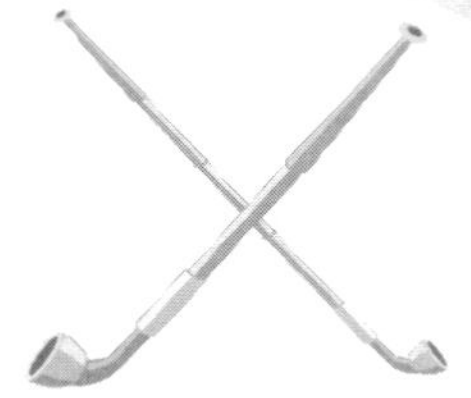

344. | 甲申日生 逢寅巳와 五陰巳日 逢寅申과
丁未日生 逢庚戌도 醫藥之業 分明하다.
갑신일생 봉인사와 오음사일 봉인신과
정미일생 봉경술도 의약지업 분명하다.

➡ 甲申日生 逢寅巳(갑신일생 봉인사)-------갑신 일생이라 함은 갑신일 주인데, 逢 寅巳라 寅 과 巳를 만남이니 형살을 설명하고, 五陰巳日 (오음사일)이라 함은 음오 일간에 지지에 巳이므로 寅과 巳를 만나면 자연 인, 사, 신 형살이 성립이 되므로 의업이나 이와 연관된 직종에 종사를 하게 되고, 丁未 日生 (정미 일생)이므로 정미일주라,

☛ 逢 庚戌(봉 경술)----경술을 만난다고 하였으니, 일주는 정미이므로 월이나 시에서의 만남이라 ,지지에서 未戌 刑(미술 형)을 이루므로 이 역시 의술, 또는 이와 연관된 직종이라는 설명.

◉ 사주의 예 ◉

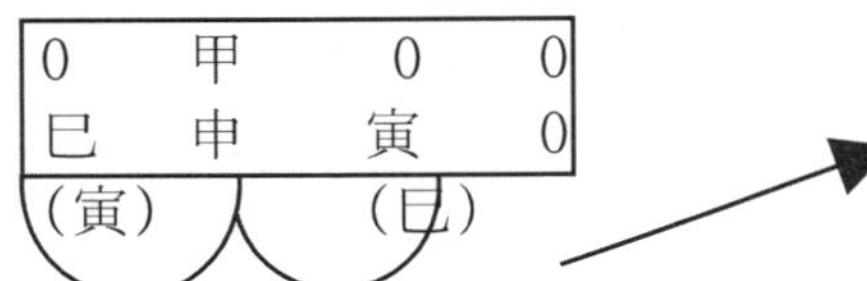

0	甲	0	0
巳	申	寅	0
(寅)		(巳)	

◀ 甲申 일주이다.
　월과 시에 寅, 巳가 있다.

甲申 일주인데, 시나 월에서 寅이나 巳를 만남으로 하여 寅,사,申 삼형살을 이루는 것을 설명하는 것이다.

乙 丁 己 辛 癸
巳 , 巳 巳 巳 ,巳

이상의 일주가 月이나, 時에서 위의 경우와
　　같이 寅과 申을 만남으로 인하여 寅 ,巳 ,申

⬆ 三刑殺(인, 사, 신 삼형 살)을 이루게 되면, 의업 또는 그에 연관된 직업에 종사한다는 설명.

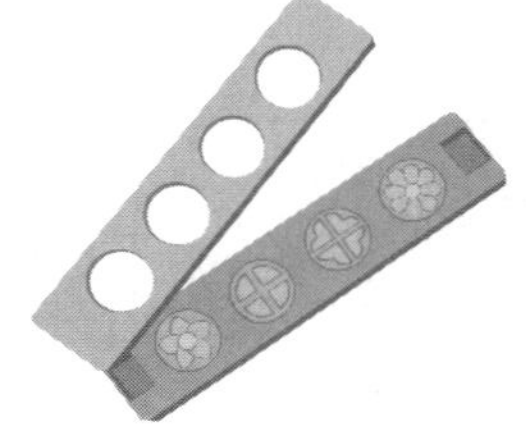

345. | 戊申日生 逢寅巳와 戊寅日生 申或逢巳
亦是醫業 因緣이니 萬人救活 하리로다.
무신일생 봉인사와 무인일생 신혹봉사
역시의업 인연이니 만인구활 하리로다.

➡ 戊申日生 逢寅巳와 戊寅日生(무신일생 봉인사와 무인일생)----戊申일생이니 戊申일주라 逢寅巳라 하였으니 地支(지지)에서 寅巳申이 형성이 되는 것이니 三刑殺이 이루어지고, 戊寅日生(무인 일생)이니 戊寅 일주라 지지에서 巳와 申을

만나면 인사신 삼형살이 성립이 되니 이 역시 의업이나 이와 연관된 직업에 종사한다는 설명.

◉ 실전사주의 예 ◉

庚	戊	癸	辛
寅	申	巳	丑

◀ 戊申 일주의 사주이다.
월과 시에 巳 와 申을 놓고 형살이다.

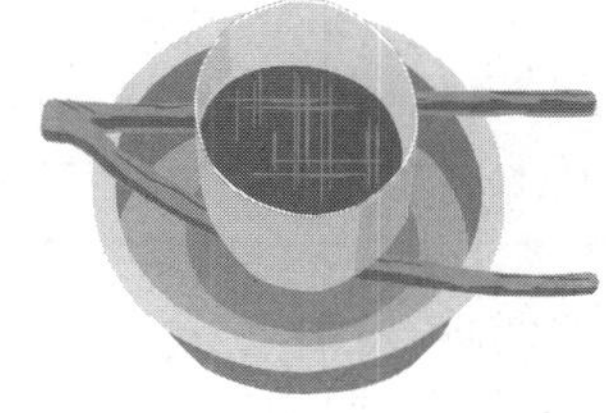

346. 庚壬申日 巳或見寅 庚壬寅日 巳或見巳
　　　醫藥界에 入身하니 活人功德 하게되네.
　　　경임신일 사혹견인 경임인일 사혹견신
　　　의약계에 입신하니 활인공덕 하게되네.

庚	庚	壬	壬
申	寅	,申,	寅

　　➡ 이상의 일주들이 寅, 巳, 申 삼형살이

⬆ 성립이 되려면 지지에서 巳,혹은 寅,申을 만나면 의약업에 종사하거나 活人功德(활인공덕) 즉 인명을 구제하는 업에 종사한다는 설명. 남명편의115번을 참조 하기바람.

◉ 실전사주의 예 ◉

甲	庚	己	己
申	寅	巳	亥

◀ 庚寅 일주의 사주이다.
월과 시에 巳와 申을 놓고 있다.

347. 寅夏戌月 庚寅午戌 卯月生人 甲子日生
　　　戌日生人 月時戌亥 醫藥之業 從事하네.
　　　인하술월 경인오술 묘월생인 갑자일생
　　　술일생인 월시술해 의약지업 종사하네.

▶ 寅夏戌月(인, 화, 술 월)이라 함은 지지에 화국을 형성할 수 있는 사주가 된다. 庚寅午戌(경인, 오, 술) 이라 함은 일주가 庚寅, 庚午, 庚戌 일주를 설명하고 있는데, 金일주가 지지에 火局(화국)을 이루고 있으니 쇠가 용광로에 들어가 제련이 되는 형상이라, 이공계 계통으로의 진로가 전도유망하다. 기술직계통이 어울린다.

◉ 실전사주의 예 ◉

丙	庚	丙	己
戌	午	寅	亥

◄ 庚午 일주의 사주이다.
　지지에 火局을 이루고 있다.

348.　甲戌日과　戊戌日生　甲乙日生　月或時乾
　　　己丑亥日　時或月乾　刀圭之業　하게된다.
　　　갑술일과　무술일생　갑을일생　월혹시건
　　　기축해일　시혹월건　도규지업　하게된다.

◪ 甲戌日과 戊戌日生 甲乙日生 月或時乾((갑술일과 무술일생 갑을일생 월 혹시건)------갑술일이나 ,무술일생, 갑을일생이 월이나 시에 戌, 亥를 놓고 있는 경우를 설명한 것이고, 己丑亥日 時或月乾(기축해일 시혹월건)------기축일주나 기해일주가 월이나 시에 乾 즉 戌, 亥를 놓고 있게 되면 刀圭之業(도규지업)을 하게 된다는 설명이다.

◉ 실전사주의 예 ◉

己	甲	己	丙
亥	戌	亥	午

◄ 甲戌 일주의 사주이다.
　시와 월에 亥를 각각 놓고 있다.

☛ 刀圭之業(도규지업)이란 의술을 설명하는데, 옛날에 가루약을 뜨던 칼 같이 생긴 모양의 숟가락을 刀圭(도규)라고 하였는데, 그 業(업)이니 의술을 설명하는 것이다.

349.　夏月生人　北午未日　時間에다　戌亥星과
　　　甲寅日生　逢巳逢申　그도또한　活人家라.
　　　하월생인　북오미일　시간에다　술해성과
　　　갑인일생　봉사봉신　그도또한　활인가라.

▶ 夏月生(하월생)이라 함은 巳, 午, 未 月(사, 오, 미 월), 즉 여름에 출생을 한 것인데, 北, 午, 未日(북, 오 미일)이라 함은 北方(북방) 즉 壬, 癸(임, 계)이니 壬午, 癸未 (임오, 계미)일주를 설명한다. 時間(시간)에 戌, 亥(술, 해) 천문성을 놓고, 甲寅 日生(갑인 일생)이라 목 일주가 巳나 申을 만난다고 하였으니 寅, 巳, 申(인, 사, 신) 형살을 이룸이라 그도 또한 活人家(활인가)라는 설명이다.

◉ 사주의 예 ◉

0	壬	0	0
戌	午	0	0

◀ 壬水 일주의 사주이다.
----------------------시에 戌이 있다.

0	壬	0	0
亥	午	0	0

◀ 壬水 일주의 사주이다.
----------------------시에 亥가 있다.

0	癸	0	0
戌	未	0	0

◀ 癸水 일주의 사주이다.
----------------------시에 戌이 있다.

0	癸	0	0
亥	未	0	0

◀ 癸水 일주의 사주이다.
----------------------시에 亥가 있다.

▣ 活人家(활인가)란-----활인 이란 사람을 살린다는 뜻인데 ,사람을 살리는 일은 아픈 사람을 치료하여 완쾌시켜 주거나, 사람의 인명과 연관된 직업이라 그 중에 제일이 의업이 아닌가?

◉ 실전사주의 예 ◉

己	甲	丙	丙
巳	寅	申	午

◀ 甲寅 일주의 사주이다.
지지에 寅, 巳, 申 형살을 이루고 있다.

☞ 목화 통명으로 연결이 되어 의약, 문학 등으로도 이어진다.

350.
寅卯夏月 甲乙日生 醫藥界에 많이보고
丙申寅日 逢刑殺도 活人家에 많이본다.
인묘하월 갑을일생 의약계에 많이보고
병신인일 봉형살도 활인가에 많이본다.

寅, 卯, 夏月(인, 묘, 하월)생이라 함은 木火로 통하는데, 甲乙 日生(갑을 일생)이니 자연 목화통명으로 해석이 된다. 나무가 성장하여 자랐으니 꽃을 피워야 제 몫을 다 하는 것이 아니겠는가? 木은 신경이요, 인정이니 신경계통, 정신과 계통이 어울린다. 심리적인 치료계통도 좋고, 丙申寅日(병신인일)이라 함은 丙申(병신) 일주,丙寅(병인) 일주를 설명한다.

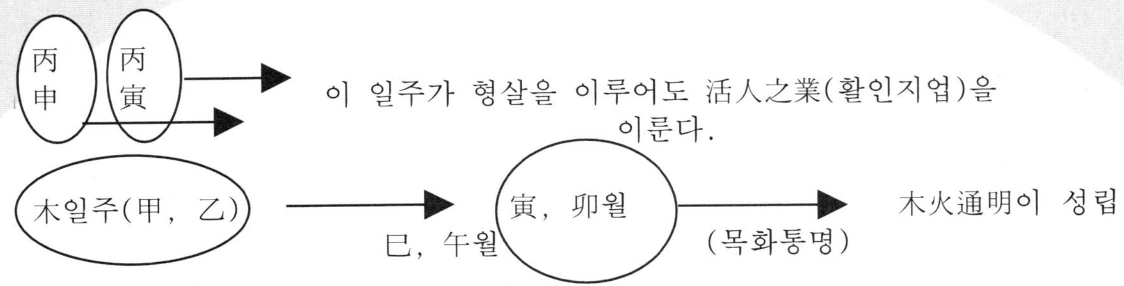

351.
만약自身 아니면은 夫子之間 其業이요
醫藥界가 아니면은 易術界에 獻身한다.
만약자신 아니면은 부자지간 기업이요
의약계가 아니면은 역술계에 헌신한다.

⬆ 만일 본인이 이 業을 하던 가, 아니면 남편이 하던 가 ,자손이 이 일을 하게 되고 의료, 의약업이 아니면 역술계, 법조계 등에 몸을 담게 된다는 설명이다. 인연이 그리 된다는 설명이다.

性情, 體軀(성정, 체구)

◉ 일반적으로 성정이라 함은 본인의 타고난 상품이나,
   성향등 기본적인 바탕을 말 한다.

◉ 주로 음양, 오행으로 분류하여 그 기본을 파악한다.

◉ 체구에 있어서는 신체적인 특성을 살펴본다.

352.
甲乙日生 태운女子 뚝뚝하고 仁慈하여
始終不變 性格이라 意志굳고 삶해진다.
갑을일생 태운여자 뚝뚝하고 인자하여
시종불변 성격이라 의지굳고 삶해진다.

➡ 甲乙日生(갑을일생)이라 木일주를 이름이라, 여자가 뚝뚝해도 문제다. 乙일주일 경우는 괜찮은데, 甲木 日主(갑목 일주)일 경우는 그대로 나타난다. 본인은 별로 그런 티를 안내는 것 같아도 상대방이 느끼기를 약간은 거만스럽다는 듯 쳐다보게 된다. 항상 겸손하고 예의를 갖추면서 웃는 모습을 자주 보이는 것이 좋다

➡ 乙 木(乙 木) 일주의 경우는 냇가에 늘어진 수양버들이라, 자태와 교태가 남달라 아무 생각 없는 웃음인데도, 상대방이 오해하여 곤욕을 치루는 수도 있으므로 항상 몸가짐과 태도에 유의를 하여야 한다.

☛ 木일주의 특징은 뻣뻣하나 한번 정해진 사항에 대하여 불변하는 것이 특징이라 의지가 굳어 굳세어라 금순--- 아가 된다.

◉ 실전사주의 예 ◉

庚	甲	甲	丁
午	寅	辰	卯

◀ 甲木 일주의 사주이다.
지지에 木局이 형성이 되어 있어 그 성향이 더하다.

☛ 甲木 일주인데 지지에 木局이라 곡직격의 사주가 된다. 목화통명이다.

353.
丙丁日生 태운사람 明朗하고 好禮하여
急凉急熱 性格이며 九辯之客 되리로다.
병정일생 태운사람 명랑하고 호례하여
급량급열 성격이며 구변지객 되리로다.

➡ 丙, 丁 日生(병, 정 일생)이라 火일주이다. 火일주의 성격은 불이라 항상 타오르는 것이 좋다. 불이란 꺼지면 제 역할을 못하므로 항상 타도록 하여 주는 것이 상책이다. 불은 못 태우는 것이 없다. 심지어는 물도 태워서 끓여 허공으로 날려 보내고, 뜨겁게 하여 튀기도록 할 정도로 다재다능하고 아는 것이 많아 만물박사이다. 자기 자신을 태워 불꽃을 이뤄 자기자랑은 끝이 없다.

언변도 뛰어나 동네 변호사요, 이장이고, 정치이야기면 핏대를 올려 세운다. 단점은 옆에서 치켜 세워주면 끝이 없다. 그래서 실수 할 경우가 종종 생기는데

원인은 옆에서 치켜 세워주면 간이고, 쓸개고 다 내 준다 그리고 돌아서면 또 후회한다.

火일주의 여성은 다혈질에 화려함을 좋아하여 시치 하는 것도 좋아한다. 또 속에 감추는 것도 싫어하여 남에게 비밀이 별로 없다. 알고 있으면 자랑을 하고 말을 하여야지, 그렇지 않으면 속이 부글부글 끓어올라 심장이 터진다고 한다. 어찌 보면 단순한 면도 보이기도 하는데, 여자의 사주가 화 일주일 경우 필요한 기운에 따라 비위를 맞추게 되면 큰 문제없이 일을 처리 할 수가 있게 된다.

◉ 실전사주의 예 ◉

辛	丙	丁	戊
卯	寅	巳	辰

◀ 丙火 일주의 사주이다.
지나친 강열함으로 인하여 집안의 불화가 잦다.

354. 戊己日生 出生女는 信用있고 純眞한데
그만中和 失道하면 迷信崇尙 많이한다.
무기일생 출생녀는 신용있고 순진한데
그만중화 실도하면 미신숭상 많이한다.

➡ 戊己日生(무기일생)이라 土일주의 여성인데, 대체로 순박하고 약속 같은 것을 매우 중요시하는 스타일이다. 월에 인수가 있는 경우도 선비형의 사주라 대체적으로 순진하고 착한 스타일이다. 일주가 강할 경우는 의외로 고집이 지나쳐 가끔씩 문제가 생기는 단점도 있다.

中和 失道(중화를 실도) 한다 함은 사주가 지나치게 강하거나, 약하다는 소리인데 ,강한 경우는 고집과 아집으로 똘똘 뭉쳐 그래도 흔들림은 덜한데 약한 경우는 결단력의 부족이라 주체성이 희박하다. 생활력 자체도 약하여 생활에 어려움이 항상 따른다.

☞ 자체가 약하므로 독립을 하지 못하고 무얼 하여도 옆에서 항상 도와주어야 자기 일을 처리하고 환경의 지배를 많이 받는 편이라, 귀도 얇아 남의 속임수에 잘 넘어간다. 土는 종교라, 종교에 심취하게 되면 물, 불을 안 가린다.

◉ 실전사주의 예 ◉

丁	戊	甲	甲
巳	寅	戌	子

◀ 戊土 일주의 사주이다.
지지에 火局이 있어 약한 戊土에 도움이 되고 있다.

辛	戊	戊	癸
酉	申	午	未

◀ 戊土 일주의 사주이다.
지지에 火局과 金局이 형성, 火金相戰이다.

355. 庚辛日生 出生女는 그性格이 冷情하다
한번틀려 본사람은 다시相對 싫어한다.
경신일생 출생녀는 그성격이 냉정하다
한번틀려 본사람은 다시상대 싫어한다.

➡ 庚辛日生(경신 일생)이라 함은 金일주인데 ,결실이라 마무리에 능한 것이 좋은 점은 되지만 끝장을 보고야 마는, 그러한 면으로 인하여 주변의 사람을 피곤하게 하는 면이 보인다.

☛ 바늘로 찔러도 피 한 방울 나지 않는 사람이라는 표현을 하는데, 가끔씩 그런 성향이 보이기도 하고, 특히 辛 金일주의 경우는 자기는 보석이라, 남보다 월등하다는 착각을 자주하여 오해를 받기도 하고, 마음에 안 드는 사람이면 너무 냉정하게 표가 날 정도로 쌀쌀하게 구는 경향이 다분하여 주변의 사람을 잃기도 한다. 여자가 이러한 성격이면 사회생활을 하는데 있어서 가끔씩은 문제가 된다. 본인의 단점을 체크하여 조금씩 개선하는 것도 좋을 것이다.

◉ 실전사주의 예 ◉

甲	庚	庚	辛
申	申	寅	酉

◀ 庚金 일주의 사주이다.
干冲 , 支冲이 보인다. 성격적인 문제로 해석.

356. 壬癸日生 出生女는 마음活潑 터졌으니
男子같은 性格으로 시원시원 함이로다.
임계일생 출생녀는 마음활발 터졌으니
남자같은 성격으로 시원시원 함이로다.

➡ 壬癸日生(임계일주)는 水일주라, 물같이 흐르니 매사가 시원시원하고 막힘이 없다. 가정이 어려우면 발 벗고 일선에 나섬에 조금도 주저함이 없고, 사주가 강하면 물이 수심이 깊어 속을 알기가 힘든 것이 단점이요, 반대로 사주가 신약하면 물의 깊이가 너무 얕아 속이 빤히 보이니 거짓말을 못한다. 거짓말을 하면 벌써 얼굴에 표가 난다. 간혹 이야기에 두서가 없이 횡설수설하는 것과 같은 경향이 보이기도 한다. 사주가 강한 사람은 글 솜씨가 있고, 이야기도 구수하게 잘한다.

◉ 실전사주의 예 ◉

癸	癸	丙	甲
酉	巳	子	子

◀ 癸巳 일주의 사주이다.
　　　기운이 강하여 좀 체로 자기의 속내를 잘 보이지 않는다.

乙	壬	己	己
巳	寅	巳	未

◀ 壬水 일주의 사주이다.
　　　財와 官이 왕한 사주이다. 신약이다.

사주가 강하고 약함에 따라 그 차이는 엄청난 것이다. 각각의 오행이 다 그러하지만 특히 수일주의 경우는 마음에 새겨두고 있지를 못하는 성격이라 화통한 면도 있어 좋으나, 어찌 보면 남자 같은 성격으로 오해를 받기도 한다.
☞ 시어머니가 水일주이면 며느리의 입장에서는 오히려 편할 수가 있다.

357.
戊子日生 그女子는 하는일에 怯이없고
辛亥卯未 出生女는 남을爲해 人情많다.
무자일생 그여자는 하는일에 겁이없고
신해묘미 출생녀는 남을위해 인정많다.

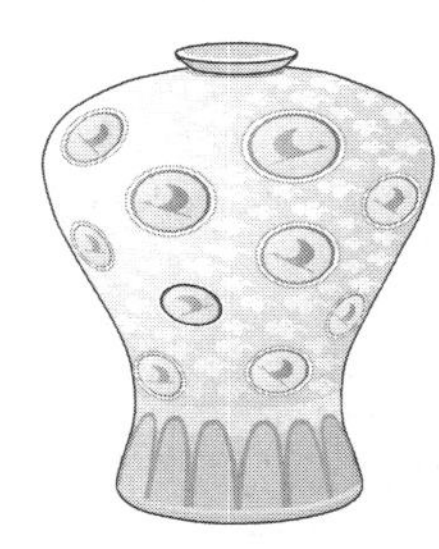

（戊子） ━━▶ 왜 하는 일에 겁이 없다고 하였을까?

▶ 戊 土(무 토)는 木, 火(목, 화) 양과, 金, 水(금, 수)음의 가운데에 자리하고 있어, 항상 주위에 사람이 자주 꼬인다.

▼ 결정적인 상황이 되어도 당황하거나 움츠리는 기색이 없어 당돌하다는 소리와 함께, 겁이 없다는 소리도 많이 듣는 이유가 그러한 연유에서 이다. 地支(지지)에 財(재)를 놓고 있으므로, 금전이 항상 왔다 갔다하는 형상이므로 매사에 여유가 생긴다. 戊 土(무 토)는 성향이 操土(조토)로서 만물을 성장하는 역할은 힘드나 잘 구워진 그릇과도 같아 자신의 처신에 일보 매진을 한다면 주위로부터 환대를 받으며 생활을 할 수가 있다.

◉ 실전사주의 예 ◉

癸	戊	丙	癸
丑	辰	辰	亥

◀ 戊土 일주의 사주이다.
　　지지에 財가 자주 보인다.

⬇ 겁이 없는 사주를 보면, 대체적으로 사주가 신강 할 경우가 많은데, 고집이 앞서는 경우이고 진짜로 겁이 없는 경우는, 배짱도 있고 약간의 무법자의 기질이 있어야 하는데, 그러한 사주의 소유자는 상관이 많은 사주에서 볼 수가 있다.

◉ 실전사주의 예 ◉

辛	戊	乙	戊
酉	戌	丑	申

◀ 戊土 일주의 사주이다.
官이 약하고 상관인 金이 강하다.

➡ 辛亥卯未 出生女(신해묘미 출생녀)라고 하였는데, 辛金日主(신금일주)를 설명함인데 지지에 亥, 卯, 未(해, 묘, 미)를 갖추고 있음을 설명한다. 辛金 일주는 이미 가공이 된 金이라 다듬을 필요가 없는 금이 된다. 辛金은 外陰內陽(외음내양)으로 그 속은 양이 지배를 하고 있는데 陰生陽(음생양)의 이치로 지지에 亥, 卯, 未를 지적을 한 것 같다. 남을 위해 인정이 많다 함은 식상이 있으므로 성립이 된다.

➡ 식상은 베푸는 것이요, 희생인 것이다. 고로 남에게 인정이 많다는 소리를 듣는 것인데 ,인정은 木이라 지지에 木局(목국)을 이루면 인정이 많음이라.

◉ 실전사주의 예 ◉

戊	辛	乙	癸
戌	亥	卯	亥

◀ 辛亥 일주의 사주이다.
지지에 亥卯 木局을 이루고 있다.

358.
四柱比肩 比劫多는 固執세어 걱정되고
己日生에 身弱格은 귀가넓어 걱정이라.
사주비견 비겁다는 고집세어 걱정되고
기일생에 신약격은 귀가넓어 걱정이라.

➡ 四柱比肩 比劫多(사주비견 비겁다)---사주에 비견과 비겁이 많으면 고집이 지나칠 정도로 강하다. 동네아이들도 형제가 많으면 누가 건드리는 아이들이 별로 없다. 왜냐하면 무더기로 나가서 응징을 하니까.

☞ 사주에 견, 겁이 많으면 매사 힘이 많아 항상 자기위주요, 상대방을 배려하는 면이 약해진다. 오직 나만의 이익을 추구하는 것이다. 대체적으로 자기의 뜻에 순응을 하는 경우가 많으므로, 그러다보니 자연 자기주장이 강해 고집이 세서 주변의 걱정을 사게 되는 것이다.

己日生(기일생)이라 하였는데, 土일주인데 己 土(기 토)는 음이라 天, 地, 人(천, 지, 인)삼기를 다 갖춘 시기라 土로써도 진정한 가색의 공을 이루는 土에 해당이 된다. 또한 음과 양의 분기점에 해당이 되어 사주가 신약할 경우는 자기의 중심을 잡지를 못하고 이리저리 흔들리기 마련이다. 그래서 귀도 엷고, 남의 달콤한 속삭임에 잘 넘어가는 것이다. 사기 당하기에는 꼭이다. 물건 사는 것도 군중심리다. 사놓고 후회하는 스타일이다

◉ 실전사주의 예 ◉

丁	己	壬	甲
卯	亥	申	子

◀ 己土 일주의 사주이다.
지지에 水局이 형성, 財, 官이 왕 하다.

359.
春夏月에 丙丁庚辛 神經質이 많게되고
四柱中에 無官星은 出嫁生覺 아니한다.
춘하월에 병정경신 신경질이 많게되고
사주중에 무관성은 출가생각 아니한다.

➡ 春夏月(춘하월)이라 하였으니 木, 火라, 丙, 丁(병, 정)이니 火일주요, 庚, 辛(경신)이라 하였으니 金일주이다.

☛ 신경질이 많다 함은 신경이 예민하다는 설명인데, 원래 木과 연관이 깊은 것이다. 火도 또한 이와 연관이 깊고 木, 火 月에 火일주이니 木, 火가 극성이라 자연 金인 관절에 이상이 온다. 어려서는 조금만 잘못하여도 손, 발이 삐고, 탈골, 타박상이 심하다. 거기에 성격은 불같이 급하니 생기는 것은 짜증 뿐 이다. 신경이 예민하니 木은 편도라 목소리부터 바뀐다.

◉ 실전사주의 예 ◉

丙	丙	癸	丁
申	寅	卯	卯

◀ 丙寅 일주이다.
지지에 木局을 이루고 있다.

◉ 金일주의 경우는 어떨까?

庚
午

金일주에 지지가 火로 되어 있다. 여기에 월주까지 가세한다면 金일간은 불 위에 올려놓은 오징어가 된다.
이리 뛰고 저리 뛰고 정신이 없다.

丙
寅
　　　　지지에 木이나 불이나 마찬가지이다. 월지에도 木이나 火가
　　　온다면 완전 불바다가 이루어진다. 정신이 날아가니 얼이 빠진다. 불로
다 날라 가니 차분함 이라고는 찾아보기가 힘들다. 완전 미친 상태도 이루어진
다.

➡ 火일주와, 金일주는 火가 많으면 여하튼 위험하다. 쇠도 강하면 쉬 부러지는
법이라 하지 않던가? 쇳물이 더 뜨겁다.

➡ 사주에 官이 보이지 않으면 왜 시집갈 생각을 안 하나? 가진 것이 없으니 관
심이 없는 것은 당연하고, 운에서 온다 하여도 그 때 뿐, 또 지나면 그만이다.

◉ 실전사주의 예 ◉

己	己	丙	丁
巳	酉	午	巳

◀ 己酉 일주의 사주이다. 火와 金이 왕 하다.
지지가 合이 되어 官이 사라진다.

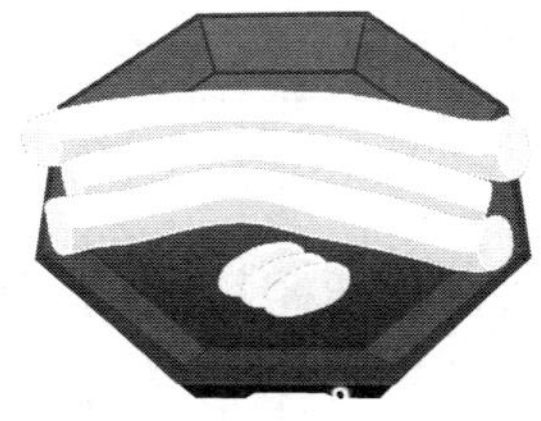

360.
四柱中에　合綠桃花　楊貴妃의　美貌되고
四柱支干　金水逢은　美麗之貌　자랑한다.
사주중에　합록도화　양귀비의　미모되고
사주지간　금수봉은　미려지모　자랑한다.

➡ 合綠桃花(합록도화)란? 祿房挑花(록방도화)를 설명하는데 거기에 합을 이룬
경우이다. 正祿(정록)에 도화를 놓은 것을 말하는데, 미모에 있어서는 타의 추
종을 불허할 정도로 아름다움을 자랑한다. 거기에 합이 이루어지니 금상첨화 인
것이다.

사주에 支干(지간)이라 함은 천간과 지지를 말함인데, 천간이나 지지에 금수를
만나면 각선미와 미모의 수려함을 자랑한다. 사주에 여성의 경우 예쁘다는 소리
를 들으려면 어떤 경우가 될까? 일단은 록방도화를 갖추고 있으면 거의 다 예쁘
다. 일반적으로 火일주의 여성도 외모가 수려하다, 왜냐하면 화는 꽃이니까 ,향
기롭고 ,그 자태가 창연하므로 다 인물값은 한다.

◉ 팔자가 예쁘게 태어나는 경우

　　☞ 록방도화를 놓은 경우
　　☞ 火일주 자체가 꽃이므로 예쁘다.
　　☞ 辛금, 酉금도 깨끗하고 세련되고 예뻐 보인다.

☞ 관살이 많은 여자.

☞ 金水逢이라 함은 음의 흐름이라 요즈음 말로 치면 쭉쭉 빵빵 이라는 설명.

◉ 사주의 예 ◉

| 0 | 乙 | 丙 | 0 |
| 0 | 巳 | 午 | 0 |

◀ 乙巳 일주의 사주이다.
午火가 록방도화인데 合이 되었다.

▶ 여기에서 인물에 대한 평을 하여보자. 월지에 도화를 놓고, 일지와 合을 이루었다. 천간으로 火氣가 투출하여 火의 기운이 강하다. 일주인 乙木의 입장에서 보면 설기가 심한 편이다. 즉 예쁘기는 하여도 그것을 간직을 못하고 흘려내보내고 있는 것이다.

☞ 乙木 가지는 약한데, 꽃이 너무 만발한 것이다. 가지가 휘어진다. 얼굴이 큰 편인 것이다. 전체적인 균형을 볼 때 상처가 약간 큰 편이라는 설명. 처음 보거나 앉아있을 때는 너무 예뻐 보였는데, 보면 불수록 가치가 하락 한다는 이야기.

☞ 金水가 약하니 빠진 몸매는 아닌 것은 분명하고, 상식이 많으니 어투 자체도 교양미가 없어 상스러워 보이고, 화장이 너무 진하니 화장발이 안 받는다. 나이가 들면 얼굴이 얽어버린다.

⬇ 간혹 남성과 강압적인 결혼도 이루어지는 경우가 있다. 辛金 일주도 깨끗하고 세련됨이 뛰어난다. 팔자에 官이 많은 여자도 대체적으로 예쁘다. 그래서 팔자가 센 지도 모르겠다.

◉ 실전사주의 예 ◉

| 庚 | 丁 | 壬 | 壬 |
| 戌 | 丑 | 子 | 戌 |

◀ 丁火 일주의 사주이다.
월에 官도화를 놓고 있다.

▶ 일지와 월지가 合이 되어 官局을 이루고 있다. 천간으로도 丁壬合이 月과 年으로 계속되어 너무 많다 보니 이루어지기는 힘이 들겠다. 일지에 刑殺이 임하니 남편 宮이 하루도 편안한 날이 없는 형국이다. 몸매에 비하여 얼굴이 약간 받쳐주지를 못한다. 인수가 약하니 교양도 약간은 쳐지고 팔자가 거친 사주이다.

361.
```
甲乙日生 水木旺은 뚱뚱하고 키가크고
甲乙日生 金土旺은 뚱뚱하나 키가작다.
갑을일생 수목왕은 뚱뚱하고 키가크고
갑을일생 금토왕은 뚱뚱하나 키가작다.
```

➡ 甲乙日生(갑을일생)이라 木일주인데 水, 木이 왕 하다고 했으니, 나무는 물을 흡수하는데 물이 많으면 나무는 불어나기 마련이다, 고로 먹는 데로 체중이 불어나니 살이 찌는 것이다. 거기에 木이 왕 하니 자라기도 잘도 자란다. 그러니 자연 옆으로 벌어지면서 자라는 것이다.

◉ 실전사주의 예 ◉

```
甲 甲 癸 甲
子 子 酉 子
```

◀ 甲木 일주의 사주이다.
이런 사주의 소유자를 만나기도 힘이 들 것이다.

金, 土(금, 토)가 왕 하다 함은 나무가 뿌리는 잘 내려 자라기에는 지장이 없는데 金 剋 木(금 극 목)으로 자꾸 나무에 난도질을 하여 나무가 자랄 수가 없다. 토지의 영양은 충분하여 양분의 공급은 잘 되는데, 먹기는 잘 먹고 있는데, 자라지를 못하게 자꾸만 잘라버리니 키가 클 수가 없으니 작아질 수밖에 그러니 자연 뚱뚱하고 키가 작은 것이다.

◉ 실전사주의 예 ◉

```
庚 乙 甲 乙
辰 酉 申 丑
```

◀ 乙木 일주의 사주이다.
지지가 온통 財 와 官이다.

362.
```
丙丁日生 金水旺은 그몸매가 세련되고
丙丁日生 木化旺은 앞이마가 벗겨졌다.
병정일생 금수왕은 그몸매가 세련되고
병정일생 목화왕은 앞이마가 벗겨졌다.
```

➡ 丙丁日生 金水旺(병정일생 금수왕)-----丙丁일생은 火일주요, 거기에 金水가 旺 하다 하니 불의 기운을 金, 水 冷 (금, 수 냉)이 온도 조절을 잘 하여주니 온수로써 알맞은 기운을 유지하니 몸매가 세련됨이라, 남 앞에 나서도 한결 부드러움이니 더욱 좋고, 불같은 성격도 완급조절이 가능하고, 木, 火가 왕한 것은 火氣(화기)를 더욱 강하게 하여주니 더더욱 보여주기를 좋아 함이라,

◉ 실전사주의 예 ◉

癸	丙	丙	癸
巳	子	辰	丑

◀ 丙火 일주의 사주이다.
金水가 왕한 사주이다.

⬇ 木은 모발인데 땔감으로 다 소용이 되니, 머리카락이 없어짐이라 대머리가 분명하구나. 여성의 경우 이마가 너무 훤하면 남편 운이 박하다.
◆ 이마는 얼굴의 제일 상부인데 가정으로 치면 가장이라 가장이 너무 많음이요, 너무 노출이 심한 지라, 밖으로 지나치게 나도니 한, 두 번은 우여곡절은 있어야 하는 팔자인 것이다. 火 일주라 하여도 신약의 경우는 이러한 걱정을 안 해도 된다.

◉ 실전사주의 예 ◉

辛	丙	丙	丙
卯	寅	寅	寅

◀ 丙火 일주의 사주이다.
지지가 완전 木으로 덥혀 있다. 木,火가 왕 하다.

363.
| 戊己日生 火土多는 肥滿體軀 키가작고 |
| 戊己日生 金水木旺 가는몸매 허리길다. |
| 무기일생 화토다는 비만체구 키가작고 |
| 무기일생 금수목왕 가는몸매 허리길다. |

➡ 戊, 己 日生(무, 기 일생)이라 土일주인데 火, 土(화, 토)가 많으니 토지가 비옥하기만하니 땅이 기름기가 잘잘 넘치니 비만인데, 자라는 식물이 없고 혼자만 양분을 보관하고 있으니 자연 살이 찌고, 토는 중앙이라 아래위로 나갈 줄도 모르고 그 상태 그대로 이니 단신이고, 그리하여 생긴 말이 하늘 높은 줄은 모르고 땅 넓은 줄만 안다는 말이 생긴 것인가 보다.

◉ 실전사주의 예 ◉

丁	己	己	己
卯	丑	巳	未

◀ 己丑 일주의 사주이다.
시지에 卯木이 있어도, 습목이라 별로 힘을 못 쓴다.

➡ 金, 水, 木, 旺(금, 수, 목, 왕)----금, 수, 목이 왕 함은 내가 생하고, 극하고, 극함을 받기만 하니 나의 기운을 차릴 여유도 없는 상태라, 기력이 쇠진하니 마른 몸매가 분명하고, 土는 중앙이라 인체로 치면 허리인데, 허리가 가늘고 약함이 확실하다는 설명이 된다.

◉ 실전사주의 예 ◉숏다리, 롱다리의 구분.

乙	戊	丁	己
卯	子	卯	酉

◀ 戊子 일주의 사주이다.
지지에 刑, 冲이 많고, 金, 水. 木이 왕 하다.

☞ 대체적으로 土일주는 허리가 긴 편에 속한다. 단신 이라 하여도 키가 더 작아 보이기도 하는 것은 하체보다는 상체가 차지하는 비중이 더 크기 때문이다. 키가 조금 어느 정도 크다 하여도 허리의 이상을 항상 조심하여야한다.

➡ 주로 육체적인 일보다는 사무직이 어울린다.

☞ 土, 金, 水, 木, 이면 그대로 흐르고 있는 것이다. 빠지기는 잘 빠졌는데 내가 나 자신을 돌볼 겨를이 없다. 그러다 보니 균형을 잃는 것이다. 허리가 빠져도 빠지기만 했을 뿐이다. 그러므로 허리가 길기만 한 것이다. 균형을 잃었으니 상체가 더욱 길어 보일 수밖에 없는 것이다.

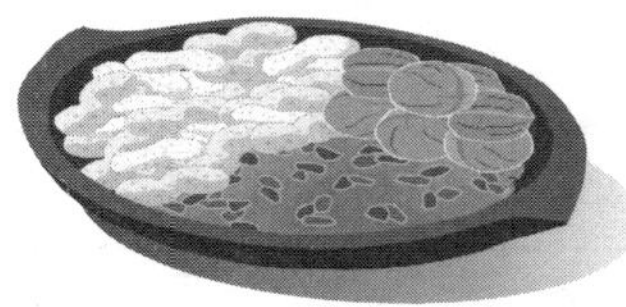

364.
庚辛日生 土金旺은 작은키에 단단하고
庚辛日生 水木火旺 눈망울이 여물었다.
경신일생 토금왕은 작은키에 단단하고
경신일생 수목화왕 눈망울이 여물었다.

⬇ 庚辛日生 土金旺 (경신 일생 토, 금 왕)---庚辛일생이라 金일주인데 土, 金이 왕 하다고 하였으니 사주가 강함이라, 金은 골격인데, 단단 하기가 이를 데가 없는 몸매를 유지하고 있는 것이다.

◉ 실전사주의 예 ◉

庚	庚	戊	辛
辰	辰	戌	亥

◀ 庚辰 일주의 사주이다.

甲	庚	庚	辛
申	申	寅	酉

◀ 庚申 일주의 사주이다.

⬇ 庚辛日生 水木火旺(경신일생 수목화왕)-----金일주가 水, 木, 火가 왕하다 함은 金이 제련이 잘되어 있다는 설명이고, 사람의 됨됨이가 건실하고 똑똑하다는 설명이 된다. 사주가 너무 신약하면 이야기가 또 달라진다.

◉ 실전사주의 예 ◉

戊	辛	乙	癸
戌	亥	卯	亥

⬅ 辛金 일주의 사주이다.
고루 갖추어진 형태이다.

⬇ 木, 火(목, 화)는 신경이요 정신인데, 金일주가 水, 木, 火(수, 목, 화)가 고루 어우러져 있으니 눈망울이 또렷또렷하다는 설명인데 사람의 정기는 눈에서 나온다.

◉ 실전사주의 예 ◉

甲	辛	辛	丁
午	巳	亥	卯

⬅ 辛巳 일주의 사주이다.
지지에 木局과, 火局이 이루어져 있다.

➡ 관상에서도 신상이라 하여 그 사람의 정신, 즉 기를 볼 때도 그 사람의 눈을 보고서 파악을 한다. 눈은 직접적으로 기와 연결이 되어 있으므로 중요시 하는 것이다. 인체에서 기가 발생되는 구멍 가운데서 제일 상단에 위치하여 그 중의 으뜸이라 눈에서 나오는 기가 제일 강력한 것이다.

365.
壬癸日生 金水旺은 몸가늘고 키가크고
壬癸日生 木火土는 키도맞고 몸도좋다.
임계일생 금수왕은 몸가늘고 키가크고
임계일생 목화토는 키도맞고 몸도좋다.

⬇ 壬, 癸 日生 金, 水 旺(임, 계 일생 금, 수 왕)------壬, 癸 일생이면 水일주라 金, 水가 왕 하니 물줄기처럼 쑥쑥 크는데 길고 가느다라니 영락없는 폭포수다.
물도 그 근원이 튼튼해야 물이 마르지 않고 계속 나오는 것이다. 금생수를 잘 받아야 그 흐름이 이어지니 키도 크고 몸이 튼튼한 것이 되는 것이다.

◉ 사주의 예 ◉

0	癸	0	0
寅	0	酉	0

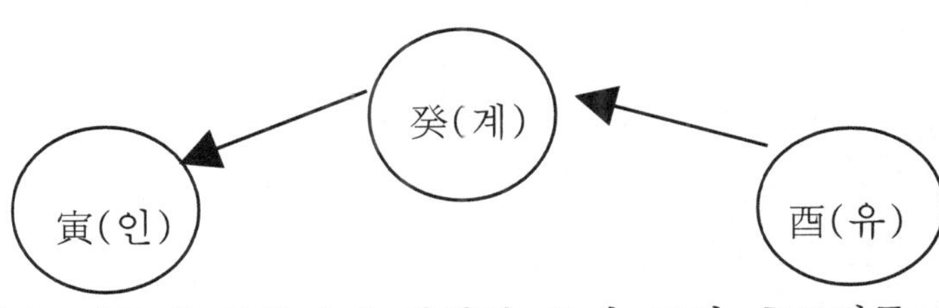

물이란 흘러야 제 구실을 하는데 물줄기가 막히면 물이 고여 흐르지를 못하니 썩기 마련이고 ,부패하여 패수의 근원이 된다. 水일주가 木, 火로 기운이 흘러

야지 만약에 사주가 흐르지 못한다면 비만에 온갖 잡병으로 시달린다. 혈액 순환으로 부터 시작하여 복잡하여진다.
木, 火, 土(목, 화, 토)가 고루 갖추어지면 적당한 체구에 성격도 원만하여 대인관계가 기가 막히다. 체격 면으로 보면 癸水 日主(계수 일주)는 비만이 적으나 壬水 日主(임수 일주)는 비만이 많은 편이다.

366.
```
甲乙日生 夏月나면 體格좋고 맑게나고
丙丁日生 四季月은 뚱뚱한편 體格이라.
갑을일생 하월나면 체격좋고 맑게나고
병정일생 사계월은 뚱뚱한편 체격이라.
```

甲乙日生 夏月(갑을일생 하월)------갑을일생이라 木일주인데 夏月을 만나니 木火通明(목화통명)이라 나무에 꽃이 활짝 피니 그 환함이 주변을 환하게 비추고, 항상 명랑함이 갖추어 있고, 체격도 원만하고----

◉ 실전사주의 예 ◉

辛	丙	丁	戊
卯	寅	巳	辰

◀ 丙寅 일주의 사주이다
巳월에 출생을 하고 木, 火가 왕한 사주이다.

⬇ 丙丁日生 四季月(병정일생 사계월)------丙, 丁 일생이라 火일주인데 사계절이라 土를 만남이니 화분위의 꽃이라 드넓은 대지와 하늘을 마음껏 호흡을 못하니 아쉽고, 온실 속에서 자라는 화초이니 자연 운동이 부족이라 비만이 많다.

◉ 실전사주의 예 ◉

己	丙	甲	己
丑	辰	戌	未

◀ 丙辰 일주의 사주이다.
진상관격의 사주이다. 이 경우는 어떨까?

367.
```
戊己日生 秋月生은 날씬하게 태어났다.
庚辛日生 冬月나면 작은몸매 맵시있다.
무기일생 추월생은 날씬하게 태어났다.
경신일생 동월나면 작은몸매 맵시있다.
```

⬇ 戊己日生 秋月生(무기일생 추월생)-----무기일생이면 土일주라 가을을 만나니 대지가 움츠러드니 자연 날씬하여지고, 의복을 걸치면 옷걸이 하나는 단풍의

계절이라 화려함이 돋보인다.

◉ 실전사주의 예 ◉

己	己	己	壬
巳	亥	酉	戌

己亥 일주의 사주이다.
酉月에 출성한 경우이다.

⬇ 庚辛日生 冬月(경신일생 동월)-----庚申日生이면 金일주라, 겨울이 겨울을 만나니 차가운 기온으로 쭉쭉 자라지 못하는 아쉬움은 있으나, 그 몸매 하나는 탄탄하고 탄력이 풍만하구나.

◉ 실전사주의 예 ◉

辛	辛	癸	癸
卯	亥	亥	丑

◀ 辛亥 일주의 사주이다.
금전이 모이지 않고 나가기 바쁜 사주이다.

368. 壬癸日生 春月生은 키도크고 體格좋고
시원하여 보이는데 그의살빛 검푸르다.
임계일생 춘월생은 키도크고 체격좋고
시원하여 보이는데 그의살빛 검푸르다.

⬇ 壬癸日生 春月生(임계일생 춘월생)-----壬癸일생이라 水일주인데, 봄을 만나니 차가운 물 기운이 온기를 만나서 아지랑이가 피어나듯 무럭무럭 자라니 키도 크고, 얼었던 물도 봄을 노래하며 활기차게 흐르니 체격 또한 좋을 수밖에 그러나 아직은 햇살이 덜 따가운 지라 완전한 탄소동화작용이 시원치가 않아 피부색이 약간은 검은 기가 감도는 검푸른 색을 띄우기도 한다.

◉ 실전사주의 예 ◉

甲	壬	丁	木
辰	申	卯	寅

壬申 일주의 사주이다.
卯月에 출생을 한 경우이다.

疾病(질병)

♣ 건강을 잃으면 모든 것을 다 잃어버리는 것이다.

♣ 모든 복도 다 떠나는 것이다.

♣ 건강을 지키는 길을 찾아 떠나보자.

369.
```
春夏金日 財官殺은 月經乾血 하게되고
四柱中에 水逢多도 鼻塞經調 不順이라.
춘하금일 재관살은 월경건혈 하게되고
사주중에 수봉다도 비색경조 불순이라.
```

◀ 春夏金日(춘하금일)이라 함은 金일주가 봄, 여름에 출생함을 설명한 것이라, 財官殺(재, 관살) 이라 함은 木, 火를 설명함인데 月經乾血(월경건혈)이라 함은 피가 말라서 나온다는 설명인데 金은 金生水하여 피를 만드는데 火氣가 많으니 건조하고 ,매 말라 피가 엉기듯이 말라 피가 색이 변색이 되어서 나오게 된다. 이로 인하여 여성이 경우 생리통 및 복통 기타 여성 질환에 시달리게 되는 것이다.

◉ 사주의 예 ◉

```
0  庚  0  0
0  午  寅  戌
```

◀ 庚午 일주의 사주이다.
　지지에 火局을 이루고 있다.

◉ 실전사주의 예 ◉

```
丙  辛  壬  乙
申  巳  午  丑
```

◀ 辛金 일주의 사주이다.
　午月에 출생한 경우이다.

◀ 사주에 水가 너무 많아도 이상이 생기는데, 찬 기운이 너무 강하므로 혈액순환이 제대로 되지가 않아 고생을 하게 되는데, 원인은 한기가 강하니 마치 얼어 있는 듯이 형상을 나타내는 것이다. 혈액의 응결로 인하여 생리불순이 이어지고 ,덩어리가 나오는 경우도 생기고, 코가 막혀 숨쉬기가 거북할 정도로 까지 이어지는 상황이 발생하기도 한다.

◉ 사주의 예 ◉

```
0  壬  0  0
0  子  丑  0
```

◀ 壬子 일주의 사주이다.
　지지에 水局을 형성하고 있다.

◉ 실전사주의 예 ◉

```
戊  辛  癸  癸
子  亥  亥  丑
```

◀ 辛金 일주의 사주이다.
　지지에 水局을 이루고 있다.

370. 庚辛日生 亥子丑月　너무깔끔 病이되고
己亥卯酉 生日弱은 神들렸다 하기쉽소.
경신일생 해자축일 너무깔끔 병이되고
기해묘유 생일약은 신들렸다 하기쉽소.

⬇ 庚辛日生(경신일생)일라 금일주인데　亥子丑月(해자축월)이니 金, 水 冷(금, 수 냉)이라, 산골짜기의 물이라 너무 차고, 깨끗한 것도 흠이 되는구나. 지나치게 깨끗하여 금수쌍청이라 아니 하던가 바닥에 쌓인 낙엽은 사람의 손이 안가니 뒤집으니 흙먼지가 심하구나.

☞ 여자의 경우 너무 냉하니 생리불순에 ,혈액순환이 어지럽구나.

◉ 실전사주의 예 ◉

壬	庚	乙	癸
午	申	丑	亥

➤ 庚金 일주의 사주이다.
　　金, 水가 냉한 사주이다.

己	己	己
亥,	卯,	酉

➤ 일주가 신 태약 하면 신들리기 쉽다고 하였는데, 己土 일주는 등사로써 경끼가 있어 깜짝깜짝 잘 놀래지를 아니하던가?

⬇ 土일주 종교와도 연관이 있는데 ,사주가 신 태약 하니 신들리기가 쉬워 접신이 잘 되는데 허주의 접신도 심하여, 빙의의 현상도 체험을 하여 보기도 한다. 건강으로 본다면 己土는 허리라 食, 財, 官(식, 재, 관)을 놓고 있으므로 허리의 통증이 심할 수가 있다.

◉ 실전사주의 예 ◉

辛	己	甲	癸
未	卯	子	亥

◀ 己土 일주의 사주이다. 신태약한 사주이다.
　　지지에 財와 官이 局을 이루고 있다.

☞ 대체적으로 신들림에 있어서 잘 접신이 되는 경우는 화, 수 일주가 특히 강한데 火일주는 스크린에 영상이 비추어지듯 환영으로 잘 나타나서 눈으로, 水일주는 물이라 흐르듯 소리에 민감하여 귀에 들리는 듯 환청으로 잘 나타난다.

371. 春夏月에　丙丁日生 神經痛에 두렵고요
神經質과 婦人病도 間間起發 하게된다.
춘하월에 병정일생 신경통에 두렵고요
신경질과 부인병도 간간기발 하게된다.

春, 夏月(춘, 화월)이니 木, 火로 연결이 되는데, 丙, 丁 日生(병, 정 일생)이 니 火일주라 火氣가 왕하고 ,심하면 炎上格(염상격)으로 연결이 되니 스스로를 제어하기가 힘들어 신경질이 극심하고, 그로 인한 질병에 시달리게 되고, 火氣 가 왕 하니 水기가 맥을 못 추어 여성에게는 부인병과도 연결이 되기가 십상이 고, 피가 건조해지는 건혈현상이 심하여 그로 인한 질병이 유발된다.

◉ 실전사주의 예 ◉

丁	丙	丙	己
卯	辰	寅	巳

◀ 丙火 일주의 사주이다
　　지지에 木局을 놓고 있다.

372.	壬癸日生 春冬月은 經調不順 風冷이요
	濕冷甚해 痛症인데 봄겨울에 尤甚이라.
	임계일생 춘동월은 경조불순 풍랭이요
	습랭심해 통증인데 봄겨울에 우심이라.

▼ 壬, 癸 日生(임, 계 일생)이라 水일주인데, 春, 冬月(춘, 하월이라 함은 봄 과 겨울인데, 經調不順(경조불순)은 여성의 생리불순이라, 냉풍이니 차가운 겨 울바람과도 같다는 설명인데, 여기에서 첨가 할 것은 木도 木 나름이다. 濕木 (습목)일 경우는 당연히 수목응결로 인하여 물이라 냉기가 감도는데, 거기에 바 람마저 가임되어지니 자연 꽁꽁 얼은 것과 같아지고, 혈액순환이 안 되니 여성 에게는 제일 먼저 생리에 이상이 오고 배가 아프기 시작하며 통증이 유발이 된 다.

◉ 실전사주의 예 ◉

丁	壬	癸	癸
未	子	亥	亥

◀ 壬子 일주의 사주이다.
　　지지에 水局을 이루고, 水氣가 너무 왕 하다.

▼ 원래 여성의 경우 사주에서 조후가 잘 이루어지지 않으면 거의가 생리통으로 고생을 하고 있다고 봐도 무방하다. 그리하여 임신을 하여도 나올 때도 아닌데 아기가 나오기도 하고, 유산이 되는 경우가 많아 고생을 하였다. 원인은 조후가 잘 이루어지지 않으니, 더운 것이 심하여 혈액이 순환이 안 되어 건혈로 인하여 영양의 공급이 잘 안되고, 추우면 너무 얼어 있어 활동을 못하니 그러하고, 이 래저래 고생이 심하였다. 특히 계절적으로 봄과 겨울이면 심하여 걱정이 많았 다.

◉ 실전사주의 예 ◉

辛	癸	甲	戊
酉	酉	子	申

◀ 癸水 일주의 사주이다.
金水가 냉한 사주이다.

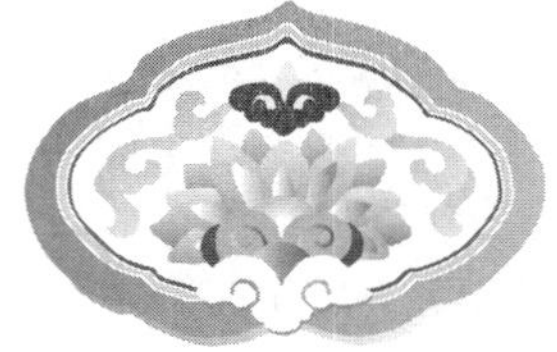

373. 庚辛日生 夏冬月은 子宮月經 帶下症에
呻吟함이 있게되니 몸調節에 注意하소.
경신일생 하동월은 자궁월경 대하증에
신음함이 있게되니 몸조절에 주의하소.

⬇ 庚辛日生 夏冬月(경신일생 하동월)-------庚申日生이라 함은 겨울이라 하,
동절이니 여름과 겨울이라 여름일 경우는 金일주가 여름을 만나니 火氣가 많음
이라,

◉ 실전 사주의 예 ◉

丙	庚	乙	壬
戌	寅	巳	戌

◀ 庚金 일주의사주이다.
여름인 巳월에 출생을 하였다.

火기는 木도 포함이 될 수가 있으므로 자연 財殺이 태 왕한 경우가 된다. 음이
지나친 양의 기운에 억눌려 꼼짝을 못하는 경우가 되고, 겨울이면 음기가 강하
니 꽁꽁 얼어붙는 것이라 조후가 될 리가 없어 몸이 냉하기만 한 것이고, 몸이
냉하면 허리가 부실하여져서 자연 통증으르 고생을 한다. 金 일주에 財, 官이
많으니 火기가 충만함이라, 자녀인 식상의 水가 필요하다. 고로 자녀를 낳으면
자연 생리불순이라 던 가 여성의 부인병이 나아진다.

➡ 金일주의 경우, 官인 火가 病이므로 남편이 꽃이라 바람을 피우는 경우가 많
으니, 그로 인하여 좋지 않은 病도 예전에는 종종 있었다. 이런 경우는 집에다
가 수족관을 항상 놓아 火氣를 가라앉히는 것도 방법이다.

374. 寅卯夏月 辛日生人 神經衰弱 두렵고요
甲乙日生 火旺格은 喘息으로 呻吟한다.
인묘하월 신일생인 신경쇠약 두렵고요
갑을일생 화왕격은 천식으로 신음한다.

⬇ 寅卯夏月 辛日生人(인묘하월 신일생인)-----인, 묘, 하 월이면 여름이라 辛

金일주이니, 왕한 양의 기운을 감내하지를 못한다. 木, 火는 신경과 정신이니 다자무자의 원리에 의하여 오히려 신경쇠약이 기승을 부리고 ,甲, 乙日生 火旺格(갑, 을 일생 화왕격)이라 함은 木, 火가 왕 하여 金은 맥을 못 추니 자연 호흡기 계통이라 천식으로 고생을 하게 된다.

◉ 실전사주의 예 ◉

庚	辛	丁	己
寅	巳	卯	未

◀ 辛巳 일주의 사주이다
　지지에 木,火局을 이루고 있다.

☛　金기운이 약하고 木, 火가 왕 하다.

己	甲	乙	丙
巳	午	未	申

◀ 甲午 일주의 사주이다.
　지지에 火局을 이루고 있다.

☛　木이 설기가 심하여 기진맥진이다. 기운이 약해지다 보니 양이 음과 같아진다. 거기에 상식이 많다보니 먹고 마시고 놀기를 좋아하는데 그것의 원인은 인정에 끌려 정이 약하다보니 거절을 못하다보니 신세가 망가지는 구나.

木은 예능에도 능한 지라 천간에 떠있어도 뿌리가 없으니 부초와 같은 재주로다. 술은 건조하니 마셔도 잘 취하지가 않는구나, 술 좋아하고 종류도 가리지를 않는다.

375.
食傷太旺 刑沖殺은 나팔官에 姙娠이요
傷官食神 逢刑穿은 子宮手術 있어본다.
식상태왕 형충살은 나팔관에 임신이요
상관식신 봉형천은 자궁수술 있어본다.

⬇ 여자의 사주에 食傷 太旺(상식이 태왕)하면 자손이 많음이라 , 이것 역시 다자무자라, 가뜩이나 팔자가 사나운데 거기에　刑沖殺(형, 충살)이라 함은 자식의 덕이 없음이 되는 것인데, 여자에게 있어서 상식은 자식이자 여자의 생식기와 연관이 되는지라 형, 충이므로 이상이 있는 것이라 자손을 생산하여도 정상적인 생산이 아니니 자궁외의 임신이라 자손을 생산하기가 힘들고, 설사생산을 한다 하여도, 자손의 덕이 없음으로 인하여 자손에게 버림을 받는 팔자가 된다.

◉ 실전사주의 예 ◉

庚	戊	庚	癸
申	寅	申	亥

◀ 戊寅 일주의 사주이다.
寅申冲(인신충)이다.

자손 궁에 刑, 冲이니 온전할 리가 있겠는가?

⬆ 출생 시부터 문제가 생기거나, 후에도 항상 그런 요소를 안고 있다는 설명인 것이다. 설사 순산한다 하여도 수술을 하여야 자손을 보는 것이다. 이에 대한 경중은 사주의 전체적인 것을 종합하여 판단을 내리도록 하여야 할 것이다.

376.	四柱官食 同臨合身 更逢刑殺 하게되면 不義胞胎 流産하다 得病危命 하게되네. 사주관식 동임합신 갱봉형살 하게되면 불의포태 유산하다 득병위명 하게되네.

여자의 사주에서 官食 同 臨 合 身 官食(동 임 할 신 관식)---- 관과 식상이 동림 한다는 것은 같이 있다는 말인데, 남자와 자손이 같이 있으므로 임신이라 지지에 합을 이룸을 설명하는데, 형살을 만난다고 하였으니 수술이라 임신중애 수술이면 유산이 되는 것이고, 또한 病과도 연관이 지어지는데, 임신중독증도 생각해 볼 수가 있고, 유산으로 인하여 다른 병으로 연결이 될 수도 있고, 심하면 생명에 지장을 줄 정도로 긴박한 상황도 예견을 할 수가 있는데, 이 경우는 일주가 강한가?, 또는 약한 가? 로 구별을 하여 판단을 하여야 할 것이다.

일주가 약하면 영향을 자연 많이 받을 수밖에 없는 것이다. 사주의 예로 설명을 하여보자.

◉ 사주의 예 ◉

0	丁	0	0
亥	未	戌	丑

◀ 丁火 일주이다. 亥中 壬水가 官이다.
(未 中 己土)가 자손이 된다.

☛ 亥, 未 木局(해, 미 목국)하여 官과 子孫이 合을 이룬다.

⬆ 지지에서 丑, 戌, 未 형살을 이루어 자손에 문제가 생긴다. 정, 임 합으로 움직이면 해, 미 목 국으로 합을 이루니 연애하면 未중 己土인 딸이 생겨 임신이 되는데, 축,술,미 형살이라 戌未, 丑未 冲이 형성, 생기면 자연히 병원으로 직행하여 아이를 유산을 시켜야 한다.

◆ 유산도 자주 반복이 되다보면 몸도 망가지고, 병도 얻게 되는 것이다.

377.	傷食太旺 身弱者는 아기낳고 得病이요 庚辛丙丁 失中和는 高血壓이 걱정된다. 상식태왕 신약자는 아기낳고 득병이요 경신병정 실중화는 고혈압이 걱정된다.

▣ 여성의 사주에서 식상이 왕 하여 사주가 신약인데, 자손을 낳으면 어떻게 될까? 일주가 식상이 왕 하여 설기가 심한 상태인데, 거기에 자손을 생산하니 일주가 더더욱 약해지는 형상이라 자손이 많을수록 병이 날 확률이 더 높아진다. 예전에는 자손을 낳고 몸조리를 잘 못하여 병을 얻는 경우가 무척 많았다.

◉ 水일주의 경우를 한 번 보자.

▣ 水일주의 경우는 자손이 木이라, 식상인 木이 많은데 ,거기에다 자손인 木이 가세하니 水氣가 더더욱 부족이라, 혈액순환이 되지가 않으니 몸이 붓고, 피 부족으로도 고생을 한다.

◉ 실전사주의 예 ◉

辛	壬	癸	乙
亥	戌	未	卯

◀壬戌 일주의 사주이다.
지지에 木局이 형성되고 未戌 刑이다.

▣ 庚辛(경신)일주는 金이라, 金일주가 失道(실도)를 한다는 것은 아주 많거나, 적거나 두 경우인데, 金일주가 신약할 경우 예를 들어 지지에 火局을 이룬다면 전력이 강하여 동선이 터지는 경우이므로 고혈압이요, 火일주에 火가 많다거나, 적으면 정신을 잃어 기력이 쇠하고 金水가 말라 적으므로 저혈압이 되는 것이다. 다자무자라 없는 것이나 진배가 없는 것이다.

◉ 실전사주의 예 ◉

丙	庚	乙	壬
戌	寅	巳	戌

◀ 庚金 일주의 사주이다.
지지에 火局을 이루고 천간으로 丙庚冲이다.

▣ 보편적으로 일주가 강한 경우를 보자. 金이 많다고 하면 음기가 강한 것이요, 양인 木, 火가 맥을 못 추는 경우인데, 정신과 신경이 끊어지는 것이니 졸도를 하는 것이고, 火인 양이 강할 경우는 金, 水인 음이 맥을 못 추니 공급이 안 되어 부족으로 졸도를 하거나 쓰러지는 것이다.

☞ 고혈압은 혈압이 정상적인 수치보다 높음으로 인하여 발생하는 것.
☞ 저혈압은 반대로 수치가 모자라서 일어나는 현상이니 지나쳐도 부족하여도
생기는 것이 병인 것이다.

378.
| 寅卯月에 己亥卯日 秋冬月에 丙丁日弱 |
| 七八九月 甲乙日弱 少時視力 弱해진다. |
| 인묘월에 기해묘일 추동월에 병정일약 |
| 칠팔구월 갑을일약 소시시력 약해진다. |

⬇ 寅卯月에 己亥卯日 (인묘월에 기해묘일)------- 寅, 卯 月이면 봄인데 己
亥, 己卯 일생이라 己土 일주가 木月에 출생한 경우가 되는 것인데, 사주가 신
약한 경우가 되겠다.秋冬月에 丙丁日 (추, 동월에 병, 정일)秋, 冬 月에 丙, 丁
이니 火일주이고, 이 역시 剋을 받거나, 剋을 하는 경우이니 자연 신약이고,

◉ 실전사주의 예 ◉

| 癸 | 己 | 壬 | 壬 |
| 卯 | 亥 | 寅 | 寅 |

◀ 己亥 일주의 사주이다.
  지지어 木局이 형성이 되어있다.

| 乙 | 己 | 甲 | 壬 |
| 亥 | 卯 | 辰 | 寅 |

◀ 己卯 일주의 사주이다.
  지지게 木局이 형성이 되어있다.

⬇ 七八九月(칠, 팔, 구 월)이니 가을이요, 金인데 木 일주이니 극을 받으므로
자연 또 신약이고, 이와 같이 신약 일 경우 소시 적이라 어렸을 때를 설명함인
데, 왜 시력이 약해진다고 하였을까?

☞ 己 土 일주일 경우를 보자, 己토인 자식이 약하니 어머니인 火가 사력을 다
하여 자식인 己 土를 생하여 주려고 애를 쓰게 된다. 그러다보니 기력이 쇠하여
지는데 火는 시력이라 결국 시력이 약해진다는 설명이 된다.

◉ 실전사주의 예 ◉

| 己 | 己 | 己 | 壬 |
| 巳 | 亥 | 酉 | 戌 |

◀ 己土 일주의 사주이다.
  酉月 生인 경우이다. 일과 시에 己土가 있다.

己土 일간이 時와月의 己土의 도움을 받을 것 같으나 결코 도움을 충분히 받지
를 못한다. 시지의 巳중 丙火가 있으나 일지와 冲이 된다. (丙庚冲이 된다.)

◪ 丙, 丁 火일주인데 火 尅 金(화극 금)을 하도 하다 보니 기운이 약해지고 오히려 金에게 역으로 당하게 된다, 즉 해도 해도 끝이 없는 경우가 되는 것이다. 가뜩이나 火인 시력이 약한데, 金을 尅하여야 하고 겨울인 水에 尅을 당하니 이래저래 기운이 빠지는 일 밖에는 없으니 자연 火인 시력이 약해진다.

◉ 실전사주의 예 ◉

丙	丙	己	辛
申	辰	亥	亥

◀ 丙火 일주의 사주이다.
　　지지에 水局이 형성이 되어있다.

丙火 일주가 겨울에 출생을 한 것이다. 이 경우는 본인이 尅을 받으므로 인하여 자손인 己土를 생하여 줄 여유가 없는 것이다. 그나마 조금 있는 힘을 己土에게 쏟아 붓는다 하여도 丙火는 기력이 쇄진이다. 가을과 겨울의 차이인 것이다.

◉ 실전사주의 예 ◉

己	丙	丙	庚
亥	辰	戌	申

◀ 丙火 일주인데 가을이다.
　　金局이 형성이 되나 또 冲도 있다.

尅을 하랴, 生을 하여주랴, 또 尅을 받으랴, 참으로 바쁘고 바쁜 인생살이다. 도와주는 이는 없고 모든 것을 내가 다 처리하여야 하는 슬픈 운명인 것이다.

◉ 실전사주의 예 ◉

戊	丙	丙	丙
子	申	申	辰

◀ 丙申 일주의 사주이다.
　尅을 받는 쪽에서 오히려 尅을 하는 쪽으로 변하였다.

◪ 甲, 乙 木일주가 가을에 출생을 하였으니, 가을은 金이라 尅을 받으니 신약해서 더욱 더 힘든데, 金을 극하기 위하여 火의 도움을 받아야 하니 火氣가 기력이 쇠하여 질 수 밖에는 없는 것이다. 그러니 자연 시력이 약해질 수밖에 없는 것이다.

◉ 실전사주의 예 ◉

庚	乙	乙	庚
辰	卯	酉	戌

◀ 乙木 일주의 사주이다. 약간 상황이 복잡.
　金木 상전이고, 戌中 丁火가 있으나 ???

乙	甲	辛	癸
丑	申	酉	卯

◀ 甲木 일주의 사주이다.
　酉月生인데 金局에, 기운이 딸린다.

◉ 상황이 다름 경우(사주가 신강 할 경우)

丙	乙	庚	丁
丑	卯	戌	卯

◀ 乙木 일주의 사주이다.
　가을인 戌월에 출생을 하였다.

甲	甲	丙	丙
戌	午	申	寅

◀ 甲木 일주인데 가을에 태어났다.
　오히려 金이 맥을 못 추고 있다.

이 경우는 그런 데로 견디기가 충분하다. 木, 火인 양의 기운이 어느 정도 견딘다.

◉ 이와 같이 사주가 어느 정도 견딜 여력이 있는 경우는 여기에서 제외가 되는 것이다. 그만큼 사주가 강하다는 것은 상황에 따른 변화도 충분히 견딘다는 것이다.

379.
秋月木日 扁桃腺弱 頭痛頻煩 있게되고
夏月木日 태운몸도 扁桃腺弱 亦是있네.
추월목일 편도선약 두통빈번 있게되고
하월목일 태운몸도 편도선약 역시있네.

▶ 秋月 木日(추월, 목일)-----木 일주가 가을어 출생을 하였다 함은, 金의 剋을 받음이라 木이 약해지므로 자연 편도선이 약해지고, 신경이 약화되니 자연 두통도 따라오게 되는 것이다. 官이 왕한 경우를 설명하는 것이다.

◉ 실전사주의 예 ◉

庚	乙	甲	乙
辰	酉	申	丑

◀ 乙木 일주의 사주이다.
　지지에 金局을 이루고 있다.

▼ 木 일주가 여름에 태어났으니 木, 火가 왕한 사주라 金의 기운이 약해지게 되므로 기관지 계통이 약한데, 木 일주가 火가 많아 설기가 심하니 자연 기운이 약해지고 기관지와 편도가 약해지는 경우가 된다. 사주에 木, 火가 많으면 알레르기 체질로, 특히 봄이 되면 꽃가루에 시달리게 되는데 호흡기가 겸해지므로 매우 조심을 하여야 한다.

◉ 실전사주의 예 ◉

丙	甲	壬	丁
寅	午	寅	卯

◀ 甲木 일주의 사주이다. 寅月 출생인 경우.
　지지가 木과 火로 왕 하다. 설기가 왕한 경우.

甲	甲	壬	丁
子	辰	寅	卯

甲木 일주의 사주이다. 寅月 출생인 경우. 水木이 왕한 사주이다. 설기가부족하여 생긴다.

火 일주로서 火기가 지나치게 강하면, 金인 피부가 약해지므로 관리에 더욱 신경을 써야 하는데, 여름에는 지나친 일광욕은 피하도록 하여야 한다.

◉ 실전사주의 예 ◉

甲	丙	丙	己
午	辰	寅	巳

丙火 일주의 사주이다. 寅月 생이다. 木, 火가 왕한 사주이다.

木, 火가 왕한 사주인데, 金은 巳중의 庚 金이 있는데 寅 巳 刑(인 사 형)이다.

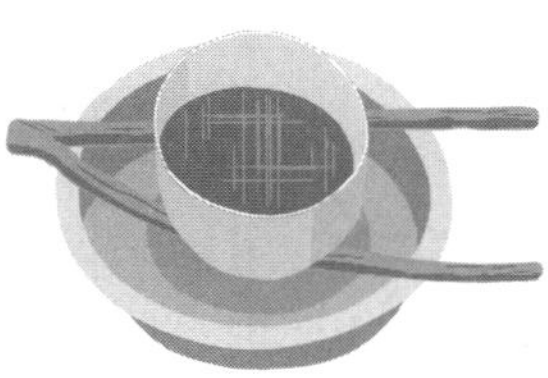

380. 春夏月에 庚辛日生 氣管支병 있게되고
壬寅午戌 財殺旺도 氣管支에 病이있소.
춘하월에 경신일생 기관지병 있게되고
임인오술 재살왕도 기관지에 병이있소.

庚辛(경신)이라 함은 金일주고, 春夏月(춘, 하 월) 이라 하였으니 木,火가 왕 한지라 金기운이 쇠하므로 자연 기관지가 약하게 되는데, 이것을 연령에 비유하여 보면 어려서는 천식, 백일해이고, 차차 자라면서 축농증도 발생할 수가 있다. 치질이나 맹장도 나타날 수가 있고 지지에 火局을 이룰 경우 축농증의 발병 확률이 매우 높다.

◉ 사주의 예 ◉

壬	壬	壬	0
寅	午	戌	0

壬水 일주인데, 지지에 火氣가 강하니 물이 말라버릴 판이다.

자식인 壬水 일주가 갈급증을 호소하니, 어머니인 金이 나 몰라라 할 수는 없는 일이 아닌가? 金生水 하다 보니 어미인 金이 약해져 기관지에 병이 생긴다.

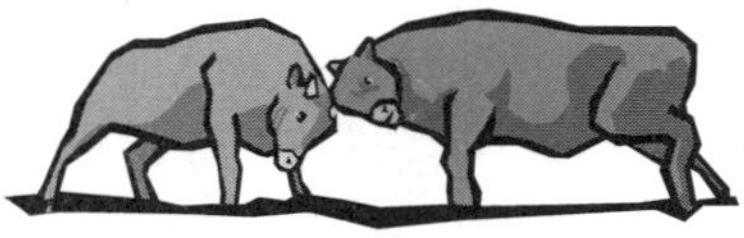

381.
傷官食神 逢刑하면 乳腫病이 念慮되고
處女時節 發育할때 그乳房이 縮小하다.
상관식신 봉형하면 유종병이 염려되고
처녀시절 발육할때 그유방이 축소하다.

▶ 여성에게 있어서 식신, 상관은 자녀와 연관이 지어지는데, 逢刑(봉형)이라 함은 刑, 冲을 의미하는 것으로, 유종 즉 유방암이 염려가 되고 그 자체가 발육에 이상이 생기거나, 제대로 그 기능을 발휘하지를 못하는 경우가 많다는 설명이다.

◉ 사주의 예 ◉

0	甲	丙	0
午	寅	子	0

◀ 甲木의 사주이다. 상식은 丙火이다.
지지에서 子午 冲이다.

◉ 실전 사주의 예 ◉

甲	丙	丙	己
午	辰	寅	巳

◀ 丙火 일주의 사주인데 식상이 약하다.
己土가 있으나 寅巳 刑이다.

☞ 운에서 식신, 상관을 刑, 冲 할 때는 산부인과로 가서 여러 가지를 검사 받아보는 것이 좋다. 자궁의 이상 유무와 주기적인 출혈의 상태도 검사를 받아 보는 것이 항상 매사 불여튼튼이다.

382.
火日主에 多逢水나 水日主에 多逢火는
가끔가끔 上氣하여 眩氣症이 일어난다.
화일주에 다봉수나 수일주에 다봉화는
가끔가끔 상기하여 현기증이 일어난다.

▶ 현기증에 대한 설명인데, 水火相戰을 설명하는 것이다.

▼ 水火相戰(수화상전)이란 水기와 火기가 서로 충돌하여 균형을 이루지 못하는 것을 설명하는데 ,火 일주일 경우 水기가 많아 火기가 약할 경우, 水일주인데 火기가 많아 水기가 맥을 못 추는 경우를 설명한다.

☞ 사주에서 水, 火가 균형을 이루어 수화기제 로서 아주 좋은데 그 균형

이 허물어지면 수화상전으로 인하여 현기증이 유발이 되는 것이다.

상기란 기가 위로 상승을 하여 정신이 혼미하여 지는 것을 말하는데 이것이 바로 현기증인 것이다.

◉ 실전사주의 예 ◉

戊	丙	戊	庚
子	辰	寅	申

◀ 丙火 일주의 사주이다.(수화상전)
지지에 水局이 형성, 火氣가 약하다.

己	丙	戊	甲
亥	戌	辰	子

◀ 丙火 일주의 사주이다.(수화상전)
지지에 水局이 형성, 火氣가 약하다.

壬	壬	甲	甲
寅	戌	戌	午

◀ 壬水 일주의 사주이다.(수화상전)
지지에 火局이 형성 , 水氣가 약하다.

丙	壬	丁	壬
午	戌	未	戌

◀ 壬水 일주의 사주이다.(수화상전)
지지에 火局이고, 형살이다.

383.
甲乙日生　土金太旺　肝臟弱해　걱정되고
丙丁日生　木火太旺　心臟病에　呻吟이요.
갑을일생　토금태왕　간장약해　걱정되고
병정일생　목화태왕　심장병에　신음이요.

⬇ 甲乙日生(갑을 일생)이면 木일주인데, 土와 金이 태왕하다는 것은 재살이 많은 것인데 木일주인 木은 간장과 연결이 되니 간장이 약해 질 수밖에 없는 것이다. 재살이 많으니 신약해질 수밖에 없는 것이다.

◉ 실전사주의 예 ◉

庚	乙	甲	乙
辰	酉	申	丑

◀ 乙木 일주의 사주이다.(금목상전)
지지에 金局을 이루고 있다.

木일주가 재살이 많아서 신약하면 간장병으로 연결을 하고,火일주가 木, 火가 과하면 심장병이다.

◆ 항상 病은 과다불급으로 인하여 생기는 것이다. 火일주에 火가 많은데 심장병이 있나 없나를 알려면 그 사람의 눈을 보면 안다. 일단 눈이 크면 확률이 높은 것이다. 그 다음은 공식에 맞추어 추명을 하면 된다.

⬇ 丙, 丁이라 火일주인데 木, 火가 왕 하다 함은 火氣가 많은 것인데, 火는 심장이라 너무 많아도 걱정이요, 적어도 걱정인데 너무 많으면 항상 자기 성질에 못 이겨 화병이 생기고, 심장병으로 이어지는 것이다. 太過(태과),不及(불급)은 항상 이럴 때 쓰이는 것이다.

◉ 실전사주의 예 ◉

戊	丙	甲	癸
戌	午	寅	未

⬅ 丙火 일주의 사주이다.
지지에 火局을 이루고 火氣가 강하다.

➡ 사람의 눈은 기가 분출이 되는 곳이다. 인체에서 제일 높은 곳에 위치한 기의 발생지인 것이다. 상을 볼 적에 그 사람의 눈을 보고 여러 가지 판단을 하는데 눈의 크기가 유달리 큰 사람이 경우는 스크린이 많으니 火氣가 발달이 되어 있는 것이다.

그러므로 눈이 큰 사람은 심장이 약한 것이다. 보통 눈이 크면 겁이 많다고 하는데, 이것도 다 이러한 연유에 근거하는 것이다. 그렇다고 무조건 겁쟁이는 아닌 것이다. 사주의 강약을 우선 살피고 결론을 내려라.

384.
| 戊己日生 水木太旺 脾胃病이 있게되그 |
| 庚辛日生 木火旺은 肺臟血疾 있게된다. |
| 무기일생 수목태왕 비위병이 있게되그 |
| 경신일생 목화왕은 폐장혈질 있게된다. |

⬇ 戊己日生(무기일생)이니 土일주라, 水, 木이 왕 하다 함은 財와 官이 왕 함이라 土인 비장, 위장이 힘을 못쓰는 것이라 자연 病이 생기게 되는데 庚辛日生(경신일생)이면 金일주라 木, 火가 왕 하니 자연 財나 官이 왕 함이라, 金일주가 이상이 생기는데 金은 폐와 대장이라 각각의 그 기능에 이상이 생기는 것이다.

木, 火가 왕 하니 金은 자연 뜨거운 열기에 견디기가 힘들어진다.

◆ 金은 庚과 辛인데
◉ 庚 金------------대장
◉ 辛 金------------폐

☛ 추명 시 확실한 구분이 필요하다.

⬇ 庚金을 한 번 보자

대장이 열을 받으면 어떻게 되겠는가? 대장은 인체에서 소화기능을 담당하는 중요한 기관의 일부분으로 소장 즉 작은창자의 끝부분에서 부터 항문까지 이르는 부분을 설명하는데, 주로 하는 기능은 식물성 섬유의 소화와 흡수작용을 하면서 장에서 처리된 찌꺼기를 항문을 통하여 내보내는 역할도 한다.

그런데 이 부분이 열을 받아 녹아내리는 형국이니 자기의 기능을 제대로 발휘할 수가 없어지게 되므로 배설이 곤란하게 된다. 이리되면 결국 이어지는 현상은 변비로 이어지게 되고, 이것이 심해지면 치질로도 연관이 된다.

⬇ 辛金은 어떠할까?

◇ 辛金은 주로 폐를 설명한다.

뜨거우니 불이 두 개인 炎(염)자를 연상하여보자 폐렴으로 이어진다. 어린아이 일 경우는 기침으로부터 병이 시작이 된다. 폐에 염증이 생기니 폐렴인데, 백일해, 천식을 유난히 조심하여야 한다. 또 결핵으로도 연결이 되는데 거의 없어졌다가 다시 생겨나는 모양이다. 金은 또한 피부와도 연결이 되는데 火기가 강하니 金인 피부가 자꾸 말라버린다. 피부에 수분이 적으니 자연 건조해져서 건성피부가 되는 것이다.

385.

| 壬癸日生 火土旺은 腎臟子宮 身病있고 |
| 庚辛日生 木火旺은 臟窒病도 두렵더라. |
| 임계일생 화토왕은 신장자궁 신병있고 |
| 경신일생 목화왕은 장질병도 두렵더라. |

⬇ 壬, 癸 日生(임, 계일생)이라 水일주가 財와 官인 火, 土가 왕 하니 財殺이 많은 것이다.

◉ 실전사주의 예 ◉

| 丙 | 壬 | 丁 | 壬 |
| 午 | 戌 | 未 | 戌 |

◀ 壬水 일주의 사주이다
財와 官이 왕한 사주이다.

⬇ 火가 많으면 불에 물이 증발이 되어 날라 가는 것이고,

| 戊 | 癸 | 辛 | 乙 |
| 午 | 未 | 巳 | 未 |

◀ 癸水 일주의 사주이다.
지지에 火局이 형성이 되어있다.

⬇ 土가 많으면 둑에 물이 갇혀지는 형상이라 물의 흐름이 자연 중단이 된다.

◉ 실전사주의 예 ◉

甲	壬	丁	壬
辰	戌	未	戌

⬅ 壬水 일주의 사주이다.
　　지지에 官인 土가 왕하다.

☛ 水는 신장, 자궁 이라 신장결석에 자궁질환으로도 볼 수가 있다.
☛ 庚, 辛 日生 木, 火 旺(경신일생 목, 화왕)은 장질병도 두렵다고 하였는데 384번을 참조하면 될 것이다.

⬇ 金일주가 財인 木과 상전을 하고 있을 때 金은 결핵, 기관지, 천식이고 木은 임파선이라 결국 임파선 염으로 보면 될 것이다.

◉ 실전사주의 예 ◉

戊	辛	乙	辛
戌	卯	未	酉

⬅ 辛金일주의 사주이다.(金木相戰)
　　지지에 木局이 형성이 되고 있다.

386.
丙丁日生 金水太旺 壬癸日生 多逢火旺
眼昏木暈 靑盲이니 保眼注力 하십시오.
병정일생 금수태왕 임계일생 다봉화왕
안혼목운 청맹이니 보안주력 하십시오.

⬇ 丙丁일생이라 火일주인데, 金水가 태왕 하니 재살이 많은 것이라, 壬 癸일생이 火가 왕 하니 시력에 이상이 생기는 현상을 달한다.

◉ 실전사주의 예 ◉

己	丁	庚	庚
酉	巳	辰	申

⬅ 丁火 일주의 사주이다.
　　金, 水가 태 왕한 사주이다.

癸	壬	甲	丙
卯	寅	午	午

⬅ 壬水 일주의 사주이다.
　　지지의 火기운이 너무 강하다.

☞ 眼昏木暈(안혼목운) : 눈眼), 저물昏), 해와 달무리暈) -------눈에 이상이 오는
　　　　　　　　　　　　　　　　　　　　　　　　　　　　　것을 말한다.

☞ 靑盲(청맹) : 눈 뜨고도 못 보는 팔자를 말한다.

☞ 水火相戰(수화상전)인 팔자가 눈이 멀쩡한데도 앞이 안 보인다는 이야기이다.

387.
```
春生亥子 夏卯未日 秋生寅戌 冬丑辰日
神經痛痛 腰痛있어 痛症呻吟 많이한다.
춘생해자 하묘미일 추생인술 동축진일
신경통통 요통있어 통증신음 많이한다.
```

⬇ 급각살에 대한 설명이다.
　　사주에 급각살이 있는 사람은 신경통이나 요통이 있다.

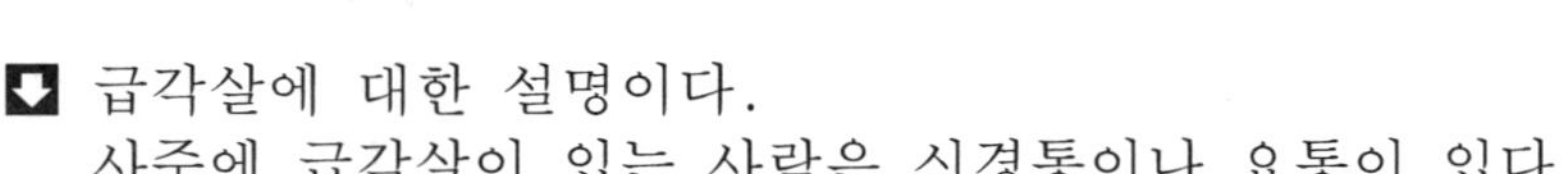

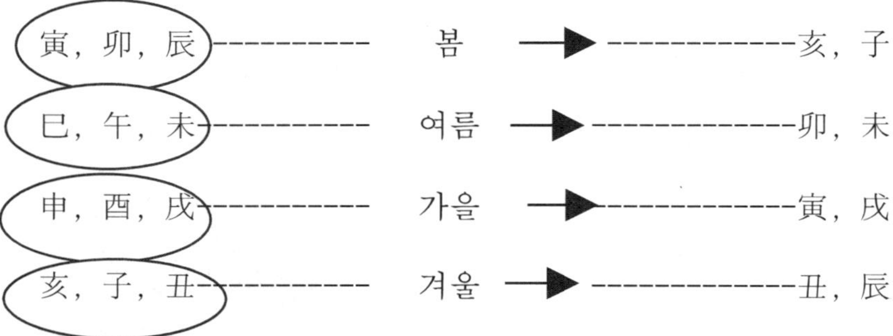

388.
```
女命經驗 統計하여 神妙之法 拔萃하니
選妻擇婦 寶法이라 길이길이 繼傳하소.
여명경험 통계하여 신묘지법 발췌하니
선처택부 보법이라 길이길이 계정하소.
```

여성의 사주에서 경험을 통계하여 신통하고 묘한 비법을 발췌하니 아내를 선택하고, 남편을 선택할 때의 보법이니 길이길이 계승하여 전하시오.

運 行 (운 행)

大運(대운)

정의: 대운이란 운 중에서 제일 커다란 운을 말하는 것으로 천간과 지지를 통털어 합하여 10년을 말한다.

389.
> 四柱八字 組織이요 大運歲運 運行이라
> 四柱自轉 運行空轉 自空轉이 돌고돈다.
> 사주팔자 조직이요 대운세운 운행이라
> 사주자전 운행공전 자공전이 돌고돈다.

사람에게 있어서 사주란 선천적으로 타고나는 개인의 조직인데 대운이나 세운은 그 사주에 미치는 영향으로 운이 연결이 되는 것으로, 타의에 의하여 작용을 받기도 하고, 스스로의 작용에 의하여 영향을 미치기도 한다. 길흉이 반복이 되는데 때로는 짧게, 때로는 길게도 작용이 된다. 공전, 자전이라 함은 항상 돌고돈다는 것을 설명함이다.

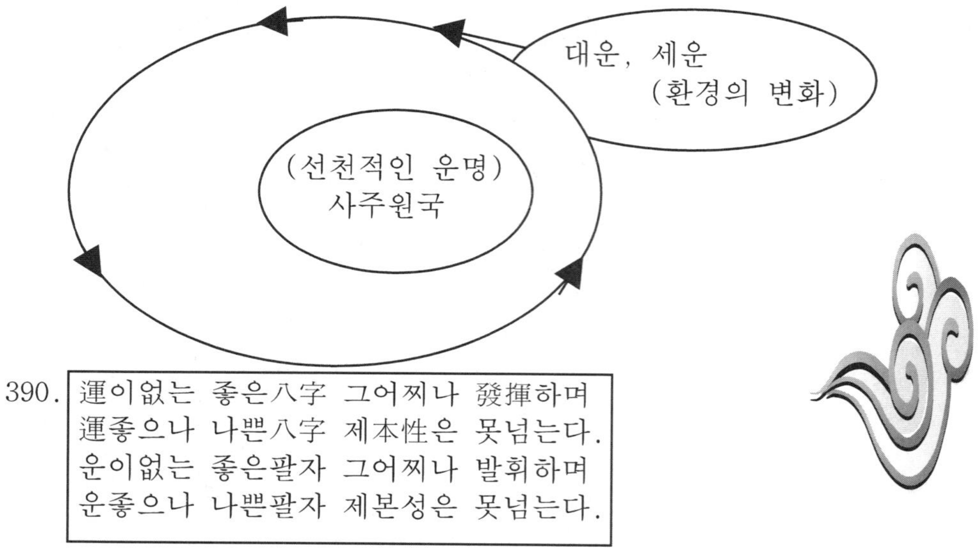

390.
> 運이없는 좋은八字 그어찌나 發揮하며
> 運좋으나 나쁜八字 제本性은 못넘는다.
> 운이없는 좋은팔자 그어찌나 발휘하며
> 운좋으나 나쁜팔자 제본성은 못넘는다.

▶ 팔자는 좋은데 운이 없어 그 역량을 발휘하지 못함은 서운한 것이요, 반대로 팔자는 별 볼일이 없는데 운이 좋으면 그것을 잘 받아먹기는 하나 그 본성은 속일 수가 없어 결국은 제 팔자대로 간다는 설명인 것이다.

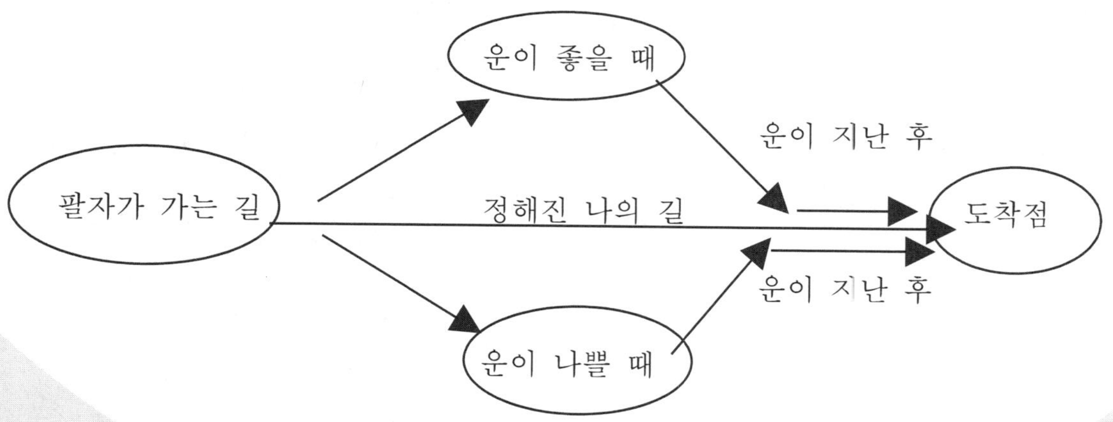

■ 사주가 좋아도 운이 없다 함은 될 듯, 될듯 하면서도 이루어지지가 않음이
요, 능력과 재능을 겸비하여도 그것을 발휘하지 못하고 썩히는 경우라 용으로
승천을 하지 못하고 이무기로 일생을 마치는 경우인 것이다.

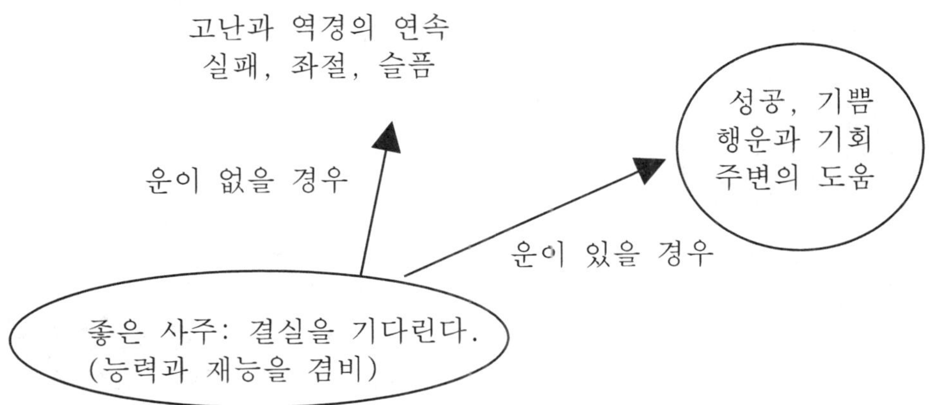

➡ 팔자가 사나운데 운이 좋다함은 마치 복권에 당첨이라도 하였지만, 흥청망청
다 탕진을 하고 결국은 다시 원위치로 돌아오는 것이나 진배가 없는 것이다. 이
런 사람은 제아무리 그것을 간직하려고 하여도 이리저리 휩쓸리다 보면 결국은
도로 아미타불이 되는 것이다.

391.

官殺弱格 身旺者는 財官殺運 大發하고
身衰官旺 官殺運은 貧困殘疾 못면한다.
관살약격 신왕자는 재관살운 대발하고
신쇠관왕 관살운은 빈곤잔질 못면한다.

◈ 官殺弱格(관살약격)이라 함은 관이 약한 것인데, 身旺者(신 왕 자)로, 신
왕한 경우이니 財, 官殺運(재, 관살 운)이 와야 중화가 이루어지고, 신 왕 하
므로 내가 얼마든지 받아들일 수 가 있으므로 최고로 좋다.
⬇ 身旺官衰(신왕관쇠)로 官이 용신이어야 성립이 된다.

◉ 실전사주의 예 ◉

癸	庚	辛	癸
未	午	酉	丑

◀ 庚金 일주의 사주이다.신강사주로써
午未 火局으로 官이 용신이 된다.

官이 약하니 火인 관운이 제일 좋다. 木, 火인 운이 들어와야 균형을 이룬다.

⬇ 身衰官旺 官殺 運(신쇠관왕 관살 운)--------일주가 신약하고 관이 왕 할 경

우, 관살 운이 오게 되면 가뜩이나 일주가 약한데 더더욱 견디기가 힘들어진다. 그로 인한 현상은 자연히 빈곤에 시달리고 잔병이 많아져서 건강 또한 해치게 되는 것이다.

☞ 사업을 할 경우는 관재, 송사로 인하여 시달린다.

◉ 사주의 예 ◉

丙	庚	丁	丙
戌	午	酉	午

◀ 庚金 일주의 사주이다.
官인 火가 왕 하여 관왕신쇠의 형국이다.

392.
身衰官殺 印運좋고	財官殺運 大忌하고
原命殺衰 制殺運은	盡法無民 削官되오.
신죄관살 인운좋고	재관살운 대기하고
원명살쇠 제살운은	진법무민 삭관되오.

➡ 身衰官殺 印運좋고(신쇠관살 인운좋고)------사주가 신약하고 관살이 많을 때는 인수 운이 좋다고 하였는데, 印受는 官의 기운을 설기 시키고, 官印相生(관인상생)으로 연결이 되니 인수는 좋은 것이다. 일주를 도와 기운을 북돋워주니 인수 운이 좋은 것이다.

◉ 실전사주의 예 ◉

乙	辛	壬	丙
丑	卯	辰	寅

◀ 辛卯 일주의 사주이다.
지지에 財인 木局이 형성되었다.

丙	庚	乙	丙
子	午	未	辰

◀ 庚金 일주의 사주이다.
官인 火의 기운이 왕 하다.

⬆ 財, 官 運은 일주를 더욱 피곤하게 만드니 싫어하는 것이다.
財運은 官을 더욱 왕 하게 만드니 나만 더 힘들어지는 것이다.

◉ 실전 사주의 예 ◉

丙	丙	癸	庚
申	午	亥	子

◀ 丙午 일주의 사주이다.
지지에 水局을 이루고 있다.

◈ 官殺이 많은 사주이다. 지지에 午火를 놓아 득지는 하였다. 실령, 실세한 사

주이다. 여기서 보면 어느 운이 가장 좋을까? 인수운인 寅, 卯중 특히 寅년이 오면 월지인 亥水와 합이 되어 寅亥합 木을 이루고 일지인 午火와는 寅午하여 火局을 이룬다. 이때 각각의 경우를 살펴보자. 寅亥 합을 하여 木局을 이루면 수생목, 목생화 하여 일주인 본인에게 크나 큰 기쁨이요, 힘이 되니 참으로 즐거운 것이다.

항상 나를 핍박하던 官인 水가 寅運을 만나면서 언제 그랬느냐는 듯이 오히려 나에게 갖은 도움을 다주며 편의를 보아주니 완전히 귀인이 되는 것이다.官이 왕한 사주에서 인수 운이 오면 중간에서 해결사의 역할을 하며 그동안의 소원하였던 모든 것을 다 시원스레 해결을 하여준다.

반대로 재살운의 경우를 살펴보도록 하자. 왜 재살 운이 오면 나쁜 것일까? 丙火의 財는 金이다. 金인 申, 酉가 財가 되는 것이다. 丙火는 낮이요, 해가 중천에 있는 것이다. 아직 할 일이 많은데 申, 酉가 오면 해가 서산으로 지는 것이다. 갈 길은 먼데 해가 서산으로 지니 이것은 낭패인 것이다.

官運인 水運이 온다고 하여보자. 水는 시간으로는 밤중이요, 겨울이다. 갑자기 하늘이 깜깜해지는 형상이다. 따듯하던 방이 갑자기 보일러가 나가고 냉골이 되면서 아직 불 킬 준비도 아니 하고 있는데 갑자기 정전인 것이다. 사방이 암흑의 세계로 바뀌는 것이다. 이것이 財와 官의 차이인 것이다.

制殺 運이라 하였는데 살을 즉 官을 꼼짝 못하기 하는 것이란 설명인데, 그것이 과도하면 어찌되는가? 食傷은 官을 제어하는 데에는 탁월한 기능이 있다.
官이란 직장이요, 룰인데 하극상의 기질이 강하다보니 위, 아래도 모르고 인사도 없고 출퇴근 시간도 제 멋대로 이고 이것은 답이 아닌 것이다. 결국은 직장도 그만두고 성질이나 부리고 엉뚱한 곳에 화풀이요, 입에서 나오는 소리는 상소리에 저질인 것이다. 이의 예를 들어보기로 하자.

◉ 실전사주의 예 ◉

丙	甲	壬	丁
寅	午	寅	卯

◀ 甲木 일주의 사주이다.
지지에 火局이 형성이 되어있다.

⬆ 어려서부터 가정환경으로 인하여 잘못된 길을 걷고 있는 사주이다.

◉ 실전사주의 예 ◉

壬	乙	丁	丙
午	未	酉	午

◀ 乙未 일주의 사주이다.
지지에 火局이 형성이 되고 기운이 강하다.

⬆ 이 사주에서의 官은 酉金인데, 상식인 火가 지나치게 강하여 官인 金을 녹이고 있다. 오나가나 불기둥이라 얼굴만 내밀면 녹아나는 형국이다. 진법무민 인 것이다. 법이 필요가 없는 것이다. 내 말이 법이요, 주먹이 법인 것이다.

393.
印星旺한 그八字는 官殺運이 제일좋고
印星弱格 財運오면 貪財壞印 大敗하네.
인성왕한 그팔자는 관살운이 제일좋고
인성약격 재운오면 탐재괴인 대패하네.

▶ 인수가 왕 하면 자연 일주는 자동적으로 신 왕한 사주가 된다.
　사주가 신왕일 경우는 용신을 사용함에 있어서 여러 경우가 있는데 그 중에서 제일 먼저 생각을 해볼 수 있는 것은 財를 생각을 해 볼 수가 있는 것이다. 여기서 짚고 넘어갈 것은 신왕과 신강의 구별이다.

☞ 신왕하다 함은 인수가 많아 보태주어서 일주가 저절로 강해지는 것이고,

☞ 신강이라 함은 비견, 겁이 많아 일주가 스스로 자력으로 강해지는 것이다.

인수가 많아 강해질 경우는 일차적으로 인수의 기운을 약화 시키는 財를 생각을 하게 되는데 여기서는 관살 운을 제일 좋아 한다고 하였는데 이유는 무엇일까?

우선 신왕이던, 신강이던 일주가 강해진 것은 사실이다. 일주가 강해짐으로 인하여 지나친 기운을 억제하여야 하는데 ☞ 일주의 기운을 제일 먼저 약화시키는 것은 관살이다. 그래서 ☞ 용신을 사용할 경우 일단은 관살을 용신으로 사용을 하고, 그 다음 으로는 재를 용신으로 사용을 한다. 이도 여의치가 않을 경우는 상식을 용신으로 사용을 하게 된다. 그러나 이도 저도 다 여의치 않을 경우는 할 수 없이 종하는 경우가 성립이 되어 종격의 사주로 변화하게 된다.

▶ 인수가 왕 할 경우 용신은 어떻게 정하는 것이 좋을까?
◀ 사주의 구성상 여러 경우가 나올 수 있다.
인수가 왕 하니 재살이 용신이 될 경우가 있고 ,관도 용신이 될 경우도 있고, 식신, 상관이 용신이 될 수도 있는데 여기에서의 설명은 財나 官이 용신일 경우를 설명한 것이다.

◉ 실전사주의 예 ◉

癸	戊	甲	己
亥	午	戌	未

◀ 戊土 일주의 사주이다.
지지에 인수인 火局이 형성이 되어있다.

⬆ 인수인 火氣가 왕 하여 戊土가 더욱 더 건조하여져 가색의 공을 기하기가 더 어려워지고 있다. 가뜩이나 건조한 기운이 있는데 화기가 더욱 더 왕 하니 가색의 공을 이루기 위해서는 火기를 억제할 水기가 필요한 것이다. 水기운은 財인데, 시주에 財가 건재하여 충분히 조습을 관리할 만하다. 용신이 財인 경우이다.

➡ 만약에 식신이나 상관이 용신일 경우는, 官이 오게 되면 관식투전이 되어 용신을 어렵게 하므로 성립이 안 된다. 오려는 딸은 아니 오고 미운 애꾸눈 며느리만 오는 형상이 되는 것이다. 결국 살아야 할 놈은 살지를 못하고 죽어야 할 놈이 오히려 기세등등하여 활보하는 형상이 되는 것이다.

➡ 인수가 약한 격에 財運이 올 경우는 어찌 될 것인가?
가뜩이나 인수가 약한데 재운이 온다면, 재는 인수를 극한다. 재를 만나니 자연 탐할 수밖에 없는 것이고 그러다보니 오히려 財에게 당하여 결국 인수는 망하는 형상이 된다. 이를 가르쳐 탐재괴인이라 아니하던가?
인수가 약한 경우, 왜 財를 탐하면 망하게 될까?

➡ 인수란 기획, 배움, 인내, 지구력---------- 많다, 그 중의 예를 들어보기로 하자. 총각이 연애를 한다고 하자 .이 사람은 인수가 약한 사주의 소유자다. 재운이 왔다. 결혼 정년기의 총각에게는 신부 이상 더 어디 있겠는가? 여기저기서 선을 보라고 중매가 들어온다. 기분 좋게 나가지만 번번이 퇴자다. 이유는 여러 가지이다. 인수는 외모로, 치장이라 인수의 기운이 약하니 옷을 입어도 촌스럽다, 시대에 뒤진다.

➡ 여자가 조금 늦었다고 기다리지 못하고 바로 나온다. 매너도 없이 하면서 말이다. 인내력이 없고 지구력도 약하다. 조금만 참고 기다리면 여자가 죄송해요 하면서 달라붙을 터인데 말이다. 배운 것도 많지 않으면서 자존심은 있어가지고 ,이렇게 전개가 된다.

➡ 사업을 하는 경우를 살펴보자. 인수가 약하니 우선은 기획하고, 일에 대한 사업성의 검토와 창의력도 부족하다. 그저 사람만 많이 다니면 장사가 잘 되는 줄 알고 개업을 했다가 연령을 잘못 맞추어 실패를 한다. 권리금만 잔뜩 주고 말이다. 길거리 다니는 사람이 다 돈으로 보여 시작을 했는데, 다 다른 곳으로 들어가고 내 가게에 오는 손님은 별로인 것이다.

➡ 財란 처요, 부친도 된다. 마누라는 집에 들어가면 바가지요, 못살겠다고 난리이고, 늙으신 부친은 자식 놈 사업밑천 대주다가 집안 말아먹는다고 난리다. 인수는 문서요, 집도 되니까 .게다가 은행에 담보로 들어간 여러 가지도 난리고, 신용상이 문제도 발생이 되는 것이다. 이것이 다 인수가 약한 탓인 것이다. 재운이 온다고 무조건 좋은 것은 아닌 것이다.

394. 木日亥子 印星旺은 土財運에 反興하니
      水旺木漂 救出되어 凶化爲吉 遇王候라.
      목일해자 인성왕은 토재운에 반흥하니
      수왕목표 구출되어 흉화위길 우왕후라.

▣ 木日 亥, 子 印星 旺(목일 해, 자 인성 왕)----木일주가 해, 자 水인 인수가
왕 하여 일주가 강해진 경우인데, 土인 재운을 만나면 반대로 흥해진다는 설명
인데, 이유인즉 木이 수가 왕 하니 나무가 물위를 떠도는 형상이라 정처 없이
표류하고 있는데, 둑이 있어 가로 막히니 표류를 아니 하고 정착함을 생각해보
게 되는 것이다.

◉ 실전사주의 예 ◉

甲	甲	己	辛
戌	子	亥	亥

◀ 甲子 일주의 사주이다.
지지에 水氣가 왕양하다.

월간에 己土가 있으나 왕양한 물이 이미 약한 둑을 터져가고 있다. 시지의 戌土
가 있으니 보완이 시급한 것이다. 土運이 도래하여야 이 상황을 타개한다.

⬆ 木인 나무의 입장에서 보면 水기가 많아 왕 해지기는 했어도 정작 본인은 떠
다니기만 하지 자기의 할 일은 못하고 놀고 있는 것이나 진배가 없는 것이다.
겉으로 보기에는 개 팔자인 것 같아도 백수나 다름없는 것이다. 나무는 흙에 뿌
리를 내리고 살아야지 물이나 공급받고 사는 수경재배의 산물은 아닌 것이다.
그것은 풀포기나 다름이 없는 것이다. 이런 상황이니--------------------.

▣ 土인 財를 만나면 일자리가 생기고, 내가 활동을 하니 제 구실을 함이라 흉
이 길로 변하는 것이다.

395. 印星行運 死絶鄕에 다시財運 幷臨하면
      船行風息 氣運끊겨 生不如死 하게되네.
      인성행운 사절향에 다시재운 병임하면
      선행풍식 기운끊겨 생불여사 하게되네.

▣ 印星行運 死, 絶 鄕(인성행운 사, 절 향)-------인성이라 함은 인수인데 ,그
것이 용신으로 작용을 하면서 운에서 死宮(사궁), 墓宮(묘궁), 絶宮(절궁) 그리
고 재운을 만나게 되면, 船行風息(선행풍식)이라 배가 가다가 바람이 끊기니 배
가 못가는 형상이 된다. 예전에는 풍향에 의하여 배가 운행이 되었으므로 이러
한 표현이 나온다. 生不如死(생불여사)라 함은 생사를 구별하기가 힘든 상황이

라 그야말로 죽기 아니면 까무라치기인 것이다.

◉ 사주의 예 ◉

0	丙	壬	壬
0	寅	子	申

◀ 丙寅 일주의 사주이다.

▶ 여기에서의 用神(용신)은 寅木이 된다. 水기가 왕 하여 丙火 일주가 금방이라도 꺼질 것만 같다.

▶재운을 만나면 申(신)----金剋木(금극목)에 寅申 冲(인신 충)이 된다.

▶ 절지를 만나면 ---丙火의 절지는 水가 되는데, 가뜩이나 춥고 배고픈데 다시 水運을 만나면 그야말로 진퇴양란이다. 날 잡아 잡수하고 손을 드는 방법 외는 없게 된다.

⬇ 死宮을 만나면 어떻게 될까?

여기에서 용신 寅木의 사궁은 火가 되는데, 火가 오게 되면 용신인 寅木이 죽는다는 말인가? 여기에서는 이것을 잘 살펴 보아야한다. 무조건적인 포태법의 해석은 금물인 것이다. 일주인 丙화가 寅목 어머니가 용신인데, 火運이 들어오니 쇠약했던 기운이 왕 하여져 정신을 차리고 그동안 신세만 지던 처지에서 독립을 한다고 큰소리를 치게 되는 것이다.

▶ 사궁이란 계절로 보면 다음 계절이 死宮이 되는데, 火의 경우 다음 계절이 金이니 음과 양이 서로가 바뀐다. 火인 태양이 해가 지는 것이다. 서산으로 해가 지는 것으로 이 경우는 死宮(사궁)이 나쁜 것이다.

◉ 사주의 예 ◉

0	戊	0	0
0	午	丑	子

⬆ 戊土, 일주이다.丑月 생이니 동지섣달의 꽁꽁 얼어붙은 음지전답이 되어버렸다.

☛ 여기에서는 午火, 인수가 용신이다. 火가 용신인데 火의 사궁은 金이다. 서산으로 해가 넘어가니 火가 土에게 생을 해주어야 하는데 해가지니 기운이 없어진다. 生을 해주기 이전에 내 몸 부터 관리하기가 힘들어진다. 火가 용신일 경우는 사궁이 오면 맥을 못 추는 것이다. 여기에서 포태법에 너무 의존을 하다보면 실수를 하게 되는데 그 이전에 生剋制化(생극제화)를 먼저 살펴야 할 것이다.

396.
```
財多身弱 놓은者는 肩劫印運 富豪되고
財星弱格 身旺者는 食傷財運 富者된다.
재다신약 놓은자는 견겁인운 부호되고
재성약격 신왕자는 식상재운 부자된다.
```

◨ 財多身弱(재다신약)-----------재다신약의 사주는 재가 많음으로 인하여 발 아래 재가 깔려 있어도, 내가 힘이 미약하여 그것을 취하지 못하는 운명이라 , 비견, 겁운, 인성 운이 와야만 다스리고 취할 수 있는 것이다.

◨ 재성이 약하고 나의 기운이 강할 경우는, 식욕은 왕성한데 먹을 것이 부족이라, 기운이 넘치니 열심히 일을 하여 재물을 모아야 할 것인데,운에서 도래하는 것은 식상 운과 재성 운이라, 그 때는 호운으로 부자가 된다는 설명.

◪ 財多身弱(재다신약)의 경우의 사주

◉ 사주의 예 ◉

```
0   丙   庚   癸
0   午   申   酉
```
◧ 丙火일주가 지지에 午火로 통근을 하고는 있으나 財인 金기가 강하여 財에 치이고 있다.

⬆ 月令(월령)에 申金이 있고 月干(월간)에 庚금이 투출하여 년 支와 년干의 癸 水 또한 합세를 하니 金水기운인 음의 기운이 매우 강하다.
丙火의 입장에서는 인수와 비견, 겁인 木, 火 즉 양의 기운이 절실히 필요한 것이다.

◪ 身旺하고 財가 약한 경우를 살펴보기로 하자.

```
0   丙   庚   0
未   午   申   午
```
◧ 丙火 일주가 지지 午火에 통근을 하고 득지, 득세가 되어 신왕으로 化하였다.

⬆ 財의 경우, 申金에 庚金이 투출하여 용신으로 충분하고, 운에서만 뒷받침이 된다면 身旺財旺(신왕재왕)으로도 될 수가 있는 것이다.

여기에서 추가로 살펴본다면 丙火일주가 得令(득령)은 못하였으나 신왕하여 金 이 용신인데 ,7월의 가뭄 인 셈이다. 흐름으로 보아 식상 운, 재 운, 관운 까지 도 좋다. 丙의 식상은 土인데 용신인 金을 생하여 주므로 좋고,

◨ 操土는 生金(생금)을 하지 못하므로 오히려 丙火 일주의 기운만 도기하므로 오히려 凶하고, 財運은 용신의 부족한 기운을 보태주니 좋고,官運이 오면 용신 을 극하는 火기운을 제어하여 주니 이 또한 좋은 것이고, 財가 용신이므로 財가

財生官이 가능한 경우는 官運 까지도 무난하다고 볼 수가 있는데, 그것은 재생관이 성립이 되어야 가능한 것이다.

이 사주에서는 財인 金이 충분히 官을 생 할 수 있으므로 괜찮다. 財가 부실하여 生 官이 여의치가 않다면 官運(관운)은 좋지가 않은 것이다.

397. 財多身弱 更逢財運 破家亡身 하게되고
比肩劫旺 財少者는 財運오면 大禍난다.
재다신약 갱봉재운 파가망신 하게되고
비견겁왕 재소자는 재운오면 대화난다.

➡ 財多身弱 更逢財運 破家亡身(재다신약 갱봉재운 파가망신)------재다신약인 사주에서 또 다시 재운을 만난다면 패가망신을 한다는 설명인데, 일주가 財가 많아 신약인데, 또 다시 財運이 와서 나의 기운을 약하게 하니 財에 연관된 부분을 살펴서 추명을 하면 된다.

➡ 財는 일단 금전과 여자로 보게 되는데, 패가망신에는 여자와 금전이 우선이라 산토끼 잡으려다 집토끼 놓치는 것이요, 지나친 금전 욕심으로 인한 운용의 실패로 인하여 낭패를 보게 되니 가정이 흔들리고, 가세가 기우는 것이다. 결국은 사람으로 인한 폐해요, 재물로 인한 폐해가 되어 패가망신이란 단어가 쓰이는 것이다.

◉ 사주의 예 ◉

0	丙	庚	0
午	申	申	酉

⬆ 丙火 일주가 가을에 출생을 하였는데,
일지와 년지에 金국을 이루고

⬆ 월지에 庚金이 투출하여 金의 기세가 대단하다. 丙火의 입장에서는 어떻게 쉽게 다루기가 힘들다. 財의 기운이 강하다 보니 오히려 내가 財의 기운에 휩쓸려 나의 뜻을 제대로 펴기가 힘들어진다. 갈 길이 멀어 재촉을 하는데 차가 고장이 나서 더 곤혹스러워지는 것이다.

➡ 반대로 비견과 비겁이 왕 하여 기운을 발산할 곳이 없다면 어떻게 될까? 이 경우는 앞서의 경우와 반대의 경우가 되는 것이다. 사주에 財가 약한데 財를 다스리는 견, 겁이 눈을 부라리고 있는데 먹이인 재운이 또 온다면 먹을 음식은 없는데 입이 열 개라 밥 한 그릇을 놓고 열이 다투는 형상이 되니, 차마 눈뜨고 못 볼 광경이 연출이 되는 것이다.

➡ 아내와는 이별수요, 재물도 밑 빠진 독에 물붓기라 남아나지가 않게 되니 모

든 것이 나에게 등을 돌리는 형상이다. 이를 가리켜 群劫爭財(군겁쟁재)라 하지를 않는가? 이것은 남자의 경우이고, 여자의 경우는 어떨까? 여자의 경우는 재물은 같이 해석을 하고, 재는 시댁이요, 시어머니라 불화가 생기니 가정사가 문제가 생기는 것이다. 화근은 시댁이 되는 것이다.

◉ 실전사주의 예 ◉

庚	癸	癸	癸
申	丑	亥	亥

◀ 미혼일 경우는 어떻게 볼 것인가?
결혼이 늦어지는 것이다. (노처녀의 사주)

⬆기본적으로 群劫爭財는 천간에 해당하는 사항이지, 지지에는 해당이 안 된다.

398.

劫星만난 偏財星은 比劫運에 殃禍百端
損妻喪妾 多辱보며 片瓦未留 하게되네.
겁성만난 편재성은 비겁운에 앙화백단
손처상첩 다욕보며 편와미류 하게되네.

➡ 사주에 비겁이 많아 재성이 약한데, 편재가 있어 항시 괴로운데 또다시 比劫運이 온다면 어떻게 될까?

⬇ 殃禍百端(앙화백단)---매사 모든 일이 실마리가 되어 갖가지 재난과 고난이 생기는 것을 일컫는다. 즉 비겁으로 인하여 재에 관련된 많은 재앙이 생긴다는 설명이다. 결국에는 되는 일이 하나도 없고 재인 아내를 잃거나 ,이별을 하게 되고, 갖은 고초를 다 겪으며 집이 기왓장 하나도 없이 홀랑 말아먹는 상황이 발생한다는 것이다.

◉ 사주의 예 ◉

乙	甲	戊	己
亥	寅	辰	卯

⬆ 甲木 일주의 사주이다

⬆ 여기에서 財星을 살펴보자. 木 일주이므로 재성은 자연 土가된다. 월 지, 월 간, 년 간 하여 土가 셋이다. 그런데 년, 월, 천간의 戊, 己 土는 월지의 辰土가 일과 년의 寅, 卯와 方合(방합)을 하여 木局(목국)을 형성하였다. 그러고 보니 財인 戊, 己 土, 는 어디 근거할 곳도, 맥을 못 춘다. 財로서의 역할을 못하고 허공에 떠있는 역할 뿐이다.

이런 사주의 성향을 보면 ➡ 초년에는 부족함이 없이 잘살다가 ,부모가 돌아가시고 나면서부터 재물이나 모든 것이 나와의 연이 멀어져서 점점 갈수록 못사는 팔자가 되는 것이다. 이런 사주가 또다시 비겁을 만난다면 財는 나의 부친인데, 또한 처가 되기도 한다.

➡ 己 土는 정재요, 戊 土는 편재라 첩인데, 재물로도 연관이 되고 그런데 모든 것이 하루아침에 다 없어지듯 날아가 버리고 만다. 결국에는 빈손이 되고 마는 것이다. 이것이 비겁의 특성이다.

➡ 사주가 신약할 경우는 나에게 힘이 되고 도움이 되지만, 지나치게 강하거나 왕 하여 기운이 남아돌 때는 엉뚱한 행동을 하듯, 사주에서 견, 겁이 강하면 이와 같이 비겁 운에는 凶事(흉사)가 생기는 것이다.

399.
身旺食神 生財하면 食傷運에 大發하고
身旺食衰 偏印運은 倒食되어 貧困하네.
신왕식신 생재하면 식상운에 대발하고
신왕식쇠 편인운은 도식되어 빈곤하네.

➡ 신 왕한 사주에서 식신생재가 이루어지면 상식 운에 대발한다고 하였는데, 식신생재가 이루어지면 상식 운보다도 재운에서 더욱 대발을 하는데, ➡ 상식은 능력발휘요, 투자요, 기본 틀을 닦아 놓는 것이고,

➡ 財에 이르러 결실을 이루고, 현실적으로 보상을 받는 것이다.

◉ 사주의 예 ◉

0	壬	0	0
0	寅	子	子

⬆ 壬水 일주의 사주인데 신 왕한 사주이다.

⬆ 지지의 寅木이 식신인데, 동지 달에 태어나서 추운 사주인데, 따뜻한 온기가 그리운 사주이다. 寅木은 생재가 확실하므로 火운인 財운이 와야 대발을 하는 것이다. 木운 역시 왕한 水의 기운을 적절히 조절하여주므로 좋으나, 그보다 더 확실한 것은 火인 財運(재운)인 것이다.

➡ 물의 온도로 치면 木은 미지근한 물이요, 火는 따뜻한 물인 것이다. 추운 날 밖에 나갔다오면 씻을 때는 뜨거운 물이 최고인 것이다. 언 몸을 녹여주니 말이다.

☛ 신 왕한 사주에서 식신과 상관이 용신인데 편인 운이 오면 도식이 되어 빈곤

하다고 하였는데 왜 그럴까? 사주가 왕 한데, 편인 운이 오면 왕한 사주가 더욱 왕 하여지니 자꾸만 비만이라 운동을 하여 체중을 감량을 하여야 하는데, 먹고 살만 찌니 그것 참으로 큰 일 이로구나.

▶ 倒食(도식)-----알기 쉽게 표현을 한다면 밥그릇을 엎어 놓는 것이다. 생각을 하면 될 것이다. 생각은 많은데 몸이 따르지 않으니 답답한 일이다. 그저 먹고 하는 일이라 생각을 하라. 몸이 약하면 쉬기도 하고 몸보신도 하여야 하나 몸이 건강한데 놀고 있으니 아까운 쌀만 축내고 있구나. 신왕이라 식신이 필요한데 ,편인 운이 와서 식신을 극하니 죽을 맛이다. 용신인 식신을 극하니 더욱 힘이 들어진다.

▶ 식신이 천간에 있던 ,지지에 있던 인수가 식신을 극하는 것을 설명한다. 식신이 용신이 아닐 경우는 도식이라는 표현을 안 쓴다. 상관관계를 잘 살펴야한다.

◉ 사주의 예 ◉

0	壬	0	0
0	寅	子	子

⬆ 용신인 寅木에 대하여 인수인 金運이 온다고 하여보자 어찌되겠는가?

⬆ 金運이라고 하면 용신인 木을 극하므로 좋을 것이 하나도 없게 된다. 특히 신금(申金)운이 오면 寅申 冲(인신 충)하여 식신이요, 용신인 寅木을 극하여 寅木이 견디기가 힘들어진다. 그리고 金은 금생수하여 가뜩이나 포화상태인 水의 기운을 더 살찌게 하고, 추워서 난리인데 더 춥게만 한다. 물이 넘치기 일보직전인데 태풍이 불어오면서 비까지 몰고 오는 형상이 되어버린다.

◆ 원래 날이 추워지면 소변이 더 잦아지는 법이다. 오라는 딸은 아니 오고 보기 싫은 애꾸눈 며느리가 오는 형상이다. 이런 형태의 사주가 金運에 무엇인가 새로운 것을 시작한다면 어떻게 될까?
인수 운이라고 좋다고 시작은 한다만 金運 다음에는 水運이라 비견, 겁의 운이라 돕는 것이 아니라 전부다가 나의 것을 빼앗아가기가 바쁘다.

▶ 동업은 절대금물이요, 도와준다고 하여 믿고 들여 놓았더니 뒷구멍으로 다 빼먹는구나. 가까운 사람일수록 조심을 하여야한다.

400.	假傷官格 놓은者는 食傷運에 大發하고
	眞傷官格 만난사람 印星運에 大發한다.
	가상관격 놓은자는 식상운에 대발하고
	진상관격 만난사람 인성운에 대발한다.

☞ 우선 가상관격과 진상관격에 대한 설명기 필요할 것 같다.

➡ 가 상관격(假 傷官格)-----상관이 상관으로써의 역할을 제대로 못함을 이르는 말인데 상관이 실령(失令)를 하여 정관을 극하여야 하는데 힘이 없어 제대로 상게하지를 못하고 극하는 척만 한다하여 가짜로 극함을 말하는데 월지에 있는 상관도 원국에서 차지하는 비중이 약하여 힘이 없으면 이럴 경우는 진상관이 변하여 가상관이 되었다는 표현을 한다. 식상이 부족한 경우를 말한다. 신약사주에서 식상이 용신일 때이다.

➡ 진상관격(眞傷官格)-----상관이 월지에 있으면서 기운이 왕 하여 제대로 정관을 극하는 경우인데 식상이 많은 경우이다. 신약사주에서 식상이 태왕할 때인데 자왕모쇠(子旺母衰)의 현상이 나타남. 가 상관 격을 놓은 자는 식상운에 발한다고 하였는데 이유는 무엇일까?

☞ 가(假) 상관이므로 일단은, 식상의 기운이 약하다. 거기에 식상이 용신이므로 자연 식상 운에는 발할 수밖에 없는 것이다.

◉ 사주의 예 ◉:흐름이란 절로 이루어져야 한다.

0	乙	0	0
亥	亥	午	0

◀ 乙木 일주인데 월지에 午火가 자리를 잡고 있다. 일지와 시지에 亥水가 자리를 하고 있어 기운이 약하다.

⬆ 乙木 일주의 입장에서는 인수인 亥水의 도움을 받아 水 生木을 하고 그리고, 그 기운을 木 生火로 설기를 하여야 식상이 제 기능을 발휘한다. 午 火가 식상인 火운을 만나면 자연 발하게 되어있다.

0	甲	0	0
亥	午	午	0

◀ 甲木 일주인데 월지와 일지에 午火를 놓고 있어 식상의 기운이 강하다.

⬆ 더구나 일주인 甲木의 도움을 받으니 더더욱 좋다. 甲木의 입장에서 보면 목생화로 기운이 많이 소진되어 있으므로 자기의 몸 관리에 신경을 써야하는데, 자양분의 공급원인 水가 필요한 것이다.

0	丙	戊	0
0	戌	戌	辰

◀丙火일주가 많은 토에 기운이 전부 쇠진이 되었다. 식신인 土는 기운이 너무 왕 하여 상관으로 변하였다.

⬆ 상관의 입장에서 보면 세상이 전부 상관차지다. 일주인 丙火의 입장에서 보면 죽을 맛이다. 꽃을 피우려하는데 벌써 가을이 왔으니 잘못하다가는 자신의 존재가 위태로울 판이다. 오매불망 기다리는 것은 오로지 따뜻한 ➡ 봄뿐

인 것이다.

그래야 다시금 꽃을 피우고 자신의 위용을 뽐 낼 수가 있으니 말이다. 봄이면 寅, 卯, 辰월(인, 묘, 진월)이 아닌가? 寅月을 대입하여보자. 寅, 戌 火局(인, 술 화국)을 이루어 내 고향동산을 만들어주니 얼마나 좋은가? 그야말로 목화통명을 이룰 수도 있는 것이다.

401.
假傷官格 印星運은 破了傷官 身厄하고
眞傷官格 食傷運은 氣盡脈盡 更多悲라
가상관격 인성운은 파료상관 신약하고
진상관격 식상운은 기진맥진 갱다비라

➡ 假傷官格 印星運(가상관격 인성운)--------가상관격 인성운이라 함은 가상관격인데 인수운이 오는 것이라, 신약에 식상이 용신이라 필요로 하고 있는데 식상을 극하는 인성운이 오니 破了傷官(파료상관)이 되어 신변에 횡액이 생긴다는 이야기이다.

➡ 파료상관(破了傷官)----식상용신에 인수운을 만나서 용신인 식상이 파괴되어 상황이 끝난다는 것을 말하는데 도식과 같은 의미로 생각을 하면 될 것이다.

◉ 사주의 예 ◉:항상 일과 시를 잘 보아야한다.

甲	癸	0	0
寅	丑	酉	巳

◀癸水(계수)일주의 사주이다.월지에 酉금을 놓고 년, 월, 일 하여 巳酉丑(사유축)으로 金 局(금 국)을

⬆ 이루고 있다. 년 金 局(금 국)을 이루고 있다. 일주의 입장에서는 금생수를 너무 잘 받아 포화상태이다. 배가 부르니 소화도 시킬 겸 운동을 하여야 하는데 시주에 甲寅(갑인)으로 수생목이 아주 잘 짜여 져 있다. 위로부터 금생수 받아 수생목으로 이어지니 용신은 자연 甲, 寅(갑, 인) 상관이 용신이 된다.

☛ 인수가 局을 형성하였으므로 이러한 사주는 선생님도 확실한 선생님의 사주이다. 인수가 局을 이루므로 큰 학생을 가르친다.

☛ 여기에서 조심할 것은 申(신)운이 온다면 문제가 생긴다. 용신인 寅木과 寅申 沖(인신충)하여 용신이 박살이 난다.

➡ 원서에 보면 破了傷官(파료상관)운에는 損壽元(손수원)이라 하였다.
이 말의 이미는 용신인 상관이 파괴되어 끝을 볼 적에는 수명을 줄인다 하였으

니 결국에는 命(명)을 재촉한다는 이야기라 생을 마감한다는 이야기이다.

➡ 진 상관 격에 대한 설명인데 인수가 용신인 진 상관 격에서는 식상 운이 오면 기진맥진으로 更 多 悲(갱 다 비)라 슬픈 일만 연속하여 자꾸 생긴다는 설명인데, 인수는 식상을 극하는데 가뜩이나 식상이 많아 기운이 쳐지는데, 또 다시 식상 운이 오면 업어 친데 덮치는 격이라 도저히 감당을 못하고 뒤로 자빠지게 되는 것이다.

◉ 사주의 예 ◉

| 0 | 丁 | 戊 | 0 |
| 卯 | 丑 | 辰 | 辰 |

⬆ 丁火日主가 월지 ,일지, 년 지, 월상에 식상을 무더기로 갖추고 있다.

⬆ 식상이 너무 강하여 진 상관 격이다. 너무 기운을 쏟다보니, 기운을 보충하여야 하는데 생하여주는 木을 찾아야한다. 卯木이라 생하여주는 기운이 약하다. 최소한 甲 木이나 ,寅 木 정도는 되어야 하는데 運에서나 기다려야 할 것이 아닌가

402.

| 傷官用印 財運大敗 傷官用劫 官殺大忌 |
| 傷官用財 比劫運은 家資如洗 하게된다 |
| 상관용인 재운대패 상관용겁 관살대기 |
| 상관용재 비겁운은 가자여세 하게된다 |

➡ 傷官用印(상관용 인격)이라 함은 상관이 많아 인수가 용신인데, 거기에 재운을 만난다 하였으니 식상이 財를 생하여주니 財의 기운은 더 왕성하여 지고 財는 인수를 극하니 용신인 인수는 힘 한 번 제대로 쓰지를 못하고 그냥 꺼꾸러진다. 용신인 인수의 입장에서는 앞뒤에서 공격을 받는 것이나 진배가 없는 것이다. 식상을 제어하자니 나의 기운이 나가는 것이요, 財가 식상의 생을 받고 기운이 왕 하여 나를 공격하니 방어하기도 바쁜 것이다. 결국은 大敗(대패)라는 말이 나오는 것이다.

➡ 傷官用劫(상관용 겁격)이라 함은 상관이 있으면서 비견과 비겁이 용신이라는 설명인데, 관살 운이라 함은 관운이 오는 것인데, 용신이 剋을 받으므로 용신이 쇠퇴하여 제일 나쁜 것도 나쁜 것이지만, 官은 일단은 일주를 극하므로 그 또한 싫어하는 것이다.

➡ 傷官用財(상관용재격)에서 재는 용신이라 비겁 운은 용신인 財를 剋하므로 제일 싫어하는 것이다.
비겁이 용신인 재를 극할 때는 재물이 없어지는 것이라 씻겨 내려간 흔적도 없

이 사라지는 것이다.

◨ 원래 용신이 충, 형을 받으면 용신 자체가 깨어지는 형상이라 희망이 사라지고 기대가 물거품이 되는 것이니 무슨 낙으로 생을 영위할 의욕이 생긴단 말인가?

◩ 위의 내용을 첨가하여 잠깐 정리를 하여보자.

☞ 인수 用神은 ----------재운에 대패하고
☞ 비겁 용신은----------관살운에 대패하고
☞ 식상 용신은 ----------인수운에 대패하고
☞ 재용 신은------------비견,겁운에 대패하고

⬆ 결론은 용신을 剋하는 運에는 장사가 없다는 설명이다

403.
> 羊刃格을 놓은者는 偏官運이 第一이요
> 羊刃格이 再臨하면 剋妻剋夫 破財하네
> 양인격을 놓은자는 편관운이 제일이요
> 양인격이 재임하면 극처극부 파재하네

◩ 羊刃格(양인 격)이라 함은 陽 日主(양 일주)가 월지에 양인을 놓음으로 성립이 되는데, 천간의 비겁이 유기하고 있어도 양인 격은 성립이 된다.
◨ 일지에 양인을 놓고 있어도 日刃 格(일인 격)이라 하여 월에 양인을 놓은 것과 동일하게 취급을 하고 있다.
양인 격이므로 일주가 강하여 신왕 하므로 강한 기운을 억제하는 관살운이 좋은 것이다. 그리고 생각해 볼 수 있는 것은 사주가 신왕하면서 식상이 용신일 경우가 있는데 이때는 전체적인 것을 잘 가감해서 판단을 하여야 한다.
◉ 사주의 예 ◉

庚	甲	0	0
午	辰	卯	0

◨ 甲木(갑목) 일주가 得令(득령), 得支(득지) 하여 신왕해진 경우이다.

⬆ 의당 왕한 木의 기운을 제어하려면 당연히 庚金이 필요할 것이다. 그러나 庚金은 甲 庚沖(갑 경충)이요, 時 干(시간)에 홀로 너무나 약하다 . 이럴 때는 時支(시지)의 午 火를 용신으로 정하는 것이 올바른 것이다.

◨ 비견과 비겁이 왕 할 경우 官을 용신으로 한 것이 아니라, 식상을 용신으로 택한 것이다. 이와 같이 양인 격이라 하여도 관운 보다는 식상 운이 용신이 되

는 경우가 있으니, 전체적인 상황을 정확히 파악을 하여 판단을 내어야 할 것이다.

▼ 예외적인 경우로 양인 격이라 하여도 신약할 경우도 있는 것이다.

◉ 사주의 예 ◉

0	庚	丁	丙
未	午	酉	午

◀ 庚 金(경 금) 일주의 사주이다

⬆ 월지에 羊刀을 놓아 양인 격이지만, 사방이 火로 둘러싸여 있다. 양인 격이지만 신약한 사주이다. 이럴 경우 官運인 火運이 오면 어떨까? 가뜩이나 관인 火의 기운이 왕 한데, 또 다시 관운이 온다면 庚 金은 그만 녹아버리고 말 것이다.

➡ 신 왕한 사주에서 또다시 양인 운이 온다면 어떻게 될까? 양인 이라는 자체는 겁재이니 그에 따른 특성이 나타나는 것이다. 나의 것을 강제로 빼앗아 가는 것이나 마찬가지이다. 칼만 안 들었지 강도나 마찬가지인 것이다.
나의 소유물을 허락도 없이 모조리 가져가는 것이다. 눈뜨고 도둑을 맞는 형상이 아니고 무엇인가?

☛ 財에 해당하는 모든 사항이 나의 손에서, 나의 범주에서는 멀어져가는 것이다.

◉ 실전사주의 예 ◉

庚	壬	壬	庚
子	子	午	申

◀ 壬子 일주의 사주이다. 일과 시에 있다.
　　견겁이 왕한 사주이다.

⬆ 財인 午火가 子午冲으로 이미 절단이 난 상태이다. 여기에 또 절단이 난다면?

404.	形合格을 만난者는 寅運申運 싫어하고
	戊己巳運 大忌하니 災殃非輕 橫厄이라
	형합격을 만난자는 인운신운 싫어하고
	무기사운 대기하니 재앙비경 횡액이라

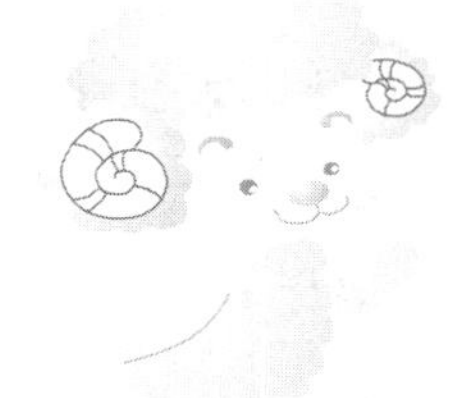

⬙ 형합격이란 무엇일까?

◪ 형합격이란 刑(형)을 하여 합을 이루는 것을 말하는데, 본문에서는 寅운, 申運을 싫어한다고 하였는데 이유는 무엇일까?

◪ 지지에 인목이 있으므로 형이 되려면 巳, 申(사, 신)이 있어야 三刑殺(삼형살)로 刑(형)이 이루어진다.

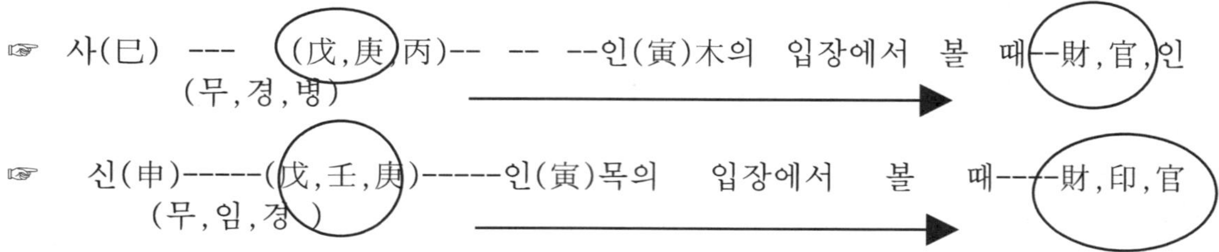

☞ 寅木의 지장간--------무 ,병, 갑(戊, 丙, 甲)

☞ 巳운이나 申운을 만나면 寅, 巳刑, 寅, 申冲으로 형 합격이 깨져버린다. 성립이 안 된다.

◪ 형 합격이란 外格(외격)으로 癸일간이 甲寅 時를 만난 것을 말한다.

癸日이라 하면 음이므로 지지에 음이 6이라, 여섯 가지가 있는데 그중 셋(亥, 卯, 酉)만 인정을 하고 나머지 셋(巳, 未, 丑)은 파격으로 분류를 한다.

甲	癸	0	0
寅	亥	0	0

甲	癸	0	0
寅	卯	0	0

甲	癸	0	0
寅	酉	0	0

甲	癸	0	0
寅	巳	0	0

甲	癸	0	0
寅	未	0	0

甲	癸	0	0
寅	丑	0	0

◈ 여기에서 약간 참고를 하여야 할 사항이 있다.

☛ 형합격을 만난자는 巳,申運을 싫어하고,
☛ 戊己丙運 대기하니 재앙비경 횡액이라.

◉ 형합격은 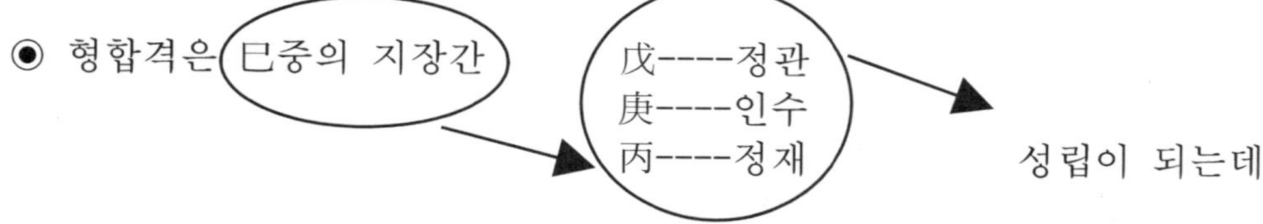

성립이 되는데

◪ 巳運이나 申運을 만나면 寅巳刑, 寅申冲이 되어 형합격이 깨져버린다.
깨져버린다는 것은 파격이 된다는 설명으로 성립이 안 된다.

☞ 刑合格(형합격)----寅木이 巳를 불러와서 寅巳刑이 되면서 사중 戊, 丙, 庚을 불러오니 형합격이라고 하는 것이다.(禍根을 만든다.)

☞ 癸未, 癸丑, 癸巳일주는 官이 있어서 형합격이나 破格(파격)이라 하는 것이다.

☞ 사주에 巳나 申이 없어야 하는 것이다. 또한 관살운인 土 즉 戊, 己운을 싫어하게 되는데 재앙이 많으니 어찌할 것인가?

☞ 土인 관살과 巳가 있거나, 寅이 있으면 파격이 된다.

405.
日貴格을 이룬者는 刑冲운을 싫어하고
日德格을 놓은者는 空亡刑冲 싫어한다
일귀격을 이룬자는 형충운을 싫어하고
일덕격을 놓은자는 공망형충 싫어한다

➡ 日貴格(일귀격)을 이룬 자는 刑, 冲 운을 싫어한다고 하였는데, 일 귀격이란 무엇일까? 日은 일간을 말함이요, 貴라 함은 天 乙 貴人(천 을 귀인)을 설명하는 것인데 ☞ 지지에 천 을 귀인을 놓음으로서 성립이 되는 것이다. 이에 필요한 요건은 일단은 신왕 함을 요하고, 형, 충이 없어야 좋은 것이다.
➡ 일덕격이라 함은 일지에 복덕을 놓았다 하여 붙여진 이름인데, 이 또한 일귀격과 마찬가지로 형, 충을 싫어하고 공망 또한 있으면 싫어하고, 이격을 갖춘자는 이공계통으로 진출을 하면 성공할 수 있어 대길하다.

◉ 天乙貴人(천을귀인) 이란?
玉堂天乙貴人(옥당천을귀인)이라고 한다.

일간	甲,戊,庚	乙, 己	丙, 丁	辛	壬, 癸
천을귀인	丑, 未	子, 申	酉, 亥	午, 寅	巳, 卯

➡ 사주에서 吉로 작용을 할 때 만 천을귀인이 작용을 하는 것으로 본다.
요즈음 시대적인 상황으로 치면 정부의 중앙부처로써 청와대나 정부종합청사 또는 이에 준하는 요직에 근무하는 것을 말한다.

◆ 같은 직에 근무하더라도 天乙貴人이 있으면, 승진이나 기타 모든 면에서 앞서고 특별대우를 받는다. 천 을 귀인을 늘은 자는 생김새도 귀공자 타입이요,

이국적인 마스크도 갖추게 된다. 예전으로 본다면 왕손이요, 양반집 도령이요, 규수 타입이다. 사주의 강약에 따라 약간의 가감이 필요할 것이다.

▶ 甲, 戊, 庚(갑, 무, 경) 일주의 경우-------丑, 未(축, 미)가 천 을 귀인이다.

```
0   甲   0   0
0   0   丑   0
```
◀ 丑월에 출생한 甲木이다. 겨울에 태어나 얼어 있는 나무가 되어버렸다. 丑은 또한 甲木 에게는 官庫가 된다. 과연 가능할까?

```
0   庚   0   0
0   0   丑   0
```
◀ 庚金 일주인데 월지에 丑이 있는데 자고(自庫)이다. 땅이 얼어 캐내지를 못하고 있다 과연 가능할까?

```
0   戊   0   0
0   0   丑   0
```
◀ 戊土 일주인데 땅이 얼어, 완전 시베리아 벌판이다. 이 경우 가능 할 런지? 다 제구실을 못한다.

▼ 반대의 경우를 살펴보자.

```
0   戊   丁   0
丑   子   未   午
```
◀ 戊土(무 토) 일주인데, 월지에 未인 燥土(조토)를 놓고 있고 午, 未 火局(오, 미 화국)을 이루어

▲ 건조하기가 그지없다. 다행히 시지에 丑土가 있어 일지의 子水와 합을 이루어 水局(수국)을 형성함으로 인하여 갈증을 달랠 수가 있다. 같은 천을귀인이라도 이와 같이 차이가 난다. 이처럼 사주에서 제 역할을 제대로 할 때 실로 귀인의 역할을 하는 것이다.

```
0   戊   0   0
未   子   未   0
```
◀ 戊土 일주의 사주이다. 일지의 子水가 妻인데 사방으로 꽁꽁 막혀 있다. 물이 둑에 갇혀 고여 썩고 있다.

▲ 결국에는 증발이 되어 물의 흔적조차 없을 것이다. 일주의 입장에서 보면 官庫를 깔고 있으니 자식이 처를 죽이는 상황이라 게다가 남편까지 합세를 하니 자손을 낳다가, 산후증으로 기타 처첩산망이라는 결론에 도달을 한다.

▼ 또 다른 경우를 보자.

```
0   乙   0   0
0   0   子   0
```
◀乙木 일주인 사주이다. 월지에 子水를 놓아 수생목은 잘 받고 있다. 겨울의 추은 날씨라 생은 받아도

◀ 음지의 나무요, 浮木이다. 북풍한설에 추위에 시달려 나무가 자라지도 못하

고 오로지 따뜻한 봄만을 기다리고 있다.

0	乙	0	0
0	0	申	0

◀ 乙木 일주인데 지지어 申金을 놓고 있다.
금극목으로 剋을 당하는데, 어떻게 당하고 있을까?

⬆ 작은 나무가 서리를 맞고, 만고풍상에 연약한 가지가 찢어진다.

0	己	0	0
0	0	申	0

◀ 己土 일주인데 월지어 상관인 申金(신금)이 있다.
월에 상관을 놓고 있으니 부모 대에 業을 파하였다.

0	己	0	0
0	0	子	0

◀ 己土 일주인데, 월에 子 水를 놓고 있다.
음지이고, 땅이 꽁꽁 얼어있다. 쓸모없는 땅이
되고 말았다.

⬇ 반대로 길(吉)이 되는 경우를 살펴보기로 하자.

0	己	0	0
子	丑	午	未

◀ 己土 일주인데 지지어 午未火局과
子丑 水局으로 양분이 되어있다.

⬆ 위의 설명에서 戊土의 경우와 마찬가지이다. 오뉴월의 가뭄에 단비가 내리
는 형상인 것이다. 귀인의 작용이다.
◈ 일덕격을 살펴보기로 하자.

⬇ 일덕격의 종류

甲	丙	戊	庚	壬
寅	辰	辰	辰	戌

◈ 일덕자체가 형,충,공망이면 귀인의 역활이 무산된다
6종류로 이 일주의 소유자는 이공계에 해당하는 사주이다.

➡ 중요한 것은 일단은 용신을 갖고 논하여야지 옥당 천을귀인 그 자체에 얽매
여서는 안 된다.

406.	甲日金神 만난 者는 火運逢之 大發하고
	己日金神 만난 者는 金水運에 富貴된다.
	갑일금신 만난 자는 화운봉지 대발하고
	기일금신 만난 자는 금수운에 부귀된다.

♣ 금신격(金神格)이란?

▶ 甲己 日生(갑기 일생)이 巳,酉,丑(사유축) 時 일 때 격으로 성립이 되는데, 巳酉丑은 金局이라 金神(금신)이라고 불리워지고, 주중에 金이 많으면 자연 火가 필요하게 되고, 火가 많으면 金이 또한 필요하게 되는 것이다.

甲日 日主(갑일 일주)면 木일주인데, 金神格(금신격)이라 하였으니 金剋木(금극목)을 당하니 보호하여 줄 火가 필요한데 火運(화운)을 만나니 이 어찌 아니 좋은가? 그러나 여기에도 문제가 있다.

◉ 사주의 예 ◉

0	甲	0	0
酉	午	午	0

◀ 甲木일주에 酉時로 금신격인데,
　이럴 경우는 火가 오히려 화근이 된다.
　지지에 火기운이 왕 하다.

▼ 항상 용신에 초점을 맞추어 해석을 하여야 한다는 것이다. 己日이면　土일주인데 金水運에 부귀를 누린다고 하였는데 왜? 己日이면 지지에　올수 있는 것은 丑, 卯, 巳, 未, 酉, 亥 이다. 이중 금신격에 해당하는 지지는 巳, 酉, 丑이다.

◉ 사주의 예 ◉

0	己	0	0
巳	酉	丑	0

◀ 己土(기토)일주가 지지에 酉金을 놓고 있다.
　지지에서 金局(금국)을 이루고 있다고 보자.

⬆ 이때는 설기가 심하여 오히려 金, 水運이 오면 더욱 곤혹스러워진다. 오히려 木, 火運이 와야 더 좋은 것이다. ☞ 丑월의 己土라 오히려 신약하여진 경우이다.
☛ 時가 巳時라서 해가 중천에 떠 있다. 巳中 丙火가 용신이 된다. 무조건적인 金, 水運이 좋다는 것은 해석 시 유의 하여야 한다는 것이다.

▶ 이것도 마찬가지로 항상 용신이 무엇인가를 먼저 구별을 하여야 하는 것이다.

407.
魁罡格을 놓은者는 刑冲運을 大忌하고
時墓格과 雜氣財官 刑冲運에 大發하오
괴강격을 놓은자는 형충운을 대기하고
시묘격과 잡기재관 형충운에 대발하오

◉ 魁罡格(괴강격)은 왜 형, 충, 운을 싫어할까?

➡ 格이란 그 자체가 형, 충을 받으면 일단은 그 격이 무너지게 된다. 반대로 그것을 원하는 격도 있다. 꼭 괴강 격뿐만 아니라 다른 격도 마찬가지이다. 그래서 피하고 싶어 하는 것이다.

그런데 또 문제가 있다. 刑, 冲을 하면서 용신을 도와주는 경우가 있는데, 이때는 오히려 형, 충을 반기게 되는 것이다. 항상 음이 있으면 양이 있는 것이요, 양이 있으면 음이 있는 이치인 것이다. 항상 한 쪽으로의 치우침은 자칫 실수를 낳는 것이다.
◑ 괴강격은 어떤 특징이 있을까?
➡ 괴강격이란 이름 자체가 괴강이 되어 魁罡格(괴강격)이라 하는데 그 특징은 한 번 실패를 하게 되면 다시 또 재기하기가 힘들고, 유한 성격이 못되어 독립 직종이나 무관, 법관 등이 어울린다.

◉ 괴강 일주에는  일주가 있다.

◑ 時墓格(시묘격)과 雜氣財官格(잡기재관격)은 刑, 冲 運(형, 충 운)에 발한다고 하였는데 왜 그들은 형, 충을 원할까?

⬇ 시묘격(時墓格)이란?
일간을 기준하여 보았을 때 時柱에 묘궁(墓宮)이 있다하여 붙여진 이름 인데, 묘궁이라 함은 病死宮(병사궁)을 설명한다.

⬇ 잡기재관격(雜氣財官格)이란?
　이격은 水일주나 木일주에 해당이 되는 사항이다. 水, 木 일주가 월지에 辰, 戌, 丑, 未를 놓음으로 하여 성립기 되는 격이다. 단 사주가 신왕 하여야 하는 것이다.

☞ 水日主(수일주)에게는 官이 되고--------土剋水

☞ 木日主(목일주)에게는 財가된다.--------木剋土

☞ 辰, 戌, 丑 ,未(진, 술, 축 ,미)는 오행별로 보면 각각의 창고이다. 물건을 저장하고 보관하는 寶庫인 것이다.

➡ 물건이라 함은 오행별로 각각에 해당하는 사항이 될 것이다.

☞ 모든 것의 효용성은 그것이 밖으로 나와 실질적으로 제대로 활용이 될때 진

가를 발휘하는 것이다. 그러므로 창고에 썩는 것이 아니라, 창고 밖으로 끄집어
내어 그것을 사용함으로 전체가 혜택을 보는 것이요, 일주인 자신에게 보탬이
되는 것인 것이다. 그러므로 창고는 문이 열려야 하는데 문이 열리려면 刑이나
冲으로 하여 깨부수어져야 하는 것이다.

⬇ 잡기재관격은 그래서 형, 충을 기다리고 좋아한다는 것이다. 그러나 창고의
문도 지나치게 열려 닫히지가 않는다면 이것 또한 걱정이다. 적당히 사용하고
보관하는 기능을 잃어버려려서는 아니 되는 것이다. 지나치면 창고가 바닥이 나서
역할을 상실한다.

◉ 사주의 예 ◉

0	甲	丙	0
卯	戌	戌	戌

⬅ 甲木 일주인데 잡기재관격이다.
만약에 辰運(진운)이 와서 충을 한다면 어떻게 될까?

⬆ 旺者冲發(왕자충발)로 이어진다. 벌집을 쑤시는 꼴이 된다. 공연히 건드려
나만 피해를 본다. 차라리 이럴 때는 그냥 내버려 두는 것이 좋다. 甲木(갑목)
일주가 木生火 하여 火生土로 이어진다. 일주가 열심히 일해서 재물을 모으기도
하고, 쓰기도 하고 하여야 하는데, 받은 어음이 부도요, 도둑맞고, 횡령을 당하
는 것이다.

◉ 실전사주의 예 ◉

辛	壬	甲	甲
亥	辰	戌	寅

⬅ 壬辰 일주의 사주이다. 잡기재관격이다.
일지와 월지가 冲으로 창고가 항상 열려 있다.

⬆ 흠이라면 일주가 기운이 약한 것이 흠이다. 金水운이 좋은데 그 중에서도 선
별을 하여야 한다. 무조건 좋다고 하다가는 낭패를 보는 경우가 생긴다.

⬇ 時墓格도 마찬가지이다. 무조건적인 형, 충을 좋아하는 것만이 아니다.

시묘격은 時에 辰, 戌, 丑, 未를 놓은 것이다.

◉ 실전사주의 예 ◉

甲	甲	戊	丙
戌	辰	戌	午

⬅ 甲辰 일주의 사주이다. 겹해 있는 사주이다.
月과 時에 둘이 있다.

⬆ 창고의 문이 양쪽으로 열게 되어 있는 문인데 두 개가 다 열려있다. 식상관
이 너무 지나치다. 財가 식상으로 化하였다. 이 역시 일주가 약한 것이 흠이다.

창고가 열려있는데 또 다시 열려고 한다면 어찌 될 것인가? 도둑이 집안에 들어와서 물건을 다 훔쳐갔는데 또 도둑이 들어오는 격이다.
에이 아무것도 없잖아, 공연히 헛수고 했네! 하면서 홧김에 해 할 수도 있는 것이다. 재물이나 물건이 아니라 인명까지도 상할 수가 있 것이다. 이미 상하여져 있는 데 또----??

408.
```
時上偏財  成格者는  比劫運에  傷妻損妾
時上一貴  官衰하면  財官運에  發福한다
시상편재  성격자는  비겁운에  상처손첩
시상일귀  관쇠하면  재관운에  발복한다
```

▶ 時上偏財格(시상편재격)이라 함은 시상에 편재가 있는 것인데, 시상은 말년인데 妻가 분명 있을 터인데 또 다시 여자가 머리를 조아리고 있으니 문제가 될 가능성이 농후한 것이다.

◉ 실전사주의 예 ◉

```
庚 丙 甲 乙
寅 申 申 卯
```

◀ 시상에 편재가 있는데, 과연 어떨까?
財印이 겸존이라, 金木상전이다.

⬆ 초년에는 학업에도 열중하고 부모의 뜻에 순응을 잘 하였는데, 차차 나이가 들면서 재에 집착을 하는 성향이다. 다른 부분이 해석은 뒤로 미루고 여성의 편력을 보기로 하자. 일지와 시지가 寅申冲이다. 시간에 편재인 庚金이 있다.

⬇ 견, 겁운에 상처 손처 한다고 하니 원래 시상편재격이라 하였으니 財가 필요한 사주인데 견, 겁이 설치니 財가 견디지를 못하는구나. 부인과 이별수요, 첩도 도망가고, 재물도 없어지고, 재수 또한 없고 ,투자한 것 하나도 건지지 못하고 손에 땀만 철철 흐른다.

◉ 실전 사주의 예 ◉

```
戊 甲 乙 癸
辰 午 卯 卯
```

◀甲木 일주의 사주로 신왕한 사주인데 財가 용신이 된다.
신왕, 재왕 으로는 좋은테, 運에서 비겁 運이 온다면?

⬆ 木剋土로 財가 맥을 못 춘다. 일주가 지나치게 왕 한 경우이다.

⬇ 時上一位貴格(시상일위귀격)이란 신왕한 사주에서 時에 편관이 있고, 편관이 용신인 경우를 말하는데, 이격은 官이 약하면서 財,官 運이 오면 發福(발복)을 한다.

◉ 사주의 예 ◉

丙	庚	0	0
戌	申	酉	0

◀ 庚金 일주의 사주인데 丙火 官이 용신이다.
일주가 너무 강하다보니, 官인 丙火가 매우 약하다.

⬆ 金水가 강하니 자연 木, 火 運이 오면 發하게 되어 있는 사주이다.
丙庚星(병경성)이라 음성은 좋은데 ,官인 결실이 약하여 어찌 보면 용두사미식
으로 변해버린다. 보기에는 허우대도 괜찮고, 틀도 좋은데 알고 보니 속 빈 강
정의 형태이다. 매사 모든 일을 지나치게 자기위주로 하여 항상 결과가 지지부
진이다. 財, 官 運이 와야 좋고 아내, 부모말 들어서 손해 보는 것 없다. 올바
른 충고를 받아들일 줄 아는 아량이 아쉽다.

409.
子丑遙巳	拱祿拱貴	飛天祿馬	六乙鼠貴
六陰朝陽	이격들은	塡實絆運	滅福한다.
자축요사	공록공귀	비천록마	육을서귀
육음조양	이격들은	전실반운	감복한다.

➡ 子丑遙巳(자축요사)라 함은 자요사격, 축요사격을 설명하는데, 공록공귀는
공록격과 공귀격이요. 비천록마는 비천록마격이고, 육을서귀, 육음조양은 육을
서귀격과 육음조양격을 설명한다.

☛ 塡實絆運(전실반운)이라 함은 塡(전):메울 전: 없어야 할 것이 있을 때를 설
명하는 것이고 전실이라 함은 깨어져서 없어짐을 설명하는 것이다.

☛ 絆合(반합):철저하게 묶여서 꼼짝을 못함을 설명한다.

◆ 두 몸이 한 몸이 되는 것으로 보아도 좋다. 사주에서 천간에 나타나는 경우
를 羈絆(기반)이라고 하는데 남녀로 비기면 배가 맞아서 도망가는 것으로 본다.
좋게 말하면 살림 차려서 내 보내는 것이 되고, 그래서 기반이 되어 合去가 되
는 것은 용신으로 사용을 하지를 못하는 것이다. 이미 나의 편이 아닌 것이다.

◉ 사주의 예 ◉

0	甲	癸	戊
午	午	0	0

◀ 甲午 일주의 사주이다.
천간에 戊癸合이 보인다.

◆ 어머니가 癸水이다. 戊土와 합이다. 다 못 믿을 것이다. 이미 火의 기질이
잠재.

▶ 자요사격(子遙巳格)-----구성요건은 甲子 日, 甲子 時로 형성이 된다.

時支의 子水의 암장인 癸水에 보이지 않는 巳의 암장 戊土가 戊癸로 合을 하기 위하여 멀리 있다 그리움에 견디지 못하여 스스로 끌려 引合(인합) 되어 들어오 니 巳의 암장에 있던 丙火가 너만 하니 나도 한다, 하면서 辛金을 유인하여 丙 辛合을 이루니 辛金은 甲木 일주에게는 정관이고, 丙火는 식신이 되는데, 甲子 日에 甲子 時라 지지가 한겨울의 차가운 물이라 水木凝缺(수목응결)의 상태이었 는데, 이 곤란함을 해결하여주니 甲木(갑목) 일주에게는 유익하게 작용이라 格 이 성립이 되는 것이다.

◉ 사주의 예 ◉

甲	甲	0	0
子	子	0	0

◀ 甲子 일주에 甲子 時생이다.
사주에 金인 관살이 없고, 丑,午를 꺼린다.

▶ 축요사격(丑遙巳格)--------구성요건은 辛丑日(신축일)에 己丑時(기축시)이 고, 癸丑日(계축일)에 癸丑時(계축시)로 형성이 된다. 丑의 지장간인 癸, 辛, 己 (계,신,기) 에서 癸水와 辛金에 巳의 지장간인 戊, 丙, 庚(무, 병, 경) 중 戊土와 丙화가 합하는데, 탐이 나서 멀리서 그리워하다 못 참고 스스로 들어와 서 合을 하니 戊,癸 合(무계합) 丙, 辛 合(병신합)을 하니 그것이 일주에게는 크나 큰 힘이라 유익하게 작용을 하여 格이 성립이 되는 것이다.

▶ 癸水 일주의 경우----巳의 지장간인

☞ 戊-----정관 丙-----정재 庚-----정인으로 각각 성립이 된다.

☞ 결국 財, 官, 印 삼기가 성립이 되어 유익하게 되고

☞ 辛金 일주의 경우----巳의 지장간   戊----정인
                              丙----정관으로 성립이 되어

☞ 결국 官, 印이 성립, 二 德(이 덕)이 되어 유익하게 되고, 결정으로 각자에 게 귀한 보물의 역할을 하는 것이다.

☞ 拱祿拱貴(공록, 공귀)라 함은 공록격과, 공귀격이 되고 飛天祿馬(비천 록마)는 비천록마격이고, 六乙鼠貴(육을서귀)는 육을서귀격이고, 六乙鼠貴(육음 조양)은 육음조양격을 설명한다.

▶ 공록격(拱祿格)-------지지 사이에 정록을 비워두고 있다 즉 지지의 사이에 정록이 들어가면 지지의 순서가 차례로 이어진다는 설명이다. ☞ 子와寅은 그 사이에 丑이 들어 갈 수가 있는데, 그 丑이 일주에게 正祿(정록)이 될 때 정록

을 끼고 있다고 말하는 것이다. ☞ 辰과 午일 경우는 그 사이에 巳가 들어 갈수
가 있다. 이 때 일주의 입장에서 巳가 정록이 될 경우는 正祿을 끼고 있다고 보
는 것이다.

◉ 사주의 예 ◉

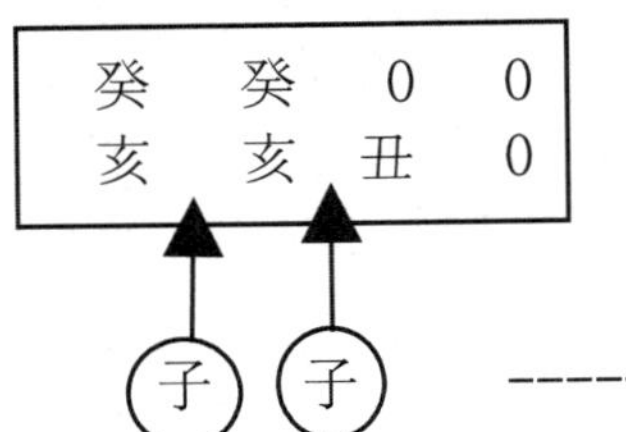

◀ 亥子丑으로 子水가 둘이나 공통으로 들어간다.
일주가 아주 강한데 자수가 들어오니 비겁이 된다.
신강하니 겁재로 탈바꿈을 한다.

------ ☞ 그런데 문제가 있다. 소리 소문 없이 들어온다.

일주가 강할 경우는 필요가 없다. 너무 많으니 필요가 없는 것이다. 오히려 화
근이 되는 것이다. 일주가 약해서 祿이 필요한 사람에게는 그야말로 금상첨화인
것이다. 이처럼 일주가 강할 경우는 필요가 없는 것이다.

▣ 사주원국 자체에 정록이 있거나 정록을 끼고 있는 지지가 형, 충을 당하면
파격으로 취급을 한다.

▣ 공귀격(拱貴格)-------일주의 천을귀인에 해당하는 지지를 끼고 있다고 하여
붙여진 이름이다. 사주원국 자체에 천을귀인이 있거나, 끼고 있는 지지가 冲,
刑을 맞아도 성립이 안 된다.

◉ 사주의 예 ◉

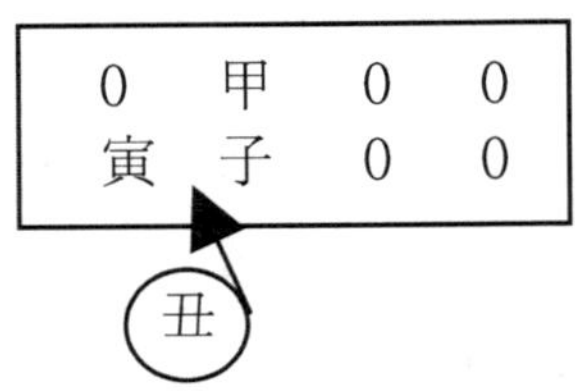

◀ 丑이라는 천을귀인이 끼어든다.
이 경우는 어떻게 될 것인가?
丑이 子丑 水局으로 변질이 된다.

⬆ 丑은 官庫가 된다. 水局으로 변하니 양지의 나무가 음지의 나무로 변화가 되
고, 관고 이므로 여자에게는 남편의 무덤이요, 남자에게는 자식의 한이 된다.
이럴 경우는 공귀격이 아니다. 귀찮은 존재. 그러면 어느 경우에 귀한 보물의
역할을 할까?

◉ 사주의 예 ◉

| 0 | 庚 | 0 | 0 |
| 酉 | 申 | 午 | 0 |

◀ 午와 申사이에 未가 끼어든다.
천을귀인이고, 財庫가 된다. 용신은 火다.

◆ 일주가 金, 水인 음이 강한데 용신인 火를 도와주니 그야말로 금상첨화인 것이다.
들어와서 火局을 형성하니 이처럼 고마울 수가 --- 진정한 공귀격인 것이다.

▶ 공재격(拱財格)------일간의 재고를 끼고 있다고 하여 붙여진 이름인데, 일단은 일주가 강하여야 성립이 되고 財庫가 이미 주중에 있거나, 재고를 끼고 있는 지지가 刑, 沖을 당하여도 성립이 안 돈다. 즉 파격이 된다.

▶ 비천록마격(飛天祿馬格)-----비천이란 암충(暗沖)을 설명하는데, 암충이란 지지에 똑같은 글자가 셋 이상일 때 성립이 된다. 그리고 록(祿)이란 정관을 말하고, 마(馬)는 정재를 설명하는데 정인도 포함이 되기도 한다.

◉ 사주의 예 ◉

| 0 | 癸 | 0 | 0 |
| 亥 | 亥 | 亥 | 亥 |

◀ 癸亥 일주이다.
지지에 亥水가 널려있다.

⬆ 亥가 巳를 沖하여 온다. 巳중의 戊, 庚. 丙이 각각 정관, 정재, 정인에 해당이 된다. 正이란 어디에 있던 일단은 나의 것이다. 정관은 나의 남편이요, 자식이요, 정재는 나의 아내요, 재물이고, 정인은 나의 어머니요, 명예인 것이다.

☞ 정(正)이란 올바른 것이므로 나의 것이요,나의 복이요, 노력의 산물이다. 다시 한 번 정리한다면 ☞ 암충 된 장간이 정재, 정관, 정인 또는 정재, 정관 그리고 정인, 정관이 될 때 성립이 되는데 60갑자 중에서 암충 된 장간이 이 덕(二 德)으로 해당이 되는 일주는 6일이 있는데 그 면면을 살펴보면

| 癸 | 辛 | 庚 | 壬 | 丁 | 丙 |
| 亥 | 亥 | 子 | 子 | 巳 | 午 |

◀ 왼쪽의 여섯 일주가 해당이 된다.

☞ 암기 방법--金, 水 ,火로 생각을 하면 된다.

☞ 지지로 보면 水와 火로 보면 된다.

◈ 원리적인 측면으로 보는 방법.

➡ 음극 즉 시양(陰極 則 始陽), 양극 즉 시음(陽極 則 始陰)이요,

☛ 외양내음(外陽內陰)이요, 외음내양(外陰內陽)이라는 것을 생각하면 될 것이다.

☞ 사, 오(巳, 午)는 양으로 ,음인 해, 자(亥, 子)를 충기(冲起) 시킬 수 있고,

☞ 해, 자(亥, 子)는 음으로, 양인 사, 오(巳, 午)를 충기(冲起) 시킬 수 있는데,

☛ 지지에 암장되어 있는 천간이 일주에 대하여 祿馬가 될 수 있는 것은 巳, 午 ,亥, 子(사, 오, 해, 자) 이다.

☞ 冲起(충기)라 함은 충을 하여 즉 깨트리어서, 그 안에 있는 귀물을 유용하게 사용함이라.

➡ 六乙鼠貴格(육을서귀격) 이란?
乙木 일주가 水와 木을 많이 갖추고 子時인 경우.

◉ 사주의 예 ◉

丙	乙	0	0
子	0	0	0

◀ 乙木 일주의 사주이다.
시지의 子中 癸水와 巳중의 戊二가 合을 한다.

➡ 巳中의 庚金은 乙木에게는 정관이다. 丙은 乙木에게는 자식이 된다. 고로 乙木은 子水로 인하여 남편과 지식을 불로소득한 형상이 된다.

남자의 경우로 살펴보자. 이 경우는 庚金은 자식이 되는 것이고 戊土는 아내가 되는 것이므로 소실과 아들을 두게 되는 것이다. 문제는 암장이므로 몰래한 사랑인 것이다. 남, 여 불문이다.

➡ 六陰朝陽格(육음조양격)이란?
☛ 辛金일주가 金, 水를 갖추고 子時에 태어난 경우를 말한다.
◉ 사주의 예 ◉

戊	辛	0	0
子	0	0	0

◀ 辛金 일주의 사주이다.
時支에 子水를 놓고 있다.

⬆ 子중 癸水에 巳중 戊土가 戊癸合을 이룬다. 丙은 정관이요, 戊는 정인이다. 고로 子水로 인하여 정관과 정인을 얻은 것이다. 辛金의 달인 子水가 巳중 戊土와 연애를 하니 辛金엄마가 외롭다고 자기도 巳중 丙과 丙辛合을 하여버린다.

그리하여 모녀가 같이 바람이 나는 것이다.

410.
| 戊日庚辛 合祿格은 甲丙寅卯 其運忌고 |
| 壬騎龍背 싫어함은 戊子運이 아니더냐 |
| 무일경신 합록격은 갑병인묘 기운기고 |
| 임기용배 싫어함은 무자운이 아니더냐 |

◆ 합록격(合祿格)이란?

합록격이란 무일(戊 日),신시(申 時)를 이르는 갈인데 戊土일주가 申時라고 하면 庚申 時가 된다. 그러므로 戊 日, 庚申 時(무 일, 경신 시)가 되는 것이다. 戊土 일간이 지지에 놓을 수 있는 것은 무엇일까? 지지에 올 수 있는 것은 6종류가 되는데 살펴보기로 하자.

➡ 합록격에서는 금(金)이 용신이므로 木, 火運은 흉운(凶運)으로 본다.
戊土 일주의 申時이므로 庚申時를 직접 한 번 보도록 하자.

| 庚 | 戊 | 0 | 0 |
| 申 | 0 | 0 | 0 |

◀ 戊土일주에 申時인데, 시지의 申을 따라서 巳가
사신合으로 따라 들어온다.

戊土의 입장에서 보면 巳火는 정록(正祿)인데 록(祿)이 따라서 들어오므로 합록격이 성립이 된다.

➡ 합록격이 성립이 되면 자연 용신은 金이 되므로 木, 火인 甲, 丙, 寅, 卯運이 모두 나쁠 수밖에 없다. 용신이 金이 안 될 때는 해석에 유의, 각각을 용신과 대비하여 살펴보기로 하자.

☞ 갑(甲)----갑목(甲木)은 경금(庚金)에 충(沖)이고 절지(絶地)가 된다.

☞ 병(丙)-----병화(丙火)는 경금(庚金)을 충(沖)하고, 金을 극(剋)하고

☞ 인(寅)-----인목(寅木)은 신금(申金)에 충(沖)이고, 용신(用神)인 金에 절지
(絶地)이고

☞ 묘(卯)------묘목(卯木)은 용신(用神)인 金에 절지(絕地)가 되고

◪ 결국 용신이 沖을 당하고, 剋을 받고, 絕地가 되어버리니 모두가 흉운(凶運)에 해당한다.
그리고 木, 火에서 빠진 乙 ,丁, 巳 ,午(을, 정, 사, 오)에 대한 추가 설명을 하여보자.

☞ 乙(을)----------을경합(乙庚合)을 하여버린다.

◪ 임기용배격(壬騎龍背格)-------직역을 하면 壬水가 용(辰)의 등에서 말을 탄 형상이라는 의미 곧 壬辰일주를 칭한다. 壬辰일주가 지지에 辰이 많으면 戌을 충(沖)해 와서 戌의 地藏干(지장간)중에서 丁과 戊 를 취하는데 丁은 정재가 되고, 戊는 壬水 일주에 편관이 되어 각각을 취한다는 설명이다. 일주를 살펴보면 壬辰은 辰이 용이라, 천간에 壬水를 놓고 있으니 하늘에서 비가 내려야 조화를 부리고, 승천을 하는 것인데, 戊子 運(무자 운)을 싫어한다는 것은 戊土가 壬水를 극하니 조화를 부릴 수가 없고, 옆에서는 子辰 合(자진 합)을 하여 水局을 이루니 이무기가 되자고 죽기 살기로 매달리니 싫어 할 수밖에.

411.
> 四柱格에 井欄叉는 東方運을 싫어하고
> 壬癸運과 寅午戌운 至極하니 기뻐한다
> 사주격에 정란차는 동방운을 싫어하고
> 임계운과 인오술운 지극하니 기뻐한다.

◉ 사주에 井欄叉格(정란차격)을 갖춘 자는 동방 운을 싫어한다고 하였는데 어째서일까? 우선 정란차격을 먼저 살펴보도록 하자.

◪ 정란차격(井欄叉格)이란?

◆ 庚金(경금)일주가 지지에 申子辰 水局(신자진 수국)이 되어 지지전체가 水局을 이룸을 설명하는데 ◉ 정(井)자를 사용함은, 금생수하여 지지에 물이 항상 고여 있음이라 우물에 비유를 한 것이고, ◉ 란(欄)은 水가 많음이라 음극을 설명한 말이고, ◉ 차(叉)란 바꾸는 것 교체를 의미하는데 陰極則始陽(음극즉시양)이라 水인 음과 양의 교차라 井欄叉格(정란차격)이라 칭한 것이고, 庚金일주가 지지에 全 水局이라 종아격과 같고 자연 金, 水 運을 희(喜)하고 木, 火, 土는 자연 기(忌)하게 되는 것이다.

◙ 실제 사주를 구성하고 보자.

0	庚	0	0
子	申	子	辰

庚金 일주의 사주인데 지지에 申子辰水局을 이루고,
◀ 지지 전체가 水局을 형성하고 있다.

金水冷寒(금수냉한)이라 사주가 냉하다. ☞ 종아격의 사주이므로 財, 官 運은 아주 흉하다. 木, 火運이 오면 힘들어진다. 壬, 癸運과 寅, 午, 戌 運이 오면 지극하니 기쁘다 하였는데, 임, 계운은 이해가 가나 寅, 午, 戌, 運은 조금 문제가 있는 것 같다. 종아격이 아니라면 水기운이 강하여 지극(至極)을 기뻐할 수도 있으나 문제는 종아격인 것이다.

木운은 동방이요, 火운은 남방인데 庚金 일주에는 財, 官이 아닌가?
본문의 설명을 다시 한 번 보고 이상한 부분을 확인하여보자.

➡ 旺子冲發(왕자충발)로 공연히 벌집만 쑤시는 격인 것이다.

☞申(신)---------寅(인)-----冲

☞子(자)---------午(오)-----冲

☞辰(진)---------戌(술)-----冲

➡ 이와 같은 성향의 사주 소유자는 재, 관이 흉이니 무엇을 해야 하는가? 육영 사업이나, 사회사업, 헌신적인 베품에 종사하여야 하니 일반적인 업종으로는 학원, 교육, 후배양성에 종사하는 것이 길하고 ,간혹 종교에 귀의하여 포교, 봉사 사업에 종사하는 것도 좋다.

412.	四柱歸祿 놓은者는 刑冲比劫 忌運하고 大運逢之 食神하면 利祿功名 하게된다. 사주귀록 놓은자는 형충비겁 기운하고 대운봉지 식신하면 이록공명 하게된다.

◙ 歸祿(귀록)을 놓은 자라 함은 귀록격의 소유자라, 귀록격의 구성과 특징을 살펴보기로하자

⬇ 귀록격(귀록격)이란?

귀록이란 자체는 일록거시(日祿居時), 일록귀시(日祿歸時)를 가르치는 말인데

줄여서 보통 歸祿(귀록)이라고 칭하는데 ☞시지에 正祿(정록)을 놓고 있으므로
이것이 용신일 경우가 좋다.

용신은 보통 일이나, 시에 있는 것이 좋은데, 時에 있으면 더더욱 좋다. 그런데
약간의 단점이 노출되는 부분이 있는데 그것은 늦게 발복을 하거나 늦게 철이
드는 것이다. 일찍 운이 좋아 발복을 할 경우는, 그것이 오래 지속이 되고 말년
까지도 이어지니 운의 흐름에 따라 판단이 중요하다. 일단 ☞시지에 용신이 있
을 경우는 늦게 발복을 하던, 일찍 발복을 하던 말년의 걱정은 크게 줄어든다.
다만 ☞ 그 이전의 사항은 전체적인 판단에 따른다.

◉ 사주의 예 ◉

0	甲	0	0
寅	辰	酉	申

◀ 甲木일주의 사주인데, 時支(시지)에 정록을
놓고있다. 일주가 金,水인 음의 지배를 받고 있는
형상이다. 용신은 자연 時支의 寅木이 된다. 木, 火인 양을
필요로 하는데,

▶ 우선은 보이는 것이 인(寅)이 용신이므로 寅申冲(인신충), 寅巳刑(인사형)이
좋지가 않으므로 申운이나, 巳운이 오면 凶운이다. 일단 본문의 내용 중 刑,冲
은 살폈고 ,그 다음은 비견, 겁을 보자.

▶ 견, 겁운이 오면 오히려 吉(길)로 반가운 일인 것이다. 官의 기운에 눌려있
는 형상이라 힘의 보완이 항상 필요하다. 여기에서 필요한 것은 왕한 官인 金의
기운을 억제하는 火운이 필요하다. 고로 식상 운이 필요한 것이다. 식상은 용신
인 木의 기운을 설기시키지만 官의 기운을 억제하니 필요한 것이다. 용신의 病
인 金을 제거하니 좋은 것이다.
▶ 利祿功名(이록공명)------록(祿)-근본을 이롭게 하여, 그로 인해 명예와 뜻
을 이루는 것이 되는 것이다.

413.
甲趨乾格 만난 者는 寅巳運을 大忌하고
壬趨艮格 만난 者는 申亥運을 싫어한다.
갑추건격 만난자는 인사운을 대기하고
임추간격 만난자는 신해운을 싫어한다.

▼ 甲趨乾格(갑추건격)이란?

☛ 甲 일간이 亥시에 태어난 사주를 말하는데, 좋기는 한데 알고 보니

◉ 사주의 예 ◉

甲 0 0 0
亥 0 0 0

◀ 甲木이 亥시에 출생이면 밤중이고,
陰木(음목)이 된다.

☛ 인사(寅巳)운을 만나는 것을 싫어한다? 왜 그런 말이 나올까?

인(寅)운을 만나면 어떻게 될까? 寅木을 만나면 물에 떠있는 甲木의 입장에서는 建祿(건록)인 寅을 만나니 착근이 되고, 음지였던 甲木이 양지가 되고 꽃도 피우게 되니 그야말로 금상첨화가 된다.

▶ 그러면 사(巳)운을 만나면 어떨까?

巳 運을 만나면 亥水는 巳亥沖(사해충)으로 그로키 상태가 된다. 그런데 왜 寅, 巳 (인사)運을 같이 설명을 했을까?

여기에서의 설명은 暗祿格(암록격)을 잘 살펴보아야 할 것이다. 그 자체가 깨져 버린다는 것이다.

▶ 壬趨艮格(임추간격)은 어떤가?

◆ 壬日 일주가 艮(간)방이므로 寅(인)시에 태어난 것을 말한다.
갑추건격과 임추간격은 암록격과 합록격으로 생각을 하면 쉽게 이해가 될 것이다. 각각 申과 亥를 대입을 하여보도록 하자
.

☛ 壬水가 寅을 만나면 水生木(수생목)으로 설기가 된다. 여기에 亥水(해수)가 들어가면 祿根(록근)이 되므로 좋다는 것이다. 申(신)운을 만나면 寅申沖(인신충)으로 나쁘니 당연한 것이고, 결국은 무조건 나쁘다는 설명은 아닌 것이다. 여기서도 격이 깨어지니 싫어한다는 것으로 해석을 하면 될 것이다.

여기서의 설명은 外格(외격)에 대한 설명인데, 중요한 것은 ▶ 용신을 위주로 하여 전체를 보는 것이 중요한 것이다. 이것이 사주추명의 원칙인 것이다.

414.

句陳得位 財殺吉運 刑沖空亡 싫어하고
玄武當權 亦忌刑沖 財殺官運 좋아한다.
구진득위 재살길운 형충공망 싫어하고
현무당권 역기형충 재살관운 좋아한다.

구진득위(句陳得位)와 현무당권(玄武當權)이라는 용어가 나오는데 이는 종재격과 종살격 즉 從(종)하는 것과 연관을 하게 되면 쉽게 이해가 갈 것이다.

➡ 句陳得位格(구진득위격)이란 句陳(구진)즉 戊土(무토)를 이야기 하는데, 구진이 득위를 하였다고 하는 것은 土일주가 종재격이나 종살격에 해당하고 있는 것을 말한다.

◉ 실전사주의 예 ◉

乙	己	癸	丁
亥	未	卯	卯

◀ 己未 일주의 사주이다.
지지에 官局이 형성되어 있다. 관에 從한다.

➡ 玄武當權格(현무당권격)이란 壬, 癸 水일주가 강왕하여져서 당권 즉 권세를 잡음이라 ,從財格(종재격)이나 從殺格(종살격)에 해당하는데 어떻게 권력을 쥘 수가 있을까?

◉ 실전사주의 예 ◉

庚	壬	甲	丙
戌	寅	午	午

◀ 壬寅 일주의 사주이다.
지지에 火局이 형성이 되어있다. 종재격이다.

☞ 실질적인 본인은 약하나 강한 기운에 종하여 그 권력과 힘을 내가 마음대로 그대로 쓸 수가 있으니 강하여져서 왕한 자가 되는 것이다.☞玄武(현무)란 壬, 癸(임, 계)水를 별칭 한 것이다.

➡ 財殺(재살)은 길하고 刑, 沖, 空亡(형, 충, 공망)을 싫어한다고 하였는데 재,살(관)에 종하였으니 자연 재, 살을 좋아할 수밖에 이제는 김씨가 아니고 시집간 박 씨의 식구가 되었으니 죽으나 사나 박 씨 집안 편을 들고 잘되기를 기원하는 수밖에는 그리고 형, 충, 공망을 싫어하는 것은 어느 경우나 다 당연한 일이고 특별한 경우는 기다리기도 하나 일반적인 경우를 설명하는 것이다.

➡ 종재격의 경우는 財에 從(종)하므로 財가 기준이 되므로 식상 운과 재운, 그리고 관운이 좋고

➡ 종살격의 경우는 官에 從하므로 官이 기준이 되므로 財와 官運만이 좋다. 식상운은 官을 극하므로 안 좋고 인수 운은 관을 설기 시키면서 일주에 힘을 보태므로 오히려 역효과가 난다.

415.
潤下格에 土運不吉 從革格에 金運좋고	
稼穡格에 東北運은 敗家하니 두고보소	
윤하격에 토운불길 종혁격에 금운좋고	
가색격에 동북운은 패가하니 두고보소	

⬇ 潤下格(윤하격)이란?

　水일주가 地支(지지)에 全水局(전수국)을 이룸을 말하는데, 水기운이 왕하여 복종을 좋아하지, 불복을 싫어하는지라 적은 힘으로 下剋上(하극상)식으로 水인 본인을 剋(극)하려는 土를 싫어 할 수밖에, 그러니 자연 土流(토류)가 되고 운이 안 좋을 수밖에 없는 것이다.

◉ 사주의 예 ◉

0	壬	0	0
子	申	子	子

◀ 壬水 일주가 지지에 全水局을 형성하여 윤하격이다.
여기에 土인 官運이 온다고 하여보자, 흙은 물이 강왕

⬆ 한 기운에 휩쓸려 흔적도 없이 사라질 것이고 맑고 깨끗한 물에 흙탕물만 일으키니 물이 오염이 되는 것이다. 물은 겨울이요, 눈이요, 설경이요, 추위요, 한파요, 흐름이요, 그런데 여기에 火運이 와서 水의 기운을 녹인다고 하자 어찌 되겠는가? 눈이면 녹아 내려 눈사태가 날 것이요, 물이면 증발 하여 가뭄에 시달리고, 밤이면 갑자기 낮으로 바뀌어 세상이 혼돈되는 것이다.

◉ 실전사주의 예 ◉

庚	壬	庚	庚
子	子	辰	申

◀ 壬子 일주의 사주이다.
지지에 全 水局을 이루고 있다.

⬇ 從革格(종혁격)이란?
金 日主(금 일주)가 地支(지지)에 全 金局(전 금국)을 이룸이라, 살아도 金이요, 죽어도 金이라 편협 되어 金 運(금 운)을 제일로 좋아하고, 좌우편인 土와 水도 환영을 한다.

◉ 사주의 예 ◉

0	辛	0	0
丑	酉	丑	巳

◀ 辛金일주가 지지에 全 金局을 이루어 종혁격이다.
여기에서도 주의 할 것이 있다.

⬆ 金運을 좋아한다고 무조건 다 좋지만은 아닌 것이다. 약간의 걱정도 있는 것이다. ☞ 辛金은 주옥이요, 보석인데 庚金이 온다고 하여보자. 깨끗한 쇠에 잡

철이 섞이니 품위가 한 단계 내려가 버리고 만다. 잡철이요, 순도가 떨어지는
보석이 되는 것이다.

◉ 실전사주의 예 ◉

| 乙 庚 甲 己 |
| 酉 申 戌 酉 |

◀ 庚申 일주의 사주이다.
지지가 全 金局으로 형성이 되어있다.

☛ 木, 火運이 안 좋은 이유는 木운은 기운을 설기하니 이빨이 빠지고 火운은
나를 불로써 녹이려고 덤벼드니 이 또한 안 좋은 것이다. 財, 官 (재, 관)運이
되는 것이다.

🔽 稼穡格(가색격)이란?

土일주가 지지에 全 土局(전 토국)을 형성함이라 土중에서도, 濕土(습토)가 형
성이 되어야지 燥土(조토)가 된다면 이 또한 낭패라 東北 運(동북 운)에 敗家
(패가)한다고 하였는데, 동북이라 함은 水, 木(수, 목) 運인데 土에게는 財와
殺(관)이라 재살 운을 싫어함이라 굳어진 땅에 물이 스며들면 갈라지니 이것이
좋을 리가 없고, 木운을 싫어함은 ☞ 나무가 뿌리를 내리려 흙을 파고드니 이
어찌 좋겠는가?
모두가 土에게는 흉물이라 그런데 그것이 財, 官이니 어찌 집안이 성할까?

◉ 사주의 예 ◉

| 0 戊 0 0 |
| 未 辰 辰 未 |

◀ 戊土 일주가 지지에 전체가 土로 형성이 되어있다.
水인 財가 들어오면 자기 몸 깨어지는 줄 모르고 여자

🔼 와 돈에 패가망신살이요, 官인 木이 들어오면 감투싸움에 정신이 없어 집안
은 돌보지를 않게 된다. 선거판에 끼어들어 집안 말아먹는 형상이 된다.

416.
| 曲直格을 만난사람 東北運에 제法이요 |
| 炎上格을 놓은사람 어찌木運 마다하랴 |
| 곡직격을 만난사람 동북운에 제법이요 |
| 염상격을 놓은사람 어찌목운 마다하랴 |

➡ 곡직격이란 木일주가 지지에 全 木局을 이룸인데 木, 火운 즉 東北 運 (동북
운)이 吉(길)운이 된다.

◉ 사주의 예 ◉

0	乙	0	0
亥	卯	未	亥

◀ 乙木 일주의 사주이다.
　　음과 양으로 살펴보도록 하여보자.

亥, 卯, 未(해, 묘, 미)하여 木局(목국)을 형성하고 있다. 木은 양인데 ,음인 水가 들어오면 중화가 어려워진다. 金, 水가 陰이요, 木, 火가 陽이므로 중화라 함은 양과 음이 고루 갖추어져야 할 것 같으나 曲直格(곡직격)은 陽으로의 통일 된 중화가 필요한 것이다. 그러므로 陰이 필요가 없는 것이다. 오히려 중화를 그르치는 것이다.

여기서 주의 할 것은 甲木(갑목)이 올 경우이다. 甲木이 木이라 좋을 것 같으나

☛ 甲運을 만나면 乙木인 본인이 밀려서 치이게 된다. 劫財(겁재)의 특징이 나타나는 것이다.

⏩ 염상격이란 火일주가 지지에 전(全) 화국(火局)을 이룸이라, 자연 木, 火운 은 좋고, 金, 水 운은 凶運(흉운)으로 이어진다.

◉ 실전사주의 예 ◉

癸	丙	庚	己
巳	午	午	未

◀丙午 일주의 사주이다.
　지지에 全 火局을 이루고 있다.

☛ 여기에서의 주된 설명은 음과 양의 설명이다
木火는 양이고, 金水는 음인 것이다. 양간, 음간은 개념으로서 참고를 하도록 한다.

417.
棄命從財	棄命從殺	印星運은	大忌하그
財官殺運	大喜하니	順應하는	理致라오
기명종재	기명종살	인성운은	대기하그
재관살운	대희하니	순응하는	이치라오

⏩ 기명(棄命)이란 자기의 명(命) 즉 日干(일간)자체를 포기하는 것으로, 남의 집에 양자로 들어가서 성도 바꾸는 것과도 같은 것이다. 기명종재(棄命從財)라 함은 재에 종하는 것이요, 기명종살(棄命從殺)이라 함은 관(官)즉 살(殺)에 종 하는 것을 말한다. 종(從)한다는 것은 따라감이요, 모든 것을 의탁하는 것이 된 다.

▣ 종재격(從財格)과 종살격(從殺格)은 당연히 財, 官運을 기뻐하고 인수운과 비겁운은 싫어하게 되는데, ☞ 인수나 비겁이 오게 되면 파격이 되어 공든 탑이 무너지는 것과 같은 형상이다.
의지할 곳 없는 자식 데려다 키웠더니 이제는 지가 잘나서 컸다고 큰소리치는 것과 똑같은 형상인 것이다. ☞ 從格(종격)은 굴복을 하여야 미덕인데,破格(파격)이 되므로 從을 안 하게 되니 문제가 되는 것이다.

▣ 종재격의 사주에서 인수나 비겁 운이 온다면 어떻게 될까?
 財에 종하여 편안히 잘 지내던 운명이 갑자기 ☞ 재다신약(財多身弱)으로 바뀌어 버리게 된다. 그리하게 되면 항상 금전과, 여자문제로 인하여 곤란을 겪게 되고 어려움의 연속이다.

▣ 종살격의 사주에서 從하는 것을 거부한다면 어떠한 결과가 올까?

官殺이 많아서 관살에 從을 하였는데, 이를 거부하면 크나 큰 대가를 지불해야 하는데, 그것은 ☞ 왕한 관살의 기운을 직접 감내하여야 하는 것이다. 결국은 官殺太旺格(관살태왕격)이 되어 殺旺身衰(살왕신쇠)로 처지가 바뀌어 여기저기서 일만 터지게 되는 것이다. 수습하느라고 정신이 없게 된다.종살격의 경우 식상 운은 특히 더 조심을 하여야 한다. 관살이 용신일 경우 식상이 해로운 것과 같은 이치인 것이다.

418.
丙臨神位	遇陽水는	戊運羊刃	大吉하고
己日亥宮	見陰木은	庚金運을	大喜하오
병림신위	우양수는	무운양인	대길하고
기일해궁	견음목은	경금운을	대희하오

▣ 병임신위(丙臨申位) 우양수(遇陽水)라 함은 병신(丙申)일주가 임(壬) 수를 만나는 것을 말하는데

| 壬 | 丙 | 0 | 0 |
| 辰 | 申 | 0 | 0 |

◀ 丙申(병신)일주가 壬辰 時(임진 시)이다.
　丙火 일간이 약한데,

⬆ 지지에 申, 辰 水局(신, 진수국)을 이루고 천간으로 壬水가 透出(투출)이 되어 여간 곤혹스러운 것이 아니다.

◆ 이럴 경우는 어떤 운이 좋을까? 당연히 戊土(무토)운이 좋은 것이다. 戊土가 토극수하여 주니 좋고, 午(오)인 羊刃(양인)이 온다면 丙화가 득지가 되어 좋으니 戊午(무오)운이 온다면 팔자가 피는 것이다.

➡ 己日亥宮 見陰木(기일해궁 견음목)이라 함은 己土(기토)일간에 지지가 亥水임을 말하고, 견음목이라 함은 乙木을 가르침이다. 이것을 命式(명식)으로 표시를 한다면

| 乙 | 己 | 0 | 0 |
| 亥 | 亥 | 0 | 0 |

⬅ 己土일주에 지지에는 亥수를 놓고 있다.
단순히 보면 己토 일주의 입장에서는 水, 木이 왕

이라 財殺(재살)이 왕한 상황이다. 일단은 신약으로 보이므로 자기 자신의 내실을 다지는 것이 급선무이다. 천간으로 官이 투출이 되어있는데 손 안대고 다스리는 방법은 庚 金으로 하여 乙, 庚 合(乙, 庚 合)을 유도하는 것이다. 그러니 庚金運이 기다려지는 것이다. 직접적인 내실을 강화하는 것은 火, 土운이 오기를 기다려야 하는 것이다.

⬆ 己土가 어머니라고 하여보자. 己土(기토)인 어머니가 혼자 살다가 외로움을 견디지 못하여 연하의 남성인 乙(을)목을 사귀고 있다고 하자, 이 사실을 알아차린 딸인 辛(신)금이 면박을 주며 구박을 한다. 그리고 아들인 庚(경)금이 나서는데 乙庚(을경)합으로 乙木을 완전히 사면초가로 몰아붙인다. 그리하여 어머니는 잘못된 실수를 자식인 庚金으로 인하여 뉘우치고 정상적인 궤도를 운행하게 되는 것이다.

419.

甲己火土	木運逢之	乙庚火金	火運逢之
丙辛化水	土運逢之	모두모두	失敗하오
갑기화토	목운봉지	을경화금	화운봉지
병신화수	토운봉지	모두모두	실패하오

➡ 甲己火土(갑기화토)라 함은 甲己合(갑기합)하여 土로 化하는 것을 말하고, 乙庚化金(을경화금)이란 乙庚合 (을경합)하여 金이 되는 것을 설명하고, 丙辛化水(병신화수)라 丙辛合(병신합)하여 水로 化하는 것인데 化한 오행을 극하는 운을 만나면 모두 실패한다는 설명.
☛ 化氣格(화기격)은 일단 종격의 사주로 보는 것이 편할 것이다. 내가 변하여 다른 오행으로 변하였는데, 그 오행을 극하는 운을 만나면 당연히 어려움을 겪는 것이다. 해안가에서 살다가 모든 것을 다 버리고, 산으로 들어왔는데 도시로 가서 살라고 하면 어떻게 하는가?

➡ 甲己化土(갑기화토)가 되는 경우를 보기로 하자.

| 己 | 甲 | 0 | 0 |
| 巳 | 戌 | 戌 | 戌 |

⬅甲木 일주의 사주인데, 본인이 의지할 곳이 없어
己土와 합의를 하여 土로 변하고 말았다.

⬆ 그런데 옛날의 친구라며 힘이 되어주겠다고 木이 뿌리를 내리니, 나는 이미 흙으로 변하였으니 친구가 아니라 나를 剋하는 殺이 되어버린 것이다. 나의 온 몸을 부리를 내리며 갈기갈기 찢어놓는구나 아! 이것은 친구가 아니라 원수로구나.

➡ 甲木이 化하여 己土로 변하고, 甲木이 土인 財에 모든 것을 송두리째 바치니 從財格(종재격)인 것이다.

⬇ 乙庚 合 化金(을경 합 화금)이 되는 경우를 보자.

庚	乙	0	0
辰	酉	酉	酉

⬅ 乙木일주의 사주이다. 완전히 사면초가이다. 연약한 나무라 평생을 칼날에 휘둘려야 할 팔자이다.

이럴 바에는 차라리 내가 도끼자루가 되어 도끼와 같이 힘을 휘둘러보는 것이 죽는 것보다는 나을 것이다. 마음을 먹고 乙庚合(을경합)을 하여 金(금)과 같은 역할을 하게 되는 것이다.
집안에 여자라고는 보기가 힘들고 전부 남자이니 성격도 남자와 같아지고 행동도 남자고, 남자아이들 하고 어울리는 것이 더 재미있단다. 여자가 완전히 성전환수술을 받은 것과 같구나. 乙木이 관살에 종하니 종살격이다. 從殺格에는 火운이 오면 쇠가 녹으니 모든 것이 낭패다. 종재격이나 종살격은 같은 씨족이나, 부족이 아니면 무조건 싫어한다.

➡ 丙辛 合 水(병신 합 수)의 경우를 보자.

0	丙	辛	0
子	申	丑	子

⬅ 丙火일주의 사주이다. 어디 발을 디딜 곳이 없다. 오나가나 가시밭길이다. 천간의 申金(신금)과 합을

⬆ 하여 서로가 같이 오행 전혀 다른 수로 화한 것이다. 지지가 전부 물바다이다. 丙火(병화)자신도 불이 물로 바뀐 것이다.
용신은 자연 水(수)가 되는데, 土運(토운)을 만난다면 깨끗한 물이 흙탕물로 변화하니, 미꾸라지 한 마리가 온 물을 흐리는 것이 되는 것이다. 그러니 자연 싫어할 수밖에 없는 것이다.

420.
丁壬化木	金運不吉	戊癸化火	水運不吉
化合함에	放害되니	有意未就	不吉이라
정임화목	금운불길	무계화화	수운불길
화합함에	방해되니	유의미취	불길이라

▣ 丁壬 化木(정임 화목)이라 함은 丁壬 合 化木(정임 합 화목)을 이룸이요, 火가 木으로 바뀌니 金이 이제는 나의 밥이 아니라 나를 못살게 하는 관살이 되어버렸다.

☞ 戊癸 化火(무계 화화)라 함은 戊土(무토)가 癸水(계수)와 합을 하여 火로 변함이라 土가 火로 변한 것이니 ,水인 물이 밥이 아니라 나를 죽이는 官鬼, 즉 관살이 된 것이다.
이렇던 ☞ 어제까지도 나의 소유물이요, 나의 法이 합을 이루어 변화함으로 인하여 나의 敵으로 변하는 것이다. 삼국시대에 고구려의 밥이던 신라가 나당연합을 하여 고구려를 멸망시키는 것과도 흡사한 형상인 것이다.
◈ 꼭 그렇지는 아니하여도 결코 만만히 볼 수 는 없는 것이다. 이것이 합을 하여 化를 이룬 대가인 것이다. 좋은 점도 많지만 불편한 점도 있다는 것이다. 원래의 나 자신보다는 훨씬 나은 쪽을 택하는 것이 사는 길인 것이다.

▣ 丁壬 合 化木(정임 합 화목)의 경우를 보자.

壬	丁	0	0
寅	卯	寅	卯

◀丁火일주이다. 지지가 온통 나무로 되어 있어 비만이 도를 넘어 감당하기가 힘이 들어 무엇인가 變

化를 추구하여야 한다. 옆에 있는 壬水와 의기투합을 하여 같이 木으로 변화하여 운행을 하게 된다. 金運(금운)이 오면 金剋木(금극목)을 하여 난리가 난다. 丁火가 여자일 경우 남편인 金이 와서 어더니 품속에만 있지 말고, 나와도 같이 있자며 난리다.

▣ 戊癸 合 火(무계 합 화)의 경우를 보자.

0	戊	癸	0
午	午	巳	巳

◀ 戊土(무토)일주의 사주인데 지지가 온통 불바다라 견디기가 항상 곤혹스러웠는데, 마침 옆에 癸水(계

수)가 있어 의기투합하여 같이 불이되기로 하고 동반으로 불로 바뀐다. 그런데 水運(수운)을 만나니 불 먹은 흙이라 물이 떨어지면 쩍쩍 갈라지니 이것 참 큰 일이구나. 물이 원수로다.

421.	四柱病에 藥運오면 日發如雷 神奇하고
	四柱病에 己病運은 辛苦萬般 禍多水라
	사주병에 약운오면 일발여뢰 신기하고
	사주병에 기병운은 신고만반 화다수라

➡ 四柱 病에 藥 運(사주 병에 약 운)-------사주에 病이 있는데 그 병을 제거하는 藥의 運이 오게 되면, 번개와 같이 대발하는 것이 신기하고, 사주에 병이 있는데, 그 병을 제거하지를 아니하고 오히려 그 병을 도와 병의 기운이 더 드세게 하는 운이 오면, 괴롭고 힘든 일이 더더욱 많아 재앙이 되어서 따라든다는 이야기이다.

◉ 사주의 예 ◉

0	丁	0	0
寅	酉	酉	0

⬅ 丁火 일주의 사주이다. 월지와 일지에 金이 있어 일간에게는 여간 괴로운 것이 아니다.

⬆ 결국은 金이 病이 된다는 이야기인 것이다. 설상가상으로 申金(신금)이 온다면 어떻게 될까? ☛ 寅申 冲(인신 충)이 되어 丁火의 보급로가 끊기면서 凶으로 이어진다.

歲運(세운)

◉ 세운이란 태세 즉 年(년)의 운을 말한다.

◉ 대운과 더불어 원명에 지대한 영향력을 행사한다.

422. 日支地支 相刑年은 紅柱之厄 두렵고요
日主天干 傷官年도 官災訟事 恐怖로다
일지지지 상형년은 홍주지액 두렵고요
일주천간 상관년도 관재송사 공포로다

◪ 紅柱(홍주):붉은 기둥을 말하는데, 옛날에는 일반 가정집에서는 붉은색의 기둥을 사용을 하지를 못하였다고 했다. 아무리 잘 살아도 99칸을 넘지를 못하였다고 한다.

☞ 紅柱之厄(홍주지액) 이라고 하였으니 관청으로 부터의 부름이라, 결코 좋은 일은 아닌 것이다. 엊그제 있었던 일을 하나 소개하여 보자 .건강 보험료를 일천 여 만 원을 미납하고 있다가 14억이 되는 집이 경매로 넘어가는 사건 같은 경우도 홍주지액 인 것이다.

◪ 천간의 상관 년이라 함은 상관의 작용이 그대로 나타나는 것이다.

☞ 관재, 송사가 생기는 해는 어떤 해인가?
일단은 사주가 강하여야 덜 영향을 받고 사주가 신약일 경우는 그 작용이 더 커진다.

☞ 편관년이 오면 관재,송사가 발생하는 것이다.
☞ 형,충이 되는 해가 오면 발생한다.
☞ 천라지망이 되는 해에 관재가 생긴다.
☞ 상관년에 발생하고
☞ 양인년도 관재가 생기는데 주로 교통사고로 이어진다.

423. 四柱財官 旺한格이 財官年을 만나면은
官財訟事 일어나고 産厄危重 많이본다.
사주재관 왕한격이 재관년을 만나면은
관재송사 일어나고 산액위중 많이본다.

◪ 四柱財官 旺한格(사주재관 왕한 격)---------사주에서 財와 官이 왕 하면 자연 신약의 사주로 이어지는데, 결국은 財殺太旺格(재살태왕격)이라 재운이 오면 재운 데로, 관운이 오면 관운이 오는 데로 그에 해당하는 吉(길)이 아닌 凶(흉)으로 이어지게 된다.

본문에서 보면 官財訟事(관재송사)라 하였는데 요즈음 본다면 재개발 하는 곳에 딱지를 샀는데 잘못되어 구속되고 돈 날리고 하는 꼴과 같은 것이다. 그 외의

여러 경우도 많으니 추명에 참고하시길--------
재살태왕으로 인하여 사주가 가뜩이나 약한데, 또다시 관운이 오면 신체적으로
도 직접적인 연관이 이루어지는데 다쳐도 조금 다칠 수 있는데도 이상하게 더
심하게 다치는 경우이고, ☞ 옛말로 친다면 자빠져도 코가 깨진다는 격이다.

☞ 여자에게는 官이 남편이므로 이혼수와도 연관이 이어진다.
건강이 안 좋은 사람일 경우는 건강이 더욱 악화되고 심하면 위급한 상황으로
도 이어지게 된다. 똑같은 꿈을 꾸어도 악몽이요, 허탈하고, 가위에 눌린 꿈도
꾸게 된다. 일진이 사나울 때 그것과도 연관을 지어서 생각하면 될 것이다.

424.
日剋太歲 君臣不和 內外上下 不和하고
身旺者가 比劫年은 妻厄敗財 많게되오
일극태세 군신불화 내외상하 불화하고
신왕자가 비겁년은 처액패재 많게되오

◈ 日剋太歲(일극태세)라 함은 일간이 太歲(태서)를 극하는 것인데, 태세는 그
해 당해 연도의 기운이라, 주로 천간을 말한다. 日干(일간)이 年干(년 간)을 극
하는 것이다. 年에 있으니 윗사람인데 아랫사람인 일간이 하극상을 하는 것이라
신하가 임금을 섬기지 아니하고, 자식이 부모를 공경하지 아니하고, 부하가 상
관을 우습게 아는 것과 진배없으니 위계질서가 무너지고 항상 불협화음이 생기
고 반목하는 것이다.

◉ 사주의 예 ◉

<table>
<tr><td>0</td><td>丙</td><td>0</td><td>庚</td></tr>
<tr><td>0</td><td>0</td><td>0</td><td>午</td></tr>
</table>

◀ 일간인 丙火(병화)가 年干(년간)을 극하고 있다.
   지지 오화(地支 午火)도 한 술 더 뜨고 있다.

▶ 身旺者(신왕자)라 함은 일주가 강한 자인데, 견, 겁운이라 하였으니 기운이
더욱 더 강하여지고, 기운이 남아돌아 처치곤란이라 불상사가 생기는 것이다.
불난 집에 부채질을 하는 격이 된다.

☞ 견, 겁이 왕 하여지니 재에 관한 흉운(凶運)으로 이어진다. 사업이 금전에
더욱 더 쪼들리고 해결의 기미가 보이지를 않고, 집안의 아내도 남편이 지겹고,
구박받는 것도 힘들어, 이제는 더 이상 못살겠다고 보따리를 싸고 위자료를 달
란다. 돈 떨어져, 신발 떨어져 모든 것이 전부 거덜이 나는 형상인 것이다.

◪ 다른 의미로 한 번 살펴보자.

남자의 입장에서 사주가 강하고, 또 견, 겁운 이라면 아내인 여자의 입장에서
보면 어떨까?

◆ 여자의 입장에서 보면 남편과 같은 새로운 기운이 또 들어오는 운이다. 새로
운 남편을 맞을 수 있다는 설명이다. 결국은 바람이 나거나 외도를 하게 되는
것이다.
☞ 原命(원명)에 있는 것은 항상 있는 것이요, 헌 것이고 운에서 들어오는 것은
새 것이요 항상 변동수로 이어지는 것이다.

▣ 천간이 10개이므로 그래서 10년에 한 번 씩은 들썩들썩 하는 것이다.

425.
四柱財旺 印星弱에 印星年을 만나면은
書往書來 災殃이니 莫許文書 해야하오
사주재왕 인성약에 인성년을 만나면은
서왕서래 재앙이니 막허문서 해야하오

◎ 四柱財旺 印星弱(사주재왕 인성약)--------사주에서 財가 왕하면 인수는 맥
을 못 춘다. 그런데 인수해가 왔다고 하여 연약한 인수에 도움이 될 것 같으나
결코 그리 쉽게 호락호락 하지는 않다는 말이다. 얼핏 생각하면 인수가 약하니
인수가 또 오면 힘이 보태지어 도움이 될 것이니 좋지가 않겠는가? 생각을 할
수가 있는데 한 번은 더 짚고 넘어가야 한다는 말이다. 인수가 용신일 경우는
당연히 인수 운이 오면 좋은 것인데, 그것도 확인을 하여 보아야 한다는 것이
다.

◉ 사주의 예 ◉

戊	甲	戊	戊
0	0	0	0

◆ 甲木일주의 사주인데
財인 戊土가 기운이 왕 하다

⬆ 이 사주에서 인수는 水(수)인데 壬癸(임계)가 된다. 여기에서는 甲木 日主(갑
목일주)가 水運(수운)이 온다고 하여도 수생목을 받기가 힘들다. 수생목을 하려
고 하여도 戊토가 미리 토극수를 하여버린다. 운에서 들어오는 것은 밖에서 들
어오는 것이라 이미 굳어진 땅에 비가내려 보아야 고이지, 스미지가 않는다는
것이다. 木의 입장에서는 물이 스며야 수분의 흡수가 되는 것이지, 고인 것은
소용이 없는 것이다.

◆ 癸水(계수)가 온다고 보자. 癸水는 들어오자마자 戊土가 戊癸 合(무계 합)으
로 잡아먹기가 바쁘다. 사람은 하나인데, 셋이나 달려드니 이것 참으로 난감한

일이다. 甲木이 극하여 말려도 소용이 없다. 甲木의 어머니는 癸水 正印(정인)
인데, 계수의 입장에서 보면 남편인 정관이 셋이라 자식은 하나요, 남편은 셋이
라 癸水인 어머니가 기운이 왕 하면 다 거느릴 수 있지만, 약하여 오히려 당하
고 있는 형국이라 오직 자식인 ☛ 甲木의 기운이 왕 하여 지기만을 기다리는 형
국인 것이다. 자식을 버리고 재가하여 다시 자식을 찾는 애타는 모습이 그려지
는 그림이다. 자식의 입장에서는 어머니가 그리워도 아버지의 방해로 보지를 못
하는 것이다.

➡ 인수는 또한 문서이니 문서 운인데 書往書來(서왕서래)라 문서가 왔다
갔다 하여도 결코 내가 취할 수 없는 형상이라 믄서 사기 당하고, 그린벨트 묶
이고, 중과세에, 잘못 보증으로 재산 다 날리고, 인감분실이요, 명예 실추되고
개망신이요, 집이 산사태로 무너지고, 수표가 부도요, 주식이 깡통이 되고, 주
식 팔아 손해보고, 공든 탑이 전부 흔들리는 격이다.

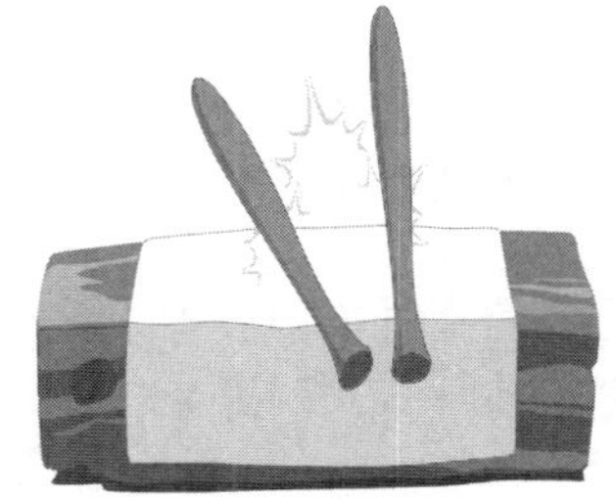

426.

四柱財弱 比劫旺에 財年逢之 하게되면
적은財에 爭奪붙어 禍不單行 싸움많다.
사주재약 비겁왕에 재년봉지 하게되면
적은재에 쟁탈붙어 화불단행 싸움많다.

◈ 四柱財弱 比劫旺(사주재약 비겁왕)---사주에 財가 약하고 比劫이 왕 하면,
춥고 배고픈 사주이다. 그런데 재년을 만난다는 것은 재운이 오는 것인데 작은
것이던 큰 것이던 허기를 채우고 요기하는 데는 그런대로 견딜 만 한 것이다.

문제는 ☛ 너무나 굶주리다 보니 밥그릇이 부족하다는 이야기다. 입은 많은데
그릇이 부족하니 서로 그릇을 차지하려고 다툰다. 그러다 보면 잘못하여 그릇을
깨기가 십상인 것이다. 군계일학이라는 표현이 어울리지는 않지만 수적인 표현
으로 이것을 돌려보자. 남자는 많은데 여자의 숫자가 적으니 절로 싸움이 발생
한다.
강자가 취하는 논리가 성립이 되는 것이다. 그러는 사이에 서로가 피해를 보고
주변의 상황이 말이 아니다. 빈손에 쥐어지는 것은, 땀만이 손에 고일 뿐 인 것
이다.

◉ 사주의 예 ◉

甲	甲	乙	甲
0	0	0	0

◀ 甲木 일주의 사주인데 형제가 너무 많다.
　 흥부네 식구도 이러지는 않을 것이다.

⬆ 집안에 남자 형제가 너무 많아 아직 형도 결혼을 못하고 동생도 결혼을 못하

고 있다. 앞차가 밀리다 보니 계속 차들이 밀려있다. 아는 곳에서 중매 이야기만 나오면 서로가 난리다. 전부가 늦다보니 참으로 가관인 것이다. 혹시나 하고 기다려보니 이성관계가 엄청 복잡한 상대로다. 결국은 서로가 어울리지를 못하고 끝이 나는 것이다.

427.
> 萬若奪財 아니되면 夫婦間에 이탈이니
> 東西南北 妻를찾아 門前徘徊 하게된다.
> 만약탈재 아니되면 부부간에 이탈이니
> 동서남북 처를찾아 문전배회 하게된다.

◈ 財는 일반적으로 크게 ☞ 남성에게는 금전과 여자, ☞ 여성에게 있어서는 금전과 시댁, 또는 시모와의 관계로 많이 본다. 일차적으로 그리많이 본다는 것이다. 그래서 본문에서 재물이 아닐 경우 부부간의 관계로 이야기하는 것도 그러한 연유에서 이다.

처의 입장에서는 남편과 같은 사람이 동서남북 사방에 널려 있으니 항상 남자가 근접이 쉬워질 수밖에 없는 것이다. 그런데 운에서 새로운 남자가 나타나는 운이니 남편으로서는 전전긍긍하는 수밖에 없는 것이다.

◉ 사주의 예 ◉

0	甲	己	0
0	子	卯	0

◀ 甲木 일주의 사주이다.
월지에 卯를 놓고 있으니 양인이다. 己土가

⬆ 妻가 되는데, 습이 되어 좋기는 한데 알고 보니 이건 완전히 바늘방석이다. 시누이의 구박이 이만저만이 아니다. 시어머니도 비위 맞추기가 보통 힘든 것이 아니고 사사건건 간섭이다. 살림살이도 다 맡아서 하니 며느리가 할 일이 없다.

◈ 남편도 원래는 甲木이라 인정이 많았던 사람인데, 시집식구들과 한통속이 되어 괴롭히기만 하는구나. ☞ 子卯(자묘)형에 양인을 놓고 있으니 사람이 확 바뀐다. 같이 살자고 꼬드길 때는 언제고 이제 와서는 내가 언제 그랬느냐다. 이런데 운에서 甲木 運이 오니 여자는 자기를 이해하고 안아주니 그저 고맙기만 하니 마치 연애하는 기분이라 바깥으로 나돌게 되는 것이다. 이러니 남편은 자기 마누라 찾아다니느라 정신이 없구나. 잡히기만 해봐라 ----------

428.
四柱一點　微弱財에　財年이나　比劫年은
妻妾愛人　찾아가서　죽인다고　소리친다.
사주일점　미약재에　재년이나　비겁년은
처첩애인　찾아가서　죽인다고　소리친다.

◉ 四柱一點　微弱財(사주일점　미약재)-------------일점의　微弱財라　함은　재가　매우　약하다는　표현인데,　이　약한　財에게　힘이　되는　財運이　오니　자기의　분수를　알지　못하고　설치다가는　곤란하다는　설명이다.　財가　너무　약하면,　반대로　생각을　하여보라　거의　從사주　와도　같은　형국이　되는　것이다.　☞ 종사주에서는　從을　한　오행을　쫓아야지　공연히　섣부른　행동을　하다가는　신세를　망친다.

429.
四柱透食　偏印年은　倒食되어　敗家하그
木火傷官　庚辛年은　傷指함을　많이본다.
사주투식　편인년은　도식되어　패가하고
목화상관　경신년은　상지함을　많이본다.

➡ 四柱透食(사주투식)----------사주 천간에　식신이　나타나　있는데,　偏印年(편인년)이　오면　倒食(도식)이　되어　패가　한다고　하였는데,　편인은　식신을　극하므로　아주　흉하게　이어　진다 .　더구나　식신이　용신일　경우는　더　이상의　설명이　필요　없어진다.

木火상관　庚辛년은　상지를　한다고　하였는데　상지(傷指)라　함은　손가락을　상한다는　말인데,　金은　쇠붙이요,　木은　나무이니　손가락을　다쳐도　잘린다고　볼　수도　있는　것이다.　그러니　다치는　것도　운에　따라서　다치는　정도가　달라지는　것이다.　☞ 오행으로　木은　손가락에　해당이　되니,　그것이　상하는　것이므로　그리　해석을　하는　것이다.

430.
巳酉丑生　亥驛馬는　亥卯未年　出國하고
亥卯未生　巳驛馬는　巳酉丑年　遠行이라
사유축생　해역마는　해묘미년　출국하고
해묘미생　사역마는　사유축년　원행이라

431.
寅午戌生　申驛馬는　申子辰歲　遠行하고
申子辰生　인역마는　寅午戌에　萬里간다.
인오술생　신역마는　신자진세　원행하고
신자진생　인역마는　인오술에　만리간다.

432.　巳酉丑생　地殺重重　巳酉丑亥　遠行있고
　　　亥卯未生　地殺重重　巳亥卯未　遠行이라
　　　사유축생　지살중중　사유축해　원행있고
　　　해묘미생　지살중중　사해묘미　원행이라

433.　寅午戌生　地殺重重　寅午戌申　出國이요
　　　申子辰生　地殺重重　申子辰寅　鵬程이라
　　　인오술생　지살중중　인오술신　출국이요
　　　신자진생　지살중중　신자진인　붕정이라

434.　寅年日生　他道他國　寅午戌申　其年이오
　　　巳年日生　遠年行은　巳酉丑亥　분명하오
　　　인년일생　타도타국　인오술신　기년이오
　　　사년일생　원년행은　사유축해　분명하오

435.　申年日生　鵬程萬里　申子辰寅　많이하고
　　　亥年日生　遠方出入　亥卯未巳　其해로다
　　　신년일생　붕정만리　신자진인　많이하고
　　　해년일생　원방출입　해묘미사　기해로다

◑ 430-435의 공통된 부분은 역마에 대한 설명이다 따로 각각 설명을 하는 것
보다는 전체적으로 설명을 하는 것이 이해에 도움이 될 것 같아 전체적으로 설
명을 하여보자.

☛ 우선 역마와 지살에 대한 설명을 보완하고 하여보자.
☛ 역마하면 지살이 따라가는데 대, 소로 구분을 한다면 지살은 소에 속하고,
역마는 대에 속한다고 보면 이해가 쉽다.

▶ 지살은 삼합의 첫 글자이고, 역마는 지살과 충(沖)하는 자(字)이다.

☛ 巳酉丑(사유축)--------지살은 巳(사)이고-------역마는 亥(해)이다.

☛ 亥卯未(해묘미)--------지살은 亥(해)이고-------역마는 巳(사)이다.

☛ 寅午戌(인오술)--------지살은 寅(인)이고-------역마는 申(신)이다.

☛ 申子辰(신자진)--------지살은 申(신)이고-------역마는 寅(인)이다.

➡ 여기서 짚고 넘어갈 것은 년지(年支), 일지(日支)를 기준 한다.

☞ 年 支(년 지)나, 일지가 三合(삼합)이 되는 해, 또는 역마가 삼합을 이루는 해에는 장거리의 이동이니 해외의 출입이 빈번하거나, 이민, 또는 업무상으로 인한 거주, 여행 등으로 이어지고 ☞ 요즈음으로 치면 연수 같은 경우로 보면 될 것이다.

➡ 이동이 좌절되는 경우는 어떤 경우가 있을까?

역마가 ☞ 冲을 당할 경우는 이동의 계획이 좌절이 되고 마는데, 계획의 취소, 연기 또는 갑작스런 일의 발생 등으로 인하여 무산이 되고 만다.

日辰(일진)으로 본다면, 우천으로 인한 비행기의 연착이라던가, 현지사정으로 인한 기타 여러 사유, 건강상의 이유 등등 기타 사소한 일등으로 인하여 며칠 연기가 되는 등의 형태로 나타나게 된다.

➡ 인수가 용신일 경우는 인수는 고향이요, 어머니와 같은 곳이므로 타지에 있다가 다시 돌아오거나, 외국생활을 청산하고 귀국이요, 군대 갔던 자식이 제대 하는 것과 같은 것이다.

➡ 지살이 중중(重重)하다는 표현을 하는데 지살이 많은 경우도 삼합을 이루면 이도 역시 멀리 나가보게 된다.

☞ 결론적으로 년지와 일지가 삼합을 이루면 멀리나간다로 보면 편할 것이다.

☞ 삼합이라는 자체는 현재 진행형이므로 계속 이루어지고 있는 것으로 보면 될 것이다. 계속하여 움직이고 있으니 이동이요, 자연 변동수인 것이다.

436. 比肩劫多 身旺四柱 逢財自然 財弱인데
流年中에 財年오면 因妻敗財 막을소냐
비견겁다 신왕사주 봉재자연 재약인데
유년중에 재년오면 인처패재 막을소냐

◎ 比肩劫多 身旺四柱(비견겁다 신왕사주)-----------비견과 비겁이 많은 사주 는 절로 신왕 한 사주가 되는데, 財는 자연 기운이 약할 수밖에 없는 것이다. 엎친 데 덮친 격 이라고 여기에 또다시 재운이 오게 되면 어떨까?

☞ 본문에서는 유년이라는 표현을 하였는데 추명시 주의 할 것은 무엇일까? 유년은 초년을 설명하는 것도 되는데, 사주 본인의 연령을 잘 참작하여야 할 것이다.

☞ 청소년 일 경우-----이성관계로 인한 학업의 부진 가정의 문제(특히 아버지)로 인한 사유, 어려운 가정형편으로 인하여 형제간의 불화, 건강상의 사유 등등으로 추명을 하고 각각의 연령에 맞추어 추명을 하는 것이 중요하다.

☞ 주된 것은 남성이 경우는 여자와 금전을 조심하여야하고 여자의 경우는 시댁과 금전 등을 유의하여야 한다.

☞ 財가 사주에서 어떠한 작용을 하는가에 따른 판단에 유의.

▼ 財가 사주에서 忌神 작용을 할 때,

◉ 財가 사주에서 病으로 작용을 할 때,
  ◉ 財로 인하여 사주가 波格으로 흐를 때,
  ◉ 財로 인하여 사주가 막혀 버릴 때,
  ◉ 財로 인하여 사주가 혼탁하여 질 때,

◉ 財로 인하여 조후 및 기타 惡영향을 끼칠 때,
  ◉ 財로 인한 불상사 및 凶(흉)이 따르니 각별 유의하여야 한다.

◉ 사주의 예 ◉

0	辛	0	0
申	未	卯	未

◀ 辛金(신금)일주의 사주인데, 財인 木이 강하다.
용신은 자연 申金(신금)이 용신이 되는데,

⬆ 재다신약이다. 여기에서 보면 木의 기운이 매우 강하다. 그런데 寅年(인년)이 오면 어떻게 될까? ☞ 寅年(인년)이 오면 寅木이 용신인 申金을 역으로 剋을 하게 된다.寅木은 財인데 일지의 未土와 귀문관이 되어 제정신이 아니다.

가뜩이나 財가 旺 하여 난리인데 또 재운이 들어오니 妻가 점점 더 억쎄지고 남편의 말에는 콧방귀도 안 꾼다. 남편이 밖에서 뭘 좀 한다고 움직이기는 하는데 맨 날 큰소리나 치고 정작 들고 오는 것은 별로 볼일 없는지라, 아내에게 원망만 듣는다. 참다못해 아내가 뭐 좀 한다고 남의 돈 융통하여 하다 보니 그마저 박살이라, 여기서 아내의 입장에서 한 번 살펴보자.

◆ 아내의 입장에서는 자기와 같은 자가 많으니 견, 겁이 왕한 것이라, 그런데 또다시 견, 겁운에 무엇을 시작을 하니 믿고 시작한 것이 결국은 분탕질 하는

결과라 이래저래 탈재요, 믿었던 사람에게는 배신이라 하는 일이 잘 될 수가 없는 것이다.

437.

身旺官衰 傷官年은 官職辭退 하게되고
印星格이 逢財年은 收賄因해 損名이라
신왕관쇠 상관년은 관직사퇴 하게되고
인성격이 봉재년은 수회인해 손명이라

◘ 身旺官衰 傷官年(신왕관쇠 상관년)---------신왕관쇠라 함은 일주가 강하여 관이 쇠약함이라, 그런데 傷官年(상관년)이 와서 또다시 官을 극하니 그나마 갖고 있던 官(직장)도 내놓아야 할 판이니 직장에서 명퇴요, 아랫사람에게 밀려서 나가는 형상이요, 정년퇴직이요, 불미스런 일로 옷을 벗는 경우도 되는구나. 그런데 상관이니 나이 손아래, 또는 수하라 아랫사람 관리 잘못하여 그 대가를 내가 치르는 격이라 믿을 사람이 없다는 이야기다.

➡ 印星格이 逢財(인성격이 봉재)----------인성격이 봉재라 함은 재가 강한데, 그나마 인수가 명맥을 겨우 유지하는 형국이라, 인수가 재의 눈치만 살피는데 왕한 재가 또다시 재운을 만나니 인수는 막다른 길인 것이다.
재운이라, 야 ! 이거 웬일 ! 하면서 굴러들어온 복이라 생각을 하고 뒷돈을 챙기면서 아무 일 없겠지! 하고 돌아서는데 암행감찰에 걸려 아야 소리 한 번 못하고 옷을 벗게 되는구나. 그저 착한 내 다음만 믿고 주는 대로 받았더니, 그것이 알고 보니 청탁성 뇌물이라 재가 강하니 재에게는 항상 약하다.
재물을 챙겨도 보아가며 챙겨야한다.☛ 재운이면 먹은 것 토하고도 곱빼기다.
약하고 약한 인수가 더 약해지니 망신살은 불을 보듯 한 것이다.

438.

年支같은 그해오고 日時相冲 그年도와
日支同一 其年度는 自然災殃 많이겪네
년지같은 그해오고 일시상충 그년도와
일지동일 기년도는 자연재앙 많이겪네

◘ 내용을 종합하여 보면 年支(년지), 日支(일지) 같은 그 해와 日, 時라 하였는데 여기서는 변화의 사항이라 日支(일지)가 더 어울린다. 결국 일지를 刑, 冲하는 해(年)가 더 옳다.

☛ 항상 운에서 들어오는 것은 외부, 즉 나의 의사와는 무관하게 벌어지는 일인 것이다. 밖에서 안으로 들어오는 것이다. 즉 방어를 하여야 하는 입장인 것이

다. 가만히 있는 사람을 자꾸 건드린다.

◨ 여기서 건드리는 사항이 내가 약한 쪽 즉 약점을 건드리면 자연 동하여 우왕 좌왕 할 수밖에는 없는 것이다. 귀가 얇으면 남의 소리에 더욱더 현혹이 되는 것이요, 입이 가벼우면 더욱 더 헛소리를 많이 하고, 실없는 소리를 많이 하게 되는데 과연 결과는 어찌 되겠는가? 건드리기만 하여도 자빠지는 결과가 나오는 것이다.

◧ 큰 의미로 보면 ☞ 冲(충)이면 관재사고요, 刑(형)이면 몸에 칼을 대는 수술로도 볼 수가 있는 것이다. 같다 하는 것은 일단 비겁의 작용으로 보는 것이 타당하다. 그에 해당하는 많은 일이 발생을 하는 것이다.

◧ 거기다 일주자체와 똑 같은 년이면 천간지지가 똑같으니 나와 같은 사람이 또 하나 늘어나니 모든 것이 배로 늘어야 감당을 할 것이 아닌가?

◧ 한 그릇이면 족할 것을 둘로 항상 쪼개야하니 항상 이등을 하는 격이요, 시간도 배로 걸리니 경쟁자가 제대로 생긴 것이요, 남의 입에 올라도 두 번씩 오르니 구설이 그치지가 않고, 다쳐도 배로 다치니 금전적인 손해를 보면 두 배라 손해도 배로 들고, 이익을 보면 반이요, 이래저래 안 되는 형국인 것이다.

☞ 천간과지지가 같은 운은 伏吟局(복음국)이라 하여 비록 둘이지만, 局이라 셋과 같은 연합국으로 표현을 한다. 그만큼 피해가 만만치가 않다는 것이다.
◨ 伏吟局(복음국)-----엎드려서 흐느끼며 매우 슬퍼함을 이른다.(더위에 견디지를 못하여 헉헉 거리며, 신음을 토해내듯 힘들어한다는 뜻이 포함이 된다.)

◉ 사주의 예 ◉

| 0 | 丁 | 0 | 0 |
| 0 | 亥 | 0 | 0 |

◧ 丁亥(정해)일주가 丁亥(정해)運이 온다면 비겁작용이 생긴다.

☞ 지하에 노래방을 운영하고 있는데 2층에 노래주점이 들어오는 것이나 같은 형국이다.

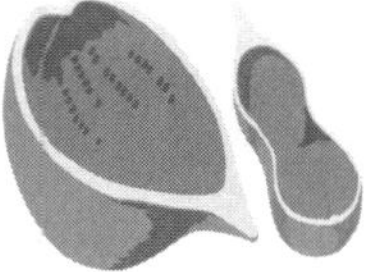

439.
| 庚辛日弱 財官旺格 財官年이 들어오면 |
| 痔淚症이 아니면은 鼻血屢累 있게된다 |
| 경신일약 재관왕격 재관년이 들어오면 |
| 치루증이 아니면은 비혈루루 있게된다 |

✪ 庚辛日弱   財官旺格(경신일약   재관왕격)-----------庚辛일이   약하다   함은 金일주가 신약하다는 설명이고, 財官이 旺하다 함은 木, 火가 왕 하다는 설명.

金이 약하고 木, 火가 왕한 가운데 또다시 木運이나 火運이 들어온다면 치루 病(치질,맹장)이 아니면 비 혈 누누(코에서 피가 나오니 코피를 잘 흘린다, 누누라 함은 누차 거듭되어 반복이 된다는 것을 설명한다.) 金은 庚과 辛을 포함한 말인데 庚에 해당하는 부분과 辛에 해당하는 인체의 부분을 각각 대입을 하면 될 것이다.

庚: 대장
辛: 폐

◉ 사주의 예 ◉

0	庚	丙	0
酉	午	午	寅

◀ 庚金일주가 火가 많아서 金이 약하다. 木과火가
   당권. 여기에 木, 火운이 또 온다면 金은 견디기

힘들어진다. 寅木을 예로 들어보자. 寅運이 오면 寅午(인오)합이 되어 庚金일주 본인이 녹아난다.

寅木은 庚金에 편재라 남자라면 여자를 밝히면 코피가 나오니 조심하라는 이야기도 되고 시간으로 치면 寅時는 아침의 이른 시간이고, 木火는 아침과 낮이므로 직업을 택한다면 낮보다는 밤에 활동을 하는 업종을 택하는 것이 좋다. 기도를 하여도 밤 시간을 택하는 것이 기도발이 받는다.

➡ 金일주의 사주가 지지에 火局을 이루고 있으면 축농증과 비염에 각별히 신경을 써야한다.

➡ 오행별로 그 특징을 살펴 응용하여 보기로 하자.

☛ 木일주가 신약---- 金이 왕--- 금운을 만나면-----간, 담이 안 좋고

☛ 水일주가 신약--- 土가 왕----土운을 만나면---신장, 방광이 안 좋고

☛ 土일주가 신약--- 木이 왕---- 木운을 만나면--허리, 위장병 조심하고

☛ 金일주가 신약--- 火가 왕--- 火운을 만나면-- 치질, 비염등 조심하고

☛ 火일주가 신약--- 水가 왕---- 수운을 만나면------정신이 흐려지고,
                                        시력약화 조심

▶ 육친별로 구분을 한다면

☞ 인수가 나빠서 병이 생길 경우--------부모로 인하여 문제가 생기고

☞ 견, 겁이 나빠서 문제가 생기면 --친구, 형제, 동료로 인한 문제 야기

☞ 여자가 상식으로 인하여 병이 될 경우--------자식으로 인하여

☞ 남자가 관이 약하여 병이 될 경우------자식으로 인하여 문제발생

☞ 이와 같이 각각 대입을 하여 추명을 하면 될 것이다.

440.
> 甲乙日生 壬癸年과 丙丁日生 甲乙年은
> 新築業體 成功하니 不動産을 장만하오
> 갑을일생 임계년과 병정일생 갑을년은
> 신축업체 성공하니 부동산을 장만하오

441.
> 戊己日生 丙丁年과 庚辛日生 戊己年과
> 壬癸日生 庚辛年은 新築結社 하게된다.
> 무기일생 병정년과 경신일생 무기년과
> 임계일생 경신년은 신축결사 하게된다.

◈ 440,441의 공통점은 인수 운에 대한 설명이다.

인수 운이 시작이 된다고 하여 무조건 매매 운이나 집을 장만 한다던가 경사가 생기는 것만은 아니다. 실로 인수 운이 좋은 가는 그 해로부터 2년 전을 보아야 인수가 실로 도움이 되는지 알 수가 있는 것이다.

◈ 왜 2년 전을 보아야 하는가? 그것은 官이라 관이 나를 심하게 극하였으면, 관인상생이 이루어지지가 않는다. 인수 운이라 나에게 약간의 힘은 되어도 흐름은 이미 관인상생으로 이어지는 것과는 무관한 것이다. 그러므로 호운이라고 말하기는 힘든 것이다. 항상 인수 운이라도 그 인수가 어떠한 작용을 하는 가를 정밀히 살펴야 하는 것이다.

◈ 인수의 성립조건을 살펴보자.

◉ 木일주의 甲乙 일생 사주가 인수 年인 壬, 癸 水운을 만나고,

◉ 火일주인 丙丁 일생 사주가 인수 年인 甲, 乙 木운을 만나고,

◉ 土일주인 戊己 일생 사주가 인수 年인 丙, 丁 火운을 만나고,

◉ 金일주인 庚辛 일생 사주가 인수 年인 戊, 己 土운을 만나고,

◉ 水일주인 壬癸 일생 사주가 인수 年인 庚, 辛 金운을 만나면

➡ 그런데 조건이 하나가 붙는다. 인수가 吉(길)로 작용을 하여야 한다는 것이다.

⬇ 인수가 좋게 작용을 할 때

◉ 적은 집이 큰 집으로 바뀌고,
◉ 매매가 없던 집도 갑자기 매매가 이루어지고,
◉ 집이 있는데 또 집을 장만하게 되고, 잠자던 주식이 갑자기 주가가 상승하고,
◉ 외가가 융숭하여지니 집안이 더욱 화목하여지고,
◉ 문서가 동하여 집값, 땅값이 하늘 무서운 줄 모르고 치솟고,
◉ 여기저기서 도와주겠다는 사람들이 서로 나서고,
◉ 하는 일마다 자신이 생기니 의욕이 더욱 더 충만하여지고,
◉ 편입을 하여도 더 좋은 학교로 편입을 하게 되고,
◉ 직장에서의 승진 운에 남보다 먼저 승진을 하게 되고,
  이외의 여러 가지 인수에 관련된 일들이 전부 좋은 쪽으로 작용을 하게 된다.

⬇ 반대로 인수가 凶(흉)으로 작용을 하게 되면

◉ 인수는 시작이라 시작은 좋은데, 결과가 시원치가 않고,
◉ 집을 매매하여도 꼭 손해를 보고, 급히 팔아야 하고,
◉ 새 집을 짓고 나서부터 집안에 우환이 끊이지가 않고,
◉ 자신을 갖고 추진을 한 일도 이상하게 꼬이고,
◉ 수입은 많은데 오히려 적자와 같고, 소식도 안 좋은 소식만 오고,
◉ 준공검사가 제대로 이루어지지도 않고 ,계속 하자가 발생하고,
◉ 기타 인수와 관련된 사항이 모두가 역으로 진행이 된다.

➡ 다시 한 번 강조를 하는데 꼭 인수와 관련된 사항이 아니더라도 다른 육친관계도 마찬가지인데 바라는 육친에 해당하는 사항이 뜻을 이루려면 항상 그 전전 년 부터의 흐름을 읽어야한다. 즉 2년 전의 운부터 그 흐름을 보라는 것이다.

이유는 살인상생이 원리인 것이다. 땅을 파더라도 어느 정도의 깊이는 파야 물이 나오듯, 운에서의 흐름도 마찬가지이다. 갑자기 하늘에서 돈벼락 하는 식은 없는 것이다. 좋아도 그렇고, 나빠도 그런 것이다. 이미 머리 그 흐름은 나타나고 있는 것인데 그것을 읽지 못하고, 그저 지금 당장만을 생각들 하기 때문인 것이다.

442.
```
甲乙日生  亥子年과  丙丁寅卯  戊己巳午
庚辛四庫  壬癸申酉  地支印年  亦是같다.
갑을일생  해자년과  병정인묘  무기사오
경신사고  임계신유  지지인년  역시같다
```

◙ 전번의 사항은 천간으로 들어오는 인수 운에 대한 사항이고, 이번의 내용은 지지로 들어오는 인수에 대한 사항이다.

☞木일주인 甲乙日生(갑을일생)이면 지지의 인수는 亥子(해자) 水가되고,

☞火일주인 丙丁日生(병정일생)이면 지지의 인수는 寅卯(인묘) 木이되고,

☞土일주인 戊己日生(무기일생)이면 지지의 인수는 巳午(사-오) 火가 되고

☞金일주인 庚辛日生(경신일생)이면 지지의 인수는 四庫(사-고) 土가 되고

☞水일주인 壬癸日生(임계일생)이면 지지의 인수는 申酉(신유) 金이 되고

443.
```
戊己日生  金水木多  四柱天干  孤立丁字
庚辛이나  丁年오면  凶惡事件  身厄이라
무기일생  금수목다  사주천간  고립정자
경신이나  정년오면  흉악사건  신액이라
```

➡ 戊己日生 金水木多(무기일생 금수목다)-------무기일생기면 土일주인데 金水木多(금수목다)라 함은 상식, 재, 관이 많다하는 설명인데, 사주천간에 丁火(정화)가 홀로이 있어야 한다는 설명인데, 다음의 이어지는 내용을 보면 庚, 辛 즉 金이요, 丁이라 火인데 金인 상식 운과 火인 인수 운이 라는 설명인데 흉악사건 ,신액이라 함은 일신상에 아주 안 좋은 일을 설명하는 것인데 횡사, 익사 등을 설명하기도 한다.

444.
> 女命四柱 傷官旺에 傷官官年 寡宅되고
> 女命四柱 透官旺에 官年오면 別枹로다
> 여명사주 상관왕에 상관관년 과택되고
> 여명사주 투관왕에 관년오면 별포로다.

◈ 女命四柱 傷官旺(여명사주 상관왕)--------여자의 사주에서 상관이 왕 하다 함은 관이 힘을 못 쓴다는 이야기인데 관이란 남편인데 또다시 상관 운이 도래하여 관을 극하게 되면 넘어진 사람 또 밟는 형상이라 관이 기진맥진 상태가 되어 이별을 하던가, 세상을 하직을 하는 경우로 이어진다. 그리되면 여성의 입장에서는 寡宅(과택)소리를 듣게 되는 것이다.

◉ 실전사주의 예 ◉

丙	乙	丙	丁
戌	巳	午	未

◈ 乙木(을독)일주의 사주이다.
온통 상식으로 왕 하다.

⬆ 乙木의 정관은 庚金인데, 火운인 상관 운이 오면 더 더욱 꼼짝을 못한다. 지금의 상황은 남편이 아내에게 가까이 오려고 하여도 상관들이 호시탐탐 노리고 있어 아예 보이지 않는 것이 더 편안한 형국이다.

집에서 어쩌다 한 번 아내와 사랑을 한 번 하려고 하여도 자식들이 잠도 안자고 아빠와 놀자며 밤새 투정이다. 집안에 들어와도 내가 편안히 쉴 공간도 없고 자꾸 밖으로 나돌게 된다. 직장을 다녀도 이상하게 장거리요, 출장도 기본업무인 곳으로 발령 나고, 심하면 이별 아닌 이별도 불사하여야 할 정도로 되어버린다. 그러니 자연 아내와 남편은 이산가족이요. 마치 남과도 같은 그런 기분이 드는 것이다. 그런데 官(관)년을 만났다고 하자 어떻게 될 것인가?

➡ 아내는 그리던 남편을 맞이하는 운이라 그동안 이러저러한 갖은 사연 다 접어두고 오직 남편과 같이 있으니 좋은 것이다. 그러나 남편의 입장에서는 그리 간단한 문제가 아니다. 운이 庚, 午(경, 오)운이라고 한 번 가정을 하여보자.

◈ 乙, 庚(을, 경)합으로 아내는 좋아서 어쩔 줄 모른다. 그러나 남편은 그것이 아니다. 지지에서 합으로 불바다가 되고 기다렸다는 듯이 사방에서 달려들어 남편인 金은 불에 녹아 흔적도 없이 사라진다. 결국은 세상을 하직하거나 ,아주 멀리 떠나버리는 경우로 바뀐다. 아니면 크게 다쳐 재기불능의 상태로도 이어지는 것이다.

➡ 이번에는 반대로 官이 왕 할 경우를 보도록 하자. 관이 왕 하다는 것은 남편의 기운이 강하다는 설명인데, 남편이 너무나 근접을 하기가 어려워 모시기가 어렵다는 설명이다. 그 이유에는 여러 가지의 원인이 있을 것이다.

중요한 것은 정상적인 부부관계가 이루어지기가 힘들어진다는 설명이다. 화목함을 잃어버리는 것이다. 유대관계가 소원하여져서 결국은 헤어지게 된다는 설명인데 ,헤어짐에도 이별과 사별이 있으니 이에 대한 판단이 또한 중요하여지는 것이다.

◈ 대체적으로 ☞ 官이 왕 할 경우는 아내가 남편에게 기를 못 펴고 있는 형국이라 서방님의 품에 안겨보는 것도 눈치를 보아가며 안겨야 할 형국이니 사는 것은 오죽하겠는가? 관의 즉 남편의 주변만 빙빙 돌아야하는 팔자이니, 결국은 배신을 당하거나, 누명을 쓰고 밀려나거나, 억울함을 감수하고 떠나야 하는 것이다.

◈ 官이 워낙 강하니 상식인 자손도 별로 힘을 못 쓴다. 그래도 남편에게 항변을 할 수 있는 것이라곤 자식인데 자식들도 애비가 무서워 그저 눈치만 보고 있는 형국인 것이다.

◉ 사주의 예 ◉

0	乙	辛	0
卯	丑	酉	丑

◧乙木일주의 여자다.
　관살이 旺하여 꿈쩍도 못하고 있다.

⬆ 그런데 관운이 와서 사랑을 좀 받나 싶었더니 아뿔사 남의 남자구나, 바깥에서 남자를 만나도 결국은 또 그 짝이다. 계란으로 바위를 치니 그 계란이 온전할 리가 있겠는가? 결국은 아내가 자기살길을 찾아 멀리 가는 수밖에는, ☞ 여자가 이혼을 하는 것은 官이 왕 한데 관운이 또 겹치는 것이요, ☞ 官이 冲, 刑을 받는 해에는 별수가 없어진다. 또한 ☞ 비견, 비겁 년에도 형, 충이 임하면 이혼수다.

445.

貸借契合	中間役割	모두모두	損敗됨은
比肩劫年	傷官流年	그탓인줄	아십시오
대차계합	중간역할	모두모두	손패됨은
비견겁년	상관유년	그탓인줄	아십시오.

◈ 貸借契合(대차계합)이라 하였는데, 예전에는 契(계)라고 하여 많이들 하였는데 지금은 별로 그것을 하지는 않는다. 여러 사람이 각각의 순번을 정하여 매월 얼마씩 불입을 한 후 목돈으로 그것을 타는 방법인데 없는 집에서 목돈을 모으는 방법으로 예전에는 많이들 하여 가정문제, 사회문제로 까지 번지기도 하였다.

계를 들어 곗돈을 붓지도, 말고 타지도 말라는 말이다. 늦은 번호로 하여 중간에 계원이 펑크 내면 부은 돈도 못 건지니 손해요, 미리 타도 그 나머지 곗돈을 부으려하여도 힘든 일이니 아예 주지도 받지도 달라는 설명이다.

◪ 대차라 함은 돈거래를 말하는 것인데 비견, 겁 년에는 돈거래를 하지 말라는 말이다. 물론 중간에서의 돈 심부름도 마찬가지이다. 보중은 인수에 해당이 되나 이와 유사한 행위도 마찬가지이다. 비견과 겁 년은 탈재라 그런대로 금방 이해가 가는데 왜 傷官流年(상관유년)이라고 하여 같이 안 좋은 것으로 보는가?

여기에서의 상관유년이라는 것은 상관기운이 흐르는 운이라 ,상관은 정관을 극하니 관재수가 되는데, 그것이 흐르는 작용을 하니 기운이 멈추지를 않는 것이다.

◪ 여자가 비견, 겁 년에 올해 운은 어떻겠느냐? 고 물으면 ☛ 주식이던 부동산이던 당신이름으로는 절대 하지 말고, 정 하고 싶으면 다른 사람의 명의로 하라고 하고, 가능한 안하는 것이 좋다고 하는 것이 옳다.

446. 四柱日支 刑冲年과 偏官年이 당도하면
男女間에 傷身手術 많이많이 보게된다.
사주일지 형충년과 편관년이 당도하던
남녀간에 상신수술 많이많이 보게된다.

◪ 四柱日支 刑冲年(사주일지 형충년)--------사주에서 일지에 형, 충이나 편관에 해당하는 年(해)를 만나면 남녀를 불문하고 몸을 크게 다치거나, 수술을 하게 된다는 이야기다.
일지에 형, 충이면 직접 나를 치고 들어오는 것이므로 이해가 금방인데 편관도 같다하니 그 이유는 무엇일까?

☛ 편관 역시 나를 억압하고 다스리는 자 이므로, 그 역시 나를 곤혹스럽게 하는 것이다. 이 역시 전체적인 흐름을 판단하고 결론을 내려야 할 것이다.

☛ 그렇다면 상관 년(상관 년)은 어떠할까?
상관은 편관을 극하므로 사고를 사전에 방지하는 효과가 있는 것이다. 그러므로 잘 다치지는 않는다.

447.
```
四柱身弱  傷食旺格  食神傷官  그해孕胎
아기날때  呻吟많고  人工流産  母厄이라
사주신약  상식왕격  식신상관  그해잉태
아기날때  신음많고  인공유산  모액이라
```

◘ 四柱身弱 傷食旺格 (사주신약 상식왕격)---------여자사주에서 상식이 왕 하여 신약으로 이어질 경우 가뜩이나 상식으로 인하여 약한데, 상식 년에 임신을 하여 출산을 할 경우 고통이 심하여 신음을 많이 하고, 자연유산으로 아기 지키기가 힘들어지니 각별히 유의 하여야 한다는 설명이다.

첫아이라면 친정집이 아니라 시댁에서 아이를 출산하는 것이 좋다. 유산이 아닐 경우 말이다. 이유는 시댁은 財이므로 식상의 기운을 설기시키니 일단은 태아에게는 괜찮은 것이다. 부적절한 관계로 인하여 임신이 되었을 경우는 임신중절수술로 이어진다고 보면 될 것이다.

☞ 여자사주에서 신약일 경우는 자연분만이 일단은 힘들다고 보면 될 것이다. 그럴 경우 자연분만으로 유도하다 시간낭비하지 말고 일찌감치 유도분만을 하여 인공분만을 하는 것이 산모나 가족에게도 훨씬 편한 것이다.

◉ 사주의 예 ◉

```
0  丁  0  0
0  未  未  未
```

◀ 丁火 일주의 사주인데, 상식이 왕 하다.
출산예정일이 戌(술)월이라고 한다면 어떨까?

⬆ 未戌刑(미술형)으로 유산을 하게 된다. 상식이 왕 하여 걱정인데 거기에 또 상식 월이요, 형이니 영락없이 재왕절개 수술이나 유산으로 이어지게 된다.

448.
```
印旺格에  食傷弱女  印星年을  만나면은
子孫之厄  있게되고  子宮乳腫  疾厄있네
인왕격에  식상약녀  인성년을  만나면은
자손지액  있게되고  자궁유종  질액있네
```

◘ 인수가 왕하면 자연 식상은 약하거나 맥을 못 추게 되어있는데 여기서 인성운을 만난다면 식상에 관련된 여러 면에서 곤란을 겪게 되는데, 식상은 여자에게 있어서는 자손이라 자손에게 흉사가 있게 되고, 식상은 여자에게 있어서 생식기와 연관이 있는지라 자궁관련 질환이 연결이 되는데 ,그중 제일 염려되는 것이 자궁암이라 항시 산부인과에 들려 그 부분의 이상 유무를 체크하여야 한다.

◉ 사주의 예 ◉

丙	乙	壬	0
子	亥	子	0

◀ 乙木일주의 사주이다. 인수인 水가 왕하다.
水에 從(종)하는 사주로 보자. 식상인 火運이 오면

수극화로 火가 水인 인수에 의하여 剋을 받아 凶事가 따르고 만사가 불통으로 이어지게 된다. 건강상의 문제도 해당이 되는 것이다.

乙木 日主(을목 일주)인데 지지에 水인 인수가 당권이라 浮木(부목)에 濕 木(습목)이라 나무가 물에 퉁퉁 불어있는 상태이다. 겨울의 습목이라 몸 자체가 너무 차가워 냉하다. 冷(냉)이 심하다보니 자궁 폐쇄 증으로도 연결이 된다. 정기적으로 산부인과에 가서 항시 진단을 받아야 할 사주인 것이다.☞ 자손이 생기더라도 기형아 ,부진아의 출산이 우려되는 사주이다.

449.
庚辛日生 財官旺相 丙丁年을 만난女人
月經量이 乾操하여 生理通에 呻吟이요
경신일생 재관왕상 병정년을 만난여인
월경량이 건조하여 생리통에 신음이요

➡ 庚辛日生 財官旺相(경신일생 재관왕상)---------庚申日生이라 함은 金 일주라 ,재관이 왕 하다 함은 木, 火가 왕 함이라 陰이 약하고, 陽이 왕한 형상이라 丙, 丁年을 만난다 하였는데 火운이라 金일주 에게는 곤혹인데, 더더욱 뜨거워지니 녹아내리고, 타들어가고, 마르고 하여 피의 색이 검어지고, 양이 부족하게 되어 월경불순으로 이어지고 ,생리통으로 연결된다.

◉ 사주의 예 ◉

乙	庚	丁	0
酉	午	未	0

◀ 庚金일주의 사주인데. 지지에 火局을 이루고 있다.
여기에서 또다시 火운을 만난다면

과연 어떻게 될 것인가? 陰인 ☞ 金水가 약하니 허리에서 아래쪽으로 약하다. 일주 또한 약하니 기력이 쇠하다. 조금만 힘든 일을 하여도 기운이 벅차 숨이 가쁘고, 입에서 침이 마르고 몸 안의 수분이 항시 부족하다 그러다보니 혈액 또한 부족한 것은 당연하고 허리가 아프고, 다리가 후들거린다.

450.
```
春冬月에  壬癸日女  金水木年  만나면은
月經之色  變黑하고  月經不順  이아니냐
춘동월에  임계일녀  금수목년  만나면은
월경지색  변흑하고  월경불순  이아니냐
```

➡ 春冬月(춘동월)이라 함은 봄, 겨울이요, 壬, 癸 일주니 水일주이고   金, 水 運을 만난다고 하였는데 水일주가 봄, 겨울이니 수목응결로 이어진다. 그런데 다시 金, 水運(금, 수 운)을 만난다고 하니 또다시 수목응결로 연결이 되어 신경이 더욱 더 굳어지는 현상이 나온다. 여기에 추가 한다면 급각살, 단교관살이 이에 해당이 된다.

◉ 사주의 예 ◉

```
0  癸  0  0
卯  丑  子  0
```

⬅ 癸水일주의 사주인데, 수목응결로 이어진다.
　　수생목이 잘 이루어질 것 같으나 습목.

⬆ 수목응결로 이어진다. 생리적인 형상에 있어서도 건조한 기운이 약하므로 깨끗하지가 못하고 항상 습기가 차 있는 듯 축축한 기운이 강하여 청결하지가 못함으로 인하여 여러 가지 질병의 원인이 되기도 한다. 습목이라 생리적인 현상을 해결하여도 늘 개운하지가 못하다. 다른 사람보다 요실금의 현상이 빨리 오는 편이다.
◉ 같은 木이라도 寅(인)목은 예외이다.------丙火가 있으므로

451.
```
春冬月에  甲乙日生  壬癸甲乙  其해오면
水足下元  冷冷하여  帶下症에  經不調라
춘동월에  갑을일생  임계갑을  기해오면
수족하원  냉랭하여  대하증에  경불조라
```

➡ 春冬月에 甲乙日生(춘동월에 갑을일생)------------춘동월의 木일주라 함은 甲乙 일생이 여름이 오기 전이라 아직 완전히 건조함을 갖추기 이전의 상태이다. 壬, 癸, 甲, 乙 이라 하였으니 水, 木(수, 목)運인데 항시 습기가 있는 나무인데 또 습기가 올라오니 전체로 찬 기운이 휩싸게 된다.

◆ 자연 손발이 차갑고, 냉증, 대하증 등으로 고생을 하고, 생리불순 등 각종 부인병으로 고생을 하게 되는 것이다. 이 때 필요한 것은 火운이다. 젖어있는 나무를 말려주기도 하고 ,또 火운으로 이어지면서 木火通明(목화통명)이 이루어져 매사가 순탄하게 풀리는 것이다.

◉ 사주의 예 ◉

0	乙	0	0
0	丑	子	0

◀乙木 일주의 사주인데 월지와 일지가 습을 이루어 水局(수국)을 형성하고 있다. 陰木이라 습기가 심한데

午, 未 火(오 미 화)가 올 때는 괜찮은데 申, 酉 (신, 유) 지나면서 부터 또 여러 애로사항이 나타나는구나. 손발이 차가와지고, 냉증, 대하증 ,생리불순 등 여러 증상이 나타나는데 앞의 증상들은 아예 한 묶음으로 묶어서 보는 것이 좋다. 세부적인 면에서 약간의 차이는 있으나 일단 보는 것은 묶으라.

452. 神經質이 大端함은 庚辛日이 財官해요
丙丁日弱 西北年은 視力眩暈 發作이라
신경질이 대단함은 경신일이 재관해요
병정일약 서북년은 시력현운 발작이라

➡ 神經質이 大端함(신경질이 대단하다함)은 신경이 무척 예민하다는 이야기인데, 신경은 木이라 木이 작용을 하게 되면 신경이 예민해진다. 짜증도 생기고, 알레르기가 생기기도 한다.

◀ 庚, 辛 日이 財, 官 해(경신일이 재, 관 해)라 함은 金일주가 木, 火(목, 화)운을 만난다는 설명인데, 金이 木을 만나는 것은 金木相戰(금목상전)이 발생하는 것을 의미하는데 金일주가 木, 火가 왕한 상태에서 또 목, 화운을 만난다면 어떻게 될까?

◉ 근본이 金(금)인 일주가 자기 성격을 그대로 표출을 못하니 항상 불만이 많은 편이다. 나름대로의 무쇠같이 단단하고 의리로 똘똘 뭉친 의리의 사나이 돌쇠가 자기의 소신을 뜻대로 못 펴고 항상 죽이고 사는데, 또다시 죽으라고 하니 말은 못해도 속이 부글부글 끓는 것이다.

◀ 자기의 성질대로 한 번 해볼라 해도 뒷감당에, 이것저것 가리다 보니 벌려보지도 못하고 그저 속만 태우고 있는 것이다.
인정에 끌려, 사랑에 끌려, 좋은 게 좋다고 그러니 애꿎은 술이나 마시는구나.

➡ 丙, 丁 日主(병정일주)는 火(화)일주라, 여러 사항이 있으나 여기서는 시력을 논하였다. 일주가 약하니 자연 시력이 좋을 수는 없는 일인데, 재, 관인 金, 水(금, 수)운을 만나니 더 안 좋을 수밖에 없는 일인 것이니, 시력이 더욱더 악화가 되는 것이다.

453.
```
戊己日生 弱한女人 財官食傷 그해오면
神經質이 일어나고 神經衰弱 두렵더라
무기일생 약한여인 재관식상 그해오면
신경질이 일어나고 신경쇠약 두렵더라.
```

◘ 戊, 己 日生 弱한 女人(무기일생 약한 여인)-------------土(토)일주가 신약한데 재, 관, 식상 운이라 하였으니 나한테는 하나도 보탬이 안 되는 사람들이라 土는 평정심이요, 중심인데 자꾸만 흔들거리는구나. 재, 관이면 水, 金운인데 財를 보자.

◈ 재운이면 눈앞에 재물이 보이는데 원래가 신약이라 계속 헛다리를 짚게 되고, 매일 눈앞에서 아롱거리기만 하는 형상인 것이다. 그러다보니 자꾸 평정심을 잃고 짜증만 나고 신경질이 날 수밖에, 관인 木(목)運이 오면 어떨까? 가만히 있으면 될 것을 공연히 건드려 나만 손해를 보는 형국이다. 木剋土(목극토)이니 나만 앉아서 당하는 형상이다.

◉ 식상 운이 오면 어떨까?
☞ 金木相戰(금목상전)이라 고래싸움에 새우등이 터지는 격이 된다. 이래저래 신경질만 나는 것이다.

454.
```
比肩劫年 印旺女人 다시流年 印比劫運
郎君뺏겨 二女同夫 九曲肝腸 애닯으다
비견겁년 인왕여인 다시유년 인비겁운
낭군뺏겨 이녀동부 구곡간장 애닯으다.
```

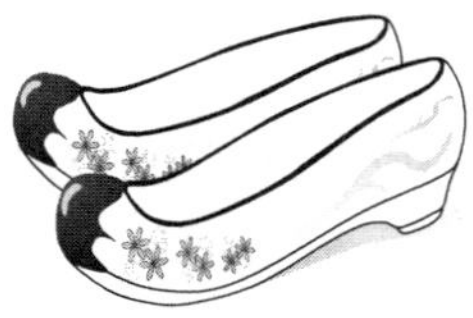

◘ 여자사주에서 인수가 지나치게 왕 하면 官인 남편이 생해주기 바쁘니 기운이 소진이 된다. 처갓집에 아무리 잘해주어도 남들 다하는 것인데 뭘 하면서 면박을 주기가 십상이다. 수고 했다는 소리 들어보기가 힘든 상황이 된다.

☞ 죽기 살기로 하여 다 바치어도 효과가 없다는 것이다. 그런데 또 인수 운이 온다면 그것도 부족하다고 더 갖고 오라는 이야기다.

◉ 비견, 겁 년이 오면 어떻게 될까?
나와 똑같은 사람이 또 나타나니 이것 참 환장할 노릇이다. 서방님이 부인 인줄 착각을 하고 그 쪽으로 가버린다. 에이, 백날 해주어도 모르는 사람 차라리 나 만 위해주는 여인에게로 가지하면서 등보이고 떠난다. 그렇지 않으면 양다리 걸치고 줄타기를 감행한다.

◉ 여자사주에서 식상 운이 오면 관을 극하므로 바가지 긁는 소리 듣기 싫어서

라도 남편이 도망을 간다. 財,官(재,관)운, 食傷(식상)운에는 남편과 이별 아닌
이별수인 것이다. 실제로 이혼을 하는 운이기도 하다.

◉ 九曲斷腸(구곡단장)
　　九曲肝腸(구곡간장) 굽이굽이 사무친 마음속, 아홉 번 굽은 간장이라 는 뜻

455.
陽女生人 奇數年에　陰女生人 偶數年에
華蓋三合 닿는해에　月老之約 있게된다
양녀생인 기수년에　음녀생인 우수년에
화개삼합 닿는해에　월노지약 있게된다.

◉ 月老之約(월로지약)----------결혼을 이르는 말이다.

☞ 결혼을 하는 해는 언제가 좋을까? 하는 문제이다.
결혼은 일단 합이 이루어지는 것이 좋다. 왜냐하면 서로 좋아 만나는 것이므로
합 이상이 어디 있겠는가? 그렇다고 무조건 합이 아니다. ☞ 일지나 년 지가 합
이 되는 것이 좋은 해(년도) 인 것이다. 日支는 배우자의 궁이니 당연한 것이
고, 年支 즉, 태세는 나의 기운이므로 이 또한 당연히 合이 되는 것이 좋은 것
이다.
◆ 간혹 合이 이루어지지 않더라도 결혼이 성립이 되는 경우가 있는데　刑, 沖
일 경우도 결혼이 성립이 된다고 보는데 그 이유는 부딪히고, 깨지고 처녀, 총
각의 껍질을 벗는다 하여 그리 하는 경우도 있는데, 일단 ☞ 충, 형이 이루어지
면 살아도 지지고 볶고, 볼 성 사나운 형상이 많이 나타난다. 결혼이 순탄하지
못하고 억지 결혼일 경우도 있고, 성립이 되더라도 구설이 많은 경우가 허다하
다.

456.
申子辰生	寅卯辰年	寅午戌生	申酉戌年
巳酉丑生	亥子丑年	亥卯未生	巳午未年
신자진생	인묘진년	인오술생	신유술년
사유축생	해자축년	해묘미생	사오미년

457.
이와같이 만난사람　世稱三災 되는해라
人敗財敗 많이나니　服巾到門 울음이라
이와같이 만난사람　세칭삼재 되는해라
인패재패 많이나니　복건도문 울음이라.

◑ 456,457은 삼재에 대한 설명이므로 같이 합하여서 설명을 하기로 하여보자.

申, 子, 辰(신, 자, 진)------寅, 卯, 辰(인, 묘, 진)
寅, 午, 戌(인, 오, 술)------申, 酉, 戌(신, 유, 술)
巳, 酉, 丑(사, 유, 축)------亥, 子, 丑(해 자, 축)
亥, 卯, 未(해, 묘, 미)------巳, 午, 未(사, 오, 미)

(태어난 해)   (당해년도)

걸리는 출생 년(삼합년도)-----------해당 삼 년간(방합, 계절로 본다)

☯ 삼재를 쉽게 기억하는 방법.
  삼합 년도를 생각하고, 해당하는 년은 방 합으로 보면 된다.
  걸리는 운(삼합년도)------------해당 삼 년간(방 합, 계절로 본다)

☛ 태어난 해 라는 것은 申子辰일 경우는 신, 자, 진 즉 申년---원숭이,子년
---쥐 辰년--용 하는 식으로 하여 띠를 생각을 하면 된다.
◉ 申년, 子년, 辰년에 태어난 사람은 寅년, 卯년, 辰년이 전부 삼재에 해당한
다는 설명인 것이다. (三)삼 년을 보는 것이다.
◉ 삼재란 무엇인가?

◆ 천살(天殺), 지살(地殺), 인살(人殺)을 두고 삼재라 한다
삼재는 12년마다 한 번씩은 돌아오게 되어 있는데 4계절의순환의 원리를 생각을
하면 될 것이다. 그 영향은 삼 년간에 해당하는 것이다.

◉.천살(天殺) 천재지변, 불가항력적인 사안으로 인간이 감당하기 힘든 일이다.

◉.지살(地殺)교통사고나 각종노상의 횡액을 말하며 지각에서의 사고를 말한다.

◉.인살(人殺) 각종보증, 사기, 횡령, 인재사고 등으로 인간으로 인하여 발생하
          는 불미스러운 일을 의미한다.

☛ 삼재는 화재(火災), 수재(水災) ,풍재(風災)를 말하기도 하며 ☛ 팔난
은 손재, 주색, 질병, 부모, 형제, 부부, 관재, 학업 을 말한다. 이것을 합쳐
삼재팔난(三災八難)이라 한다. ◉ 시작되는 해가 들 삼재라, 중간이 눌 삼재,
마지막 년(年)을 날 삼재라 한다. 삼재가 들어와서 누워 가지 않고 있다가, 때
가 되어 날아가듯 나간다고 하여 붙여진 듯하다.

⬇ 삼재(三災)종류

◉ 복 삼재(福 三災)

삼재하면 무조건 안 좋은 일들의 연속으로 생각을 하는데, 매사 모든 일이 전화
위복이 되어 오히려 길로 작용을 하는 경우인데 이때는 凶(흉)이 아니라 吉(길)
이다

◉ 평 삼재(平 三災)

마치 아무 일도 없는 것처럼 무난히 지나는 경우, 길도 흉도 아닌 경우이다.

◉ 악 삼재(惡 三災), ◉ 凶 三災(흉 삼재)

吉(길)도 凶으로 변하고 ,모든 일이 막힘의 연속이요, 속 타는 세월을 보내게
된다. 그야말로 되는 일이 하나도 없는 것이다. 이때는 하늘이 무심하고 세상이
원망스럽기만 한 것이다. 자빠져도 코가 깨지는 운인 것이다.

壽命(수명)

얼마나 살고, 언제 죽는가?

우리는 흔히 알고 사는가?
살고 아는 가? 라는 말을 종종 한다.
참으로 의미심장한 말이다.

사람의 욕심이란 끝이 없어 천 년 만 년 살고 싶어 하는 것이 인간이다.
어떤 이는 세상이 지겨워 일찍 죽었으면 하지만, 모진 것이 목숨이라 그것이 그
리 내 뜻 데로 안 되는 것이 또한 사람의 목숨인 것이다.

그리 살려고 발버둥을 쳐도 어떤 이는 일찍 가고,
죽으려 애를 써도 어떤 이는 오래살고,
다 자기의 주어진 운명이라는 것이 있는 것이다.

무난하게 삶을 마감하는 사람이 있는 가하면,
불의의 사고로 이승을 일찍 하직하는 사람도 있그,
그것은 인간의 힘으로 어찌할 수가 없는 것이다.

458. | 假令定運 一一이면 一六歲가 닿는해에
二二定運 되는사람 二七歲가 닿는해에
가령정운 일일이면 일육세가 닿는해에
이이정운 되는사람 이칠세가 닿는해에

◒ 대운에 대한 설명이다.

사람은 누구나 타고난 선천적인 성정이라 던 가 성향 등 본인의 타고난 모든 것이 나타나는데 그것은 각자의 사주를 보면 그것이 나타난다. 즉 본인의 선천적인 운이요, 모든 것을 내포하고 있는 것이다. 반면에 대운은 살아가면서 선천적인 운과의 조화를 이루면서 변화를 하는데, ☞ 그것은 후천적인 운으로 우리가 대운이라고 한다.

고로 사람은 살아가면서 선천적인 운과 후천적인 운에 의하여 모든 것이 결정이 되는 것이다. 이것은 서로 도움도 되기도 하고 때로는 해하기도 하며 서로가 연관이 되어 작용을 하니 서로의 관계는 싫어도, 좋아도 같이 가는 것이다. 선천적인 것은 나와 있는 것이므로 변화가 없으나 대운에 의하여 그것이 변화하여 많은 작용을 하므로 둘의 복합관계를 잘 살펴야 정확한 운명을 논하는 것이다.

대운도 천간과 지지가 있는데 ☞ 천간을 5년, 지지를 5년으로 나누어서 보는 것을 설명한 것이다. ☞ 보통 천간과 지지를 같이하여 10년을 본다. 보는 사람에 따라서 다른 의견도 있으나 전체를 다 보는 것이 정확하다.

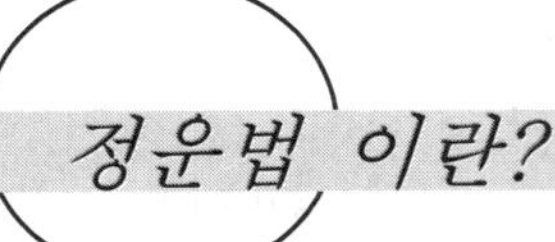

정운법 이란?

남녀가 출생된 해(年)를 살펴 천간이 陽인지, 陰인지를 가려☞ 양남, 음여 하여 순행을 하고, ☞ 음남, 양여라 하여 역행을 하여 계산하는 방법인데 양남, 음여 순행이라 함은 생일에서부터 앞으로 오는 절기의 총 일 수를 계산하여 3으로 나누어 계산을 하는 방법이고, 음남 양여 역행이라 함은 생일을 기준하여 뒤로 절기의 절 입일 까지 날짜의 수를 계산하여 3으로 나누어계산하는 방법이다.

이때 나머지 숫자를 그 사람의 운이 변동이 오는 해로 보는데 이러한 방법을 정운법이라고 하는 것이다.

459.
```
職業身上  一大變革  週期的의  變動이니
其命維新  하게되며  吉凶禍福  반기운다.
직업신상  일대변혁  주기적의  변동이니
기명유신  하게되며  길흉화복  반기운다.
```

職業身上 一大變革 週期的의 變動(직업신상 일대변혁 주기적의 변동)------직업
신상의 일대 주기적인 변동이라 하였으나 이의 해석을 잘 하여야한다. ☞ 변동
이라고 무조건 변화가 있는 것이라고 생각을 하면 안 되는 것이다. 바뀌는 것인
지 큰 것이 작은 것이 되고, 작은 것이 큰 것이 되는지 ,비슷하게 변화하는 것
인지, 완전히 성격이 바뀌는 것인지 그 모든 것을 종합을 하여야 하는 것이다.

상황에 따른 변화의 필요성을 역설한 것이다. 집도 오래되면 리모델링을 하여야
하고 상품도 오래되면 새로운 개정된 상태가 되어야 한다는 것이다. 이때 그 ☞
변화의 흐름에 잘 맞추어야, 복되고 흉도 피해 갈수가 있다는 설명인 것이다.

 비가 올 것 같은데 빨래를 밖에 널어놓는 사람은 없을 것이다. 겨울에 추운데
여름옷을 입고 나가지는 않을 것이다. 바로 이것이다. 비 올 때는 우산을 갖고
다니고, 추울 때는 옷을 따뜻하게 입고 다니는 것이다. 이처럼 적응을 제대로
하여야 된다는 이야기인 것이다.

460.
```
四柱精神  日主보아  大運歲運  대조하니
吉凶禍福  自然따라  興亡盛衰  나타난다.
사주정신  일주보아  대운세운  대조하니
길흉화복  자연따라  흥망성쇠  나타난다.
```

사주를 추명 할 때 일주를 기준하여 대운과, 세운을 보는데 운이 길한지, 또는
흉한지 에 따라 길흉이 나타나므로 그에 대한 정확한 판단이 필요한 것이다.

일주는 본인이요, 我(아), 나 자신인 것이다.

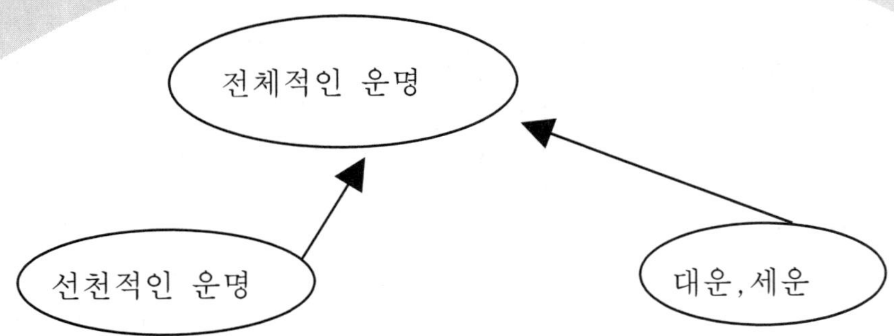

전체적인 운을 100으로 본다면 대운, 세운이 차지하는 비중도 무시를 못하는 것이다. 오히려 대운과 세운의 비중이 더 크다는 것을 알아야 할 것이다. 이유는 목재라도 그것을 활용하기에 따라 천 가지 ,만 가지의 변화가 이루어지는 이치인 것이다. 아무리 좋은 나무라도 관리를 못하면 별 볼일이 없는 하찮은 나무로 전락을 하듯 대운과 세운에서의 변화에 대처를 잘 하여야한다는 것이다.

461.
```
大運歲運  運行하다  中和失道  하게되면
永永回復  못하고서  黃泉行車  타게된다.
대운세운  운행하다  중화실도  하게되면
영영회복  못하고서  황천행차  타게된다.
```

◘ 大運歲運 運行하다 中和失道(대운세운 운행하다 중화실도)--------대운과 세운에서 그 기운이 중화를 실도 한다 함은 균형을 잃고 즉 凶으로 연결이 되면, 사주의 주인인 일주는 그것을 감내하지 못하여 세상을 하직하게 된다.

대운과 세운에서 협공이 들어오게 되면 외부로 부터의 압력이 지나쳐 그것을 막아낼 재간이 없다는 말인데, 결국은 이승과의 이별이라는 설명이다. 그렇다고 무조건 나이가 얼마 되지도 않았는데 무조건 죽는다. 라고 볼 수는 없는 것이다.
상황과 전체적인 것을 파악을 하고 판단을 하여야 할 것이다. 개중에는 요절이라는 경우도 있지만 그것은 특별한 경우인 것이다. 원사주의 기운과 전체적인 것을 항상 잊지 말고 확인을 하면서 보아야 할 것이다.

462.
```
劫財羊刃  歲運幷臨  財官俱沒  하게되니
養命之源  財絶로서  其人隱命  가외로다
겁재양인  세운병임  재관구몰  하게되니
양명지원  재절로서  기인은명  가외로다.
```

◙ 劫財羊刃 歲運幷臨 財官俱沒(겁재양인 세운병임 재관구몰)------사주에서 재나 관이 용신일 때, 운에서 또다시 양인이나 비겁 운을 만나면 財, 官이 힘을 못 쓰고 사라지려하니 ☞ 養命之源(양명지원)-----명줄을 이어주는 양분,즉 음식을 섭취하여야 활동이 되므로 그리 표현을 한 것이다. 그것의 근본인 財(음식)가 끊어지니 수명을 연장할 수 없으니 그것이 두렵구나.

463.
```
四柱印星 逢財者가 再行財運 印死墓絶
生我者가 無氣하니 我亦氣絶 黃泉간다.
사주인성 봉재자가 재행재운 인사묘절
생아자가 무기하니 아역기절 황천간다.
```

◙ 四柱印星 逢財者가 再行財運 印死墓絶(사주인성 봉재자가 재행재운 인사묘절)------------사주에서 印受(인수)가 用神(용신)인데 운에서 또 다시 재운을 만난다면 ,인수가 死, 墓, 絶(사, 묘, 절)이 되니 정작 도와주어야 할 사람이 쓰러져 나를 도와주지 못하니, 도움을 받아야 할 나 역시 기력이 쇠하여 쓰러진다는 설명. 긴급환자가 응급실에 도착을 하였는데 치료를 할 의사가 없구나. 생명은 시각을 다투는데 귀인은 어디에 있단 말인가?
☞ 用神이 인수인데 재운을 만나니 용신이 剋을 받아 일주를 돕지 못하니 일주가 쓰러진다는 설명.

◉ 사주의 예 ◉

```
0   丙   辛   戊
寅   辰   酉   申
```
◀ 丙火 일주의 사주이다.
　　지지에 金기운이 강하다.

◉ 천간으로 正財 辛 金이 투출이 되어있다.
◉ 用神은 시지의 寅 木이 되겠는데, 인수가 된다.
◉ 자연 財運이 오면 인수가 파괴되면서 일주에게는 큰 타격이 오게 된다. 財인 申운이 온다고 하여보자. 寅木이 申金을 만나니 冲(충)이요, 剋(극)을 받고, 絶地(절지)가 되어 죽어버린다. 용신이 맥을 못 추는 것이다.
◉ 용신이 死, 墓, 絶(사, 묘, 절) 운이 으면 다 命(명)을 다하는 것일까? 포태법으로 한 번 살펴보도록 하자.

⬆ 지금 이 사주에서는 ☞ 陰의 기운이 강하고 陽인 木, 火의 기운이 부족하다.

◆ 寅 木(인목)이 午 火(오 화)를 만나면 死 宮(사궁)이 된다. 나의 기운이 다 빠져나가므로 그 자체로는 사궁인 것이다. 이것은 포태법에서의 설명인 것이다. 그런데 寅 木은 午 火와 합을 이루어 火 局을 형성함으로 인하여 일간인 丙火가

힘을 얻어 살아나게 된다.

➡ 인수인 어머니 寅木의 헌신적인 희생으로 인하여 자식인 丙火가 자립을 하도록 하여준 것이다. ☞ 寅木 자체는 死宮(사궁)이지만 정작 본인인 일주에게는 藥이 되는 것이다. 결국 용신이 死宮이라 하여도 죽거나 쓰러지지는 않는다는 설명인 것이다.

◉ 용신인 寅木이 火로 化하여 나에게 힘이 되고 그 부분을 그대로 차지하므로 없어지는 것은 하나도 없는 것이다. 용신인 寅木은 없어졌어도 火로 변하여 그대로 자리를 지키고 있다는 설명이다. 결국은 그 역할을 훌륭하게 하고 있다는 설명인 것이다.

464.

| 巳午未月 甲乙日生 寅午戌과 丙丁運은 |
| 木焚飛灰 되는形象 魂飛魄散 藥無効라 |
| 사오미월 갑을일생 인오술과 병정운은 |
| 목분비회 되는형상 혼비백산 약무효라. |

◆ 甲乙日生(갑을일생) 木일주가 巳午未(사오미) 火월에 출생을 하였는데 地支(지지)에 火局(화국)을 이루고, 천간으로 火運(화운)이 도래하면 기력이 쇠하여지고, 정신이 혼미하여 아무리 약을 써도 듣지를 않고 결국은 세상을 뜬다는 이야기이다.

◉ 格局(격국)으로 설명을 한다면 ☞ 식상이 왕 하니 眞傷官格(진상관격)인데, 운에서 또다시 상관기운이 덮쳐오니 가뜩이나 허탈한데 ,또 기운을 빼니 그야말로 기진맥진이라 ,상관 격은 진상관 격과 가상관 격으로 분류가 되는데 진상관 격은 상관의 기운이 왕하니 또 상관운을 만나면 대책이 없는 것이고, ☞가상관 격은 극하는 인수가 왕한 형상이라 인수 운이 또 오면 엎어놓은 밥그릇을 또 엎어버리니 사경을 헤메이게 된다는 설명이다.

➡ 木焚飛灰(목분비회)---나무가 불에 타서 재로 화하여 날아감을 말한다.

465.

| 假傷官에 印星運은 十中九死 可畏하고 |
| 四柱官殺 混雜하면 官殺財運 危命이라 |
| 가상관에 인성운은 십중구사 가외하고 |
| 사주관살 혼잡하면 관살재운 위명이라. |

◙ 假傷官(가상관)격이라 함은 상관이 약한 사주인데, 극하는 인성 운이 오면 그나마 남은 밥줄마저 끊어버리니 살아남기가 힘든 것이고, 사주에 관살이 혼잡하여 신약인데 또다시 재살, 관살이 오면 그 역시 살아가기가 힘드니 노년에 이런 운이 온다면 역시 살아가기가 힘들다는 이야기다.

☛ 관살은 귀신이요, 염라대왕인데 저승 행 명부에 이름이 올라있으니 데리려 왔다하고 데리고 간다는 이야기다.

財殺에 명이 다하는 사람도 있는데 어떤 이는 초상집에 가서 음식을 잘못 먹고 저승길로 가는 사람이 있는데 ☛ 財는 음식이라 財殺(재살)로 죽는 것이다. 인절미 잘 먹다가 기도가 막혀 죽는 경우가 바로 이것인 것이다. 또는 과음으로 인하여 토하던 도중 기도가 막혀서 사망하는 경우도 있는데 이것 또한 마찬가지인 것이다.

> 466. 己土日主 弱한몸에 財官傷官 運을보면
> 　　　脾胃弱해 呻吟하다 그만不祿 하게되네
> 　　　기토일주 약한몸에 재관상관 운을보면
> 　　　비위약해 신음하다 그만불록 하게되네

◙ 脾胃(비위)라 함은 비장과 위장을 이야기하는 것인데 오행으로 본다면 戊己土 가 해당하는 사항이라, 일주 자체가 약하니 자연 기능도 떨어지는데 일주인 己土를 힘들게하는 재, 관운이 오니 더욱 곤혹스러운데, 상관 운 역시 마찬가지이고, 여기에서 신약사주의 비애가 나오는 것이다. 오행별로 그 증상을 살펴보자.

◉ 金일주가 재, 관인 木, 火가 많을 경우---------폐병 앓다 신음하고
◉ 土일주가 재, 관인 水, 木이 많을 경우---------비위 약해서 신음하다 죽고
◉ 木일주가 재, 관인 土, 金이 많을 경우---------간에 병이 와서 죽고
◉ 火일주가 재, 관인 金, 水가 많을 경우---------심장병으로 사망하고
◉ 水일주가 재, 관인 火, 土가 많을 경우-----신장, 방광의 이상으로 신음하고

⬇ 사람이 죽을 때도 보면 오행의 특성을 그대로 나타낸다.

◉ 金일주 죽을 때---------피토하며 천장이 가라앉는 듯 개벽하듯 사망하고,
◉ 土일주 죽을 때---------은근히 끈질기게 버티다 조용히 가고,
◉ 木일주 죽을 때---------말라서 비틀리듯 숨지고,
◉ 火일주 죽을 때---------붉으락, 푸르락, 하얗게 변화가 무쌍하여 숨지고,
◉ 水일주 죽을 때---------긴 병으로 길게 끌다 사망한다.

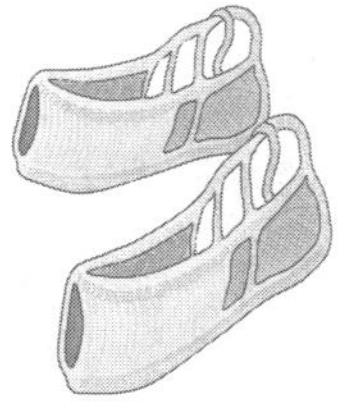

467.　丙臨申位　逢陽水에　行運壬癸　必死하고
　　　己入亥宮　遇乙木은　財殺運에　必沒한다
　　　병임신위　봉양수에　행운임계　필사하고
　　　기입해궁　우을목은　재살운에　필몰한다

➡ 병임신위(丙臨申位)라 함은 丙辛日主(병신일주)를 가르치고,
逢陽水(봉양수)라 함은 사주에 水기가 강함이요,

☛ 行運壬癸(행운 임,계)라 함은 水運(수운)을 만남이니 丙火일간이 물에 휩쓸
려 흔적도 없이 사라짐이고,
☛ 기입해궁(己入亥宮)이라 함은 己亥日主(기해일주)를 말하는 것이고,
☛ 遇乙木(우을목)이라 함은 木기운이 강함이라, 자연 財殺運(재살운)에 온 몸
이 갈라지듯 흩어지면 죽는다는 설명이다.

468.　寅巳午月　庚寅午戌　四柱火局　火運오고
　　　再行財官　殺運오면　玉京列車　타게된다.
　　　인사오월　경인오술　사주화국　화운오고
　　　재행재관　살운오면　옥경열차　타게된다.

◙ 庚金(경금)일주가 지지에 火局(화국)인데 또다시 재, 관운인 木, 火運이 오
면 玉京列車(옥경열차)라 이승을 등지고 저승을 향하게 된다는 설명. 金일주가
지지에 火가 왕 하니 從하는 사주 같으면 괜찮은데,
➡ 從하지 아니하는 사주라면 재, 관운인 ☛ 木, 火운이 오면 꼼짝을 못한다는
이야기다. 月支(월지)에 寅, 巳, 午(인, 사, 오)니 木, 火 운이면 끝이다.

469.　寅卯夏月　庚辛日이　地支財局　官殺局은
　　　財殺運에　財殺年은　十中九死　틀림없다.
　　　인묘하월　경신일이　지지재국　관살국은
　　　재살운에　재살년은　십중구사　틀림없다

◙ 寅卯夏月(인묘하월)이라 함은 木, 火運(목, 화운)인데 庚辛日(경신일)
이라 하였으니 金(금)일주라, 그런데 지지에 財局(재국)이나, 官殺局(관살국)을
갖추고 있으니 매우 신약한 사주임에는 틀림이 없는 것이다.

여기에서 財, 殺 局(재, 살 국)이라 하였으니 감당을 할 수가 없게 되는 것이
다. 운에서 들이 닥친다면 아야 소리도 못하고 세상을 뜬다는 이야기다. 특히

신약일 경우는 ☞ 정관보다, 편관 운에는 더 심하다. 사람은 태어날 때 여러 가지 복을 갖고 태어나는데 이런 경우는 일치감치 죽을 복을 갖고 태어났다고 보아야하니 사람의 팔자라는 것이 참 무엇이 관대 다 업인가 보다.

---

470. 甲乙日生 亥子月에 土薄金多 更逢水運
其木星이 漂流하여 黃泉海에 도달한다.
갑을일생 해자월에 토박금다 갱봉수운
기목성이 표류하여 황천해에 도달한다.

◘ 甲乙日生(갑을일생)이 亥子月(해자월)에 출생을 하였으니 水氣가 왕한 형국인데 ,그를 억제할 土(토)기운이 약하고 왕한 水(수)기운을 생하여주는 金(금)기운이 강하면 甲乙 木日主(목일주)는 매우 신약한 것인데, 여기에 水運(수운)을 만난다고 하니 ☞ 겨울의 찬 얼음물에 얼어 붙어있는 나무인데 물이 갑자기 불어나니 옴짝달싹도 못하고 물에 휩쓸려 떠내려가는데 가는 곳이 바로 黃泉(황천)으로 가는 黃泉海(황천해)라는 설명이다.

➡ 바다낚시를 갔다가 실종사고로 인하여 시체도 제대로 찾지 못하는 경우도 있었는데 바로 이러한 상황이다. 물 조심을 하여야 할 사주인 것이다. 관도 마련을 못하고, 시신도 찾지 못하니 영원한 수귀로 되는 것이다.

예전의 KAL기 사고시 시신들, 얼마 전 제주바다에서의 실종사건은 아직도 제대로 찾지를 못하지 아니하였던가? 사주의 성향이 이러하다는 것이다. 쓰나미 사건 이라던가 다 이런 부류인 것이다.

---

471. 四柱身旺 羊刃殺에 偏官七殺 못만나고
羊刃劫에 合結하면 大禍凶死 두렵도다
사주신왕 양인살에 편관칠살 못만나고
양인겁에 합결하면 대화흉사 두렵도다.

➡ 이번에는 반대로 사주가 지나치게 강한 경우를 보도록 하자. 사주란 지나치게 강하여져도 또 지나치게 신약으로 화하여도 아니 좋은 것이다.

☞ 사주가 신왕한데 거기에 양인이 중중할 경우는 더더욱 위험하다. 사주 자체에 양인을 억제하는 기운이 있거나 운에서 양인을 억제하는 운이 도래하여야 그 때는 좋은 것인데 운에서 오는 것은 그 운이 지나고 나면 그 만이니,

☞ 사주원국 자체에 그 기운이 있어야 하는 것이다.

그런데 운에서 比肩(비견)이나 比劫 運(비겁 운)이 오면 신왕 한 일주는 더욱 신왕 하여져서, 身太旺(신태왕)한 자기 자신의 크나 큰 그 힘을 억제하지를 못 하고 결국은 그것을 터트려 발산을 하는데 ,그것이 잘못된 방향으로 흐른다는 이야기다.

◪ 전선의 두께는 한정이 되어 있는데, 전류가 지나치게 많이 흐르면 선이 터지 듯 과부화로 인하여 사고가 난다. ☞ 스스로 자신을 다스리지 못하여 불상사가 생긴다는 설명이다. ◉ 이름하여 太强則折(태강즉절)이다.

◉ 사주의 예 ◉

0 甲 0 0
亥 子 卯 卯

◂ 甲木日主(갑목일주)의 사주이다.
지지에 卯木 羊刃(양인)을 놓고 있는데 양인을

⬆ 억제할 편관이 없다. 그런데 여기에 또다시 羊刃, 劫(양인, 겁)에 合이 되는 運이 온다면 즉 亥, 卯, 未(해, 묘, 미)運이 온다면 甲木日主 (갑목일주)는 기 운이 너무 강하여져서 그 어느 것도 방법이 없어진다.

▣ 身太强(신태강)이 되므로 결국은 터지고 마는 것이다. 자폭이다. 개구리가 황소 흉내 내다가 배가 터지듯 ,풍선도 지나치게 가스가 팽창되면 터지듯 못 말 리는 상황으로 치닫는 것이다.

472.

七殺制遇 更制殺運 吉化爲凶 하게되어
盡法無民 처량하다 乘彼白運 別世界라
칠살제우 갱제살운 길화위흉 하게되어
진법무민 처량하다 승피백운 별세계라.

◪ 制殺太過格(제살태과격)에 대한 설명이다. 상식이 많아 七殺(칠살)을 지나치 게 억압을 하고 있다. 그런데 또 다시 制殺運(제살운: 관살을 극하는 운)이 온 다면 盡法無民(진법무민)으로 즉결처분으로 이어진다.

▣ 왜 식상이 많으면, 즉 상식이 많으면 관을 극할까? 우수개 소리로 생각을 하 여보자. 상식이 많다 즉 아는 것이 많으므로 내가 생각하는 것이 옳은 것이요, 전부가 꼭 그리 하여야만 하는 것이다. 그까짓 법이고 뭐고 다 필요 없어 내가 다 아는 것인데 뭘 만물박사인데, 공연히 시간 낭비 하지 말고 이렇게 하는 것 이 옳소 하고 밀어붙이는 것이다.

➡ 남의 이야기고 뭐고 들어볼 필요도 없는 것이다. 이사람 에게는 상식이고, 윤리고, 도덕이고, 법이고 다 필요가 없는 것이다. 완전히 황야의 무법자인 것이다. 위아래가 필요 없는 것이다. 하극상의 전형적인 인물인 것이다. 결국은 자기 자신이 아랫사람에게 당하고, 스스로 아는 것이 많다고 한 그 자체에 당하는 것이다. 결국은 자기 꾀에 자기가 당하는 것이다.

◉ 좋은 것도 결국은, 자기에게 禍로 돌아오는 결과가 되는 것이다.

◉ 乘彼白運(승피백운)----- 하얀 구름을 타고 신선이 되어 하늘로 올라간다.

473.

印星太旺　更逢印星　壽星自沒　危命이요
運命元辰　하게되면　須當妖折　可憐하다.
인성태왕　갱봉인성　수성자몰　위명이요
운명원진　하게되면　수당요절　가련하다.

◉ 印星太旺　更逢印星　壽星自沒　危命이요(인성태왕　갱봉인성　수성자몰　위명이요)----------------사주에서 인성이 태왕하게 되면 식상이 용신이 되게 되는데, 용신을 극하는 인성 운이 오게 되면, ☞ 壽星(수성)인 傷食(상식)이 없어 스스로 자멸을 하게 되고, 목숨 또한 위태로워지는 것이다.
☞ 사람이 목숨을 연명하려면 財(재)인 음식을 잘 먹고 영양을 섭취를 잘하여야 하는데, 그 밥을 담는 밥그릇을 엎어버리어 밥을 먹을 수가 없으니, 몸을 지탱을 할 수가 없어 결국은 세상을 등지게 되는 것이다.
☞ 사업을 하는 사람이 이와 같은 운이라 하면 사업이 부도나는 것으로 연결이 이어진다.

474.

棄命從殺　棄命從財　一點微弱　印星있고
大歲大運　印星結合　閻羅王에　應召된다.
기명종살　기명종재　일점미약　인성있고
대세대운　인성결합　여라왕에　응소된다.

◉ 棄命從殺 (기명종살)이라 함은 官殺(관살)에 從한다는 의미이고,
◉ 棄命從財 (기명종재)이라 함은 財殺(저살)에 從한다는 의미이다.
　합하여 설명을 하면 결국은 ☞ 종재, 종살이요, 종하는 사주인 것이다.
➡ 여기에서 一點微弱 印星(일점미약 인성)이라고 하였는데, 인수는 나를 생하여주니 힘이 되어주는 것인데 어째서 나쁜가? ☞ 이미 재혼하여 사는데 전

남편을 만난들 무엇하고, 전부인 만난들 무엇 하는가? 오히려 가정불화요, 입지만 난처하여지는 것이다. 그런데 대운, 세운에서 인수와 결합이라고 하였으니 인수에 미련을 두는 것이 아닌가?

➡ 전남편과의 심한 불화와 성격차이 등 여러 문제로 이혼을 하고 어려운 처지에 있는 아내 데려다가 호강시켜 놓으니 이제 서방 몰래 전남편 운운하니 서방이 눈이 돌아버린다. 에이 천하에 몹쓸 계집 같으니 하면서 몽둥이로 찜질을 한다. 불쌍한 고아 데려다 길렀더니 지 잘났고, 양부모 알기를 우습게 안다. 에이 후레자식 나가라 하고 내 쫓아 버리는 것이다.

◉ 운에서 이러한 형상이면 만사가 불통이다. 여기서는 수명에 관한 사항이니 명줄이 끊어지는 것이다. 인수 다음에는 肩, 劫運(견, 겁운)이니 이것은 보나마나 두 말이 필요 없는 것이다. 재, 관에 복종을 안 하는 운은 아예 볼 것이 없는 것이다.

475.

木日主가	別世할땐	肝經疾病	風疾많고
火日主가	臨終時엔	心臟痲痺	血壓이라
목일주가	별세할땐	간경질병	풍질많고
화일주가	임종시엔	심장임비	혈압이라.

◉ 사람마다 다 죽을 때는 그 원인이 있는 것이다. 영원히 살지 못하고 죽는 것은 정하여진 사실인데 살만큼 살다가 가는 경우는 거의 병으로 인하여 가는 것이다.

물론 그 이전에 자의 던 타의 던 사고사나 기타의 사유로 명을 달리하는 경우도 있지만 늙어죽는 것은 ☞ 세포가 노쇠하여 제 기능을 발휘하지 못하고 고장이 나서 결국은 육신이라는 몸을 지탱을 하지 못하여 운명을 달리 하는 것이다.

♣ 죽는 사람도 똑같은 원인으로 죽는 것이 아니라 가지가지 원인으로 인하여 사망이라는 인생의 종지부를 찍는다. 결국은 병사하는 것이다.

◉ 이제 오행별로 그 원인을 분석을 하여보자
◉ 木 日主(목 일주)일 경우의 사망원인은 무엇일까?

너무 많아도 탈이요, 너무 적어 모자라도 탈인데, 목에 해당하는 관장기관은? 여기서는 간경질환, 풍질(중풍) 이라 하였는데 그 외에도 담(쓸개),머리 쪽에 관련된 질환(두통, 편두통, 신경질환, 목 관련 질환 등 여러 부분이 있다.

◉ 火 日主(화 일주)의 경우

火일주의 경우는 주로 심장계통의 질환이나 소장, 어깨관련 질환, 가슴이 답답함 등이 연관이 된다. 이의 주된 원인은 조화가 원만하게 이루어지지 아니하고 서로 상통함이 막힘으로 인하여 일어나는 것이다.

476.
土日生人	去世時엔	肥胃脾氣	其病이요
庚辛日主	血壓急病	土血之死	많이보고
토일생인	거세시엔	비위부기	기병이요
경신일주	혈압급병	토혈지사	많이보고

◉ 土 일주일 경우는 주로 내분비계통으로 연관기 되는데 肥(비)--지라, 위계통의 질환, 장계통의 질환 ,갈비뼈 계통이 질환 등으로 이어진다.

◉ 金 일주의 경우는 주로 혈압급병, 뇌일혈이나, 폐 관련 질환, 대장, 치질 , 변비 등이 원인이 되어 발생되는 질환, 관절로는 다리라든지 기타골수염등도 이에 해당이 되고 골다공증도 해당이 된다.

477.
壬癸日生	歸幽時는	腎腸炎病	脬氣로서
久病으로	앓다가니	이것또한	運命일세
임계일생	귀유시는	신장염병	포기로서
구병으로	앓다가니	이것또한	운명일세

◉ 水 일주의 경우는 주로 신장, 방광 등을 주로 보는데 나이가 들어 방광염이라던 가 요로협착증, 비뇨기계통질환, 수족냉증, 특히 운명 시 몸이 붓는 경우가 있는데 이것은 신장염계통으로 부기로서 구병으로 앓다가 가는 경우도 있다. 대체적으로 水일주로 水氣가 태 왕 할 경우는 긴 병을 앓다가 가는 경우가 많다. 그 이유는 水 일주라 물이니 희석죽용을 하니 약을 먹어도 약효가 잘 안 받는 것이다. 긴 병에는 효자가 없다는 말이 곰곰 생각이 난다.

478.
夏月生人	甲乙日生	喘息咳嗽	其病가고
腦溢血病	가게되니	世上뜰때	지나보소
하월생인	갑을일생	천식해수	기병가고
뇌일혈병	가게되니	세상뜰때	지나보소.

◉ 木(목)일주가 여름에 태어나니 나무에 간직된 수분이 다 증발을 하는구나.

나무가 건조하니 水氣가 부족하여 입안이 건조하여 천식, 해소가 심하여지니 병에 세상을 뜨는 또한 경우가 생기고, 목화가 왕 하니 금이 맥을 못 추니 빈혈로 쓰러지는 경우가 생기는구나. 화기가 왕 하니 피가 모자라서 자연 뇌일혈 즉 악성 빈혈로 쓰러진다는 이야기다

479.
春冬月에 壬癸甲乙 中風病에 많이가고
己庚辛日 身衰者는 肺病咯血 朝天이라
춘동월에 임계갑을 중풍병에 많이가고
기경신일 신쇠자는 폐병객혈 조천이라.

◙ 春冬月(춘동월)봄과 겨울에 출생한 水와 木이라 아직도 寒氣(한기)가 가득하여 따듯한 온기가 필요한데 ,몸이 항상 냉하구나, 수, 목이 응결이라 중풍에 가는 경우가 많고, 己土(기토)일주나 庚, 辛(경신)金일주가 신약하면 폐병, 각혈(피를 토하는 질병)로 가는데, 金일주가 신약하다 함은 木, 火인 財, 官이 왕한 경우라 ☛ 金(금)일주에 지지가 火局을 이룬다면, 몸이 뜨거워져서 피가 자연 밖으로 나와야 하니 그것이 토혈, 각혈로 이어지는 것이다.

480.
實地神殺 經驗하여 推命歌를 造出하니
命理學友 互傳하여 弘益人間 하십시오.
실지신살 경험하여 추명가를 조출하니
명리학우 호전하여 홍익인간 하십시오.

실제로 신살을 경험하여 추명하는 것을 노래가사체로 엮어 내어놓으니 명리학을 연구하는 학우들께서 서로 연구하여 좋은 내용을 많은 이들에게 알려주어 이로운 쪽으로 활용을 하여 도움이 되도록 하여주시기 바랍니다.

-------- 終------

추명가 모음

여명 편

(231-480)

231. 乾道成南 坤道成女 各各體性 다르나니
　　　男命剛强 能動하고 女命柔順 受動이라
　　　건도성남 곤도성녀 각각체성 다르나니
　　　남명강강 능동하고 여명유순 수동이라.

232. 女命身弱 아름다워 能奉瓮姑 하지마는
　　　身强이면 不美하여 不孝翁姑 欺夫한다.
　　　여명신약 아름다워 능봉옹고 하지마는
　　　신강이면 불미하여 불효옹고 기부한다.

233. 年月財官 正印星은 富貴家門 出生되고
　　　地殺驛馬 놓인者는 親庭멀리 떠나산다.
　　　연월재관 정인성은 부귀가문 출생되고
　　　지살역마 놓인자는 친정멀리 떠나산다.

234. 偏正財가 混雜하니 重拜媤母 하게되고
　　　四柱中에 多印星은 媤母사이 不合한다.
　　　편정재가 혼잡하니 중배시모 하게되고
　　　사주중에 다인성은 시모사이 불합한다.

235. 四柱中에 錯差殺은 夫家零落 하게되고
　　　財官印이 合身하면 親庭父母 모시리라
　　　사주중에 착차살은 부가영락 하게되고
　　　재관인이 합신하면 친정부모 모시리라.

236. 官印同臨 合身하면 나의母親 助戀하고
　　　月과官이 形冲戀愛 父母兄弟 妨害한다.
　　　관인동임 합신하면 나의모친 조연하고
　　　월과관이 형충연애 부모형제 방해한다.

237. 比肩星이 沐浴暗合 風流媤父 속썩이고
　　　偏正官이 作合하니 시누동생 再婚하네.
　　　비견성이 목욕암합 풍류시부 속썩이고
　　　편정관이 작합하니 시누동생 재혼하네.

238. 甲乙日生 媤母님은 忍忍自중 順直하고
　　　丙丁日生 媤母님은 性質燥急 쟁쟁하다.
　　　갑을일생 시모님은 인인자중 순직하고
　　　병정일생 시모님은 성질조급 쟁쟁하다.

239. 눈에들면 그만인데 한번비위 거슬리견
     다시맡기 힘이드니 조심하여 奉養(봉양)하소

240. 戊己日生 媤母님은 活發하고 시원하나
     過度하면 허전하여 긴장性이 결함이라.
     무기일생 시모님은 활발하고 시원하나
     과도하면 허전하여 긴장성이 결함이라.

241. 그러해도 뒤는없어 理解性이 많으나니
     白熱湯에 點雪같이 즉각즉각 풀리도다.
     그러해도 뒤는없어 이해성이 많으나니
     백열탕에 점설같이 즉각즉각 풀리도다.

242. 庚辛日生 그媤母는 뚝뚝하기 짝이없어
     融通性이 없지마는 始綜一貫 長點있다.
     경신일생 그시모는 뚝뚝하기 짝이없어
     융통성이 없지마는 시종일관 장점있다.

243. 壬癸日生 基媤母는 조금수다 걱정인데
     過度하면 神經質氣 朝夕으로 변덕이라.
     임계일생 기시모는 조금수다 걱정인데
     과도하면 신경질기 조석으로 변덕이라.

244. 四柱食神 財格者는 飮食솜씨 과연좋고
     김치장맛 亦是좋아 隣近間에 칭찬이라.
     사주식신 재격자는 음식솜씨 과연좋고
     김치장맛 역시좋아 인근간에 칭찬이라.

245. 傷官生財 財局者도 飮食솜씨 有名한데
     食傷財空 刑沖病死 飮食맛이 그리없다.
     상관생재 재국자도 음식솜씨 유명한데
     식상재공 형충병사 음식맛이 그리없다.

246. 四柱中에 刑沖波害 食器破損 有名하고
     四柱中에 財食合身 食器購入 欲心많다.
     사주중에 형충파해 식기파손 유명하고
     사주중에 재식합신 식기구입 욕심많다.

247. 官星爲主 夫君이니 官星明郎 貴富되고
　　　官星有制 官旺運에 富榮家富 豪華롭다
　　　관성위주 부군이니 관성명랑 귀부되고
　　　관성유제 관왕운에 부영가부 호화롭다.

248. 食神生財 羊刃有制 女命貴格 分明하고
　　　財旺生官 만난者는 納粟秦名 틀림없다.
　　　식신생재 양인유제 여명귀격 분명하고
　　　재왕생관 만난자는 납속진명 틀림없다.

250. 官透祿根 財根이면 男便貴格 行勢하고
　　　棄命從殺 되는八字 承順家道 興隆한다.
　　　관투록근 재근이면 남편귀격 행세하고
　　　기명종살 되는팔자 승순가도 흥륭한다.

251. 旺財多官 만난이는 明暗夫集 하게되고
　　　내돈주고 뺨맞으니 억울하기 짝이없다.
　　　왕재다관 만난이는 명암부집 하게되고
　　　내돈주고 뺨맞으니 억울하기 짝이없다.

252. 兩家壁에 掛裳 함은 正偏官이 混雜이요
　　　白頭郎君 結婚함은 戊子日生 그탓이다.
　　　양가벽에 괘상 함은 정편관이 혼잡이요

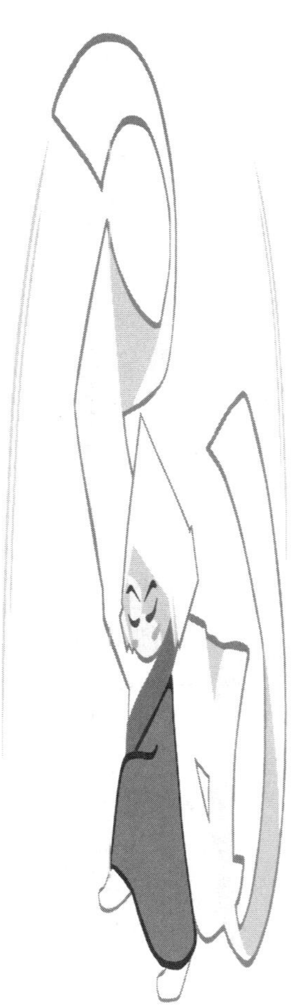

　　　백두랑군 결혼함은 무자일생 그탓이다.
253. 四柱中에 無官星은 靑春性慾 굶주리고
　　　身旺官弱 태운몸은 男便그려 눈물짓네.
　　　사주중에 무관성은 청춘성욕 굶주리고
　　　신왕관약 태운몸은 남편그려 눈물짓네.

254. 傷官食神 疊疊하니 寡婦得名 하게되고
　　　多官制弱 만난者는 花街之女 아니드냐.
　　　상관식신 첩첩하니 과부득명 하게되고
　　　다관제약 만난자는 화가지녀 아니드냐.

255. 巳午未月 戊己丙丁 獨守空房 처량하고
　　　亥子丑月 庚辛日生 夜寒涼衾 눈물이라.
　　　사오미월 무기병정 독수공방 처량하고
　　　해자축월 경신일생 야한양금 눈물이라.

256. 四柱中에　比劫多는　鸞鳳頻分　하게되어
　　　二女同夫　싸움이니　嗔房之婦　아니드냐.
　　　사주중에　비겁다는　난봉빈분　하게되어
　　　이녀동부　싸움이니　진방지부　아니드냐.

257. 乙辛癸巳　丁己該日　天干透干　있게되면
　　　아기낳고　살다가도　情通逃走　하기쉽다.
　　　을신계사　정기해일　천간투간　있게되면
　　　아기낳고　살다가도　정통도주　하기쉽다.

258. 財多生殺　透官殺은　男便德이　그리없어
　　　돈벌어서　대어주고　欺情瞞錢　울음이라.
　　　재다생살　투관살은　남편덕이　그리없어
　　　돈벌어서　대어주고　기정만전　울음이라.

259. 壬癸日生　태운몸은　白頭郎君　모시고요
　　　壬寅癸卯　生日女는　八子順坦　못하리라.
　　　임계일생　태운몸은　백두낭군　모시고요
　　　임인계묘　생일녀는　팔자순탄　못하리라.

260. 壬子癸酉　壬申癸亥　七八三冬　태어나면
　　　性慾不滿　걱정되어　日夫從事　難하도다.
　　　임자계유　임신계해　칠팔삼동　태어나면
　　　성욕불만　걱정되어　일부종사　난하도다.

261. 甲午乙未　丙午丁未　戊申己酉　庚申辛酉
　　　庚子辛亥　丁巳甲寅　皎月深夜　孤眼이라.
　　　갑오을미　병오정미　무신기유　경신신유
　　　경차신해　정사갑인　교월심야　고안이라.

262. 日時辰戌　兩相沖은　獨守空房　뿐이고요
　　　庚壬辰戌　出生女는　男便간곳　종적없다.
　　　일시진술　양상충은　독수공방　뿐이고요
　　　경임진술　출생녀는　남편간곳　종적없다.

263. 丙子丁丑　戊寅丙午　丁未戊申　辛卯日과
　　　壬辰癸巳　辛酉壬戌　癸亥夫君　風流로다.
　　　병자정축　무인병오　정미무신　신묘일과
　　　임진계사　신유임술　계해부군　풍류로다.

264. 庚辰庚戌　壬辰壬戌　그生日에　出生女는
　　　出家하면　남편님이　敗財橫死　拉致있다.
　　　경진경술　임진임술　그생일에　출생녀는
　　　출가하면　남편님이　패재횡사　납치있다.

265. 壬戌癸丑　出生女와　壬癸日生　官白虎는
　　　十中九夫　血光死니　客死하여　孤魂이라.
　　　임술계축　출생녀와　임계일생　관백호는
　　　십중구부　혈광사니　객사하여　고혼이라.

266. 水聚汪洋　좋아마소　女命에는　大忌하니
　　　紅燈街에　祿酒부어　妓生몸이　된답니다.
　　　수취왕양　좋아마소　여명에는　대기하니
　　　홍등가에　록주부어　기생몸이　된답니다.

267. 時上傷官　官不均은　食母마담　妓生이요
　　　官星入墓　官臨殺地　그郎君이　客死하네.
　　　시상상관　관불균은　식모마담　기생이요
　　　관성입묘　관임살지　그낭군이　객사하네.

268. 官星食神　俱沖破는　背夫棄子　從人하고
　　　辰戌丑未　俱全女는　一生偕老　못하리라.
　　　관성식신　구충파는　배부기자　종인하고
　　　진술축미　구전녀는　인생해로　못하리라.

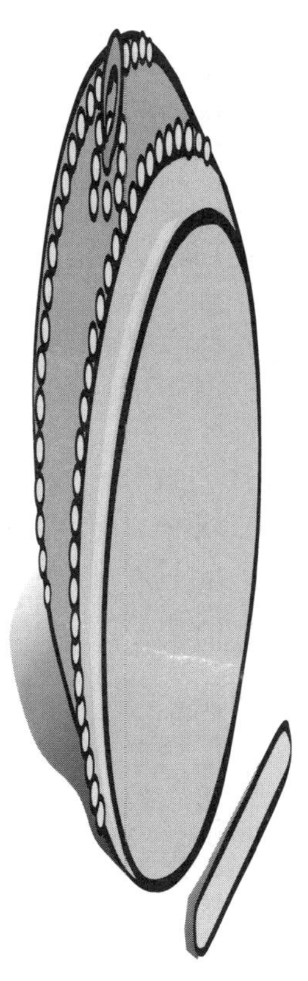

269. 丁己亥日　乙辛癸巳　柱中透干　暗官合은
　　　疑妻症이　甚한男便　外出말고　근신하소.
　　　정기해일　을신계사　주중투간　암관합은
　　　의처증이　심한남편　외출말고　근신하소.

270. 官星食神　落空亡은　子孫良人　壽가짧고
　　　官星微弱　比劫合은　친구小室　奪夫하네.
　　　관성식신　낙공망은　자손양인　수가짧고
　　　관성미약　비겁합은　친구소실　탈부하네.

271. 合多合貴　좋아마소　사랑통에　죽어나니
　　　밤낮으로　迎賓送客　送別함이　如雷로다.
　　　합다합귀　좋아마소　사랑통에　죽어나니
　　　밤낮으로　영빈송객　송별함이　여뢰로다.

272. 子午卯酉　全備者는　사랑따라　잘도가고
　　　寅申巳亥　全備者는　음난하여　걱정이요.
　　　자오묘유　전비자는　사랑따라　잘도가고
　　　인신산해　전비자는　음난하여　걱정이요.

273. 乙辛癸巳　丁己亥日　丙子戊子　甲申女는
　　　十中八九　小室살이　畵眉咬指　寵愛로다.
　　　을신계자　정기해일　병자무자　갑신녀는
　　　십중팔구　소실살이　화미교지　총애로다.

274. 子遙巳와　六乙鼠貴　丑遙巳와　刑合之格
　　　六陰朝陽　飛天祿馬　花隨蜂蝶　醜婦로다.
　　　자요사와　육을서귀　축요사와　형합지격
　　　육음조양　비천록마　화수봉접　추부로다.

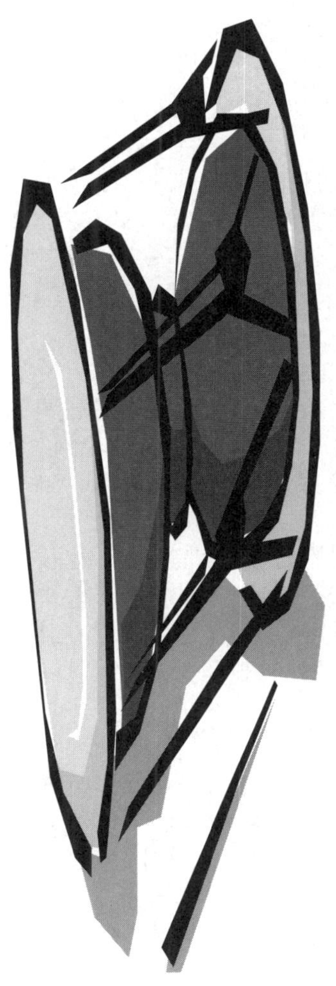

275. 潤下格과　從革炎上　淸燈自守　可憐하그
　　　稼穡曲直　甲壬趨格　鏡破釵分　따분하다.
　　　윤하격과　종혁염상　청등자수　가련하그
　　　가색곡직　갑임추격　경파채분　따분하다.

276. 官星傷官　交爭格은　虞美人의　離別이요
　　　日干剋支　하는者는　男便눌러　살려하오.
　　　관성상관　교쟁격은　우미인의　이별이요
　　　일간극지　하는자는　남편눌러　살려하오.

277. 丙申子辰　丁丑亥日　十支臘月　出生人과
　　　春夏丙寅　午丁巳未　男便因해　病이든다.
　　　병신자진　정축해일　십지랍월　출생인과
　　　춘하병인　오정사미　남편인해　병이든다.

278. 官殺混雜　태운몸이　官星暗合　있게되면
　　　情死맹세　끼어앉고　自殺企圖　있어본다.
　　　관살혼잡　태운몸이　관성암합　있게되면
　　　정사맹세　끼어앉고　자살기도　있어본다.

279. 戊己日生　木弱多水　甲乙日生　金弱多水
　　　그男便이　醉中歸路　溺死之禍　있게되네.
　　　무기일생　목약다수　갑을일생　금약다수
　　　그남편이　취중귀로　익사지화　있게되네.

280. 壬癸日生　土官弱格　更逢柱中　金水多도
　　　그男便이　世上뜰때　水厄過飮　原因이라.
　　　임계일생　토관약격　갱봉주중　금수다도
　　　그남편이　세상뜰때　수액과음　원인이라.

281. 丑日生人　逢午未戌　寅日生人　逢巳或申
　　　夫婦間에　悲觀있어　飮毒함이　있어보오.
　　　축일생인　봉오미술　인일생인　봉사혹신
　　　부부간에　비관있어　음독함이　있어보오.

282. 午日生人　丑或午辰　戊寅日生　多逢寅과
　　　戊子日生　寅巳申刑　亦是飮毒　주의하소.
　　　오일생인　축혹오진　무인일생　다봉인과
　　　무자일생　인사신형　역시음독　주의하소.

283. 四柱官星　囚獄殺은　男便監禁　있어보고
　　　甲乙日生　申宮逢刑　痲藥酒類　中毒일세.
　　　사주관성　수옥살은　남편감금　있어보고
　　　갑을일생　신궁봉형　마약주류　중독일세.

284. 驛馬官星　놓은者와　地殺官合　놓은者는
　　　旅行이나　車中에서　戀愛함이　있게되오.
　　　역마관성　놓은자와　지살관합　놓은자는
　　　여행이나　차중에서　연애함이　있게되오.

285. 地殺馬官　놓은女性　海外出嫁　하게되고
　　　또는國際　結婚하니　新進이냐　不貞이냐.
　　　지살마관　놓은여성　해외출가　하게되고
　　　또는국제　결혼하니　신진이냐　부정이냐.

286. 偏陰偏楊　八通四柱　陰陽不調　難發이라
　　　夜寒凉衾　하는것을　어찌하여　좋다하오.
　　　편음편양　팔통사주　음양부조　난발이라
　　　야한양금　하는것을　어찌하여　좋다하오.

287. 四柱官殺　傷食多는　夫婦싸움　甚하고요
　　　官臨地殺　馬刑囚獄　夫君拉致　橫厄이라.
　　　사주관살　상식다는　부부싸움　심하고요
　　　관임지살　마형수옥　부군납치　횡액이라.

288. 四柱官弱　傷食多는　아기나면　別夫되고
　　　官印星이　同臨合身　스승敎主　사랑받네.
　　　사주관약　상식다는　아기나면　별부되고
　　　관인성이　동임합신　스승교주　사랑받네.

289. 春節己日　逢甲化格　시누형제　등살이요
　　　夏逢乙日　遇庚化는　子孫因해　破情되오.
　　　춘절기일　봉갑화격　시누형제　등살이요
　　　하봉을일　우경화는　자손인해　파정되오.

290. 四季辛日　逢丙火는　母親因해　別夫되고
　　　秋月丁日　逢壬化는　媤母因해　風波로다.
　　　사계신일　봉병화는　모친인해　별부되고
　　　추월정일　봉임화는　시모인해　풍파로다.

291. 冬月癸日　逢戊火는　兄弟同壻　放害많고
　　　四柱化合　雙方比劫　猜忌嫉妬　많이겪네.
　　　동월계일　봉무화는　형제동서　방해많고
　　　사주화합　쌍방비겁　시기질투　많이겪네.

292. 寅卯辰生　日或時丑　巳午未生　日或時辰
　　　申酉戌生　未日或時　나를두고　님은가네.
　　　인묘진생　일혹시축　사오미생　일혹시진
　　　신유술생　미일혹시　나를두고　님은가네.

293. 亥子丑生　戌日或時　亦時夫君　偕老못해
　　　顯幽길이　다르나니　未亡人의　得名이라.
　　　해자축생　술일혹시　역시부군　해로못해
　　　현유길이　다르나니　미망인의　득명이라.

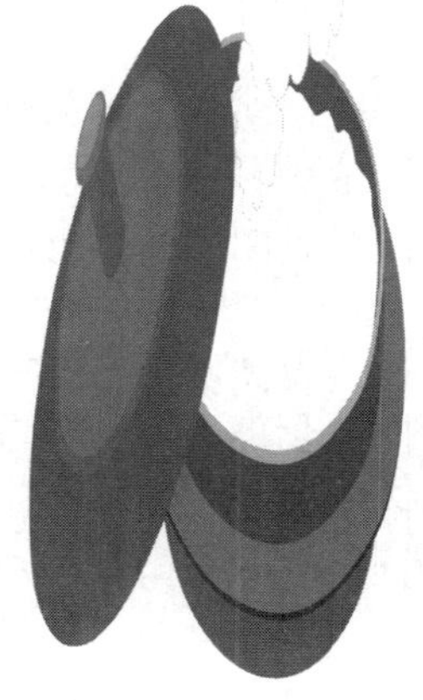

294. 甲乙日生　喪夫時는　赤紫色옷　입게되고
　　　丙丁日生　寡宅될때　黃栗土色　옷을입네.
　　　갑을일생　상수니는　적자색옷　입게되고
　　　병정일생　과택될때　활율토색　옷을입네.

295. 戊己日生　剋夫時는　白色옷을　입게도고
　　　庚辛日生　혼자될때　黑色옷을　입게도네.
　　　무기일생　극부시는　백색옷을　입게도고
　　　경신일생　혼자될때　흑색옷을　입게도네.

296. 壬癸日生 喪夫할 때 靑藍色옷 입게되니
　　　偶然이냐 必然이냐 五行之理 神妙하다.
　　　임계일생 상부할 때 청람색옷 입게되니
　　　우연이냐 필연이냐 오행지리 신묘하다.

297. 陰日傷官 是子하고 陽日傷官 是子로다
　　　陰日食神 是女하고 陽日食神 是女로다.
　　　음일상관 시자하고 양일상관 시자로다
　　　음일식신 시녀하고 양일식신 시녀로다.

298. 傷官食神 混雜하니 他生子孫 扶養하고
　　　食傷逢印 하게되면 子孫疾病 畏不具라.
　　　상관식신 혼잡하니 타생자손 부양하고
　　　식상봉인 하게되면 자손질병 외불구라.

299. 冲官合食 만난者는 男便無德 子德있고
　　　其食神이 作合하니 그女息이 戀愛한다.
　　　충관합식 만난자는 남편무덕 자덕있고
　　　기식신이 작합하니 그여식이 연애한다.

300. 四柱時支 絶宮이면 鷺養鴨子 하게되고
　　　日時印星 梟神殺은 難得子也 하게된다.
　　　사주시지 절궁이면 로양압자 하게되고

301. 四柱中에 食傷太旺 一點血肉 泡願이요
　　　日主弱에 多食傷官 胞胎常墮 두렵구나.
　　　사주중에 식상태왕 일점혈육 포원이요
　　　일주약에 다식상관 포태상타 두렵구나.

302. 만약落胎 아니되면 상당呻吟 出産이니
　　　解産日이 臨迫커든 産婆大機 하여두소.
　　　만약낙태 아니되면 상당신음 출산이니
　　　해산일이 임박커든 산파대기 하여두소.

303. 어린아기 젖없기는 食傷冲破 그탓이고
　　　萬若젖이 有足하면 乳腫病을 앓아보네.
　　　어린아기 젖없기는 식상충파 그탓이고
　　　만약젖이 유족하면 유종병을 앓아보네.

304. 官星食神　同臨身合　未嫁閨女　孕胎하고
　　　食傷財殺　身弱格은　産浬産後　注意하소.
　　　관성식신　동임신합　미가규녀　잉태하고
　　　식상재살　신약격은　산리산후　주의하소.

305. 傷官重重　官不足은　아기나면　別夫되고
　　　四柱中에　多官多食　各星받이　子女두네.
　　　상관중중　관부족은　아기나면　별부되고
　　　사주중에　다관다식　각성받이　자녀두네.

306. 四柱中에　三逢亥는　아들雙生　두배낳고
　　　四柱中에　三逢巳는　女息雙生　두배낳네.
　　　사주중에　삼봉해는　아들쌍생　두배낳고
　　　사주중에　삼봉사는　여식쌍생　두배낳네.

307. 財官二德　歸垣하니　生子登科　하게되그
　　　食神傷官　透出祿은　그子女가　貴히된다.
　　　재관이덕　귀원하니　생자등과　하게되그
　　　식신상관　투출록은　그자녀가　귀히된다.

308. 女命에는　正印星이　剋子하게　되었으니
　　　四柱局中　印星結合　子孫宮에　空이간다.
　　　여명에는　정인성이　극자하게　되었으니
　　　사주국중　인성결합　자손궁에　공이간다.

309. 食傷官이　印星刑沖　親庭가서　初産마소
　　　두生命이　같이가서　혼자털털　돌아온다.
　　　식상관이　인성형충　친정가서　초산마소
　　　두생명이　같이가서　혼자털털　돌아온다.

310. 日時寅申　卯酉沖은　無子하기　쉽게되고
　　　陰日生人　酉巳時는　내리내리　딸을낳네.
　　　일시인신　묘유충은　무자하기　쉽게되고
　　　음일생인　유사시는　내리내리　딸을낳네.

311. 食神傷官　刑殺이면　有産하다　得病하고
　　　나팔관에　妊娠하니　子宮手術　있어본다.
　　　식신상관　형살이면　유산하다　득병하고
　　　나팔관에　임신하니　자궁수술　있어본다.

312. 官食同臨　合身寡宅　守節하다　자랑마소
　　　뒷방문이　열렸으니　變節되어　胞胎하오.
　　　관식동임　합신과택　수절하다　자랑마소
　　　뒷방문이　열렸으니　변절되어　포태하오.

313. 偏正印星　混雜하니　그따님이　再嫁하고
　　　正偏官이　混雜하니　따님媤母　두분일세.
　　　편정인성　혼잡하니　그따님이　재가하고
　　　정편관이　혼잡하니　따님시모　두분일세.

314. 印星弱에　財旺하면　딸子孫이　寡婦되고
　　　其따님이　他生子孫　또는二性　得子하네.
　　　인성약에　재왕하면　딸자손이　과부되고
　　　기따님이　타생자손　또는이성　득자하네.

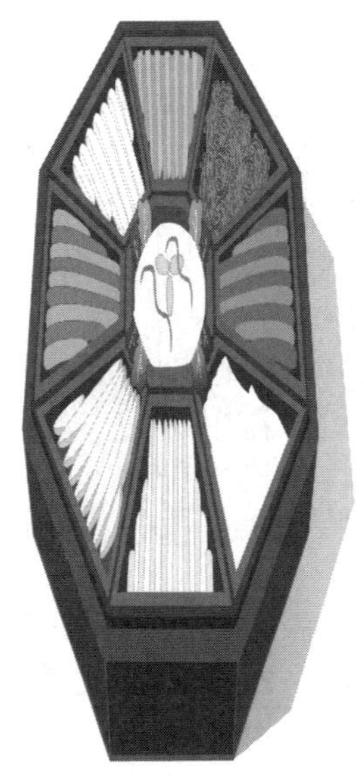

315. 我生陽이　作合하니　아들놈이　바람나고
　　　陰官殺이　暗合이면　며느리가　戀愛로다.
　　　아생양이　작합하니　아들놈이　바람나고
　　　음관살이　암합이면　며느리가　연애로다.

316. 正偏財가　混雜하니　其子婦가　前後母요
　　　比肩弱에　官殺旺은　子婦母親　寡宅이라.
　　　정편재가　혼잡하니　기자부가　전후모요
　　　비견약에　관살왕은　자부모친　과택이라.

317. 陽印星이　旺盛하면　孫子富貴　자랑하나
　　　陰印星이　作合하면　孫女戀愛　걱정된다.
　　　양인성이　왕성하면　손자부귀　자랑하나
　　　음인성이　작합하면　손녀연애　걱정된다.

318. 印綬星이　暗合하니　壻郎양반　바람나고
　　　偏印正印　混雜旺은　代房딸을　두게된다.
　　　인수성이　암합하니　서랑양반　바람나고
　　　편인정인　혼잡왕은　대방딸을　두게된다.

319. 四柱財星　旺盛하면　外孫子女　富貴되고
　　　四柱財星　日主合은　外孫子女　同居한다.
　　　사주재성　왕성하면　외손자녀　부귀되고
　　　사주재성　일주합은　외손자녀　동거한다.

320. 傷官食神　空亡刑沖　四柱生時　急脚殺은
　　　小兒痲痺　子女두니　豫防柱射　놓아주라.
　　　상관식신　공망형충　사주생시　급각살은
　　　소아마비　자녀두니　예방주사　놓아주라.

321. 甲乙日生　火食傷官　四柱中에　多逢水는
　　　子女들이　눈못보아　眼鏡쓰게　된답니다.
　　　갑을일생　화식상관　사주중에　다봉수는
　　　자녀들이　눈못보아　안경쓰게　된답니다.

322. 四柱中에　火印星은　美粧技術　있게되고.
　　　甲乙日生　曲直格은　器樂有能　하게된다.
　　　사주중에　화인성은　미장기술　있게되고.
　　　갑을일생　곡직격은　기악유능　하게된다.

323. 四柱印星　놓은者는　手藝針工　編物有能
　　　木旺日主　土財星은　紬緞布木　富者된다.
　　　사주인성　놓은자는　수예침공　편물유능
　　　목왕일주　토재성은　주단포목　부자된다.

324. 庚辛日生　木旺土弱　紬緞布木　亦是좋고
　　　丙丁日生　金弱格은　金銀洋銀　장사좋다.
　　　경신일생　목왕토약　주단포목　역시좋고
　　　병정일생　금약격은　금은양은　장사좋다.

325. 印綬星이　日德星은　編物被服　裁品좋고
　　　四柱驛馬　地殺財는　洋裁洋品　돈을번다.
　　　인수성이　일덕성은　편물피복　재품좋고
　　　사주역마　지살재는　양재양품　돈을번다.

326. 重重地殺　驛馬財는　靴物양말　有利하고
　　　寅巳驛馬　地殺女는　航空機에　案內女라.
　　　중중지살　역마재는　화물양말　유리하고
　　　인사역마　지살녀는　항공기에　안내여라.

327. 丙庚辰日　丙庚戌日　丁丑丁未　又逢印星
　　　打字技術　가져보니　이것또한　八字로다.
　　　병경진일　병경술일　정축정미　우봉인성
　　　타자기술　가져보니　이것또한　팔자로다.

328. 夏月生人　庚辛日生　그림그려　名畫되고
　　　木火日主　傷官食神　노래불러　名唱이라.
　　　하월생인　경신일생　그림그려　명화되고
　　　목화일주　상관식신　노래불러　명창이라.

329. 四柱印星　傷官星은　文藝方面　有能하고
　　　聲優俳優　小說家를　흔히흔히　보게된다.
　　　사주인성　상관성은　문예방면　유능하고
　　　성우배우　소설가를　흔히흔히　보게된다.

330. 四柱財旺　官財庫는　金融界에　出世하고
　　　丙丁日生　四柱財局　金利놀이　많이한다.
　　　사주재왕　관재고는　금융계에　출세하고
　　　병정일생　사주재국　금리놀이　많이한다.

331. 重重地殺　印星財官　또는驛馬　印星財官
　　　國際機關　등명이요　海外進出　財名이라.
　　　중중지살　인성재관　또는역마　인성재관
　　　국제기관　등명이요　해외진출　재명이라.

332. 甲乙日生　金弱格은　洋銀器皿　金屬이요
　　　丙丁日生　水木格은　水産海物　事業좋고.
　　　갑을일생　금약격은　양은기명　금속이요
　　　병정일생　수목격은　수산해물　사업좋고.

333. 壬申壬子　壬辰日生　飮食物業　많이하고
　　　庚申子辰　辛己亥日　물事業을　하여본다.
　　　임신임자　임진일생　음식물업　많이하고
　　　경신자진　신기해일　물사업을　하여본다.

334. 金日主가　傷官用財　亦是飮食　事業좋고
　　　驛馬財나　地殺在는　運輸事業　成功하네.
　　　금일주가　상관용재　역시음식　사업좋고
　　　역마재나　지살재는　운수사업　성공하네.

335. 春生丙丁　夏生戊己　秋生壬癸　冬甲乙은
　　　敎壇올라　敎鞭들고　呼名萬人　분주하다.
　　　춘생병정　하생무기　추생임계　동갑을은
　　　교단올라　교편들고　호명만인　분주하다.

336. 戊己日에　寅月出生　三冬月에　庚辛日生
　　　三六九臘　庚辛日生　그도또한　敎育家라.
　　　무기일에　인월출생　삼동월에　경신일생
　　　삼육구랍　경신일생　그도또한　교육가라.

337. 亥月丁亥　卯未日生　申月丙寅　午日生人
　　　手執敎鞭　하여보니　九呼萬人　스승이요.
　　　해월정해　묘미일생　신월병인　오일생인
　　　수집교편　하여보니　구호만인　스승이요.

338. 春夏月에　甲乙日生　三冬月에　壬癸日生
　　　酉月生人　丁丑日生　舌端生金　敎育家라.
　　　춘하월에　갑을일생　삼동월에　임계일성
　　　유월생인　정축일생　설단생금　교육가라.

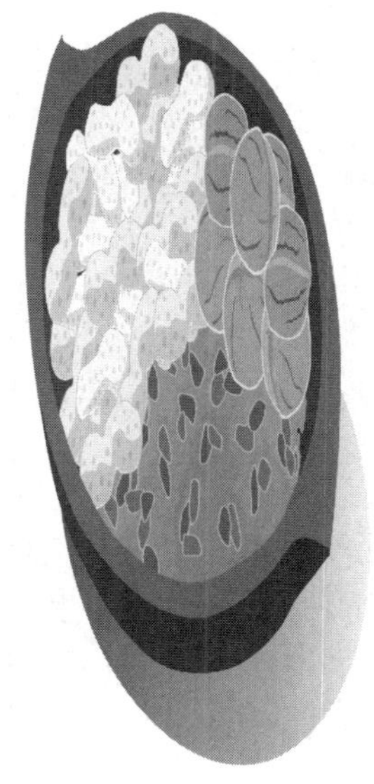

339. 申酉月에　甲申日과　四柱印局　놓게되면
　　　人人指曰　敎師라고　呼稱함이　있으리라.
　　　신유월에　갑신일과　사주인국　놓게되던
　　　인인지왕　교사라고　호칭함이　있으리라.

340. 以上五局　태어난몸　敎育界로　안나서면
　　　言論機關　文藝從事　女記者가　아니드냐.
　　　이상오국　태어난몸　교육계로　안나서면
　　　언론기관　문예종사　여기자가　아니드냐.

341. 만약내가　아니면은　夫子之間　其業이니
　　　亦是事業　連結이라　仔細仔細　參考하소.
　　　만약내가　아니면은　부자지간　기억이니
　　　역시사업　연결이라　자세자세　참고하소.

342. 卯酉戌中　二字相逢　百草試常　醫業하고
　　　亥子丑月　辛丑未亥　杏林之業　活人한다.
　　　묘유술중　이자상봉　백초시상　의업하고
　　　해자축월　신축미해　행림지업　활인한다.

343. 夏月辛亥　壬辰日과　夏月辛丑　未卯巳日
　　　手集藥秤　하게되니　君臣左使　製藥이라.
　　　하월신해　임진일과　하월신축　미묘사일
　　　수집약칭　하게되니　순신좌사　제약이라.

344. 甲申日生　逢寅巳와　五陰巳日　逢寅申과
　　　丁未日生　逢庚戌도　醫藥之業　分明하다.
　　　갑신일생　봉인사와　오음사일　봉인신과
　　　정미일생　봉경술도　의약지업　분명하다.

345. 戊申日生　逢寅巳와　戊寅日生　申或逢巳
　　　亦是醫業　因緣이니　萬人救活　하리로다.
　　　무신일생　봉인사와　무인일생　신혹봉사
　　　역시의업　인연이니　만인구활　하리로다.

346. 庚壬申日　巳或見寅　庚壬寅日　巳或見申
　　　醫藥界에　入身하니　活人功德　하게되네.
　　　경임신일　사혹견인　경임인일　사혹견신
　　　의약계에　입신하니　활인공덕　하게되네.

347. 寅夏戌月　庚寅午戌　卯月生人　甲子日生
　　　戌日生人　月時戌亥　醫藥之業　從事하네.
　　　인하술월　경인오술　묘월생인　갑자일생
　　　술일생인　월시술해　의약지업　종사하네.

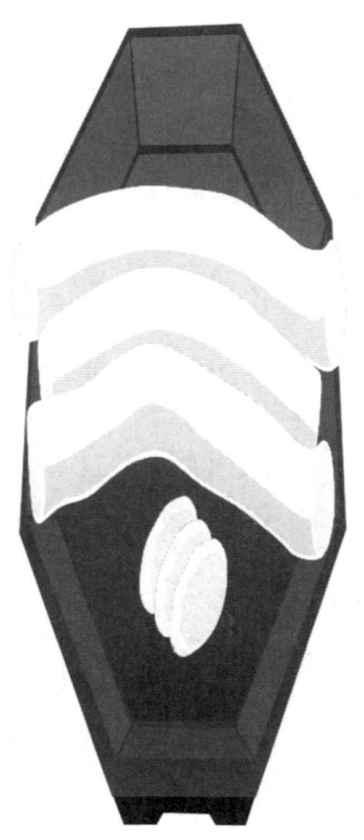

348. 甲戌日과　戊戌日生　甲乙日生　月或時乾
　　　己丑亥日　時或月乾　刀圭之業　하게된다.
　　　갑술일과　무술일생　갑을일생　월혹시건
　　　기축해일　시혹월건　도규지업　하게된다.

349. 夏月生人　北午未日　時間에다　戌亥星과
　　　甲寅日生　逢巳逢申　그도또한　活人家라.
　　　하월생인　북오미일　시간에다　술해성과
　　　갑인일생　봉사봉신　그도또한　활인가라.

350. 寅卯夏月　甲乙日生　醫藥界에　많이보고
　　　丙申寅日　逢刑殺도　活人家에　많이본다.
　　　인묘하월　갑을일생　의약계에　많이보고
　　　병신인일　봉형살도　활인가에　많이본다.

351. 만약自身　아니면은　夫子之間　其業이요
　　　醫藥界가　아니면은　易術界에　獻身한다.
　　　만약자신　아니면은　부자지간　기업이요
　　　의약계가　아니면은　역술계에　헌신한다.

352. 甲乙日生 태운女子 뚝뚝하고 仁慈하여
     始終不變 性格이라 意志굳고 삶해진다.
     갑을일생 태운여자 뚝뚝하고 인자하여
     시종불변 성격이라 의지굳고 삶해진다.

353. 丙丁日生 태운사람 明朗하고 好禮하여
     急凉急熱 性格이며 九辯之客 되리로다.
     병정일생 태운사람 명랑하고 호례하여
     급량급열 성격이며 구변지객 되리로다.

354. 戊己日生 出生女는 信用있고 純眞한데
     그만中和 失道하면 迷信崇尙 많이한다.
     무기일생 출생녀는 신용있고 순진한데
     그만중화 실도하면 미신숭상 많이한다.

355. 庚辛日生 出生女는 그性格이 冷情하다
     한번틀려 본사람은 다시相對 싫어한다.
     경신일생 출생녀는 그성격이 냉정하다
     한번틀려 본사람은 다시상대 싫어한다.

356. 壬癸日生 出生女는 마음活潑 터졌으니
     男子같은 性格으로 시원시원 함이로다.
     임계일생 출생녀는 마음활발 터졌으니
     남자같은 성격으로 시원시원 함이로다.

357. 戊子日生 그女子는 하는일에 怯이없고
     辛亥卯未 出生女는 남을爲해 人情많다.
     무자일생 그여자는 하는일에 겁이없고
     신해묘미 출생녀는 남을위해 인정많다.

358. 四柱比肩 比劫多는 固執세어 걱정되고
     己日生에 身弱格은 귀가넓어 걱정이라.
     사주비견 비겁다는 고집세어 걱정되고
     기일생에 신약격은 귀가넓어 걱정이라.

359. 春夏月에 丙丁庚辛 神經質이 많게되고
     四柱中에 無官星은 出嫁生覺 아니한다.
     춘하월에 병정경신 신경질이 많게되고
     사주중에 무관성은 출가생각 아니한다.

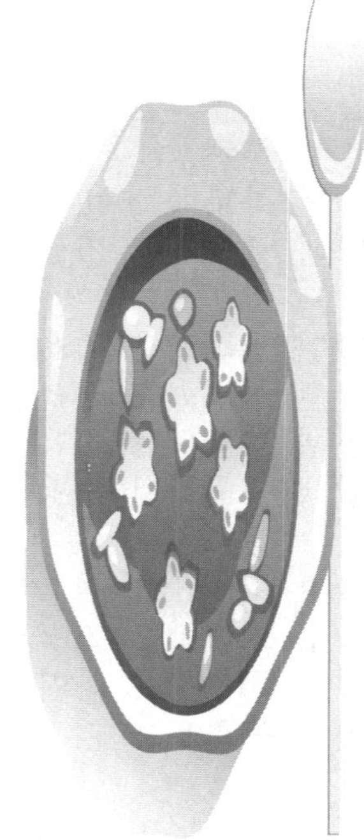

360. 四柱中에 合綠桃花 楊貴妃의 美貌되고
     四柱支干 金水逢은 美麗之貌 자랑한다.
     사주중에 합록도화 양귀비의 미모되고
     사주지간 금수봉은 미려지모 자랑한다.

361. 甲乙日生 水木旺은 뚱뚱하고 키가크고
     甲乙日生 金土旺은 뚱뚱하나 키가작다.
     갑을일생 수목왕은 뚱뚱하고 키가크고
     갑을일생 금토왕은 뚱뚱하나 키가작다.

362. 丙丁日生 金水旺은 그몸매가 세련되고
     丙丁日生 木化旺은 앞이마가 벗겨졌다.
     병정일생 금수왕은 그몸매가 세련되고
     병정일생 목화왕은 앞이마가 벗겨졌다.

363. 戊己日生 火土多는 肥滿體軀 키가작고
     戊己日生 金水木旺 가는몸매 허리길다.
     무기일생 화토다는 비만체구 키가작고
     무기일생 금수목왕 가는몸매 허리길다.

364. 庚辛日生 土金旺은 작은키에 단단하고
     庚辛日生 水木火旺 눈망울이 여물었다.
     경신일생 토금왕은 작은키에 단단하고
     경신일생 수목화왕 눈망울이 여물었다.

365. 壬癸日生 金水旺은 몸가늘고 키가크고
     壬癸日生 木火土는 키도맞고 몸도좋다.
     임계일생 금수왕은 몸가늘고 키가크고
     임계일생 목화토는 키도맞고 몸도좋다.

366. 甲乙日生 夏月나면 體格좋고 맑게나고
     丙丁日生 四季月은 뚱뚱한편 體格이라.
     갑을일생 하월나면 체격좋고 맑게나고
     병정일생 사계월은 뚱뚱한편 체격이라.

367. 戊己日生 秋月生은 날씬하게 태어났다.
     庚辛日生 冬月나면 작은몸매 맵시있다.
     무기일생 추월생은 날씬하게 태어났다.
     경신일생 동월나면 작은몸매 맵시있다.

368. 壬癸日生　春月生은　키도크고　體格좋고
　　　시원하여　보이는데　그의살빛　검푸르다.
　　　임계일생　춘월생은　키도크고　체격좋고
　　　시원하여　보이는데　그의살빛　검푸르다.

369. 春夏金日　財官殺은　月經乾血　하게되고
　　　四柱中에　水逢多도　鼻塞經調　不順이라.
　　　춘하금일　재관살은　월경건혈　하게되고
　　　사주중에　수봉다도　비색경조　불순이라.

370. 庚辛日生　亥子丑月　너무깔끔　病이되고
　　　己亥卯酉　生日弱은　神들렸다　하기쉽소.
　　　경신일생　해자축일　너무깔끔　병이되고
　　　기해묘유　생일약은　신들렸다　하기쉽소.

371. 春夏月에　丙丁日生　神經痛에　두렵고요
　　　神經質과　婦人病도　間間起發　하게된다.
　　　춘하월에　병정일생　신경통에　두렵고요
　　　신경질과　부인병도　간간기발　하게된다.

372. 壬癸日生　春冬月은　經調不順　風冷이요
　　　濕冷甚해　痛症인데　봄겨울에　尤甚이라.
　　　임계일생　춘동월은　경조불순　풍랭이요
　　　습랭심해　통증인데　봄겨울에　우심이라.

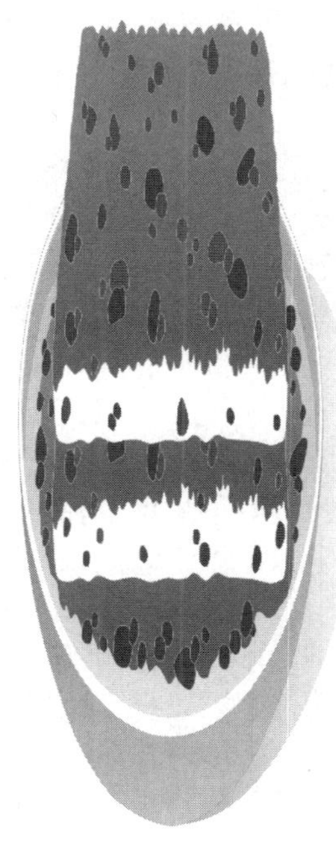

373. 庚辛日生　夏冬月은　子宮月經　帶下症에
　　　呻吟함이　있게되니　몸調節에　注意하소.
　　　경신일생　하동월은　자궁월경　대하증에
　　　신음함이　있게되니　몸조절에　주의하소.

374. 寅卯夏月　辛日生人　神經衰弱　두렵고요
　　　甲乙日生　火旺格은　喘息으로　呻吟한다.
　　　인묘하월　신일생인　신경쇠약　두렵고요
　　　갑을일생　화왕격은　천식으로　신음한다.

375. 食傷太旺　刑沖殺은　나팔官에　姙娠이요
　　　傷官食神　逢刑穿은　子宮手術　있어본다.
　　　식상태왕　형충살은　나팔관에　임신이요
　　　상관식신　봉형천은　자궁수술　있어본다.

376. 四柱官食 同臨合身 更逢刑殺 하게되면
     不義胞胎 流産하다 得病危命 하게되네.
     사주관식 동임합신 갱봉형살 하게되면
     불의포태 유산하다 득병위명 하게되네.

377. 傷食太旺 身弱者는 아기낳고 得病이요
     庚辛丙丁 失中和는 高血壓이 걱정된다.
     상식태왕 신약자는 아기낳고 득병이요
     경신병정 실중화는 고혈압이 걱정된다.

378. 寅卯月에 己亥卯日 秋冬月에 丙丁日弱
     七八九月 甲乙日弱 少時視力 弱해진다.
     인묘월에 기해묘일 추동월에 병정일약
     칠팔구월 갑을일약 소시시력 약해진다.

379. 秋月木日 扁桃腺弱 頭痛頻煩 있게되고
     夏月木日 태운몸도 扁桃腺弱 亦是있네.
     추월목일 편도선약 두통빈번 있게되고
     하월목일 태운몸도 편도선약 역시있네.

380. 春夏月에 庚辛日生 氣管支병 있게되고
     壬寅午戌 財殺旺도 氣管支에 病이있소.
     춘하월에 경신일생 기관지병 있게되고
     임인오술 재살왕도 기관지에 병이있소.

381. 傷官食神 逢刑하면 乳腫病이 念慮되고
     處女時節 發育할때 그乳房이 縮小하다.
     상관식신 봉형하면 유종병이 염려되고
     처녀시절 발육할때 그유방이 축소하다.

382. 火日主에 多逢水나 水日主에 多逢火는
     가끔가끔 上氣하여 眩氣症이 일어난다.
     화일주에 다봉수나 수일주에 다봉화는
     가끔가끔 상기하여 현기증이 일어난다.

383. 甲乙日生 土金太旺 肝臟弱해 걱정되고
     丙丁日生 木火太旺 心臟病에 呻吟이요.
     갑을일생 토금태왕 간장약해 걱정되고
     병정일생 목화태왕 심장병에 신음이요.

384. 戊己日生　水木太旺　脾胃病이　있게되고
　　　庚辛日生　木火旺은　肺臟血疾　있게된다.
　　　무기일생　수목태왕　비위병이　있게되고
　　　경신일생　목화왕은　폐장혈질　있게된다.

385. 壬癸日生　火土旺은　腎臟子宮　身病있고
　　　庚辛日生　木火旺은　臟窒病도　두렵더라.
　　　임계일생　화토왕은　신장자궁　신병있고
　　　경신일생　목화왕은　장질병도　두렵더라.

386. 丙丁日生　金水太旺　壬癸日生　多逢火旺
　　　眼昏木暈　靑盲이니　保眼注力　하십시오.
　　　병정일생　금수태왕　임계일생　다봉화왕
　　　안혼목운　청맹이니　보안주력　하십시오.

387. 春生亥子　夏卯未日　秋生寅戌　冬丑辰日
　　　神經痛痛　腰痛있어　痛症呻吟　많이한다.
　　　춘생해자　하묘미일　추생인술　동축진일
　　　신경통통　요통있어　통증신음　많이한다.

388. 女命經驗　統計하여　神妙之法　拔萃하니
　　　選妻擇婦　寶法이라　길이길이　繼傳하소.
　　　여명경험　통계하여　신묘지법　발췌하니
　　　선처택부　보법이라　길이길이　계정하소.

389. 四柱八字　組織이요　大運歲運　運行이라
　　　四柱自轉　運行空轉　自空轉이　돌고돈다.
　　　사주팔자　조직이요　대운세운　운행이라
　　　사주자전　운행공전　자공전이　돌고돈다.

390. 運이없는　좋은八字　그어찌나　發揮하며
　　　運좋으나　나쁜八字　제本性은　못넘는다.
　　　운이없는　좋은팔자　그어찌나　발휘하며
　　　운좋으나　나쁜팔자　제본성은　못넘는다.

391. 官殺弱格　身旺者는　財官殺運　大發하고
　　　身衰官旺　官殺運은　貧困殘疾　못면한다.
　　　관살약격　신왕자는　재관살운　대발하고
　　　신쇠관왕　관살운은　빈곤잔질　못면한다.

392. 身衰官殺　印運좋고　財官殺運　大忌하고
　　　原命殺衰　制殺運은　盡法無民　削官되오.
　　　신쇠관살　인운좋고　재관살운　대기하고
　　　원명살쇠　제살운은　진법무민　삭관되오.

393. 印星旺한　그八字는　官殺運이　제일좋고
　　　印星弱格　財運오면　貪財壞印　大敗하네.
　　　인성왕한　그팔자는　관살운이　제일좋고
　　　인성약격　재운오면　탐재괴인　대패하네.

394. 木日亥子　印星旺은　土財運에　反興하니
　　　水旺木漂　救出되어　凶化爲吉　遇王候라.
　　　목일해자　인성왕은　토재운에　반흥하니
　　　수왕목표　구출되어　흉화위길　우왕후라.

395. 印星行運　死絶鄉에　다시財運　幷臨하면
　　　船行風息　氣運끊겨　生不如死　하게되네.
　　　인성행운　사절향에　다시재운　병임하면
　　　선행풍식　기운끊겨　생불여사　하게되네.

396. 財多身弱　놓은者는　肩劫印運　富豪되고
　　　財星弱格　身旺者는　食傷財運　富者된다.
　　　재다신약　놓은자는　견겁인운　부호되고
　　　재성약격　신왕자는　식상재운　부자된다.

397. 財多身弱　更逢財運　破家亡身　하게되고
　　　比肩劫旺　財少者는　財運오면　大禍난다.
　　　재다신약　갱봉재운　파가망신　하게되고
　　　비견겁왕　재소자는　재운오면　대화난다.

398. 劫星만난　偏財星은　比劫運에　殃禍百端
　　　損妻喪妾　多辱보며　片瓦未留　하게되네.
　　　겁성만난　편재성은　비겁운에　앙화백단
　　　손처상첩　다욕보며　편와미류　하게되네.

399. 身旺食神　生財하면　食傷運에　大發하고
　　　身旺食衰　偏印運은　倒食되어　貧困하네.
　　　신왕식신　생재하면　식상운에　대발하고
　　　신왕식쇠　편인운은　도식되어　빈곤하네.

400. 假傷官格 놓은者는 食傷運에 大發하고
　　　眞傷官格 만난사람 印星運에 大發한다.
　　　가상관격 놓은자는 식상운에 대발하고
　　　진상관격 만난사람 인성운에 대발한다.

401. 假傷官格 印星運은 破了傷官 身厄하고
　　　眞傷官格 食傷運은 氣盡脈盡 更多悲라.
　　　가상관격 인성운은 파료상관 신약하고
　　　진상관격 식상운은 기진맥진 갱다비라.

402. 傷官用印 財運大敗 傷官用劫 官殺大忌
　　　傷官用財 比劫運은 家資如洗 하게된다.
　　　상관용인 재운대패 상관용겁 관살대기
　　　상관용재 비겁운은 가자여세 하게된다.

403. 羊刃格을 놓은者는 偏官運이 第一이요
　　　羊刃格이 再臨하면 剋妻剋夫 破財하네.
　　　양인격을 놓은자는 편관운이 제일이요
　　　양인격이 재임하면 극처극부 파재하네.

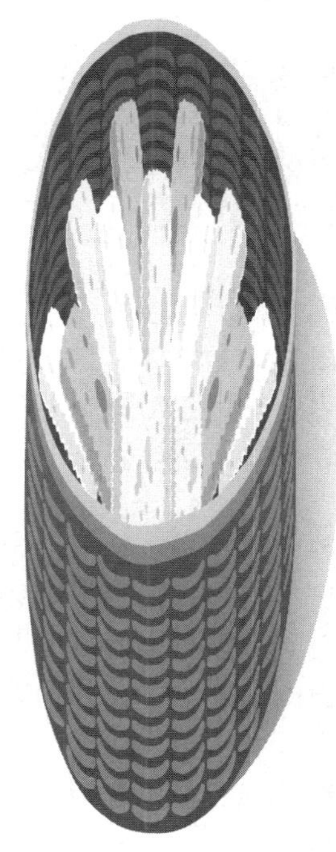

404. 形合格을 만난者는 寅運申運 싫어하고
　　　戊己巳運 大忌하니 災殃非輕 橫厄이라.
　　　형합격을 만난자는 인운신운 싫어하고
　　　무기사운 대기하니 재앙비경 횡액이라.

405. 日貴格을 이룬者는 刑冲運을 싫어하고
　　　日德格을 놓은者는 空亡刑冲 싫어한다.
　　　일귀격을 이룬자는 형충운을 싫어하고
　　　일덕격을 놓은자는 공망형충 싫어한다.

406. 甲日金神 만난 者는 火運逢之 大發하고
　　　己日金神 만난 者는 金水運에 富貴된다.
　　　갑일금신 만난 자는 화운봉지 대발하고
　　　기일금신 만난 자는 금수운에 부귀된다.

407. 魁罡格을 놓은者는 刑冲運을 大忌하고
　　　時墓格과 雜氣財官 刑冲運에 大發하오.
　　　괴강격을 놓은자는 형충운을 대기하고
　　　시묘격과 잡기재관 형충운에 대발하오.

408. 時上偏財 成格者는 比劫運에 傷妻損妾
　　　時上一貴 官衰하면 財官運에 發福한다.
　　　시상편재 성격자는 비겁운에 상처손첩
　　　시상일귀 관쇠하면 재관운에 발복한다.

409. 子丑遙巳 拱祿拱貴 飛天祿馬 六乙鼠貴
　　　六陰朝陽 이格들은 塡實絆運 減福한다.
　　　자축요사 공록공귀 비천록마 육을서귀
　　　육음조양 이격들은 전실반운 감복한다.

410. 戊日庚辛 合祿格은 甲丙寅卯 其運忌고
　　　壬騎龍背 싫어함은 戊子運이 아니더냐.
　　　무일경신 합록격은 갑병인묘 기운기고
　　　임기용배 싫어함은 무자운이 아니더냐.

411. 四柱格에 井欄叉는 東方運을 싫어하고
　　　壬癸運과 寅午戌운 至極하니 기뻐한다.
　　　사주격에 정란차는 동방운을 싫어하고
　　　임계운과 인오술운 지극하니 기뻐한다.

412. 四柱歸祿 놓은者는 刑沖比劫 忌運하고
　　　大運逢之 食神하면 利祿功名 하게된다.
　　　사주귀록 놓은자는 형충비겁 기운하고
　　　대운봉지 식신하면 이록공명 하게된다.

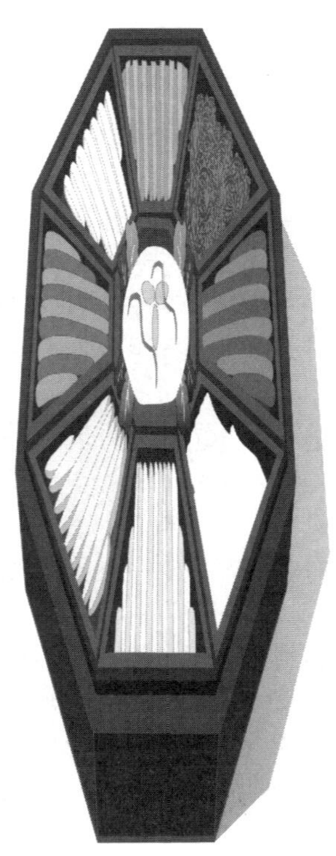

413. 甲趨乾格 만난者는 寅巳運을 大忌하고
　　　壬趨艮格 만난者는 申亥運을 싫어한다.
　　　갑추건격 만난자는 인사운을 대기하고
　　　임추간격 만난자는 신해운을 싫어한다.

414. 句陳得位 財殺吉運 刑沖空亡 싫어하고
　　　玄武當權 亦忌刑沖 財殺官運 좋아한다.
　　　구진득위 재살길운 형충공망 싫어하고
　　　현무당권 역기형충 재살관운 좋아한다.

415. 潤下格에 土運不吉 從革格에 金運좋고
　　　稼穡格에 東北運은 敗家하니 두고보소.
　　　윤하격에 토운불길 종혁격에 금운좋고
　　　가색격에 동북운은 패가하니 두고보소.

416. 曲直格을 만난사람　東北運에　제法이요
　　　炎上格을 놓은사람　어찌木運　마다하랴.
　　　곡직격을 만난사람　동북운에　제법이요
　　　염상격을 놓은사람　어찌목운　마다하랴.

417. 棄命從財　棄命從殺　印星運은　大忌하고
　　　財官殺運　大喜하니　順應하는　理致라오.
　　　기명종재　기명종살　인성운은　대기하고
　　　재관살운　대희하니　순응하는　이치라오.

418. 丙臨神位　遇陽水는　戊運羊刃　大吉하고
　　　己日亥宮　見陰木은　庚金運을　大喜하오.
　　　병림신위　우양수는　무운양인　대길하고
　　　기일해궁　견음목은　경금운을　대희하오.

419. 甲己火土　木運逢之　乙庚火金　火運逢之
　　　丙辛化水　土運逢之　모두모두　失敗하오.
　　　갑기화토　목운보잊　을경화금　화운봉지
　　　병신화수　토운봉지　모두모두　실패하오.

420. 丁壬化木　金運不吉　戊癸化火　水運不吉
　　　化合함에　放害되니　有意未就　不吉이라.
　　　정임화목　금운불길　무계화화　수운불길
　　　화합함에　방해되니　유의미취　불길이라.

421. 四柱病에　藥運오면　日發如雷　神奇하고
　　　四柱病에　己病運은　辛苦萬般　禍多水라.
　　　사주병에　약운오면　일발여뢰　신기하고
　　　사주병에　기병운은　신고만반　화다수라.

422. 日支地支　相刑年은　紅柱之厄　두렵고요
　　　日主天干　傷官年도　官災訟事　恐怖로다.
　　　일지지지　상형년은　홍주지액　두렵고요
　　　일주천간　상관년도　관재송사　공포로다.

423. 四柱財官　旺한格이　財官年을　만나면은
　　　官財訟事　일어나고　産厄危重　많이본다.
　　　사주재관　왕한격이　재관년을　만나면은
　　　관재송사　일어나고　산액위중　많이본다.

424. 日剋太歲　君臣不和　內外上下　不和하고
　　　身旺者가　比劫年은　妻厄敗財　많게되오.
　　　일극태세　군신불화　내외상하　불화하고
　　　신왕자가　비겁년은　처액패재　많게되오.

425. 四柱財旺　印星弱에　印星年을　만나면은
　　　書往書來　災殃이니　莫許文書　해야하오.
　　　사주재왕　인성약에　인성년을　만나면은
　　　서왕서래　재앙이니　막허문서　해야하오.

426. 四柱財弱　比劫旺에　財年逢之　하게되면
　　　적은財에　爭奪붙어　禍不單行　싸움많다.
　　　사주재약　비겁왕에　재년봉지　하게되면
　　　적은재에　쟁탈붙어　화불단행　싸움많다.

427. 萬若奪財　아니되면　夫婦間에　이탈이니
　　　東西南北　妻를찾아　門前徘徊　하게된다.
　　　만약탈재　아니되면　부부간에　이탈이니
　　　동서남북　처를찾아　문전배회　하게된다.

428. 四柱一點　微弱財에　財年이나　比劫年은
　　　妻妾愛人　찾아가서　죽인다고　소리친다.
　　　사주일점　미약재에　재년이나　비겁년은
　　　처첩애인　찾아가서　죽인다고　소리친다.

429. 四柱透食　偏印年은　倒食되어　敗家하고
　　　木火傷官　庚辛年은　傷指함을　많이본다.
　　　사주투식　편인년은　도식되어　패가하고
　　　목화상관　경신년은　상지함을　많이본다.

430. 巳酉丑生　亥驛馬는　亥卯未年　出國하고
　　　亥卯未生　巳驛馬는　巳酉丑年　遠行이라.
　　　사유축생　해역마는　해묘미년　출국하고
　　　해묘미생　사역마는　사유축년　원행이라.

431. 寅午戌生　申驛馬는　申子辰歲　遠行하고
　　　申子辰생　인역마는　寅午戌에　萬里간다.
　　　인오술생　신역마는　신자진세　원행하고
　　　신자진생　인역마는　인오술에　만리간다.

432. 巳酉丑생　地殺重重　巳酉丑亥　遠行있고
　　　亥卯未生　地殺重重　巳亥卯未　遠行이라.
　　　사유축생　지살중중　사유축해　원행있고
　　　해묘미생　지살중중　사해묘미　원행이라.

433. 寅午戌生　地殺重重　寅午戌申　出國이요
　　　申子辰生　地殺重重　申子辰寅　鵬程이라.
　　　인오술생　지살중중　이농술신　출국이요
　　　신자진생　지살중중　신자진인　붕정이라.

434. 寅年日生　他道他國　寅午戌申　其年이오
　　　巳年日生　遠年行은　巳酉丑亥　분명하오.
　　　인년일생　타도타국　인오술신　기년이오
　　　사년일생　원년행은　사유측해　분명하오.

435. 申年日生　鵬程萬里　申子辰寅　많이하고
　　　亥年日生　遠方出入　亥卯未巳　其해로다.
　　　신년일생　붕정만리　신자진인　많이하고
　　　해년일생　원방출입　해묘미사　기해로다.

436. 比肩劫多　身旺四柱　逢財自然　財弱인데
　　　流年中에　財年오면　因妻敗財　막을소냐.
　　　비견겁다　신왕사주　봉재자연　재약인데
　　　유년중에　재년오면　인처패재　막을소냐.

437. 身旺官衰　傷官年은　官職辭退　하게되고
　　　印星格이　逢財年은　收賄因해　損名이라.
　　　신왕관쇠　상관년은　관직사퇴　하게되고
　　　인성격이　봉재년은　수회인해　손명이라.

438. 年支같은　그해오고　日時相沖　그年도와
　　　日支同一　其年度는　自然災殃　많이겪네.
　　　년지같은　그해오고　일시상충　그년도와
　　　일지동일　기년도는　자연재앙　많이겪네.

439. 庚辛日弱　財官旺格　財官年이　들어오면
　　　痔漏症이　아니면은　鼻血屢累　있게된다.
　　　경신일약　재관왕격　재관년이　들어오면
　　　치루증이　아니면은　비혈루루　있게된다.

440. 甲乙日生　壬癸年과　丙丁日生　甲乙年은
　　　新築業體　成功하니　不動産을　작만하오.
　　　갑을일생　임계년과　병정일생　갑을년은
　　　신축업체　성공하니　부동산을　작만하오.

441. 戊己日生　丙丁年과　庚辛日生　戊己年과
　　　壬癸日生　庚辛年은　新築結社　하게된다.
　　　무기일생　병정년과　경신일생　무기년과
　　　임계일생　경신년은　신축결사　하게된다.

442. 甲乙日生　亥子年과　丙丁寅卯　戊己巳午
　　　庚辛四庫　壬癸申酉　地支印年　亦是같다.
　　　갑을일생　해자년과　병정인묘　무기사오
　　　경신사고　임계신유　지지인년　역시같다.

443. 戊己日生　金水木多　四柱天干　孤立丁字
　　　庚辛이나　丁年오면　凶惡事件　身厄이라.
　　　무기일생　금수목다　사주천간　고립정자
　　　경신이나　정년오면　흉악사건　신액이라.

444. 女命四柱　傷官旺에　傷官官年　寡宅되고
　　　女命四柱　透官旺에　官年오면　別枹로다.
　　　여명사주　상관왕에　상관관년　과택되고
　　　여명사주　투관왕에　관년오면　별포로다.

445. 貸借契合　中間役割　모두모두　損敗됨은
　　　比肩劫年　傷官流年　그탓인줄　아십시오.
　　　대차계합　중간역할　모두모두　손패됨은
　　　비견겁년　상관유년　그탓인줄　아십시오.

446. 四柱日支　刑沖年과　偏官年이　당도하면
　　　男女間에　傷身手術　많이많이　보게된다.
　　　사주일지　형충년과　편관년이　당도하면
　　　남녀간에　상신수술　많이많이　보게된다.

447. 四柱身弱　傷食旺格　食神傷官　그해孕胎
　　　아기날때　呻吟많고　人工流産　母厄이라.
　　　사주신약　상식왕격　식신상관　그해잉태
　　　아기날때　신음많고　인공유산　모액이라.

448. 印旺格에　食傷弱女　印星年을　만나면은
　　　子孫之厄　있게되고　子宮乳腫　疾厄있네.
　　　인왕격에　식상약녀　인성년을　만나면은
　　　자손지액　있게되고　자궁유종　질액있네.

449. 庚辛日生　財官旺相　丙丁年을　만난女人
　　　月經量이　乾操하여　生理通에　呻吟이요.
　　　경신일생　재관왕상　병정년을　만난여인
　　　월경량이　건조하여　생리통에　신음이요.

450. 春冬月에　壬癸日女　金水木年　만나면은
　　　月經之色　變黑하고　月經不順　이아니냐.
　　　춘동월에　임계일녀　금수목년　만나면은
　　　월경지색　변흑하고　월경불순　이아니냐.

451. 春冬月에　甲乙日生　壬癸甲乙　其해오면
　　　水足下元　冷冷하여　帶下症에　經不調라.
　　　춘동월에　갑을일생　임계갑을　기해오면
　　　수족하원　냉랭하여　대하증에　경불조라.

452. 神經質이　大端함은　庚辛日이　財官해요
　　　丙丁日弱　西北年은　視力眩暈　發作이라.
　　　신경질이　대단함은　경신일이　재관해요
　　　병정일약　서북년은　시력현운　발작이라.

453. 戊己日生　弱한女人　財官食傷　그해오면
　　　神經質이　일어나고　神經衰弱　두렵더라.
　　　무기일생　약한여인　재관식상　그해오면
　　　신경질이　일어나고　신경쇠약　두렵더라.

454. 比肩劫年　印旺女人　다시流年　印比劫運
　　　郎君뺏겨　二女同夫　九曲肝腸　애닯으다.
　　　비견겁년　인왕여인　다시유년　인비겁운
　　　낭군뺏겨　이녀동부　구곡간장　애닯으다.

455. 陽女生人　奇數年에　陰女生人　偶數年에
　　　華蓋三合　닿는해에　月老之約　있게된다.
　　　양녀생인　기수년에　음녀생인　우수년에
　　　화개삼합　닿는해에　월노지약　있게된다.

456. 申子辰生　寅卯辰年　寅午戌生　申酉戌年
　　　巳酉丑生　亥子丑年　亥卯未生　巳午未年.
　　　신자진생　인묘진년　인오술생　신유술년
　　　사유축생　해자축년　해묘미생　사오미년.

457. 이와같이　만난사람　世稱三災　되는해라
　　　人敗財敗　많이나니　服巾到門　울음이라.
　　　이와같이　만난사람　세칭삼재　되는해라
　　　인패재패　많이나니　복건도문　울음이라.

458. 假令定運　一一이면　一六歲가　닿는해에
　　　二二定運　되는사람　二七歲가　닿는해에.
　　　가령정운　일일이면　일육세가　닿는해에
　　　이이정운　되는사람　이칠세가　닿는해에.

459. 職業身上　一大變革　週期的의　變動이니
　　　其命維新　하게되며　吉凶禍福　반기운다.
　　　직업신상　일대변혁　주기적의　변동이니
　　　기명유신　하게되며　길흉화복　반기운다.

460. 四柱精神　日主보아　大運歲運　대조하니
　　　吉凶禍福　自然따라　興亡盛衰　나타난다.
　　　사주정신　일주보아　대운세운　대조하니
　　　길흉화복　자연따라　흥망성쇠　나타난다.

461. 大運歲運　運行하다　中和失道　하게되면
　　　永永回復　못하고서　黃泉行車　타게된다.
　　　대운세운　운행하다　중화실도　하게되면
　　　영영회복　못하고서　황천행차　타게된다.

462. 劫財羊刃　歲運幷臨　財官俱沒　하게되니
　　　養命之源　財絶로서　其人隱命　가외로다.
　　　겁재양인　세운병임　재관구몰　하게되니
　　　양명지원　재절로서　기인은명　가외로다.

463. 四柱印星　逢財者가　再行財運　印死墓絶
　　　生我者가　無氣하니　我亦氣絶　黃泉간다.
　　　사주인성　봉재자가　재행재운　인사묘절
　　　생아자가　무기하니　아역기절　황천간다.

464. 巳午未月　甲乙日生　寅午戌과　丙丁運은
　　　木焚飛灰　되는形象　魂飛魄散　藥無効라.
　　　사오미월　갑을일생　인오술과　병정운은
　　　목분비회　되는형상　혼비백산　약무효라.

465. 假傷官에　印星運은　十中九死　可畏하고
　　　四柱官殺　混雜하면　官殺財運　危命이라.
　　　가상관에　인성운은　십중구사　가외하고
　　　사주관살　혼잡하면　관살재운　위명이라.

466. 己土日主　弱한몸에　財官傷官　運을보면
　　　脾胃弱해　呻吟하다　그만不祿　하게되네.
　　　기토일주　약한몸에　재관상관　운을보면
　　　비위약해　신음하다　그만불록　하게되네.

467. 丙臨申位　逢陽水에　行運壬癸　必死하고
　　　己入亥宮　遇乙木은　財殺運에　必沒한다.
　　　병임신위　봉양수에　행운임계　필사하고
　　　기입해궁　우을목은　재살운에　필몰한다.

468. 寅巳午月　庚寅午戌　四柱火局　火運오고
　　　再行財官　殺運오면　玉京列車　타게된다.
　　　인사오월　경인오술　사주화국　화운오고
　　　재행재관　살운오면　옥경열차　타게된다.

469. 寅卯夏月　庚辛日이　地支財局　官殺局은
　　　財殺運에　財殺年은　十中九死　틀림없다.
　　　인묘하월　경신일이　지지재국　관살국은
　　　재살운에　재살년은　십중구사　틀림없다.

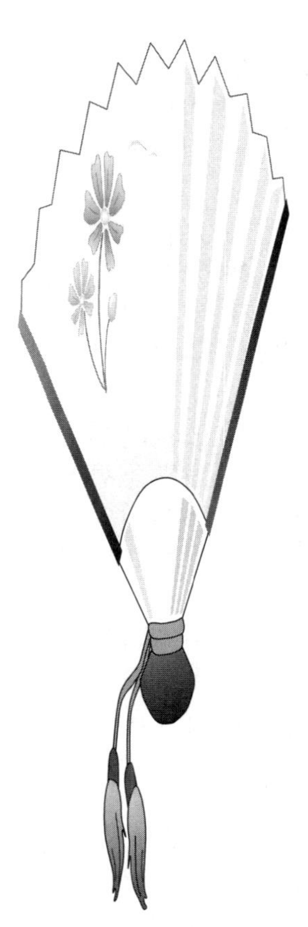

470. 甲乙日生　亥子月에　土薄金多　更逢水運
　　　其木星이　漂流하여　黃泉海에　도달한다.
　　　갑을일생　해자월에　토박금다　갱봉수운
　　　기목성이　표류하여　황천해에　도달한다.

471. 四柱身旺　羊刃殺에　偏官七殺　못만나고
　　　羊刃劫에　合結하면　大禍凶死　두렵도다.
　　　사주신왕　양인살에　편관칠살　못만나고
　　　양인겁에　합결하면　대화흉사　두렵도다.

472. 七殺制遇　更制殺運　吉化爲凶　하게되어
　　　盡法無民　처량하다　乘彼白運　別世界라.
　　　칠살제우　갱제살운　길화위흉　하게되어
　　　진법무민　처량하다　승피백운　별세계라.

473. 印星太旺　更逢印星　壽星自沒　危命이요
　　　運命元辰　하게되면　須當妖折　可憐하다.
　　　인성태왕　갱봉인성　수성자몰　위명이요
　　　운명원진　하게되면　수당요절　가련하다.

474. 棄命從殺　棄命從財　一點微弱　印星있고
　　　大歲大運　印星結合　閻羅王에　應召된다.
　　　기명종살　기명종재　일점미약　인성있고
　　　대세대운　인성결합　여라왕에　응소된다.

475. 木日主가　別世할땐　肝經疾病　風疾많고
　　　火日主가　臨終時엔　心臟麻痺　血壓이라.
　　　목일주가　별세할땐　간경질병　풍질많고
　　　화일주가　임종시엔　심장임비　혈압이라.

476. 土日生人　去世時엔　肥胃脾氣　其病이요
　　　庚辛日主　血壓急病　土血之死　많이보고.
　　　토일생인　거세시엔　비위부기　기병이요
　　　경신일주　혈압급병　토혈지사　많이보고.

477. 壬癸日生　歸幽時는　腎腸炎病　脾氣로서
　　　久病으로　앓다가니　이것또한　運命일세.
　　　임계일생　귀유시는　신장염병　포기로서
　　　구병으로　앓다가니　이것또한　운명일세.

478. 夏月生人　甲乙日生　喘息咳嗽　其病가고
　　　腦溢血病　가게되니　世上뜰때　지나보소.
　　　하월생인　갑을일생　천식해수　기병가고
　　　뇌일혈병　가게되니　세상뜰때　지나보소.

479. 春冬月에　壬癸甲乙　中風病에　많이가고
　　　己庚辛日　身衰者는　肺病咯血　朝天이라.
　　　춘동월에　임계갑을　중풍병에　많이가고
　　　기경신일　신쇠자는　폐병객혈　조천이라.

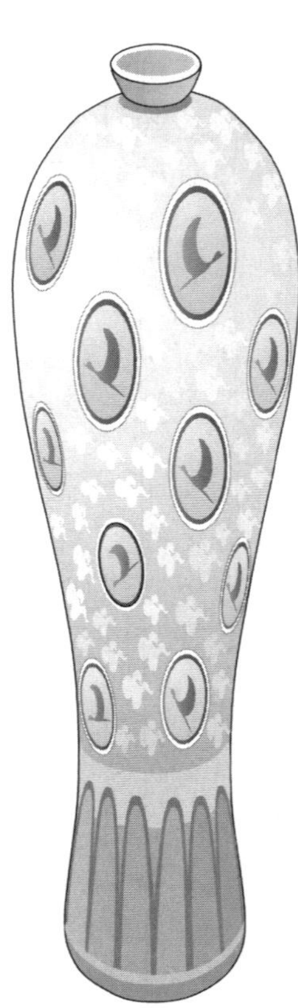

480. 實地神殺 經驗하여 推命歌를 造出하니
     命理學友 互傳하여 弘益人間 하십시오.
     실지신살 경험하여 추명가를 조출하니
     명리학우 호전하여 홍익인간 하십시오.

메모

메모

메 모

메 모

메 모

추명가 해설집(여명편)

판권본사

소유의인

판권은 본사의 소유임을 알려드립니다.

추명가 해설(여명편)
지 은 이 / 한명호
펴 낸 이 / 한명호
펴 낸 곳 / 두원미디어
서울시 강북구 미아3동 160-37 3층
☎ 02)984-5612, 983-5612　　❋: FAX 02)980-5611
♣홈페이지: www.dooweonmedia.co.kr
　　　　　　www.dancesajoo.com
♣블러그　: http://kr.blog.yahoo.com/doo1616
♣방송　　: http://afreeca.pdbox.co.kr(개인 방송국)
♣E-mail　: doo1616@yahoo.co.kr

초판 2쇄 2020.07.08

등록 / 1999. 08. 06 제041호
♣파본, 낙장본은 교환하여 드립니다.
♣저자 연락처 / 02)984-5612　　　　ISBN 978-89-91253-08-7

정가 ₩ 23,000